## 权威·前沿·原创

皮书系列为
"十二五""十三五"国家重点图书出版规划项目

旅游安全蓝皮书
BLUE BOOK OF TOURISM SAFETY

# 中国旅游安全报告（2019）

ANNUAL REPORT ON CHINA'S TOURISM SAFETY AND SECURITY STUDY (2019)

主　编／郑向敏　谢朝武

社会科学文献出版社
SOCIAL SCIENCES ACADEMIC PRESS (CHINA)

图书在版编目(CIP)数据

中国旅游安全报告.2019/郑向敏,谢朝武主编.--北京:社会科学文献出版社,2019.5
(旅游安全蓝皮书)
ISBN 978－7－5201－4736－1

Ⅰ.①中… Ⅱ.①郑… ②谢… Ⅲ.①旅游安全－研究报告－中国－2019 Ⅳ.①F592.6

中国版本图书馆 CIP 数据核字(2019)第 075538 号

旅游安全蓝皮书
## 中国旅游安全报告（2019）

主　　编 / 郑向敏　谢朝武

出 版 人 / 谢寿光
责任编辑 / 崔晓璇　张建中

出　　版 / 社会科学文献出版社·社会政法分社（010）59367156
　　　　　地址:北京市北三环中路甲29号院华龙大厦　邮编:100029
　　　　　网址:www.ssap.com.cn
发　　行 / 市场营销中心（010）59367081　59367083
印　　装 / 天津千鹤文化传播有限公司

规　　格 / 开　本:787mm×1092mm　1/16
　　　　　印　张:30.75　字　数:462千字
版　　次 / 2019年5月第1版　2019年5月第1次印刷
书　　号 / ISBN 978－7－5201－4736－1
定　　价 / 158.00元

本书如有印装质量问题,请与读者服务中心（010－59367028）联系

版权所有　翻印必究

# 旅游安全蓝皮书编辑委员会

| | | |
|---|---|---|
| **顾　　问** | 范维澄 | 中国工程院院士、清华大学公共安全研究院院长 |
| **主任委员** | 戴　斌 | 中国旅游研究院院长、教授、博士 |
| | 郑向敏 | 华侨大学旅游安全研究院院长、教授、博士<br>中国旅游研究院旅游安全研究基地主任 |
| **副主任委员** | 张　捷 | 南京大学旅游研究所教授<br>中国地理学会旅游地理专业委员会主任 |
| | 谢朝武 | 华侨大学旅游学院副院长、教授、博士<br>旅游安全研究院副院长 |
| **编　　委** | （按姓名音序排列） | |
| | 戴　斌　韩玉灵　黄远水　李九全　梁明珠 | |
| | 陆　林　马　波　申世飞　肖洪根　谢彦君 | |
| | 谢朝武　张　捷　张志安　张凌云　周　沛 | |
| | 郑向敏 | |

## 旅游安全蓝皮书编辑部

主　　编　郑向敏　谢朝武

## 参与编写人员名单

**主报告**
撰稿人　华侨大学旅游学院暨中国旅游研究院旅游安全研究基地
执笔人　郑向敏

**专题报告撰稿人**（以专题报告出现先后为序）

| | | | | | | | |
|---|---|---|---|---|---|---|---|
|郑向敏|陈雪琼|何封源|李　娜|萧咏强|汪京强|李　丹|
|李　聪|施亚岚|李　娜|黄安民|卢秋雅|臧如心|陈秋萍|
|徐金容|马芳芳|林美珍|张连玉|伍玉婷|崔向天|侯志强|
|何　靖|樊玲玲|叶新才|王小花|王新建|池丽平|李梦圆|
|王　芳|佟晓宇|张　慧|董　青|徐　晨|谢朝武|郭茜雅|
|周灵飞|曾武英|殷紫燕|范满满|曾　怡|张志安|胡　笳|
|李勇泉|陈　璐|李　蕊|罗景峰|范向丽|吴阿珍|殷　杰|
|林荣策|厉新建|陆文励|沈铮杰|叶欣梁|梅俊青|吴春安|
|谈天然|王文华|陈泰银|苏毅博|石　勇|张　飞|张丽甜|
|张　鹭|邹永广|朱　尧|李强红|韩玉灵|崔言超|周　航|

陈学友　张立军　杭　伟　李　平　黄　艳　蔡　鹏　江泰罗
艾献计　罗海英　张佳庆　潘文亮　罗　祺　陈　楠　乔光辉
赵晓鸣　王亚西　陈金华　胡亚美　严尚霞　黄远水　吴佩谕
郁敏超　吴耿安　王　璐　方旭红　汪　慧

**旅游安全蓝皮书编辑部办公室**

谢朝武　王新建　邹永广　殷　杰　熊娜娜　李　响

# 主要编撰者简介

**郑向敏** 华侨大学旅游安全研究院院长、教授、博士生导师，中国旅游研究院旅游安全研究基地主任、首席教授，中国旅游协会教育分会副会长、教育部 MTA 教学指导委员会委员、全国旅游星级饭店评定委员会国家级星评员、国家旅游局《旅游安全管理暂行办法》修订专家组组长。长期从事旅游安全与风险领域的研究工作，主持旅游安全领域的国家级、省部级科研项目 10 余项，出版国内首部旅游安全领域的专著《旅游安全学》，近期关注方向包括旅游安全评价、旅游职业安全、岛屿旅游安全等。

**谢朝武** 华侨大学旅游学院副院长、教授、博士生导师，旅游安全研究院副院长，曾担任国家旅游局《旅游安全管理实务丛书》执行副主编，参与国家旅游局配合《中华人民共和国旅游法》起草研究工作。长期从事旅游安全与风险领域的研究工作，曾主持旅游安全领域的国家社科基金项目、教育部人文社科基金项目、国家旅游局重点科研项目等课题项目，曾入选"福建省高等学校新世纪优秀人才支持计划""国家旅游局旅游业青年专家培育计划"。近期主要关注旅游应急管理、旅游安全行政治理等方向。

# 摘 要

旅游安全蓝皮书《中国旅游安全报告（2019）》是由华侨大学旅游学院、华侨大学旅游安全研究院与中国旅游研究院旅游安全研究基地组织专家编写的年度研究报告，是社会科学文献出版社"皮书系列"的重要组成部分。本年度旅游安全蓝皮书由总报告和专题报告两部分组成，其中专题报告又分设产业安全篇、安全事件篇、安全管理篇和区域安全篇四个篇章。

总报告从2018年我国旅游安全的总体形势入手，全面分析了我国旅游住宿、餐饮、交通、景区、购物、娱乐、旅行社等主要分支行业的安全情况，并深入剖析了涉旅自然灾害、事故灾难、公共卫生事件、社会安全事件等各类型旅游突发事件的发展态势。总报告系统回顾了各类旅游主体在2018年的主要管理工作，分析了2018年影响我国旅游安全的主要因素，并对2019年的旅游安全态势进行了分析与展望。

2018年，全国旅游安全形势总体平稳。在党中央、国务院的统一领导下，以国家领导人关于安全生产的重要指示、批示为指导，在各级党委政府、各有关部门的全力支持下，我国各级旅游管理部门继续秉持"科学发展、安全发展"理念，坚持"安全第一、预防为主、综合治理"方针，逐步打造共建共治共享的社会治理格局，旅游安全生产有序稳步开展，旅游业的形势安全稳定。但影响境内外旅游安全的因素更为复杂多变，可预见与不可预见、传统与非传统的不安全因素依然存在，给旅游业的安全稳定带来了一定程度的影响。

旅游分支行业的安全形势包括：旅游住宿业的安全事故类型呈现结构性变化，旅游景区安全事件的类型和发生时段呈现稳定性，旅游购物安全事件具有区域集中、阶段性波动、投诉商品类型多样等特征，旅游娱乐安全事件

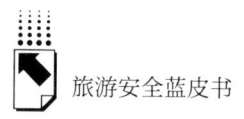

呈现区域、主体和时间的集中性。从分类事件来看,涉旅公共卫生安全形势依然严峻,涉旅社会安全事件的管控难度较高,高风险类旅游项目是旅游安全事故的多发载体。

总报告提出,2018年全国旅游安全形势总体平稳,但影响旅游安全的因素依旧复杂多样,可预见与不可预见、传统与非传统的不安全因素依然存在。2018年,我国重视旅游突发事件的应对与管控,强化安全风险的预防预控、提升应急处置的效率、持续优化旅游保险等安全管理措施。展望2019年,我国应构建全域旅游安全治理体系,创新旅游安全监管方式,重视旅游安全预警机制,建设海外旅游安全保障平台,推动旅游保险国际合作,积极应对文旅融合时代旅游安全的新使命、新要求。

专题报告分设了产业安全、安全事件、安全管理和区域安全四个板块。其中,产业安全篇对旅游住宿、旅游餐饮、旅游交通、旅游景区、旅游购物、旅游娱乐场所和旅行社的安全态势进行了全面分析;安全事件篇对涉旅自然灾害、涉旅事故灾难、涉旅公共卫生、涉旅社会安全等旅游安全事件的态势进行了综合分析;安全管理篇围绕旅游安全行政管理、节假日旅游安全、自助旅游安全、高风险旅游安全、女性旅游安全、旅行社责任险、旅游保险、旅游安全预警、自助旅行救援等组织了一系列文章;区域安全篇主要对国内较具代表性的北京、吉林、贵州、山西、重庆、河南等省、市的旅游安全形势与管理经验进行了深度分析,同时对港澳台旅游、出境旅游和入境旅游的安全形势进行了介绍。

**关键词:** 旅游产业安全　旅游安全事件　旅游安全管理　区域旅游安全

# 序　言

随着国民经济的持续快速发展和人们生活质量的不断提高,旅游成为人们享受生活、热爱生活的重要内容和重要方式,旅游业迎来了前所未有的发展机遇,成为国民经济的战略性支柱产业和关联性极强的先导产业。

旅游业作为最具发展活力和潜力的综合性产业,涉及经济社会生活的方方面面。受多种自然和经济、社会因素影响,旅游发展过程中潜伏着一些不确定和不安全因素,管控不当可能诱发不安全的风险,一幕幕旅游不安全现象令人触目惊心,旅游安全已成为社会各界日益关注的焦点和热点问题之一。按照不同的分类标准,旅游安全问题的表现形态可以划分为不同的类别。旅游安全问题是旅游活动中客观存在的问题,旅游安全表现形态贯穿旅游业发展的各个环节,各种表现形态并不是完全独立的,而是相互交叉、相互依存、相互关联的,在旅游活动的各个环节中交替出现或同时出现。由于旅游活动本身具有差异性,旅游安全会随着旅游发展阶段的不同而变化,是个亟待研究的特殊领域。

人们都知道这样一个道理:旅游必须有安全作保障。因为,离开了安全,旅游就失去了意义,再好的地方不安全,旅游者都会绕着走。旅游业发展实践证明,旅游安全对一个国家和地区的旅游业持续健康发展至关重要,旅游安全事故可能给旅游者和管理者、经营者的生命安全带来威胁,造成严重的经济损失,破坏安全的旅游环境,损害国家和地区的旅游形象,制约旅游业可持续发展。旅游安全是旅游业发展的基础,是旅游活动顺利开展的保障,是旅游业科学发展的前提。

我国旅游业进入大众旅游时代,不仅对旅游产品的供给提出了新的要求,而且对旅游安全保障提出了新的挑战。为提高旅游服务质量,确保我国

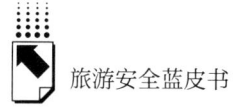

旅游业持续稳定发展，食物中毒、交通事故、公共卫生事件以及突发自然灾害等旅游安全问题是不容忽视的重要问题。在旅游安全这个问题上，旅游管理者、旅游经营者和旅游者都需要以旅游安全作保障，维护旅游市场秩序。旅游安全是旅游活动顺利开展的内在要求，是取得良好社会效益和经济效益的重要保证；旅游安全是旅游者人身安全的首要前提，是提高满意度的根本保证。因此，重视旅游安全管理工作，加强旅游安全研究，是防范化解旅游安全风险、优化旅游市场环境、提升旅游服务质量、促进旅游业持续健康发展的重要基础性工作。

依托华侨大学旅游学院设立的中国旅游研究院旅游安全研究基地，积极推进旅游安全的理论研究与社会服务，形成了结构完整的旅游安全研究体系和教育体系，是国内外最具影响力的旅游安全研究机构之一。在首席专家郑向敏教授、谢朝武教授等学者的带领下，队伍精干，成果丰硕，学科建设成绩斐然。基地主持编撰的旅游安全蓝皮书《中国旅游安全报告（2019）》，反映了全国旅游行业安全事件发展态势，提出了一系列旅游安全管理方法和举措，为我国旅游业可持续发展提供了重要的借鉴。

安全是旅游业的生命线，是影响旅游决策和旅游发展的关键因素。安全保障权是旅游者和管理者、经营者最基本、最重要的权利。绷紧安全之弦，才能玩得尽兴。只有安全有了保障，快乐才有保证。

陆　林

2018年12月29日于芜湖

# 前　言

又是一年春来到，新的一期旅游安全蓝皮书如期与大家见面了。从首刊《中国旅游安全报告（2012）》的发行，到这一期的出版，已连续出版了八期。旅游安全蓝皮书综合分析中国旅游安全形势和问题，跟踪旅游安全管理进展，研判专项旅游安全，得到了媒体的广泛报道，也受到了广大业界同仁的赞许和推荐。

八年来，旅游安全蓝皮书记录了我国旅游安全管理法制化、规范化、科学化的进程。从2013年《中华人民共和国旅游法》颁布并设安全管理专章，到2016年《旅游安全管理办法》出台；从旅游行政管理部门对安全管理责任大、监管手段少、力量弱，到全域旅游成为社会发展共识和国家政策的重要行动指引，进而推动旅游安全综合管理体制机制逐步形成；从旅游安全管理重突击检查、重监管，到初步形成监管、协调、服务手段相结合的系统化旅游安全管理机制，实施强化旅游企业安全生产主体责任、开展旅游安全风险隐患排查与治理、编制旅游安全预案、组织旅游安全培训与演练、协调相关部门联合执法检查等全面安全管理；从旅游安全管理的单部门呼吁，到在国家意志推进文明旅游、品质旅游环境下，全民对旅游安全的关注与参与，我国旅游安全管理环境持续改善，旅游安全管理能力不断提升，旅游安全总体形势继续趋好。从历年的统计数据来看，中国已成为世界上旅游安全事故发生率较低的国家，也是世界上最安全的旅游目的地之一。

旅游安全蓝皮书也见证了华侨大学旅游学院安全研究团队的成长与壮大。八年来，共培养了旅游安全方向博士研究生11人、硕士研究生39人；先后获批旅游安全方向的国家级研究课题5项、省部级课题20余项；为北

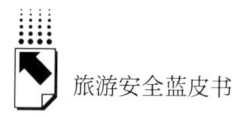

京、山东（泰安）、海南、吉林等地编制旅游安全管理规划近20项；为新疆、甘肃、福建、贵州等省份开展旅游安全讲座100余场次；先后举办了"中国—东盟旅游安全高峰论坛"和四届"海峡旅游安全高峰论坛"。在2017年和2018年中国旅游研究院外设研究机构总体评价中，旅游安全研究基地分获第3名和第2名。华侨大学旅游安全研究团队在理论研究与社会服务方面发挥了积极的作用。

《中国旅游安全报告（2019）》延续了"跟踪旅游安全形势、贴近行业产业实际，服务中国旅游产业发展"的编撰方针，坚持了"总结客观性、分析针对性、问题趋势性、对策实用性"的编撰原则，与上期相比，全书总体框架不变，分为旅游安全总报告、专题报告两部分，在编写方面，采用大数据的采集方法，尽量收集案例资料，用案例数据说话。其中，总报告对2018年全年旅游安全的总体形势及2019年发展趋势进行了概括；专题报告分为产业安全篇、安全事件篇、安全管理篇、区域安全篇四个部分，从安全形势、特征、影响因素、管理进展、展望等方面，解读了各旅游行业、各旅游安全事故类型以及各专题旅游安全管理项目的安全形势；对出入境旅游、港澳台旅游以及北京、山西等区域旅游安全表现形态、管理手段、影响因素等进行了系统分析。

本报告是中国旅游研究院旅游安全研究基地及全国旅游安全研究专家学者集体智慧的结晶。由基地主任、华侨大学旅游学院郑向敏教授和基地副主任、华侨大学旅游学院副院长谢朝武教授担任主编，负责全书逻辑框架的确定、主要观点的提炼、统稿、部分章节的执笔写作、最终定稿等工作。旅游安全研究基地、华侨大学旅游学院及全国旅游安全领域的专家学者分别参加了部分章节的编写。本书的完成与出版得到了原国家旅游局综合司、中国旅游研究院领导的指导与帮助，得到了山西、宁夏、吉林等省份旅游发展委员会以及华侨大学校领导和科研管理部门的大力支持，也得到了社会科学文献出版社的关心、支持与帮助，在此一并表示诚挚的谢意。

鉴于旅游安全涉及范围广，旅游安全案例数量庞大，缺乏权威的来源，难免出现统计数据的差异甚至疏漏,欢迎广大读者批评指正!希望"旅游安全蓝皮书"系列能为中国旅游业的健康安全发展做出贡献。

郑向敏

2019年3月1日于华侨大学校园

# 目 录

## Ⅰ 总报告

**B.1** 2018~2019年中国旅游安全形势分析与展望
………………………… 旅游安全蓝皮书编委会 郑向敏（执笔）/ 001

## Ⅱ 专题报告

### 产业安全篇

**B.2** 2018~2019年中国旅游住宿业的安全形势分析与展望
………………………… 陈雪琼 何封源 李 娜 萧咏强 / 020

**B.3** 2018~2019年中国旅游餐饮业的安全形势分析与展望
………………………………………… 汪京强 李 丹 李 聪 / 030

**B.4** 2018~2019年中国旅游交通业的安全形势分析与展望
………………………………………………… 施亚岚 李 娜 / 044

**B.5** 2018~2019年中国旅游景区的安全形势分析与展望
………………………………………… 黄安民 卢秋雅 臧如心 / 055

**B.6** 2018~2019年中国旅游购物的安全形势分析与展望
　　…………………………………… 陈秋萍　徐金容　马芳芳 / 067

**B.7** 2018~2019年中国旅游娱乐场所安全形势分析与展望
　　………………………… 林美珍　张连玉　伍玉婷　崔向天 / 078

**B.8** 2018~2019年旅行社业的安全形势与展望
　　…………………………………… 侯志强　何　靖　樊玲玲 / 089

## 安全事件篇

**B.9** 2018~2019年中国自然灾害涉旅安全的形势分析与展望
　　………………………………………………… 叶新才　王小花 / 101

**B.10** 2018~2019年中国涉旅事故灾难的形势分析与展望
　　…………………………………… 王新建　池丽平　李梦圆 / 112

**B.11** 2018~2019年涉旅公共卫生事件的形势分析与展望
　　………………………………………………… 王　芳　佟晓宇 / 122

**B.12** 2018~2019年中国涉旅社会安全事件的形势分析与展望
　　…………………………………… 张　慧　董　青　徐　晨 / 135

## 安全管理篇

**B.13** 2018~2019年中国旅游安全行政管理工作分析与展望
　　………………………………………………… 谢朝武　郭茜雅 / 147

**B.14** 2018~2019年节假日旅游安全的年度形势分析 ……… 周灵飞 / 159

**B.15** 2018~2019年中国自助旅游安全形势分析与展望
　　…………………………………… 曾武英　殷紫燕　范满满 / 170

**B.16** 2018~2019年中国高风险旅游安全形势分析与展望 …… 曾　怡 / 182

**B.17** 2018~2019年旅行社责任保险统保示范项目及
　　旅游救援保险的发展形势分析与展望 ……… 张志安　胡　笳 / 194

B.18　2018~2019年我国旅游保险形势分析与展望
　　………………………………………… 李勇泉　陈　璐　李　蕊 / 204

B.19　2018~2019年中国旅游安全预警形势分析与展望 …… 罗景峰 / 216

B.20　2018~2019年中国女性旅游的安全形势分析与展望
　　………………………………………………… 范向丽　吴阿珍 / 226

B.21　2018~2019年我国高聚集游客群的安全形势分析与展望
　　…………………………………………………………… 殷　杰 / 238

B.22　2018~2019年我国大学生旅游的安全形势分析与展望
　　…………………………………………………………… 林荣策 / 251

B.23　我国旅游景区的安全管理研究 …… 厉新建　陆文励　沈铮杰 / 263

B.24　邮轮突发事件应急处理研究
　　——以霸船事件为例 ……………………… 叶欣梁　梅俊青 / 273

B.25　旅行社对游客安全教育引导体系的建构 …… 吴春安　谈天然 / 283

B.26　基于扎根理论的游客感知旅游风险研究
　　——以人民网旅游"3·15"投诉平台为例
　　　　　　　　　王文华　陈泰银　苏毅博　石　勇
　　……………………………………… 张　飞　张丽甜　张　鹭 / 292

B.27　2018年旅游安全指数报告与旅游安全热点问题分析
　　………………………………………… 邹永广　朱　尧　李强红 / 305

## 区域安全篇

B.28　2018~2019年北京市旅游安全形势分析与展望
　　………………………………… 韩玉灵　崔言超　周　航　陈学友 / 321

B.29　2018~2019年吉林省旅游安全形势分析与展望
　　………………………………………………… 张立军　杭　伟 / 333

B.30　2018~2019年贵州省旅游安全形势分析与展望
　　………………………………… 李　平　黄　艳　蔡　鹏　江泰罗 / 340

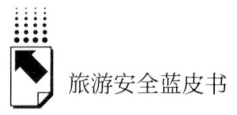

B.31 2018~2019年山西省旅游安全形势分析与展望
　　　　　　　　　　　　　　艾献计　罗海英　张佳庆 / 348

B.32 2018~2019年重庆市旅游安全形势分析与展望
　　　　　　　　　　　　　　　　　　潘文亮　罗　祺 / 358

B.33 2018~2019年河南省旅游安全形势分析与展望
　　　　　　　　　　　陈　楠　乔光辉　赵晓鸣　王亚西 / 369

B.34 2018~2019年港澳旅游安全形势分析与展望
　　　　　　　　　　　　　陈金华　胡亚美　严尚霞 / 381

B.35 2018~2019年台湾旅游安全形势分析与展望
　　　　　　　　　　　　　黄远水　吴佩谕　郁敏超 / 394

B.36 2018~2019年入境旅游安全形势分析与展望
　　　　　　　　　　　　　　　　　　吴耿安　王　璐 / 408

B.37 2018~2019年中国出境旅游安全形势分析与展望
　　　　　　　　　　　　　　　　　　方旭红　汪　慧 / 424

Abstract ………………………………………………………… / 436
Contents ………………………………………………………… / 439

皮书数据库阅读 **使用指南**

# 总报告

General Report

## B.1
## 2018~2019年中国旅游安全形势分析与展望

旅游安全蓝皮书编委会　郑向敏（执笔）

  坚持合作创新法治共赢，携手开展全球安全治理。当今世界，安全形势十分复杂，安全挑战层出不穷，出现了许多新情况新问题。面对这些新情况新问题，现行全球安全治理体系有很多不适应的地方，应该加以改革完善，推动全球安全治理体系朝着更加公平、更加合理、更加有效的方向发展。完善全球安全治理体系，需要各国政府和国际组织及专门力量发挥积极作用，也需要社会各方面共同参与。各国政府和政府间组织要承担安全治理的主体责任，同时要鼓励非政府组织、跨国公司、民间社会积极参与，形成安全治理合力。要改革完善全球治理体系，运用专业的方法、先进的理念、科学的态度、精细的标准提升安全治理效能，着力推进社会治理科学化、系统化、智能化、法治化，提高预测预警预防各类安全风险能力，增加安全治理的预见性、精准性、高效性。

——习近平总书记在国际刑警组织第八十六届<br>全体大会开幕式上的主旨演讲

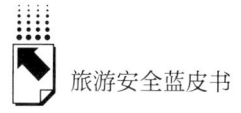

大力加强市场培育监管，要守牢底线。深入贯彻落实习近平总书记关于加强文化和旅游市场管理的指示批示精神，一手抓执法监管、一手抓服务引导，推动文化和旅游市场繁荣有序。对融合发展的新业态，要及时加强关注、引导，不断更新监管理念。建设信用体系，实施各类专项整治、专项保障活动，开展重大案件评选、举报投诉受理、证件管理等工作，要将文化市场、旅游市场统一考虑，一并研究。要抓紧建立文化和旅游市场执法改革制度框架，按照中央确定的时间表、任务书推动执法队伍整合到位。

文化和旅游系统既是意识形态安全重要领域，也是安全生产重点领域，必须始终绷紧安全这根弦，牢牢守住政治底线和安全底线。要落实好意识形态工作责任制，管好各类阵地，严格产品、项目、活动审核把关，加强对新业态、新媒体、新情况的意识形态风险研判，加强舆情监测管理，妥善处置突发事件。要以极端负责的精神，扛起保障安全生产的责任。要确立"隐患就是事故"理念，紧盯公共文化机构运行、文物保护、涉外旅游等重点领域，健全隐患排查整改、风险防范预警、突发事故处置等防控体系。

——2019年全国文化和旅游厅局长会议工作报告

## 一 2018年中国旅游安全形势回顾

### （一）旅游安全总体形势

2018年全国旅游安全形势总体平稳。在党中央、国务院的统一领导下，在各级党委、政府的全力支持下，继续秉持"科学发展、安全发展"理念，坚持"安全第一、预防为主、综合治理"方针，贯彻执行《中华人民共和国安全生产法》、《中华人民共和国突发事件应对法》、《中华人民共和国旅游法》、《旅行社条例》和《安全生产事故报告和调查处理条例》中的安全规定，通过落实旅游安全生产责任、强化旅游安全监管、规范旅游安全生产等措施，旅游安全形势得到进一步提升。

2018年境内外旅游安全的影响因素依旧复杂多变,给旅游业的安全稳定带来了一定程度的影响。2018年我国旅游业先后遭遇了太白山大学生失联事件、"山竹"超强台风、"5·15"湘江漂流翻船事故、平遥陈醋事件以及境外的巴厘飞车抢劫案件、刚果枪击事件、泰国乳胶枕头事件、普吉岛沉船事件等旅游突发事件。尽管2018年旅游安全问题较多、安全形势严峻,但全国各级政府依法对旅游安全工作进行培训、监管、防范、指导及应急处理,健全、提升旅游安全管理水平与应急处置能力。建立各部门联动、全社会参与的旅游综合协调机制,创新旅游安全监理机制,提升旅游安全治理效率。各级政府和旅游主管部门妥善处置了旅游发展过程中各种突发事件和不安全因素,维护了2018年旅游业总体安全形势。

### (二)旅游行业安全形势

**1. 旅游住宿行业安全事件总数下降,安全事件类型呈现结构性变化**

2018年我国旅游住宿业突发事件总数略有下降。旅游住宿业突发事件具有以下特征:①突发事件月度分布存在较大差异,但与旅游淡旺季相似;②旅游住宿业安全事件的类型结构变化明显;③旅游住宿业非常规不安全因素层出不穷,常规不安全因素仍然占主要地位。影响2018年我国旅游住宿业安全的主要因素包括:①企业方面因素主要体现在防范意识薄弱、管理不善、诚信意识缺乏、忽视细节问题,对员工安全不够重视、缺乏相应员工培训,安全知识宣传不够,等等;②法律、监督机制等方面因素主要体现在相关法律法规不够细化完善、相关执法部门职责监管不到位等。

**2. 旅游景区安全形势平稳,安全事件类型和事发时段具有集中性**

2018年我国旅游景区安全形势趋于平稳。2018年我国旅游景区共发生188起安全事件,主要分布在26个省份,死亡人数为91人,主要涉及地文景观类、人文景观类、建筑与设施类和水域风光类等景区类型。其中,地文景观类景区的安全事件发生频率最高,共135起,占景区安全事件总数的71.81%;水域风光类景区发生29起安全事件,占景区旅游安全事件总数的15.43%;建筑与设施类景区发生16起安全事件,占总数的8.51%。2018

年旅游景区安全事件呈现以下特征：①事故灾难类安全事件经常发生；②假日旅游热引发旅游景区安全事件多；③地文景观类景区较其他类型景区隐患多；④游客不慎摔倒、溺水较其他旅游安全事件缘故明显。影响2018年旅游景区安全状况的主要因素包括：①游客安全意识薄弱；②自然灾害隐患；③设施设备更换不及时；④旅游从业人员素质有待提高；⑤景区机构不健全。

3. 旅游购物安全发展态势趋好，出境购物安全问题趋增

2018年我国旅游购物安全形势整体向好，国内旅游购物投诉大幅减少，出境旅游购物安全事件显著增多，入境旅游购物纠纷明显减少，政府部门的综合治理取得一定的效果。与2017年相比，出现境外旅游购物投诉激增、线上企业投诉多发等新现象。2018年旅游购物安全状况呈现以下特征：①出境游购物投诉显著增多；②国内游购物安全事件明显减少；③质价不符与假冒伪劣产品仍是购物投诉焦点。影响2018年旅游购物安全的主要因素有：①专项整治行动初显成效；②境外旅游购物需求旺盛；③购物骗局更为隐蔽与多样；④购物消费维权困难重重。

4. 旅游娱乐场所安全形势平稳，事发区域、主体和时间具有集中性

2018年，我国旅游娱乐场所安全形势与往年大致相同，华东地区旅游娱乐场所安全事故数依旧高居榜首，旅游设备事故、涉水事故、涉及动物的安全事故所占比重较大。2018年，旅游娱乐场所安全状况具有以下特征：①华东地区旅游娱乐场所安全事故数高居榜首；②动物园和游乐场是安全事故发生的主要场所；③周末与寒暑假是安全事故的高发期；④儿童和青少年是事故发生的主要群体。影响2018年旅游娱乐场所安全的主要因素是：①自然灾害因素；②旅游娱乐场所经营者安全意识不强，安全保障制度不健全；③游客，特别是儿童游客自身安全意识淡薄，缺乏安全教育；④设施设备故障；⑤安全保障人员粗心大意。

## （三）旅游安全事件形势

1. 涉旅公共卫生安全形势依然严峻，食物中毒事件发生频繁

2018年，我国涉旅公共卫生安全总体形势仍然严峻，大众游客对涉旅

公共卫生事件防不胜防。同比2017年，2018年涉旅食物中毒事件数量和等级程度基本持平，但传染病疫情更为频繁，等级程度更为严重，而涉旅其他公共卫生事件频率与数量略有降低。2018年我国涉旅公共卫生事件具有以下特征：①涉旅公共卫生事件时间分布较为集中；②涉旅食物中毒事件空间分布较为分散；③涉旅传染病疫情多为境外输入性病例；④涉旅传染病疫情以群体型诺如病毒感染为主。2018年影响涉旅公共卫生安全的主要因素包括：①旅游行业规模扩张，旅游公共卫生配套设施潜在隐患大；②大众旅游持续升温，游客旅游公共卫生安全意识薄弱；③全域旅游日益盛行，旅游公共卫生安全防范与管控难度大；④国际旅游活动频繁，全球旅游公共卫生安全协作面临挑战；⑤新型旅游业态涌现，旅游公共卫生事件保险与维权难以保障。

**2. 涉旅社会安全事件复杂，安全形势依然严峻**

2018年我国涉旅社会安全事件频繁发生，安全形势仍然严峻。涉旅社会安全事件形式多样，安全防控难度较大，安全事件迅速扩散，社会关注度与日俱增。2018年涉旅社会安全事件呈现以下特征。①涉旅社会安全事件时间分布较为集中。从月份来看，8月发生的涉旅社会安全事件最多；从时段来看，晚上发生涉旅社会安全事件的比例最高。②涉旅社会安全事件具有明显的空间集聚分布特征；华东地区涉旅社会安全事件最为集中。2018年影响涉旅社会安全事件的主要因素包括以下几点。①涉旅人为因素。一方面，表现在游客安全风险感知意识差、游客不安全行为、游客应急能力差；另一方面，表现在从业人员风险防范意识淡薄、缺乏必要的游客安全管控能力、紧急预案设置不足等。②安全防范设施设备不足或不完善。③忽视对安全操作规程的制定和监督执行，以及旅游相关安全部门管理缺位、旅游安全法律法规尚不健全等。

**3. 涉旅事故灾难形势趋好，事故数量与人员伤亡数下降**

2018年我国涉旅事故灾难总体形势趋好，事故数量与人员伤亡数明显下降。2018年涉旅事故灾难体现以下特征：①涉旅交通事故、酒店安全事故、山地户外运动事故和漂流及游船游艇事故是主要事故类型；②重特大事

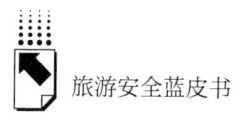

故得到有效抑制,无资质经营与私自开展的高风险旅游项目安全问题凸显;③涉旅交通事故灾难显著减少。2018年我国涉旅事故灾难的主要影响因素包括:①无资质、私自组织的高风险项目是事故多发区;②中低档酒店及非星级酒店安全问题突出;③经营者安全意识不强,安全保障制度不健全;④游客自身安全意识淡薄,安全教育缺乏。

## 二 2018年中国旅游安全管理状况回顾

### (一)预防预备:安全预防强化

1. 增强法治理念,加强风险预防

旅游安全法律制度建设是我国旅游安全事件预防、管控的基石。近年来,《旅游安全管理办法》《中华人民共和国旅游法》《大陆居民赴台湾地区旅游管理办法》《导游管理办法》等法律法规逐步制定颁布,同时,《国家旅游局办公室关于进一步加强出境游市场监管的通知》《国家旅游局办公室关于加强旅游诚信建设实施失信联合惩戒的通知》《国家旅游局关于规范旅行社经营行为维护游客合法权益的通知》等规范性文件也在加快推行和贯彻,① 我国旅游安全法制建设正在逐步趋于完善。与此同时,涉旅企事业单位也将在此基础上,认真贯彻、学习安全法治理念及方法,加强旅游安全事件应急预算设置和完善,提升自我的风险管控能力。

2. 扩大风险提示,强化安全意识

2018年,文化和旅游部强化旅游安全公共服务体系建设,下发《旅游工作安全要点的通知》,开展旅游安全宣传咨询日活动,完善旅游突发事件信息报送和应急值守制度,并针对自助游游客,先后在官网发文,提示外出旅游风险30余次。针对漂流、玻璃栈道、水上运动、热气球、高空跳伞、

---

① 国家旅游局政策法规司:《国家旅游局办公室关于加强旅游诚信建设实施失信联合惩戒的通知》,中华人民共和国文化和旅游部网站,http://zwgk.mct.gov.cn/auto255/201711/t20171108_832318.html,2017年11月14日。

蹦极、攀岩、滑雪滑冰、潜水等专业性强、风险程度高的旅游项目，7月15日，文化和旅游部发布旅游安全提示，要求游客慎重选择、安全为先、量力而行。①

3. 完善行业标准，重视安全生产

2018年11月15日，由国家信息中心分享经济研究中心牵头组织的共享住宿领域行业自律标准《共享住宿服务规范》在北京发布，这个规范虽然属于行业自律性规范，缺乏强制性，但是有利于消费者甄别非标住宿品牌优劣，提升符合《共享住宿服务规范》要求的品牌市场影响力。2018年9月24日，国务院办公厅印发《完善促进消费体制机制实施方案（2018~2020年）》，放宽了旅游服务消费领域市场准入，方案明确提出：鼓励发展租赁式公寓、民宿客栈等旅游短租服务。②

### （二）监测预警：安全监管有效

1. 加强旅游预警，健全治理体系

旅游安全预警是实现旅游本质安全的必要手段。《国务院办公厅关于促进全域旅游发展的指导意见》（国办发〔2018〕15号）为全域旅游视域下旅游安全预警工作指明了发展方向，是新时期中国旅游安全预警的风向标。2018年被确定为"美丽中国—2018全域旅游年"，拉开了我国全域旅游全面建设和实施的序幕。《文化和旅游部关于提升假日及高峰期旅游供给品质的指导意见》（文旅资源发〔2018〕100号）将"全域供给，创新推进"确定为有效提升假日及高峰期旅游供给品质的指导原则之一，并指出了建立健全全域旅游治理体系和公共服务体系的重要性，表明机制体系创新和现代旅游治理体系建立已经成为全域旅游发展的关键问题，全域旅游发展模式必将

---

① 《文化和旅游部提示——慎重选择高风险旅游项目》，《人民日报》2018年7月27日，第17版。
② 朱英：《国务院办公厅关于印发完善促进消费体制机制实施方案（2018~2020年）的通知》，中华人民共和国中央人民政府网，http://www.gov.cn/xinwen/2018-10/11/content_5329597.htm，2018年10月11日。

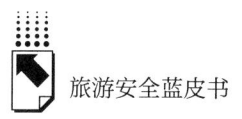

全面促进单一景区建设管理向综合目的地服务建设管理的转变。

2. 创新预警手段，提高监管效率

《文化和旅游部关于提升假日及高峰期旅游供给品质的指导意见》（文旅资源发〔2018〕100号）将"智慧引领，科学引导"确定为有效提升假日及高峰期旅游供给品质的指导原则之一，并将"强化科技支撑"确定为其重点任务，要求建立节假日及高峰期旅游大数据采集分析平台，实现对景区、住宿、道路等旅游信息的实时监测预警。Wi–Fi探针等"黑科技"、"一部手机游云南"、"行游贵州"预警提示的推行和实践，基于移动互联和各种新兴科技的智慧旅游安全预警机制正在大行其道，功能完备、便捷应用的智慧预警必将成为旅游安全预警的最佳途径和首要选择。同时，智慧预警也可为散客游、自助游等群体提供更为精准可靠的公共安全服务。

3. 构建监测平台，加强安全预警

2018年1月在厦门召开的全国旅游工作会议中提到，建立国家旅游产业运行监测与应急指挥平台，加强节假日旅游安全管理。建立重点景区节假日旅游门票预约机制、景区游客流量智能监测系统，落实《景区游客高峰时段应对规范》和《景区最大承载量核定导则》。① 国家旅游局信息中心对景区的客流状况进行实时监控，有利于科学有效地加强对景区的监管工作，提高旅游景区的安全管理水平。旅游部门积极与公安、交通、城管等部门合作，通过景区大数据汇总、云平台分析等技术，对景区的运行进行实时监测，从而进一步实现对景区的科学管理，推进景区管理实现智慧化与有序化。

4. 加强市场治理，推进安全监管

2018年，国家旅游行政主管部门进一步加大了旅游安全监管力度。3月初，原国家旅游局办公室发布了《关于切实做好2018年全国"两会"期间

---

① 全国旅游工作会议：《2018年全国旅游工作报告：2020年前，要抓好这18项重点工作》，新浪看点，http://k.sina.com.cn/article_6433121732_17f71a5c4001005opr.html?cre=newspagepc&mod=f&loc=3&r=9&doct=0&rfunc=100，2018年1月12日。

旅游安全工作的通知》；4月和9月，新组建的文化和旅游部办公厅又先后发布了《关于做好2018年春季假日旅游相关工作的通知》《关于加强中秋、国庆期间旅游市场监管工作的通知》，整肃低价旅游市场，打击"黑社"、"黑导"、"黑车"和"黑店"，畅通旅游投诉渠道，倡导文明旅游和理性消费，有效保障了出境旅游安全。2018年12月21日，文化和旅游部发布《旅游市场黑名单管理办法（试行）》①，推进旅游领域信用体系建设，有助于维护旅游市场运行秩序，促进旅游业持续健康发展，将人民法院认定的失信、严重违法失信的旅游市场主体和从业人员被执行人列入旅游市场黑名单，在一定期限内向社会公布，实施信用约束、联合惩戒等措施，线上线下同步纳入黑名单管理。

### （三）应急处置：处置效率提升

1. 强化应急制度，完善应急机制

2018年4月，文化和旅游部印发《关于做好2018年"五一"假期及旅游旺季安全保障工作的通知》，着重排除高风险项目、景区最大承载量、出境旅游等关键领域的旅游安全隐患，进行高风险旅游项目的提示和引导，加大旅游安全监管力度，督促旅游企业制定高风险旅游项目管理办法及应急预案。重点加强产品风险评估、出游风险提示及安全预案、安全应急处置等方面的监督检查工作。② 宁夏2019年春节期间，全区各级文化和旅游主管部门切实执行领导带班制和24小时值班制，进一步完善应急预案和救援体系，健全了各项规章制度，及时向社会公布了咨询、投诉电话，接受咨询、受理投诉，迅速处理旅游突发事件。同时，安排专人做好节日期间信息报送工

---

① 文化和旅游部：《文化和旅游部关于印发〈全国文化市场黑名单管理办法〉的通知》，中国文化市场网，http://www.ccm.gov.cn/zgwhscw/tzgg/201807/cea2b01699404dc8803a4a5cc42f341d.shtml，2018年6月19日。

② 易硕：《文化和旅游部下发通知要求做好"五一"假期及旅游旺季安全保障工作》，中华人民共和国文化与旅游部网站，https://www.mct.gov.cn/whzw/whyw/201804/t20180426_831910.htm，2018年4月26日。

作，有情况做到及时报告、及时处理。① 2018年7月，文化和旅游部提出保障我国公民在境外旅游的生命财产安全和合法权益，指导在线旅游企业和平台完善出境自助游应急机制，完善旅游安全应急预案，明确在线旅游企业和平台相关责任，畅通信息渠道，细化旅游安全措施。②

2. 加强应急演练，提升应急能力

2018年各级旅游行政主管部门不断强化旅游安全应急意识，加强旅游应急预案演练及应急能力建设，并取得较为显著的效果。2018年7月，安徽省旅游发展委会同公安、工商、安监等部门对全省旅游安全、文明旅游、市场秩序等开展综合大检查。按照全省旅游行业安全治理专项行动和全省旅游应急预案制定和演练提升年工作要求，一是督促旅行社做好销售产品的风险评估。督促导游、领队做好旅游团队的安全提示、警示和行前说明，制定应急预案，明确处置规程。二是督促旅游景区、旅游饭店结合自身实际全面排查隐患。采取针对性措施，完善安全应急预案并开展演练。三是抓紧开展旅游安全工作自查和出境自助游排查。各地要结合暑期开展的"利剑行动"，对相关旅游企业进行摸底及整治，要改善应急机制，建立应急报送制度。③ 2018年3月，为了切实做好2018年全国"两会"期间旅游安全工作，要求各地制定"两会"期间的涉旅突发事件应急预案并加强应急演练。要做好救援队伍、装备、物资等应急储备，一旦发生涉旅突发事件，要积极指导配合做好善后处置工作。④

---

① 马思伟：《宁夏2019年春节期间接待游客人次和旅游收入实现双增长》，中华人民共和国文化和旅游部网站，https：//www.mct.gov.cn/whzx/qgwhxxlb/nx/201902/t20190212_837257.htm，2019年2月12日。

② 张博文：《文化和旅游部迅速贯彻落实习近平总书记重要指示精神抓紧部署暑期旅游安全工作》，中华人民共和国文化和旅游部网站，https：//www.mct.gov.cn/whzx/whyw/201807/t20180707_833696.htm，2018年7月7日。

③ 彭艳娇：《安徽省旅游发展委迅速贯彻省领导指示精神 对暑期汛期旅游安全工作再做部署》，中华人民共和国文化和旅游部网站，https：//www.mct.gov.cn/whzx/qgwhxxlb/ah/201807/t20180709_833711.htm，2018年7月9日。

④ 国家旅游局办公室：《国家旅游局办公室关于切实做好2018年全国"两会"期间旅游安全工作的通知》，中华人民共和国文化和旅游部网站，http：//zwgk.mct.gov.cn/auto255/201803/t20180301_832559.html，2018年3月1日。

## （四）安全保障：旅游保险持续优化

1. 推进统保项目，扩大旅游安全保障范围

伴随黄金假期的旅游热潮以及出境旅游的蓬勃发展，旅行社责任保险再次被提升至重要位置。在2018年召开的以"从高速旅游增长阶段转向优质旅游发展阶段"为主旨的全国旅游工作会议中，前国家旅游局表示将对《旅行社责任保险管理办法》进行修订，提升旅游安全的应急能力。[1]

2018年，旅行社责任保险统保示范项目总体平稳发展。据统计，第一季度旅行社责任保险统保示范项目共接案件2125件，与同期相比，整体案件数减少137件，降幅达6%；同时，重大案件相较于2017年，减少了13%。[2] 从风险事件来看，出案较多的为意外伤害（主要为涉水事件）、食物中毒、交通事故、旅程延误或取消以及财物损失；从出险游客性别看，男性远低于女性；从局部地区风险事件来看，出境旅游风险突出，且主要发生在泰国[3]。各级相关部门重视旅行社责任险相关工作的落实，如长春市旅游局对市内某国际旅行社未按时续保旅行社责任险给予了相应的行政处罚。纵观全球旅游市场，旅游行业仍在不断发展中，未来旅行社责任险需要不断完善，细节部分也需要继续深化，如加大高风险地区的旅游责任险保障范围、加强管理工作，切实保障游客的出游安全。

2. 游客安全意识提高，投保意识有所提升

近年来国内游客的境内外旅游热度持续升高。2018年暑期我国出境旅游火爆，尤其是前往东南亚国家的中国游客数量持续上涨，而东南亚国家一直也是旅游安全事故高发地区。2018年7月发生泰国普吉岛重大沉船事件，险情发生后，国内各旅游保险企业纷纷进行紧急排查，并快速采取应急措

---

[1] 徐宁：《旅行社责任保险管理办法将修订 旅游遇天灾将获赔》，新华网，http://www.xinhuanet.com/travel/2018-01/08/c_1122227024.htm，2018年1月8日。
[2] 李梦溪：《一季度旅责险案件同比减少137件》，中国保险报网，http://www.xjbxw.org.cn/Article_Show.asp?ArticleID=38264tt，2018年4月28日。
[3] 李梦溪：《注意了！一季度旅责险境外案件四成发生在泰国，旅行前别忘了带上保险》，搜狐网，http://www.sohu.com/a/230301775_618588，2018年5月3日。

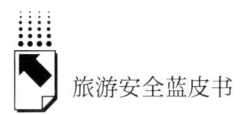

施，为涉事游客提供了安全救援服务和理赔通道。① 随着互联网快速发展，大量的境内外旅游安全事故进入大众视线，同时旅游保险概念被逐渐普及，加上国内相关部门的积极宣传和引导，国民开始重视出行安全，大部分游客会在购买旅游产品的同时订购保险产品。据统计，2018年我国境外旅游保险投保人数年增幅近40%。② 在黄金假期期间，酒店取消险占比上升6%、航班延误险上升4%。③

3. 保险覆盖范围扩大，产品细节不断深化

作为最常见的旅游保险产品，旅游意外险主要保障游客在出游期间发生意外伤亡时所产生的医疗等费用。一般情况下，参保人因参加攀岩、蹦极等危险项目而出现意外伤亡的这类情况不在旅游意外险的常规保障范围内。目前，已有多家旅游保险公司专门推出了针对这些高危项目的专项旅游保险产品。例如，中国平安保险率先推出马拉松旅游保险产品，该产品承担游客在旅游过程中的意外医疗等费用。④ 昆仑健康保险公司推出畅行无忧综合意外保险产品，其保障覆盖面广，同时还提供SOS用户专属救援服务，充分显示了人性关爱。近年来，中国老龄化问题不断凸显，但对旅游保险业来说，这是一个新的发展机遇。老年人的出游推动了旅游"银发经济"的发展，受身体健康状况等综合因素影响，老年群体在出游过程中容易发生骨折、疾病突发等意外，但是以往一些保险产品的受保对象不包括70岁以上的老年人。为解决这一问题，携程积极与保险公司合作开发出覆盖最高年龄达100周岁的"双亲游"保险产品。⑤ 并且，随着旅游市场的不断扩大，为满足不

---

① 《揪心的普吉岛沉船事件！国内保险旅游企业紧急行动》，和讯网，http：//funds.hexun.com/2018－07－07/193389781.html，2018年7月7日。
② 戴梦希：《2018暑期出行大数据显示：境外游保险走俏》，中国金融新闻网，http：//www.financialnews.com.cn/bx/bxsd/201807/t20180725_142786.html，2018年7月25日。
③ 窦衍风：《旅行险市场缘何难有起色》，中国财经网，http：//finance.ifeng.com/a/20181114/16570535_0.shtml，2018年11月14日。
④ 石雨：《春节旅游季保险产品琳琅满目 动态定制模式走俏》，和讯网，http：//insurance.hexun.com/2018－02－15/192473257.html，2018年2月15日。
⑤ 李文治：《70岁以上不保？携程升级老年人旅游保险最高100岁 推出"双亲游"保险》，环球网，http：//tech.huanqiu.com/internet/2018－06/12185339.html，2018年6月6日。

同承保对象的需求,国内各类旅游保险产品开始涌现,弥补了旅游意外险产品类型的不足。

## 三 2019年中国旅游安全形势展望

### (一)影响2019年中国旅游安全的因素分析

1. 风险因素:多元风险持续影响旅游安全

依据目前形势判断,各种可预见、不可预见的社会风险因素在2019年将依然存在,以事故灾难风险与社会安全风险为主的多元风险仍将持续影响2019年我国的旅游安全。

一是涉旅交通事故、山地运动事故、漂流及游船游艇事故、酒店安全事故、低空旅游事故、娱乐项目事故等事故灾难将继续影响2019年我国旅游安全。2018年8月,张家界发生交通事故,涉嫌司机操作不当,车辆失控,造成5人死亡;2018年7月,两艘载有127名中国游客的船只返回普吉岛途中发生倾覆,遇难人数众多;2018年5月,发生湘江漂流翻船事故,系游客私自进行橡皮艇漂流活动导致;2018年4月,连霍高速发生客车侧翻事故,造成8人死亡、多人受伤,其中6名遇难游客未使用安全带。随着我国进入大众旅游时代,全域旅游不断发展,旅游新业态层出不穷,这也导致旅游安全事故类型和特征更加复杂,事故灾难不断发生,风险防控难度较大。2019年,事故灾难风险仍将持续影响我国旅游安全。

二是社会矛盾、恐怖活动、文化冲突等社会风险因素将持续影响2019年我国旅游安全。2018年涉旅社会安全事件总体形势不容乐观,已有28个省级行政单位出现涉旅社会安全事件,发生的地域范围呈现扩大趋势。随着我国旅游业的快速发展,旅游活动呈现常态化、大众化,出游人次屡创新高。全国各地区接待大量游客,也需要承担各类风险隐患,这也会带来较多的涉旅社会安全事件,将给各地的管理工作带来巨大的挑战。如2018年9月17日,王先生一家人自驾前往四姑娘山旅游,途中遭遇当地流氓拦截停车,被敲诈800元的过路费,由于缺乏必要的危机应急处理能力,王先生与歹徒发生正面冲突,身受重伤,财物被一抢而空。2018年5月8日,王先生及多个团友在途牛网组织的"北欧四国12日游"途中,下车用餐并未携带随身行李物品,返回大巴车时发现留在车上的个人物品被盗。

2. 市场因素:市场乱象依然影响旅游发展环境

"假冒伪劣""价格虚高""黑车""胁迫、强制、诱导购物"等旅游市场乱象2019年依然存在,仍然会影响旅游市场发展环境。2018年我国旅游市场仍存在较多市场乱象。2018年1月至5月底,人民网"3·15"旅游投诉平台上出境游购物投诉共19件,泰国、越南成为"重灾区"。2018年9月,南宁市的旅游质量公报披露出境游投诉占投诉量的64.3%,其中购物问题占28.6%,尤其是越南游购物存在问题较多,如在越南芽庄购买的乳胶制品屡次出现质价不符或货不对板的现象,当游客向销售方要求退货时被拒绝。① 在旅游投诉平台上,"泰国乳胶枕头""假冒伪劣珠宝"等产品成为出现频率最高的投诉对象。2019年整治旅游市场乱象仍是各地旅游行政管理部门的工作重心,随着出境旅游的快速增长,出境游购物纠纷已成为旅游投诉焦点,如何治理出境旅游市场乱象是相关部门亟须解决的一个问题。

3. 监管因素:智慧监管手段进一步发挥作用

智慧监管在旅游安全形势研判及突发事件应急处置等方面起到重要作用。《文化和旅游部关于提升假日及高峰期旅游供给品质的指导意见》(文旅资源发〔2018〕100号)本着"智慧引领,科学引导"的原则,强调以智慧旅游为抓手,充分利用大数据平台,加强包括游客流量、旅游消费、目的地住宿交通、旅游景区门票、停车场、自驾游客及个体探险者等方面的预警预报工作,最终有效实现对游客出行、目的地游览和食宿消费等诸多方面的全方位科学安全引导。Wi-Fi探针等"黑科技"、"一部手机游云南"、"行游贵州"预警提示的推行和实践,基于移动互联和各种新兴科技的智慧旅

---

① 莫岚远、林玲:《出境旅游购物成投诉"大户"市民退货维权难度高》,《南宁日报》2018年11月16日。

游安全预警机制大行其道，功能完备、便捷应用的智慧预警必将成为旅游安全预警的最佳途径和首要选择。同时，智慧预警也可为散客游、自助游等群体提供更为精准可靠的公共安全服务。2019年，各旅游目的地将会加大推进旅游智慧应急建设力度，智慧应急将会在各地得到进一步的应用及发展。

4. 保障因素：旅游保险产品类型将更加多样化

近年来，在全域旅游战略的推动下，我国旅游经济快速发展，产业格局日趋完善，旅游市场规模和品质逐步提升，旅游成为国民经济的战略支柱产业和人民群众的幸福产业。伴随旅游产业体系日臻完善，国内出现乡村旅游、健康旅游、研学旅游、工业旅游、体育旅游等新旅游业态。但是，我国旅游保险市场仍未饱和，仍未触及很多细分市场，并且旅游保险产品存在严重的同质化现象。在体验经济背景下，旅游者消费呈现多样化和个性化趋势。因此，旅游保险企业需要将目光投向定制化方向，迎合并满足未来市场需求，精准定位消费群体。传统旅行险中，跳伞、潜水这类危险的游玩项目均不被纳入保障范围，预测未来旅游保险将走多样化和精准化路线，细分领域的特色保险将被设计、开发并投入市场。

## （二）2019年中国旅游安全态势展望

### 1. 全域旅游安全综合性治理体系构建将成为重点

全域旅游战略和乡村振兴战略的实施与国务院大部委机构与功能的调整，为旅游与农业、工业等多产业融合和"旅游+文化+体育+健康"的大旅游发展格局带来了新的机遇，使旅游从景区景点向乡村、厂区、街道、社区延伸与发展，各种旅游新业态与个性化旅游项目层出不穷。然而旅游发展新时代需要全新的发展理念、发展模式，也需要为其保驾护航的、与之相应的风险防范与安全监管体系。全域旅游发展新时代的多产业融合、新业态出现与大时空范围导致旅游安全形势更加复杂，旅游事故与风险更加多样，影响安全的因素更加复杂多变，旅游风险防范与安全管控更加困难，旅游安全需要有高效、科学的"综合治理"体系和大旅游的"安全治理格局"，才能应对全域旅游和乡村振兴战略下旅游发展新时代更加复杂多变的安全考验与挑战。

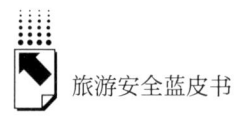

《文化和旅游部关于提升假日及高峰期旅游供给品质的指导意见》（文旅资源发〔2018〕100号）将"全域供给，创新推进"确定为有效提升假日及高峰期旅游供给品质的指导原则之一，并指出了健全全域旅游治理体系和公共服务体系的重要性，表明机制体系创新和现代旅游治理体系建立已经成为全域旅游发展的关键问题，全域旅游发展模式必将全面促进单一景点景区建设管理向综合目的地服务建设管理的转变。全域旅游安全预警模式作为全域旅游治理体系和公共服务体系的重要组成部分，必将逐步取代传统单一景点景区孤立预警模式，成为保障全域旅游安全的全域旅游的要素域、管理域及功能域的重要内容和必要补充。

2. 海外旅游安全保障即将迎来科学化、制度化和规范化新时代

文化和旅游部《2018年上半年旅游经济主要数据报告》显示，中国公民出境旅游人数7131万人次，比上年同期增长15.0%，中国继续稳居世界第一大出境旅游客源国。然而，与蓬勃发展的出境旅游市场极不相称的是，中国游客境外安全事故频发，如"6·21"中国游客泰国溺水身亡、"8·15"中国游客法国遭遇抢劫、"4·6"中国游客巴士马来西亚车祸等。2018年9月10日，由携程集团与联合国开发计划署、中国国际经济技术交流中心、中国旅游研究院共同实施的"安全旅行·负责任的旅行"项目启动中国海外旅游安全预警平台建设，可为中国游客降低出境旅游风险提供可靠保障。伴随中国海外旅游安全预警平台的建设，海外旅游安全预警将逐渐步入科学化、制度化和规范化的轨道。

3. 基于旅游大数据的旅游安全预警机制将成为热点

通过收集游客在食、住、行、游、娱、购旅游各个环节中产生的数据，尤其是对游客流量、实时动向的监测等数据进行精准分析，能够为旅游景区的安全管理提供真实可靠的数据参考。依据旅游大数据全面收集全国范围内的旅游安全事件的类型、发生原因、处理方式等，为景区根据自身实际情况构建安全管理机制打下坚实的基础。旅游安全事件的发生，要求景区能够快速做出反应，在短时间内拿出合理有效的解决方案、应对措施。旅游大数据凭借其超快的处理速度大大提高景区处理安全事件的速度和精准

度。同时，旅游景区的管理人员可以调取以往发生的安全事件作为参考。相对于传统的旅游安全预警机制，旅游大数据的运用提供了更为高效、便捷的机制办法。

4. 新技术的发展将带来新的安全挑战与规避措施

针孔摄像头因其低廉的成本、简单的操作、极端隐蔽性而泛滥整个旅游住宿业，随着科技的发展，其已经有红外拍摄、夜视高清、断网断电后再续航24小时、可在手机安装App进行实时观看和存储视频等功能，这进一步为此类安全事件的预防带来了巨大的挑战。对于旅游住宿企业而言，用Wi-Fi营销能够提升顾客的体验，但可能会遭到黑客的攻击，泄露顾客的信息。黑客可以通过修改路由器的DNS服务器，获取用户上网或使用网银购物时的账号和密码。区块链技术相比于传统的电子数据管理，能更好地抵御黑客攻击。旅游住宿企业可以通过使用区块链技术加强网络安全，保护顾客的信息。

5. 区域旅游合作将推动旅游保险国际合作

2018年是我国"一带一路"倡议提出五周年，中国不断向世界传递合作共赢的声音，先后成功举办海南博鳌亚洲论坛年会、金砖国家厦门峰会、上海合作组织青岛峰会、中非合作论坛北京峰会和中国国际进口博览会等重要国际会议。同时，我国与其他国家间的免签政策不断放开，三大旅游市场持续健康成长，我国多年保持世界第一大出境旅游客源国和全球第四大入境旅游接待国的地位。[①] 在此发展背景下，"一带一路"项目的保险需求不断增多，旅游保险市场具备良好的发展机遇。但是，机遇与挑战并存，一方面，全球局势仍然不稳定，一些旅游目的地国自然灾害频发、政局动荡等问题给国际旅游保险发展带来了不小的挑战。另一方面，国与国之间的政治形态和对外政策不同，如何协调各国旅游保险企业的利益、因地制宜是中国旅游保险企业需要解决的问题。未来，我国旅游保险企业需要继续深化国际合

---

① 伍策、林溪：《我国连续多年被评世界第一大出境旅游客源国》，中国网，http://travel.china.com.cn/txt/2018-01/08/content_50203044.htm，2018年1月8日。

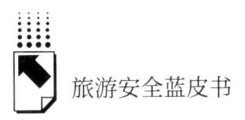

作,着力解决不平衡不充分保险供给之间的矛盾,积极推动并构建全球旅游保险业的命运共同体。

6. 创新旅游安全监管方式仍然是工作重点

各地涉旅主管部门创新旅游安全监管方式,带动当地居民、旅游企业、游客等利益相关者形成多元协同安全治理体系。

一是进一步修订并完善旅游旺季安全监督检查方案。现有旅游安全监督检查方案已明确规定监督检查详细内容、操作手册。但旅游旺季工作人员压力大,引致因素复杂,质监部门难免力不从心。因此,政府在旅游旺季除正常安全检查程序外,应实行多部门联合执法,保障质监工作正常实施和安全迎接游客到来。此外,进行安全检查前应对联合执法部门进行培训指导,切实让每个质监人员了解自己工作职责与其重要性,避免质监人员在安全监督检查中走马观花,留下安全隐患。

二是定期开展旅游安全检查与培训。首先,在旅游旺季,涉旅管理部门应提前对景区内景点设施进行安全监督与检查,确保旅游设施的正常运转;对旅游未开发区域和危险区域进行封锁和告知,避免游客误入。其次,对旅游从业人员开展旅游安全动员大会,帮助员工厘清景区注意事项,提高员工安全意识,有针对性地培训其基本应急技能。最后,涉旅企业接受旅游质监部门安全检查意见,配合安全检查工作,及时整改,形成政企二元一体安全监督检查保障体系。

三是建立社会监督检查志愿者体系。在旅游行业中,甄选当地居民、旅游经营者等作为旅游安全志愿监督员。上述人群既是旅游目的地的一员,也对旅游目的地情况更加熟悉,切实了解旅游目的地可能存在的风险。旅游安全社会监督检查志愿者体系,创新传统的旅游安全治理方式,在一定程度上能够提升旅游安全治理水平。

# 结束语

2018年,我国旅游安全管理工作在《中华人民共和国旅游法》、《旅游安全管理办法》、《中华人民共和国安全生产法》、《中华人民共和突发事件应对法》、《旅行社条例》和《安全生产事故报告和调查处理条例》等政策文件的指导下，各级旅游主管部门在旅游突发事件的预防预备、监测预警、应急救援、安全保障等方面取得了一系列的进展与突破。2019年，各地各级旅游主管部门将科学部署旅游安全管理的各项工作，着眼于旅游安全预防与预警，构建全域旅游安全综合性治理体系，强化安全底线思维，构建旅游安全保障网，实现旅游业持续健康发展。

# 专题报告

Special Reports

**产业安全篇**

## B.2 2018~2019年中国旅游住宿业的安全形势分析与展望*

陈雪琼 何封源 李 娜 萧咏强**

**摘 要：** 2018年，我国旅游住宿业业态更加多元化。随着旅游市场规模的不断扩大，我国旅游住宿业的安全突发事件发生规模有所减小。从事件类型来看，旅游住宿业安全突发事件主要包括事故灾难、社会安全事件、公共卫生事件和自然灾害四大类。旅游住宿业安全突发事件的特征主要表现为：安全突发事件发生时

---

\* 基金项目："基于信息和知识视角的企业员工创新动力机制研究"（JB-SK1204）。
\*\* 陈雪琼，华侨大学旅游学院教授、硕士生导师，主要研究方向为旅游服务与管理；何封源，硕士研究生，研究方向为旅游企业管理；李娜，硕士研究生，研究方向为旅游企业管理；萧咏强，硕士研究生，研究方向为旅游企业管理。

间主要集中在第三、四季度，事故种类结构变化显著，常规不安全因素占主要地位，非常规不安全因素层出不穷。

**关键词：** 旅游住宿业　安全突发事件　旅游安全形势

2018年，我国旅游住宿业整体呈飞速发展趋势，住宿业业态更加多元化。本文在百度新闻、中国旅游新闻网、迈点网等知名门户网站上，输入"民宿/酒店/客栈/公寓偷盗""精品酒店/宾馆/民宿抢劫""酒店/短（长）租公寓偷盗""客栈/酒店/饭店玻璃门破碎事件""酒店/宾馆事件"等搜索词，对2018年我国发生的旅游住宿业安全突发事件进行检索，共检索到事件408起。本文结合案例，分析了2018年我国旅游住宿业的安全特点，探寻了影响安全突发事件的因素，并对2019年旅游住宿业安全形势进行了展望，最后对旅游住宿业安全管理提出了建议。

## 一　2018年中国旅游住宿业安全的总体形势

2018年，我国旅游住宿业延续了2017年的发展特征，业态趋向多元化，传统品牌跨界发展、星级酒店平稳运行、非标住宿不断扩展、旅游住宿业共享经济影响和覆盖的范围持续扩张。从事件类型来看，旅游住宿业安全突发事件主要有事故灾难、社会安全事件、公共卫生事件和自然灾害四大类。根据案例统计（见表1），2018年我国旅游住宿业安全突发事件总数较2017年有所下降，其中，事故灾难发生数量最多，社会安全事件发生数量居第二，公共卫生事件与自然灾害发生的数量较少。从事件发生的地点和时间来看，旅游住宿业发生的安全事件基本上覆盖了全年各月与全国各省区市。从事件造成的损失程度来看，这些事件不仅对顾客的生命、隐私安全等造成严重的威胁，还严重影响了我国旅游住宿业的形象。

表1　2018年旅游住宿业安全事件发生数量

| 事件种类 | 亚类 | 2018年(件) | 2017年(件) |
| --- | --- | --- | --- |
| 事故灾难 |  | 175 | 112 |
|  | 消防事故 | 68 | 42 |
|  | 设施事故 | 93 | 61 |
|  | 施工事故 | 14 | 9 |
| 公共卫生事件 |  | 82 | 42 |
|  | 食物中毒 | 25 | 16 |
|  | 突发疾病与死亡 | 7 | 4 |
|  | 精神安全问题 | 50 | 20 |
|  | 职业危害 | 0 | 2 |
| 社会安全事件 |  | 150 | 281 |
|  | 刑事治安案件 | 98 | 244 |
|  | 人员冲突 | 6 | 6 |
|  | 非正常伤亡 | 46 | 31 |
| 自然灾害 |  | 1 | 2 |
| 总计 |  | 408 | 437 |

## 二　2018年旅游住宿业安全的概况与特征

### （一）旅游住宿业安全突发事件的种类

#### 1. 事故灾难

旅游住宿业事故灾难主要有消防事故、设施事故和施工事故三种类型。2018年事故灾难约占住宿业安全突发事件总数的43%，较上一年有所上升。事故灾难中发生数量最多的是设施事故，基本每月都发生，约占事故灾难的53%，其中电梯关人、玻璃门破碎、旋转门夹人发生数量较多。消防事故占事故灾难的39%，与上一年基本持平。消防事故发生的原因主要是部分住宿企业防火意识不够强，存在严重的消防安全隐患，相关部门监管不到位。

**2. 公共卫生事件**

旅游住宿业公共卫生事件主要有食物中毒、突发疾病与死亡、精神安全问题、职业危害四种。2018年公共卫生事件占住宿业安全突发事件总数的20%，与上年相比增加较多，发生时间与我国旅游市场淡旺季分布一致，在空间上分布较广且多集中于旅游城市。在该类型事件中，精神安全问题类事件发生最多，占公共卫生事件的61%，主要原因为安全系数过低，事件表现形式多为旅游住宿企业存在众多安全隐患使顾客受到伤害。食物中毒事件发生数量略有上升，突发疾病与死亡事件略有增多，未发生职业危害事件。

**3. 社会安全事件**

旅游住宿业社会安全事件主要有刑事治安案件、人员冲突和非正常伤亡三种类型。社会安全事件在住宿业安全事件中所占比例约37%，与前两年相比发生频次大大降低了。其中刑事治安案件发生频次最高，约占社会安全事件的65%，非正常伤亡事件次之，人员冲突事件发生频次相对较低。刑事治安案件种类繁多，如打架斗殴、吸毒、赌博、偷盗、杀人、抢劫等。旅游住宿业开放程度高、私密性强、流动性大等特点为刑事治安案件的发生提供了时间上和空间上的便利。人员冲突主要表现形式为主客间实施暴力、主客发生口角、各种投诉等。

**4. 自然灾害**

自然灾害主要有山体滑坡、地震、泥石流、洪水、气候灾害等各类自然灾害以及由此引发的二次灾害。2018年发生的灾害中危害最大的实属9月16日的十五级超级台风"山竹"，大梅沙京基喜来登酒店遭海水倒灌。[1] 全年24小时无休的澳门赌场全城停业，这也是澳门博彩业自1847年合法化以来的第一次。[2]

---

[1] 《感受下强台风"山竹"的威力！狂风巨浪酒店大门瞬间被海水冲垮》，央视网新闻，https：//baijiahao.baidu.com/s？id=1611748439017959692&wfr=spider&for=pc，2018年9月16日。

[2] 《台风过境 围观澳门赌场停摆的32小时》，网易网，http：//travel.163.com/18/0920/15/DS5HHER200067VK2.html，2018年9月20日。

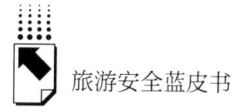

## （二）旅游住宿业安全突发事件的特征

**1. 安全突发事件在淡旺季时段具有差异性**

2018年我国旅游住宿业安全突发事件月份分布不均，事件发生高峰期主要在7月、8月、11月和12月，其中8月和11月的安全突发事件的数量均占全年事件总量的15%以上，呈现淡旺季具有显著差异的特点。其中第三、四季度安全突发事件共计253件，是第一、二季度155件的1.63倍。暑期与黄金周住宿业安全突发事件数量的增加与出游人数的增多有关。

**2. 住宿业安全事件的类型结构变化显著**

与2017年相比，事故灾难与社会安全事件仍占住宿业安全突发事件的大部分，但事故灾难数量有所上升，社会安全事件数量有所下降。设施事故与消防事故在事故灾难中占比较大，原因在于近几年中小型住宿业发展过快，设施安全质量水平下降。近几年亲子游的比例不断增加，儿童受害者也在增多。在社会安全事件中，2018年发生刑事治安案件98起，是近三年里发生数量最少的一年，这表明国家的打黑扫恶专项活动取得显著的成果。人员冲突与非正常死亡类事件发生的数量与前两年基本持平。

**3. 常规不安全因素占主要地位，科技犯罪层出不穷**

2018年旅游住宿业安全突发事件主要是由犯罪分子故罪重犯、企业安全管理不善、员工及顾客安全认知不足、相关部门监管不到位等因素引起的。随着科学技术的进一步发展，高科技犯罪也逐渐多了起来。例如，2018年8月14日，华住酒店集团遭黑客拖库。[①] 由于个别住宿企业员工的非常规操作，一些非常规因素导致住宿业安全突发事件时有发生。

## （三）旅游住宿业安全管理主要进展

**1. 旅游住宿业行业标准不断完善**

2018年11月15日，由国家信息中心分享经济研究中心牵头组织的共

---

① 《华住酒店数亿条住客信息谁在泄密？黑客还是内鬼？》，新浪网，http://finance.sina.com.cn/chanjing/gsnews/2018-08-28/doc-ihiixzkm1866560.shtml，2018年8月28日。

享住宿领域行业自律标准《共享住宿服务规范》在北京发布,这个规范虽然属于行业自律性规范,缺乏强制性,但是有利于消费者甄别非标住宿品牌优劣,提升符合《共享住宿服务规范》要求的品牌的市场影响力。

2. 旅游住宿业市场约束力不断加强

随着国家对住宿业多种标准及监管政策的出台,我国各省市住宿业相关部门也不断加强安全防范管理。2018年12月21日,文化和旅游部为了维护旅游市场秩序和加快旅游领域信用体系建设,发布了《旅游市场黑名单管理办法(试行)》,将会采取信用约束、联合惩戒、线上线下同步纳入黑名单管理等措施,严重违法失信的旅游市场主体和从业人员等将会被相关机构列入全国或地方旅游市场黑名单。

3. 全新一代智慧酒店为旅游住宿业安全系统助力

越来越多的酒店运用人工智能、物联网、低碳环保、生物识别技术等高新技术来提供服务,以提升便捷性、节约运营成本、提升安全度。2018年7月2日,全国首家无人前台智慧酒店正式对外开放,预计2020年合作规模超过300家。阿里巴巴无人酒店也于2018年正式营业,客人从进入酒店开始,可以刷脸办理入住登记,之后的一切行为,包括乘坐电梯、开房门、开窗帘等一系列动作都不需要人工参与,均由系统控制操作。全程无人智能化的服务流程,有效地减少了人为因素导致的安全隐患。

## 三 2018年旅游住宿业安全影响因素

### (一)旅游住宿企业

1. 总投入成本降低,行业门槛有待提高

近几年我国新的旅游住宿业业态不断出现,较低的进入门槛使得旅游住宿业竞争激烈,一些规模小的旅游住宿企业持"回报降低,投资减少"的理念,减小对软硬件的投资力度,降低设备的日常维护频次,甚至松懈对员工的管理,这提高了安全突发事件发生的概率。如2018年8月25日哈尔滨北龙温泉休闲酒店漠视消防监督多次抽查不合格的结果,室内报警系统存在故障，消防火栓被杂物遮挡，导致悲剧的发生。

2. 缺乏诚信意识，忽视细节问题

旅游住宿企业缺乏诚信经营理念、忽视服务操作细节、不重视行为安全等都可能导致安全事故并造成游客的人身财产损失。如旋转门卡人、未关房门引发偷盗、电梯事故等，很多是细节管理不到位导致的事故。2018年7月14日邓某入住坪山区某精品酒店因电梯坠落踩空而死。① 旅游住宿业要注重每一个细节，对易发生安全事故的地方做好提醒措施，以尽保障顾客人身、财产安全的义务。

3. 旅游安全知识宣传不够

旅游企业不重视安全宣传、忽视员工安全培训、对顾客缺乏安全引导等，都可能导致员工和顾客采取危险的行为举动，进而导致安全事故的发生。住宿企业应该定期召开安全会议，加强员工安全培训，重视安全宣传和引导，做好安全提醒，让顾客和员工树立风险观念，形成良好的安全意识和安全习惯。

## （二）法律、监督机制等

1. 相关法律法规不够细化完善

近年来，旅游住宿企业偷拍事件呈井喷状态，这对顾客造成了严重的伤害。偷装针孔摄像头的行为可能构成非法使用窃听、窃照专用器材罪。根据《中华人民共和国刑法》第284条规定，该罪是指违反国家有关法律规定使用窃听、窃照专用器材，造成严重后果的行为，应处两年以下有期徒刑、拘役或者管制。但目前还没有明确标准，因此各地在构罪标准上尺度不一。除此之外，较低的违法成本也增加了此类安全事件的数量，如《中华人民共和国治安管理处罚法》第四十二条第六项规定，偷窥、偷拍、窃听、散布他人隐私的，处五日以下拘留或者五百元以下罚款。

---

① 《悲剧不再上演——2018年深圳建筑工程领域事故》，四联安全，https://www.meipian.cn/1c5eg2be，2018年5月25日。

**2. 相关执法部门职责监管不到位**

安全突发事件的减少除了需要旅游住宿企业采取有效的措施之外，管理部门的法律宣讲、执法部门的职责监管也很重要，如确保接触食品的从业人员具有健康证，并以食品安全法规与标准规范操作，餐具设备消毒必须符合行业标准。哈尔滨酒店发生大火说明目前我国对旅游住宿企业的监管力度还不够，有关执法部门要对安全监管不合格却不整改的旅游住宿企业经营者进行适当的处罚，并认真协调、督促有关部门进行彻底整改，通过运用法治手段，来增强约束力、震慑力和惩治力，避免同类事件再次发生。

## （三）员工、顾客方面

旅游住宿企业员工流失率高、招聘困难的现状使企业不得不降低用人门槛，聘用一些思想素质较低的员工，加上对内部监控的疏忽就可能会引发内部偷盗等安全突发事件的发生。某些顾客的自律性差、素质低、安全意识淡薄会导致旅游住宿业安全突发事件的发生，如2018年5月11日，郑某在大连富丽华大酒店因锁关房门遭歹徒抢劫。①

# 四 2018年旅游住宿业安全形势展望与管理建议

## （一）形势展望

**1. 卫生标准细化准则的颁布将会加强监管**

虽然我国以前出台过《旅业客房卫生间清洁操作规程》《旅业客房杯具洗消操作规程》等酒店客房相关规则，但近几年旅游住宿业卫生丑闻不断发生，新的卫生细化准则有望颁布，以对卫生、旅游住宿业的职业能力、从业人员扫除能力等制定详细的章程，为旅游住宿业的卫生监管提供保障。

---

① 《女客下榻大连富丽华大酒店，未锁房门遭惯犯持刀抢劫》，关注大连，http://m.sohu.com/a/278982506_802461，2018年12月1日。

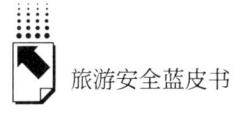

**2. 顾客的信息泄露仍是严峻的挑战**

随着科技的发展，许多不法分子利用高科技产品窃取顾客信息，严重威胁着顾客的安全，如针孔摄像头已经有红外拍摄、夜视高清、断网断电后再续航 24 小时、可在手机安装 App 进行实时观看和存储视频等功能，黑客能够利用 Wi-Fi 窃取顾客信息，等等，这就为此类安全突发事件的预防带来了巨大的挑战，旅游住宿业需要对此类问题采取相关措施以保障顾客的安全。

**3. AI 智能设备等新技术的使用将降低安全风险**

AI 智能设备如语音智能助手可以保护顾客隐私，顾客通过使用语音智能助手可以减少与员工之间的互动，从而避免与员工之间的冲突。旅游住宿业还可以用 AI 智能设备替换基层服务人员，这可以使服务人员摆脱烦琐的工作程序，从而将注意力放在改进流程、改善服务上，有利于减少安全事件的发生。区块链技术相比于传统的电子数据管理，能更好地抵御黑客攻击，旅游住宿企业可以通过使用区块链技术加强网络安全，保护顾客的信息。

## （二）管理建议

**1. 对于公共卫生事件要重视员工层面的宣导**

我国旅游住宿企业供大于求的问题造成经营业绩下降，这就迫使企业压缩人力成本，一线服务员工因此面临着工作量大、待遇较低的问题，这为公共卫生事件的频发创造了条件。员工是企业的财富，高素质的员工会带来满意的顾客，旅游住宿企业应提高一线服务员工的薪酬与福利待遇，提高员工素质，引导其树立积极的职业价值观。

**2. 对于事故灾难等事件要重视设施设备的优化**

完善的设施设备有助于减少安全事件的发生。住宿企业的日常运作基本上依靠设施设备的良性运作，缺乏安全设施、服务设施存在故障、服务设施陈旧破损等则可能增加安全事件的发生频次。因此，住宿企业应该加强日常服务设施的维护保养，同时按照法规要求配置烟雾报警器、消防设备、医药箱等安全设施和资源，以加强对客人的安全保障能力。

**3. 对于综合问题要加大行业监管力度**

旅游住宿业综合性安全突发事件的防范需要法律、执法部门、媒体监督等共同完成，要利用行业协会的行业规范制定和监督职能，卫生部门的专业检查职能，消费者维权组织、媒体的监督作用，第三方的抽查，等等，来加强对旅游住宿业的监管，有关执法部门要对有重大安全隐患的旅游住宿企业依法严肃处理。除加强监管外，还要加强旅游安全法律法规与标准体系的优化完善。

**4. 对于重大安全事件要重视预案制定与演练**

对于易发生的重大安全事件，旅游住宿业应制定应急预案，以规范事发后酒店的处置方法，避免给酒店带来更大的损失。制定该预案时必须事前充分研究各种负面风险，并逐一给出应对措施。预案制定后择机演练，这样才有可能在事发时有效地发挥作用。

# B.3 2018~2019年中国旅游餐饮业的安全形势分析与展望

汪京强 李丹 李聪[*]

**摘 要：** 2018年，我国旅游餐饮业业态更加多元化，网络餐饮势头强劲。政府监管力度不断加大，中国旅游餐饮业安全事件规模呈减小趋势。展望2019年，随着安全技术的更广泛应用、智慧餐饮平台的建设、政府及行业多方努力，消费者的权益将得到更大的保障，旅游餐饮安全问题将得到进一步改善，但是，多样化的安全风险因素依然隐蔽，安全问题的解决仍刻不容缓。

**关键词：** 旅游餐饮业 餐饮业安全

2018年，中国餐饮业经济发展出现由快向稳、稳定向好的趋势，1~11月餐饮收入39294亿元。餐饮作为"吃住行游购娱"六大旅游要素之一，占据着重要位置。旅游餐饮安全是旅游业发展不可碰触的底线，是旅游活动顺利开展的保障。

本文通过网络搜索的方式对全国2018年发生的旅游餐饮安全事件进行搜集、汇总，采用"旅游餐饮安全"、"旅游餐饮事故"、"旅游餐厅爆炸"、

---

[*] 汪京强，华侨大学旅游学院高级实验师、硕士生导师，主要研究方向为神经旅游实验、酒店管理、餐饮管理、旅游实践教学等；李丹，华侨大学旅游学院硕士研究生，研究方向为旅游企业管理；李聪，华侨大学旅游学院硕士研究生，研究方向为旅游企业管理。

"旅游餐厅火灾"、"旅游餐厅卫生"、"旅游食物中毒"、"旅游就餐打架"、"旅游就餐偷窃"、"旅游食品造假"和"旅游就餐价格虚高"等作为关键词在新浪网、腾讯网以及各地方新闻网站、报纸进行搜索。在往年旅游餐饮安全事件中酒店、景区、旅游交通工具等也是事故的常发地，因此又以"酒店/景区餐饮安全"、"酒店/景区食物中毒"、"酒店/景区餐厅卫生"、"景区餐饮价格欺诈"、"动车/高铁/飞机/高速服务区餐饮安全"和"外卖餐饮安全"等作为补充关键词进行搜索。搜索截止日期为2018年12月20日，共搜索到大陆31个省（自治区、直辖市）和港澳台地区共130个案例，案例涉及面广且相对具有典型性。

## 一 2018年旅游餐饮业安全总体形势

中国旅游餐饮业的安全形势总体较好，2018年全国旅游餐饮安全事件总量明显下降。由于影响因素的复杂性，餐饮安全事件仍旧时有发生。对收集到的餐饮安全事件进行汇总，发现类型呈多样化，以食物中毒和火灾爆炸为主，造成不同程度的经济损失和人员伤亡。总的来说，旅游餐饮安全形势逐渐向好，但餐饮安全事故的管理水平仍须提高。

## 二 2018年中国旅游餐饮安全事件类型分布与特点

### （一）旅游餐饮安全事件内容分析

1. 高频词分析

利用ROSTCM6软件对整理好的旅游餐饮安全事件文本进行多次分词处理，直至达到理想的分词结果。然后通过词频分析，得到高频词表（见表1），在此基础上做出词云图，对"关键词"予以视觉化的展现（见图1）。

从词性上看，高频词以名词居多，主要体现在用餐场所、事件主体、发生时间及事件类型等方面；动词主要反映事件发生后各方的行为；形容词较

表1 2018年旅游餐饮安全事件高频词

| 高频词 | 词频 | 高频词 | 词频 | 高频词 | 词频 | 高频词 | 词频 | 高频词 | 词频 |
| --- | --- | --- | --- | --- | --- | --- | --- | --- | --- |
| 酒店 | 71 | 吃饭 | 23 | 不理 | 14 | 经过 | 11 | | |
| 人员 | 67 | 凌晨 | 23 | 陆续 | 14 | 立即 | 11 | | |
| 餐厅 | 65 | 网友 | 22 | 位于 | 14 | 死亡 | 11 | | |
| 医院 | 46 | 患者 | 22 | 大酒店 | 14 | 广场 | 11 | | |
| 食物中毒 | 44 | 治疗 | 21 | 餐具 | 13 | 初步 | 11 | | |
| 餐馆 | 43 | 火灾 | 21 | 蟑螂 | 13 | 先生 | 11 | | |
| 症状 | 40 | 老鼠 | 20 | 伤亡 | 13 | 消防 | 11 | | |
| 爆炸 | 40 | 餐饮店 | 20 | 引发 | 13 | 天津 | 11 | | |
| 火锅 | 37 | 安全 | 18 | 店铺 | 13 | 执法 | 10 | | |
| 食品 | 33 | 菜品 | 18 | 中毒 | 13 | 严重 | 10 | | |
| 现场 | 32 | 卫生 | 18 | 突发 | 12 | 入院 | 10 | | |
| 顾客 | 30 | 婚宴 | 18 | 消费 | 12 | 附近 | 10 | | |
| 朋友 | 29 | 使用 | 18 | 南京 | 12 | 肠胃炎 | 10 | | |
| 事件 | 29 | 平台 | 17 | 病例 | 12 | 离开 | 10 | | |
| 服务员 | 28 | 员工 | 17 | 当天 | 12 | 当晚 | 10 | | |
| 饭店 | 28 | 问题 | 17 | 消费者 | 12 | 导致 | 10 | | |
| 就餐 | 27 | 厨房 | 17 | 加工 | 12 | 事发 | 10 | | |
| 调查 | 26 | 下午 | 17 | 期间 | 12 | 不适 | 10 | | |
| 餐饮 | 25 | 部门 | 16 | 住院 | 12 | 截至 | 10 | | |
| 晚上 | 25 | 男子 | 16 | 宴席 | 11 | 检测 | 10 | | |
| 用餐 | 25 | 起火 | 16 | 串串 | 11 | 小时 | 10 | | |
| 受伤 | 24 | 商家 | 16 | 处理 | 11 | 负责人 | 10 | | |
| 呕吐 | 24 | 事故 | 15 | 告诉 | 11 | 诊断 | 10 | | |
| 腹泻 | 23 | 中午 | 15 | 中心 | 11 | 游客 | 10 | | |

注：仅依次列出频数高于或等于10的高频词。

少，多反映事故的严重程度（见表1、图1）。

表达"场所"的词共11个，可分为两类。一是餐饮事故发生场所，二是餐饮事故处理涉及的场所。

表达"时间"的词共6个，可分为两类。一是餐饮发生时间，二是餐饮事故发生时间。

表达"内容"的词共26个，可分为三类。一是"对象"方面，体现了

**图 1　2018 年旅游餐饮安全事件高频词词云图**

"食"的内容；二是"主体"方面，体现了"食"的提供者、服务者和消费者；三是"行为"方面，体现了"食"的消费者的消费行为、餐饮事故造成的后果以及餐饮事故处理行为。

表达"事故类型"的词包括"食物中毒、爆炸、火灾、老鼠、卫生、起火、蟑螂、中毒"，这表明 2018 年旅游餐饮安全事件类型主要有食物中毒、餐饮卫生以及火灾爆炸。

2. 语义网络结构分析

根据语义网络图（图2），"医院、酒店、餐厅"是重要的场所节点词，"就餐、用餐、腹泻、呕吐、调查"是重要的行为节点词，"食物中毒"是重要的安全事件类型节点词，与高频词统计结果较为一致。

### （二）旅游餐饮安全事件类型分布

1. 时间分布特征

从时间上看，2018 年我国旅游餐饮安全事件较为集中，主要发生在 7

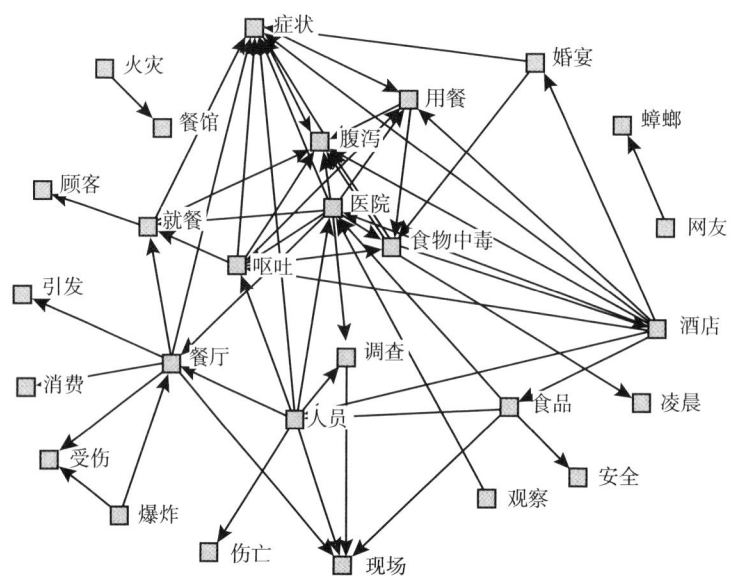

图 2　样本社会网络和语义分析

月、8月、10月和11月，共计76起，约占总数的58.5%（见图3）。7～8月正值暑期旅游旺季，且高温高热天气使生冷餐饮需求上升，食品容易腐化变质，食物中毒容易发生。10月为旅游旺季，游客数量增加，造成餐饮安全事件的增加。相对而言，11月进入了旅游淡季，但餐饮安全事件未见减少，可见餐饮安全事件在任何时间都有可能发生，应时刻提高警惕。

2.空间分布特征

空间分布上，从地区来看，内地25个省（自治区、直辖市）以及香港、澳门特别行政区发生了旅游餐饮安全事件（见表2），其中广东省和江苏省居首位，均发生17起，事件类型较多。四川省和湖北省居第二位，分别发生7起。从地域来看（不含港澳地区），事件数量由多到少依次为华东、华南、华中、华北、西南、东北、西北，这与旅游餐饮业发展水平有着密切的联系。

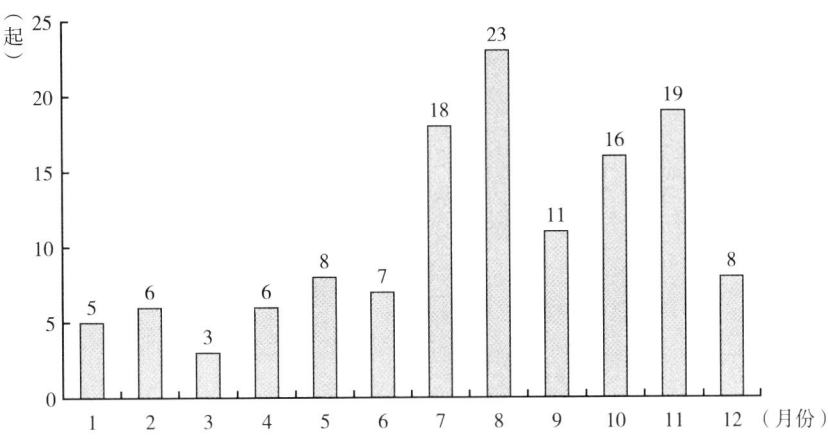

**图3 2018年旅游餐饮安全事件月度分布**

**表2 2018年旅游餐饮安全事件地域以及地区分布**

单位：起

| 地域 | 地区 | 数量 | 地域 | 地区 | 数量 |
|---|---|---|---|---|---|
| 港澳台 | 澳门 | 2 | 华中 | 湖北 | 7 |
|  | 香港 | 1 |  | 河南 | 5 |
| 西北 | 陕西 | 5 |  | 湖南 | 4 |
|  | 甘肃 | 1 | 华南 | 广东 | 17 |
| 东北 | 黑龙江 | 5 |  | 广西 | 5 |
|  | 吉林 | 2 |  | 海南 | 4 |
| 西南 | 四川 | 7 | 华东 | 江苏 | 17 |
|  | 重庆 | 4 |  | 安徽 | 6 |
|  | 云南 | 1 |  | 福建 | 6 |
| 华北 | 北京 | 4 |  | 山东 | 6 |
|  | 河北 | 4 |  | 上海 | 6 |
|  | 天津 | 3 |  | 浙江 | 5 |
|  | 山西 | 1 |  | 辽宁 | 1 |
|  | 内蒙古 | 1 |  |  |  |

3. 事件类型分布特征

参照国家旅游局编纂的《旅游安全知识总论》中安全事故类别，将旅游餐饮安全事件分为事故灾难、公共卫生事件、社会安全事件、网络购物安全事件（见图4）。

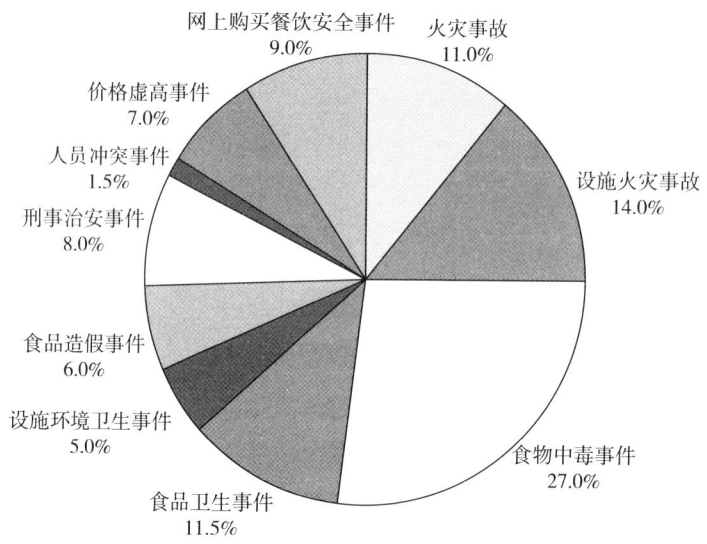

图4 2018年旅游餐饮安全事件类型分布

(1) 事故灾难

事故灾难占2018年旅游餐饮安全事件总量的25%,主要指火灾事故,结合高频词"爆炸",可见火灾多是由爆炸引起的。

①火灾事故

2018年共收集14起餐饮火灾爆炸事故。事故的原因包括液化气等燃料爆炸、设备老化、烟道起火和油锅起火。例如,2018年6月30日,武汉一餐厅煤气坛发生燃爆,导致2人死亡、6人受伤;① 2018年10月9日,浦东新区一餐馆因厨房电器老化起火,造成3人死亡。②

②设施事故

餐饮行业的设施事故原因较多,主要包括设施设备年久失修、操作不当

---

① 《武汉一餐厅煤气坛发生燃爆致2死6伤》,新京报网,http://www.bjnews.com.cn/news/2018/06/30/493295.html,2018年6月30日。
② 《浦东新区五莲路一餐厅爆燃起火 现场碎玻璃满地》,新民晚报,http://sh.news.163.com/18/1009/19/DTMTPNHT04188CSJ.html,2018年10月9日。

等，轻者影响餐厅或酒店声誉，重者可能导致人员伤亡。例如，2018年6月16日，某景区游客中心餐厅区域的部分装饰性吊顶掉落，脱落面积约30平方米，共造成9人受伤。①

（2）公共卫生事件

2018年餐饮公共卫生事件有食物中毒事件、食品卫生事件、设施环境卫生事件以及食品造假事件，占总量的49.5%，成为监管的重点。其中食物中毒事件占总量的27%，约占餐饮公共卫生事件的55%。

①食物中毒事件

食物中毒事件数量居2018年旅游餐饮安全事件首位，共收集35起，对1268人造成了不同程度的伤害，未出现死亡案例。例如，2018年8月23~26日，桂林某酒店举办学术会议，600多名师生参会。25日晚宴后，上百名参会者出现上吐下泻、高烧等症状，截至27日，共有159人到医院接受检查，经当地卫生部门检测，确认是沙门氏菌中毒。②

②食品卫生事件

近几年，接二连三的食品卫生事件引起了社会的广泛关注。2018年，食品卫生事件共收集15起，包括食物中吃出杂物（蟑螂、虫子、老鼠）和火锅店油反复使用等。例如，2018年3月30日，两名女顾客在深圳某餐厅吃饭时，沙拉里出现带血创可贴。③

③设施环境卫生事件

现代餐饮环境是供人就餐、交流的公共空间，人们除了重视食物本身的卫生问题，对就餐环境卫生的诉求也越来越高。2018年设施环境卫生事件共收集6起，包括厨房环境问题、餐具清洁、消毒以及从业者个人卫生与健康问题。

---

① 《快讯！华山景区一餐馆天花板掉落 现场9人受伤（附视频）》，华商网，http://news.hsw.cn/system/2018/0616/997252.shtml，2018年6月16日。
② 《学术会议后上百名参会者集体食物中毒》，新京报网，https://news.sina.com.cn/c/2018-09-01/doc-ihinpmnr3198523.shtml，2018年9月1日。
③ 《餐厅沙拉吃出带血创可贴 女子怒泼店长一脸饮料》，看看新闻网，http://www.kankanews.com/a/2018-04-02/0038391218.shtml?appid=322290，2018年4月2日。

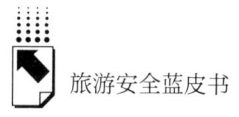

④食品造假事件

近年来,食品造假事件屡禁未止,2018年仍出现了诸如红糖馒头事件等,一旦发生食品造假,即使没有造成有形的伤害,消费者通常也会感觉受到了欺骗,并且觉得这样的行为不可原谅。

(3) 社会安全事件

2018年餐饮社会安全事件有刑事治安事件、人员冲突事件和价格虚高事件,占总量的16.5%。

①刑事治安事件

餐饮业刑事治安事件包括偷窃、打架斗殴、纵火、恶意打砸、诈骗、凶杀等。2018年旅游餐饮刑事治安事件共收集11起,包括打架斗殴和恶意打砸两类,其中打架斗殴事件9起、恶意打砸事件2起,与往年相比偷窃事件未出现。

②人员冲突事件

旅游餐饮业的人员冲突事件特指经营者和顾客之间发生口角或暴力行为、服务人员操作不当导致顾客受伤以及顾客对员工和经营者的投诉和双方的法律纠纷等。2018年人员冲突事件较少,以暴力事件为主。

③价格虚高事件

旅游餐饮价格虚高,"宰客"现象层出不穷,2018年仍出现了上海"天价菜单"事件,一餐消费40万元。这严重损害了旅游餐饮消费者的合法权益和旅游餐饮业的正当竞争秩序以及旅游目的地形象。

(4) 网络购物安全事件

伴随强劲的网络经济势头诞生的网络消费日益发展成为一种时尚的消费方式,"互联网+餐饮"融合创新的步伐不断加快,"外卖"成为年轻群体饮食消费的重要手段,网络餐饮安全也成为重要的监管对象。2018年网络餐饮安全事件共收集12起,包括卫生事件和造假事件。

### (三) 旅游餐饮安全事件的特点

1. 安全事件年总量呈下降趋势

通过对2012~2018年我国旅游餐饮安全事件的统计,发现年安全事件总量整体呈下降趋势。2012~2017年安全事件年平均值为209.5起，而2018年仅130起，呈现下降状态。但安全事件类型仍较复杂，与往年相比未发生明显变化。因此，我国旅游餐饮安全事件管理水平仍须提高，在预防和减少事件的发生方面还有很多工作需要做。

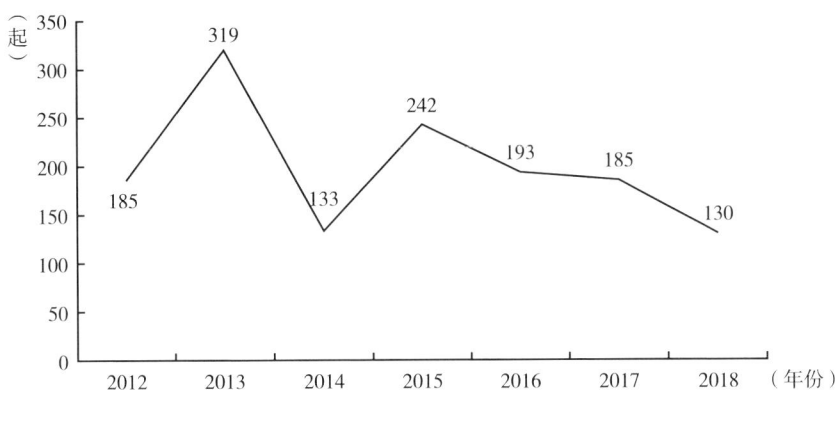

图5 2012~2018年旅游餐饮安全事件数量

2. 安全事件的类型以食物中毒和火灾爆炸为主

2018年我国旅游餐饮安全事件的类型呈多样化的特点，以食物中毒和火灾爆炸为主，两者约占餐饮事件总量的52%，两类事件后果严重，危害性大。食物中毒具有群体性爆发、可控性差的特点，2018年的35起事件对1268人造成了人身伤害。

3. 安全事件的发生场所以小餐厅为主

2018年我国旅游餐饮安全事件的发生场所主要包括酒店和小餐厅。其中发生在小餐厅的有104起，占比80%；酒店发生26起，占比20%。部分小餐厅无证经营、环境脏乱、餐具不消毒、人员卫生条件差等食品安全问题突出。小餐厅安全隐患应成为监管重点。

## 三 影响旅游餐饮安全的主要因素

"食"作为旅游活动六要素之一，其安全问题影响旅游者对整个旅游活动的体验感与满意度。通过对2018年旅游餐饮安全事件的详细分析，对其原因进行总结，从政府监管、经营者、消费者三方面进行阐述。

### （一）政府监管

随着"互联网+餐饮"融合创新步伐的不断加快，网络监管成为餐饮安全管理的重要部分。2018年出现了网络餐饮照片造假、无证经营、无实体店等事件，还有一些外卖餐馆的脏乱差问题，如厕所洗菜、待炒菜扔泥水地、脚踩肉丸等，给网络餐饮安全管理敲响了警钟。针对上述问题，要明确网络餐饮食品安全监管的工作方案，坚持"线上线下一致"原则，依法加强对互联网餐饮企业的管理。

### （二）经营者

1. 部分旅游餐饮经营者道德缺失

个别餐饮经营者抱有"金钱至上，利润第一"的观念，对社会安危缺乏一个公民应有的责任感。为了降低经营成本，获得利益最大化，有些餐饮店铺会在食材和原材料上下手，如火锅店使用潲水油等。上述非法添加、掺假使假事件，对食客的健康构成了不小的威胁，需要加大监督管理力度，严厉打击不法行为。

2. 部分旅游餐饮经营者安全意识淡薄

餐饮经营者素质参差不齐，对食品安全知识不熟悉、安全意识薄弱等问题日益突出。旅游餐饮经营者的安全意识关乎员工以及消费者的人身安全，操作人员应当严格按照行业规范对相关设施进行定时检查、维护，排除安全隐患。

### （三）消费者

1. 部分消费者食品安全意识薄弱

一些学生群体过于看重食品的外在特征，并将"卖相好"与安全性挂钩，从而忽视了安全性。要从规范市场竞争、强化消费者食品安全教育、调整监管体系三方面为突破点构建食品安全监管改进方案。

2. 部分消费者维权意识薄弱

不少消费者在遇到餐饮事故时往往选择吃闷亏，以后在进行餐饮消费时更加注意或者不再进行重复购买行为。可通过增加投诉渠道、提高媒体对餐饮食品安全的舆论监督力度等方式来加强消费者的维权意识。

## 四 2018年中国旅游餐饮安全管理主要进展

1. 食品安全文件密集出台

国务院食品安全办发布了《关于提升餐饮业质量安全水平的意见》，全面部署了餐饮业质量提升工作。2018年以来，国家食品药品监督管理总局发布了《餐饮服务明厨亮灶工作指导意见》，鼓励餐饮服务提供者实施明厨亮灶工程。国家市场监督总局发布了《餐饮服务食品安全操作规范》，指导餐饮服务提供者规范经营行为，要求其履行食品安全主体责任。

2. 各地方政府多项政策措施相继实施

2018年以来，各地方对食品安全保障工作十分重视，采取切实有效的办法，在规范食品生产和经营行为、食品消费环节监管等方面出台了多项政策措施。贵州省、浙江省和安徽省等地方政府积极配合，严格执行中央政策。

3. 行业协会等各方共同发力

食品安全不仅是政府的责任，更要让行业协会和民众等社会力量成为外部监督的重要力量。中国烹饪协会向全行业发出"餐饮业质量安全提升承诺"，推动餐饮企业由守法经营向质量整体水平提升转型。

4. 餐饮智慧监管平台发挥重要作用

餐饮智慧监管平台一般是由监管指挥中心和监管端、企业端、公众端三个端口构成，指挥中心综合各方数据实现指挥调度，具有量化分级智能管理、明厨亮灶远程控制、地沟油流量监管及远程监控等功能模块，形成餐饮业质量安全社会共治局面。

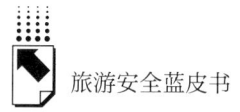

## 五 2019年旅游餐饮业安全形势展望与管理建议

### （一）2019年旅游餐饮业安全形势展望

1. 多样化的安全风险因素依然存在

现在的消费者越来越追求个性化，新兴的饮食习惯促使餐饮形式发生改变，不断出现新的餐饮类型去满足消费者多样的口味变化。由于餐饮业业态的丰富变化，影响餐饮业的因素变得更加复杂，餐饮安全监管工作难度增加。

2. 餐饮安全问题将引起多方重视

随着互联网的发展，信息得以迅速传播，事件发生后可以通过互联网迅速被更多的人知道，引起多方重视，餐饮安全事件也不例外。2018年，从中央政府到一些地方政府，再到行业协会，均在餐饮安全方面做了很多工作。在中央政府的指导下，2019年及以后，各地方政府及行业协会将会越来越重视餐饮安全工作。

3. 小型餐饮店安全管理将成为工作重点

小型餐馆种类多样，变数较多，安全监管工作难度较大，部分经营者安全意识又比较薄弱，使得其安全风险因素更加隐蔽，不易被发现。在2018年多次的安全排查工作中发现了小型餐馆的诸多问题，小型餐馆安全重视程度的加强成为餐饮安全工作中的重点。

4. 安全技术更广泛运用到餐饮安全管理中

大数据时代，伴随着高新技术的发展以及各种移动智能设备的普及，智慧平台的建设得以迅速发展并逐步走向成熟。目前餐饮智慧监管平台已经出现，并在部分地方得以实施，使线上餐饮安全管理得以实现，极大地提高了餐饮安全管理工作的效率。

5. 消费者权益保障体系将逐渐完善

随着各种政策的相继落实以及互联网监管平台的形成，消费者有了维权依据，维权途径也变得明确。随着消费者维权意识的不断加强和相关部门的重视，一系列餐饮安全法律法规将会相继出台和落实，消费者的权益保障体系也会逐渐趋于完善。

## （二）2019年旅游餐饮业安全管理建议

1. 大力推动智慧餐饮监管平台建设

随着互联网技术的不断推广与更新，旅游安全监管进入智能化新时代，构建"智慧餐饮监管平台"符合时代需求。餐饮企业可以通过挖掘、分析和处理点评网站及其自媒体平台的数据信息，建立信息舆情监督和安全预警体系。

2. 深入开展监督检查和专项整治工作

定期对餐饮企业开展监督检查和专项整治工作，并呼吁全民积极"爆料"，形成以政府为主导、全民参与的餐饮安全治理体系和风险隐患排查机制。

3. 做好事故处理和行政处罚工作

政府部门应该从事故处理和行政处罚两个方面做好工作。首先，当事故发生后，相关部门应该及时督促商家对消费者进行补偿；其次，要对发生事故的商家进行行政处罚，根据事故造成的后果严格执行警告、罚款、责令停产停业、行政拘留等工作，以起到警示其他餐饮商家的作用。

4. 定期开展餐饮安全宣传培训工作

通过对餐饮安全事件进行分析，发现很多餐饮安全事件是由经营者和消费者对餐饮安全不够重视引起的。政府或行业组织可以通过定期组织餐饮安全宣传培训工作，大力普及餐饮安全知识。

5. 推进现代化安全技术在餐饮领域的应用

餐饮安全事件还有很多是由客观因素引起的，技术的不过关导致食品在生产、加工等过程中受到了污染，然后在检测的过程中又由于检测技术不达标，不合格的食品没有被发现，最终流到消费者的餐桌上。所以应该加强餐饮行业重要安全技术的攻关，推进现代化的安全技术在餐饮领域的应用，国家应该对相关领域的研究给予政策和资金上的支持。

# B.4
# 2018~2019年中国旅游交通业的安全形势分析与展望

施亚岚　李　娜*

**摘　要：** 2018年全国旅游交通安全发展态势良好，但是境内外重大旅游交通事故仍不断出现。其中，旅游道路交通事故较为频发，境外团队游和境内自助游的交通安全事故呈多发特征；境外重大船难事件造成较大的人员伤亡；通航旅游事故成民航安全关键痛点。2018年，假期自驾安全风险集中、境外安全管理不到位、交通安全服务不可续成为影响旅游交通安全的关键因素。2019年，应通过资本融合加快交通安全设施建设，智慧新技术助力高质量旅游交通安全，全方位推进境外旅游交通安全保障。

**关键词：** 旅游交通业　交通事故　船难事件　通航旅游事故

## 一　2018年中国旅游交通业安全的总体形势

2018年，我国交通运输整体运营良好。公路方面，根据交通运输部发布的统计数据，2018年1~11月国内公路旅客客运量为1260118万人，为上年同期的93.6%；旅客周转量为85933913万人公里，为上年同期的94.9%。水路方面，2018年1~11月国内水路旅客客运量为26223万人，为

---

* 施亚岚，华侨大学旅游学院副教授，主要研究方向为旅游规划与开发、旅游环境管理；李娜，华侨大学旅游学院、海峡旅游发展研究院，主要研究方向为旅游规划与开发。

上年同期的99.3%；旅客周转量为742294万人公里，为上年同期的102.7%。①铁路方面，根据中国铁路总公司官网发布的统计数据，2018年1~12月旅客发送量为312331万人，为上年同期的109.5%；旅客周转量为13226.12亿人公里，为上年同期的105.2%。②民航方面，根据中国民用航空局发布的统计数据，2018年1~10月全国民航旅客运输量达511289.1万人，为上年同期的111.5%；旅客周转量达8940.2亿人公里，为上年同期的113.3%。中国民航在调整航线结构和航线布局方面不断努力，当前已形成十分发达的航线网络。③从上述数据可看出，四大运输系统继续保持良好势头，其中，公路旅客运输量、周转量呈现降幅收窄的趋势，而铁路尤其是高铁对于旅客的吸引力逐渐凸显，民航的优势得到进一步发挥。

据不完全统计，2018年全国旅游交通安全总体形势良好，但是不乏境内外重大交通事故的出现，为旅游交通业安全发展敲响警钟。道路交通事故风险蔓延，境外成事故多发地，3月和4月成集中发生期，其中，境外尤以朝鲜和埃及旅游团事故最为严重，境内以张家界和稻城亚丁自驾车事故最为严重；海域安全事故重新引发关注，泰国普吉岛旅游市场受到重创，海上旅游安全风险不容忽视；民航运输业中通航旅游事故征候和不安全事件数量呈现上升趋势，安全隐患无法根除。2018年旅游交通业在经历机构改革重组的同时，技术标准化建设、交通服务大数据应用、新兴行业政策的持续推进，为旅游交通业有条不紊地发展以及旅游交通安全形势平稳发展提供了基本保障。

## 二 2018年旅游交通安全的特点与进展

### （一）2018年旅游交通安全的基本特点

1. 旅游道路交通事故频发，境外成事故多发地

据不完全统计，2018年，旅游道路交通事故多有发生。其中，3月和4

---

① 数据来源：中华人民共和国交通运输部网站，http：//www.mot.gov.cn/。
② 数据来源：中国铁路总公司网站，http：//www.china-railway.com.cn/gkl/。
③ 数据来源：中国民用航空局网站，http：//www.caac.gov.cn/。

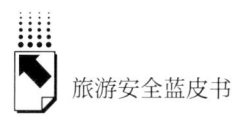

月成为集中发生时期，境外特重大交通事故引发全民关注。4月22日，朝鲜黄海北道一辆载有34名中国游客的旅游大巴从当地一处大桥坠落，造成32人死亡、2人重伤。① 4月24日，埃及首都开罗至海滨城市亚历山大的高速公路上，一辆载有来自中国深圳某旅行团的巴士冲出路基掉入水塘，造成3人死亡、10人受伤。② 世界卫生组织公布的数据显示，全球范围内道路交通事故每年约造成125万人死亡，③ 值得注意的是，道路交通事故在全球蔓延的趋势并未减缓，已经严重威胁到海外旅行的中国游客的生命安全。近年来，中国游客在海外旅行中面对的道路交通安全风险日益凸显。

表1 2018年主要旅游道路交通事故

| 月份 | 日期 | 地点 | 交通工具 | 事故类型 | 伤亡情况 | 事故原因 |
|---|---|---|---|---|---|---|
| 1月 | 14日 | 泰国皮皮岛 | 游艇 | 爆炸 | 1人死亡,5人重伤 | |
| 1月 | 18日 | 泰国 | 旅游巴士 | 车祸 | 17人受伤 | 失控追尾 |
| 2月 | 5日 | 中国台湾 | 游览车 | 车祸 | 4人受伤 | 司机疲劳驾驶 |
| 3月 | 20日 | 泰国 | 大巴车 | 车祸 | 2死7伤 | 追尾 |
| 3月 | 22日 | 葡萄牙埃武拉省 | 大巴车 | 车祸 | 26人受伤 | 翻车事故 |
| 3月 | 27日 | 中国台湾 | 游览车 | 车祸 | 无 | 起火 |
| 3月 | 30日 | 菲律宾计顺省 | 休旅车 | 车祸 | 1死3伤 | 坠崖 |
| 3月 | 31日 | 中国台湾 | 游览车 | 车祸 | 2人轻伤 | 撞车 |
| 4月 | 7日 | 马来西亚雪兰莪州 | 旅游巴士 | 车祸 | 16人受伤 | 撞车 |
| 4月 | 19日 | 日本富士山 | 旅游大巴 | 车祸 | 轻伤 | 撞车 |
| 4月 | 22日 | 朝鲜黄海北道 | 旅游大巴 | 车祸 | 32人死亡,2人重伤 | 坠落 |
| 4月 | 24日 | 埃及开罗 | 巴士 | 车祸 | 3死10伤 | 坠入水塘 |
| 4月 | 25日 | 泰国普吉岛 | 大巴车 | 车祸 | 4人受伤 | 撞车 |
| 6月 | 4日 | 加拿大 | 巴士 | 车祸 | 1人死亡,3人受伤 | |
| 7月 | 29日 | 土耳其安塔利亚省 | | 车祸 | 3人重伤 | |
| 8月 | 7日 | 稻城亚丁 | 自驾车 | 车祸 | 2人死亡 | 坠江 |
| 8月 | 13日 | 肯尼亚 | 巴士 | 车祸 | 1人死亡,1人受伤 | 河马攻击 |
| 8月 | 15日 | 湖南张家界 | 自驾车 | 车祸 | 5人死亡 | 坠崖 |
| 12月 | 9日 | 澳大利亚西部 | 巴士 | 车祸 | 3人死亡 | 撞车 |

数据来源：《2018年1~12月份旅游安全事件报告》，参见佰佰安全网，https：//www.bbaqw.com。

---

① 《朝鲜重大交通事故致32名中国游客和4名朝方人员遇难》，中国新闻网，http：//gd.sina.com.cn/news/2018-04-23/detail-ifzqvvrz9194599.shtml，2018年4月23日。
② 《载中国深圳旅行团巴士在埃及出车祸，中国游客3死8伤》，闽南网，http：//www.mnw.cn/tour/lvyou/198403.html，2018年4月25日。
③ 《海外旅行交通安全问题被新华社〈环球〉关注》，搜狐网，http：//www.sohu.com/a/241313023_795537，2018年7月15日。

## 2. 假期自驾出行集中，私家车肇事风险加大

截至2018年年底，全国汽车保有量达2.4亿辆，机动车驾驶人突破4亿人，为假期自驾游出行量提供了基础保证。假期全国实施高速公路小型客车免费通行政策，大大节约了假期出行的交通成本。游客选择在假期集中出行，对热门旅游目的地和热门景区以及途经重点路段的交通安全造成较大压力。据统计，近年来中秋、国庆假期自驾游出行比例达54%；而私家车肇事导致的死亡人数比例达43%，远高于其他类型车辆。8月7日，四名女孩（年龄24～30岁）自驾车从稻城亚丁回成都途中，车辆转弯过程中未降低车速，最终失控在新龙县坠江，2人遇难。① 当前私家车驾驶人低驾龄群体比例大，其安全意识和处理经验不足，增大了肇事风险。8月15日，湖南张家界一名男子开车载着家人在行驶途中不慎坠入左侧的百米悬崖，5人全部遇难。②

## 3. 重大船难事件引发关注，海域旅游安全问题浮出水面

2018年，我国公民在境内外旅游均有翻船事故发生。7月5日，载有127名中国游客的"凤凰"号游船和"艾莎公主"号游船在泰国普吉岛附近海域突遇特大暴风雨，船只发生倾覆并沉没，造成47名中国游客遇难。据了解，泰国气象厅在出行之前已经发布预警，禁止普吉海域所有船只出海，但涉事船只不顾气象预警擅自出港，最终导致灾难发生。随后，泰国海域旅游安全问题浮出水面，重创游客对泰国旅游的信心，对普吉岛甚至整个泰国的旅游市场造成很大的消极影响。③ 4月21日，两艘龙舟在广西桂林市桃花江竞渡演练经过拦堰时失控发生翻船，造成57人落水、17人遇难。④ 龙舟覆翻的

---

① 《成都4名女子自驾不幸坠江2人死亡》，新浪网，http://gd.sina.com.cn/news/2018-08-15/detail-ihhtfwqr6519508.shtml，2018年8月15日。
② 《张家界一家5口驾车坠崖，全部身亡》，百家号，https://baijiahao.baidu.com/s?id=1608956775811598284&wfr=spider&for=pc，2018年8月17日。
③ 《凤凰号被打捞上岸 导致47名中国游客遇难》，环球网，https://news.china.com/socialgd/10000169/20181118/34455146.html，2018年11月18日。
④ 《广西桂林桃花江两艘龙舟翻船17人遇难》，新华网，https://news.china.com/domesticgd/10000159/20180422/32335400.html，2018年4月22日。

地点为一处拦堰水域，拦堰上下游有一定落差，水流比较湍急。这两起船难的发生，再次将海域旅游安全问题带回公众的视野。近年来，越来越多的海上旅游项目受到广大游客欢迎，然而海上旅游安全风险较高，一方面需要政府部门强化天气预警和船舶出海安全检查制度，另一方面需要海上旅游项目经营公司加强安全管理及涉水项目安全设施建设。

**4. 民航运输安全态势趋稳，通航旅游事故成重要环节**

中国交通运输部统计数据显示，2018年1~11月航班正班客座率和正班载运率分别达83.6%和73.3%。① 中国民航局数据显示，截至2018年11月中国运输航空实现持续安全飞行98个月、6640万小时。民航运输业全年未发生运输航空事故，行业安全生产继续保持平稳态势。中国民用航空局安全办公室、中国民航科学技术研究院联合发布《中国民航安全信息统计报告》，报告显示，2018年1~6月，全行业发生一般飞行事故和较大飞行事故各1起，均发生在通用航空领域。全行业发生事故征候229起，与上年相比减少69起，其中通用航空事故征候14起，与上年相比增加5起。天气意外原因事故征候事件占比达75.98%，为最主要原因（见图1）。通用航空一般事件236起，机械原因不安全事件占比达37%，为最主要原因。2018年发生通航死亡事故高于近三年、近十年的平均水平，意味着通航死亡事故率处于较高的水平。据通航资源网不完全统计，2018年，全国发生通用航空不安全事件18起，造成16人死亡，其中，7月就发生了7起通航不安全事件。10月26日，一架小型直升机在秦皇岛海港区一村庄附近坠落起火，造成3人死亡。②11月18日，四川峨眉山景区道路附近发生直升机坠落，造成2人受伤，机身受损。③ 事故征候和不安全事件虽未达到飞行事故的级别，但是严重影响游客对民航旅游的信心，同时造成不可

---

① 数据来源：中华人民共和国交通运输部网站，http：//www.mot.gov.cn/。
② 《秦皇岛直升机坠毁最新消息：事件造成3人死亡》，河北新闻网，http：//news.carnoc.com/list/467/467209.html，2018年10月26日。
③ 《四川峨眉山景区发生直升机坠毁事故》，民航资源网，http：//news.carnoc.com/list/470/470113.html，2018年11月18日。

挽回的后果。从飞行事故、事故征候和不安全事件可以看出,通用航空成民航安全风险主要潜在领域,亟须得到关注和有效缓解。通航安全已成为不可忽略的问题,规范标准、加强执法、事前监管、人才培养、制造能力、训练飞行等均需要得到全方位完善和提升,进而带动安全水平提升。

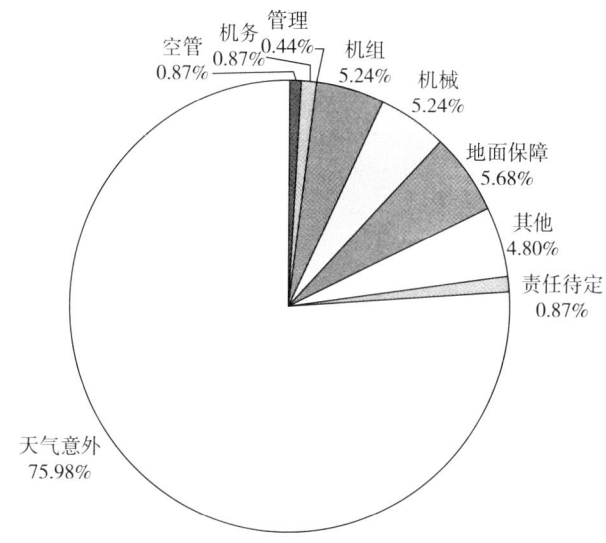

**图 1　2018 年 1~6 月民用航空事故征候原因**

数据来源:《2018 年 1~6 月中国民航安全信息统计报告》。

### (二)旅游交通安全管理的主要进展

**1. 标准化引领旅游交通市场大变革**

旅游标准化,是旅游行业走向规范化、优质化的必然要求。标准化在旅游交通市场的实现,更是旅游安全的重中之重。2018 年 6 月,由中国公路学会客车分会和全国汽标委客车分委会主办的"寻找客车行业发展新动能暨《旅游景区观光车类型划分及等级评定》标准启动会"在福建厦门召开。旅游景区内部交通安全一直是旅游管理和景区管理的一个软肋,内部交通安全事故和问题屡见不鲜。规范景区用车市场、引导产品技术进步、推广新能源客车运用、提升景区车的安全性能,有利于旅游景区和旅游市场的可持续发展。该标准首次对景区车的评定技术等级进行探索，标准评定内容除了对景区车的安全性、动力性、舒适性等做出了规定之外，还对统一管理和规范秩序具有重大意义。近年来，全国多个省市在旅游交通导向系统、设施设备方面努力实现标准化建设，一方面显著提升了市政环境和旅游环境，另一方面有效保障了旅游交通安全。

2. 通用民航类相关政策相继发布

经过近年来在通用民航领域的探索和实践，2018年该领域的报告和政策相继发布。2018年11月，中国航空工业集团有限公司发布《通用航空发展白皮书（2018年）》。据预测，到2035年，通用航空网络初步形成，其业务结构从传统业态向新兴业态转变。短途运输、低空旅游、公务飞行等新兴业态所占比例从2010年的4.5%提高到2017年的19%，工农业作业等传统业态比例则从2010年的25%降低至2017年的18%。2018年伊始，交通运输部、民航局等部门密集发布与通用航空相关的政策和文件，其中包括《空中交通流量管理实施路线图》《低空联网无人机安全飞行测试报告》《通用机场分类管理办法》《2017年通用和小型运输运行概况》《使用数据链通信系统的运行批准程序》等重磅文件。

3. 交通旅游服务大数据应用进一步推进

2018年3月，交通运输部办公厅和国家旅游局办公室联合印发《关于加快推进交通旅游服务大数据应用试点工作的通知》，提出在部分省（区、市）开展包括运游一体化服务、旅游交通市场协同监管、景区集疏运监测预警、旅游交通精准信息服务四个方面的试点主题工作。这四个试点主题囊括了旅游交通工作的主要范畴，也是预防和减少旅游交通安全事故发生的关键领域。旅游交通市场协同监管可以加强各部门之间的协同作用，有效遏制违法行为的发生；通过景区集疏运监测预警实现重点景区和重点路段动态实时监测，并对其客流进行预测，采取预案措施防止高峰期游客超载压力；通过旅游交通精准信息服务根据旅游交通特征开发特色交通产品。

## 三 2018年影响我国旅游交通安全的主要因素

1. 境外安全因素复杂多样

据统计，2017年中国公民在境外交通事故中身亡人数多达165名，这个趋势在2018年并未得到缓解。根据交通事故的起因分析，人的主观因素是造成事故的主要和直接原因，车辆、道路、气候等客体因素是交通事故的其他原因。针对境外旅游，无论是主体还是客体都存在潜在的风险因素。从既有案例看出，境外游客集中乘坐旅游客运车辆，发生交通事故呈现显著的群死群伤特征。究其原因，一方面，不同国家所执行的车辆运行安全技术标准不统一，不同的交通工具、出行特征、道路状况是隐含的客观因素；另一方面，驾驶者的身心状况都考验着其驾驶稳定性。

2. 假期集中引发安全风险

公安部根据对近年来法定节假日期间道路交通事故规律特点的归纳，以及对道路交通安全形势的分析研判，在假期开始之前发出交通安全警示。国内有几个比较明显的假期高峰，如清明小长假、中秋、国庆等。结果显示，根据节日出行规律，假期高峰集中在假期当天（第一天）及前一天，还有假期末日也是事故易发时期，超速、违法上道路行驶等违法行为肇事风险明显高于平日，死亡人数高于全年平均水平。同时，针对旅游高峰，许多地方采取旅游景区降价或免费措施，进一步刺激假期旅游出行需求，道路交通拥堵和事故风险加大。

3. 交通管理服务不可续

近年来，全国相继推出的交通管理服务，在推动旅游安全和提高服务效率上发挥了一定的优势，但是，由于管理和服务主体涉及不同部门和组织，呈现短暂性、临时性和阶段性的特征。例如，《2017年国庆出行安全指南》仅在当年发布，在2018年未能及时更新，这对游客的实用性不足。各地安全出行服务未能实现系统化和权威性，指导性意义不大。例如，2018年，教育部新闻办发布《大学生寒假安全指南》，涉及留校、实习、出行、

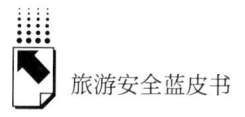

通信等；同时，教育部发布《国庆长假儿童安全出行指南》。这些指导性文件尝试针对目标群体提出对策和建议，后期需要不断深化其服务方能凸显作用。

## 四 2019年旅游交通业安全形势展望与对策研究

### （一）2019年旅游交通业安全形势展望

1. 部门机构改革重组，安全建设迎来机遇和挑战

2018年，党的十九届三中全会审议通过了《深化党和国家机构改革方案》，提出将文化部、国家旅游局整合为文化和旅游部，作为国务院组成部门；将农业部的渔船检验和监督管理职责划入交通运输部。一方面，文化和旅游部的组建是统筹文化产业和旅游产业协调有序发展的客观需要，集中体现了产业融合和大部制发展的趋势，为旅游与交通的融合发展提供了土壤和时机；另一方面，2019年是文化和旅游部起步阶段，其职责明确和具体实施过程中，将遇到一系列的问题，对安全建设工作的有序进行提出了挑战。

2. 海外自助游安全关注度提升，安全风险有望缓解

2018年发生的各类旅游交通安全事故（件）中，尤以境外交通安全事故影响最大，政府部门、旅游企业和旅游者对事件进度高度关注，对其原因调查紧密追踪。2018年，文化和旅游部先后发布多条风险预警提示，明确表示，目前越来越多的中国公民走出国门旅游，涉及中国游客的境外旅游安全事故也随之增加，游客海外自助游要警惕涉水活动、交通、野外和空中项目、盗抢四大类风险。许多风险是可以采取主动防控措施避免的。文化和旅游部将加强境外旅游安全的监管和警示工作，同时，海外自助游游客的安全意识和行为规范在多方关注下有望改善。

3. 低空旅游航线常态化开发，安全体系有望完善

我国已经有近50%的通航企业具备开展空中游览业务的资质。据不完全统计，目前已有覆盖26个省市的低空旅游线路90余条，其中海南省最

多,拥有 15 条线路。发展低空旅游,必须严守安全底线。目前,低空旅游正处于提速发展期,其制度体系包括服务标准、管理规范必须融入安全管理的内容,其运行体系与程序需要建立安全检查机制,其运营管理需要建立通航 SMS 安全管理体系,完善安全体系是低空旅游常态化开发的先决条件,共同推进低空旅游运营安全化发展。

### (二)2019年旅游交通业安全对策研究

**1. 资本融合加快交通安全设施建设**

2018 年,文化和旅游部以及财政部在《关于在旅游领域推广政府和社会资本合作模式的指导意见》中提出,支持地方政府将交通项目和旅游资源的利用融合建设、一体发展,鼓励社会资本方参与旅游风景道、邮轮港口、游船码头、公共游艇码头、旅游集散中心、通景公路及相关配套服务设施的建设。旅游交通深度融合,尤其需要社会资本和社会力量的介入和支持,仅仅依靠政府力量,将难以满足现代旅游业的快速发展。旅游交通业业态和服务的持续更新,包括旅游交通设施的大规模建设,单靠政府资金投入,建设周期长,投资回报周期长,各级政府不可能大包大揽所有的公共服务项目。此时,就需要创新和拓展投融资的渠道,通过引入社会资本,积极拓展特许经营、政府购买服务、政府和社会资本合作等模式,共同推动公共服务事业的发展。

**2. 智慧新技术助力高质量旅游交通安全**

应充分应用物联网、大数据、"互联网+"和人工智能等新技术,不断提升道路交通管理智能化、科学化水平,从根本上解决影响道路交通安全的问题。其一,通过交通运输部门大数据收集和整合,建立大数据应用模型,实施数据深度挖掘、实时分析和精准预测,精确指导日常交通安全隐患排查与监管,并进行有效部署。其二,通过地方政府组织所有相关部门(交通部门、公安部门、住建部门、保监部门和气象部门)进行数据实时交换共享,并与百度、高德等互联网企业开展深度合作,建立旅游者流量控制联动系统;与交通部门和公安部门合作构建指挥调度系统,对通往景区的外围道

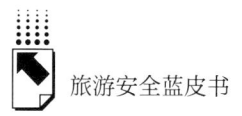

路入口和主要集散中心进行动态监控并实施引导、分流和截流措施,有效进行流量管控。其三,不断利用技术支持、技术更新,例如人工智能、虚拟仿真技术,探索其在交通安全管理工作中的实际应用,提高智能化管理水平。

3. 全方位推进境外旅游安全保障

境外旅游安全事故频发是旅游业和旅游市场发展的初级阶段必然面临的问题,其影响因素的复杂性更需要全方位、严格地对境外旅游进行安全保障。强化境外旅游安全调控,既要求事前、事中和事后全过程管理,也需要政府、企业和旅游者共同参与。事前,政府相关部门(如文旅部相关机构)负责发布境外旅游目的地风险提示,旅行社和线上旅行商在行程前对境外旅游的风险提供告示,旅行社组团社、线上旅行商与公安、出入境管理、驻外使领馆等保持信息共享、联动互通。事中,旅行社与线上旅行商有义务对游客进行宣传、教育、提醒,旅游团队在境外遇到突发事件,借助信息数据网络或者手机终端等,迅速取得涉事人员的确切信息,及时开展紧急救援工作。事后,旅行社对提供的行、游、住、食、购、娱等服务环节的安全进行确认,线上旅行商重新审核境外服务商的资质、服务项目的品质。

# B.5
# 2018~2019年中国旅游景区的安全形势分析与展望

黄安民　卢秋雅　臧如心*

**摘　要：** 旅游景区是旅游业的重要组成部分，景区安全是影响旅游活动正常开展的生命线。本文对2018年我国（不包括港澳台地区）旅游景区安全事件进行统计，从事件的分布特征、发生特点、安全管理的主要进展以及事件发生的主要原因四个方面进行分析，理清2018年旅游景区的安全形势，并对2019年国内旅游景区安全形势进行了展望，同时对景区安全管理提出了一些有针对性的意见和建议。

**关键词：** 旅游景区　景区安全

## 一　2018年旅游景区安全的总体形势

通过对2018年1~12月原国家旅游局网站、人民网、新浪网等各大门户网站和各地区新闻网站报道的有关我国（不包括港澳台地区）旅游景区的安全事件进行统计，2018年旅游景区共发生安全事件188起，分布在26个省（自治区、直辖市），死亡人数为91人。涵盖的景区类型有人文景观类、地文景观类、水域风光类和建筑与设施类等。其中，地文景观类景区的旅游安全

---

\* 黄安民，华侨大学旅游规划与景区发展研究中心主任，教授、博士生导师，主要研究方向为旅游与休闲、景区管理、区域旅游发展战略；卢秋雅、臧如心，华侨大学旅游学院研究生。

事件突发频率最高,共135起,占景区安全事件总数的71.81%;发生在水域风光类景区的安全事件共29起,占景区安全事件总数的15.43%;发生在建筑与设施类景区的安全事件共16起,占景区安全事件总数的8.51%。从事件的时空特征来看,旅游景区安全事件大致覆盖全年各月,尤其以夏季最多,这与旅游的淡旺季特征是一致的,并且以四川省、海南省和浙江省最多,这与省市的旅游景区发展水平与旅游热度有关。从事件后果来看,旅游景区安全事件造成了旅游景区的破坏、游客与景区工作人员的财务损失和人员伤亡。

## 二 2018年旅游景区安全的概况与特点

### (一)旅游景区安全事件的分布特征

#### 1. 旅游景区安全事件的时间分布特征

2018年旅游景区安全事件的总数较2017年有所减少,数据显示,各月份分布略有差异。旅游景区安全事件较多的月份为3月、5月、6月、7月、9月、10月。这一现象的出现与3月踏青时节、5月五一假期、6~7月暑期和国庆小长假等密不可分,也进一步使得相应月份的旅游景区安全事件总数占全年各月份总数的排位居高不下(见图1)。

#### 2. 旅游景区安全事件的空间分布特征

从空间分布上看,旅游景区安全事件分布在全国26个省(自治区、直辖市)。其中四川省在景区安全事件数量上最为突出,位列第一,一共发生了19起景区安全事件,较2017年明显增加;浙江省和海南省以"16起安全事件"的数据并列第二,其中海南省较2017年略有增多,相比之下,浙江省景区安全事件情况较为乐观,呈减少的趋势;陕西省位列第三,发生了12起安全事件,大致与2017年统计数据持平。从整体来看,各省(自治区、直辖市)景区在安全事件数量方面上呈现不同的增减态势,分布空间较为广泛,应引起全国各景区管理人员的重视(见图2)。

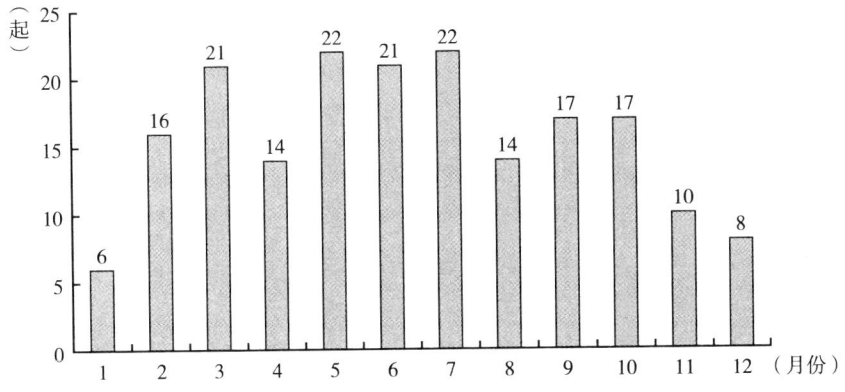

**图 1　2018 年景区突发事件的月份分布**

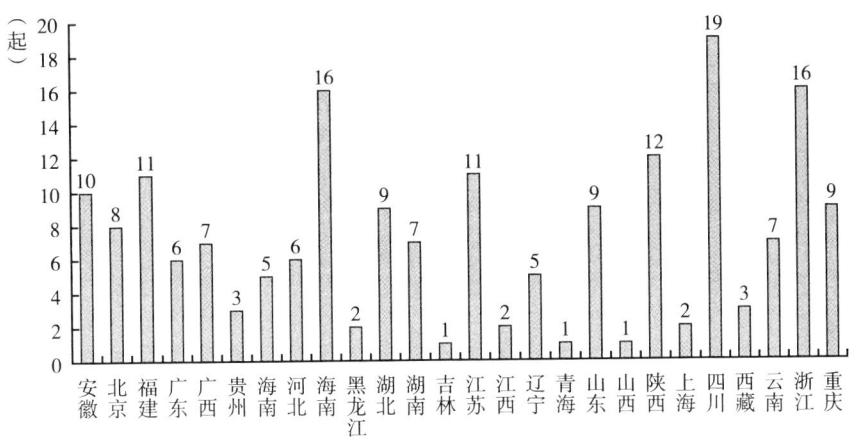

**图 2　2018 年景区安全事件的省域分布**

3. 旅游景区安全事件的类型与性质分布

从旅游景区安全事件的类型分布上看，2018 年事故灾难类最多，共 161 起，占景区安全事件总数的 85.64%；自然灾害类 11 起，占景区安全事件总数的 5.85%；社会安全事件 15 起，占景区安全事件总数的 7.98%；公共卫生事件 1 起，占景区安全事件总数的 0.53%。其中，最应提高警惕的是不可抗力导致的突发旅游安全事件，以汛期强降雨引发的山体滑坡及泥石流等最为典型。从事件性质上看，旅游游览安全事件最多，共 155 起，大多是迷路、跌倒、落水导致的旅游安全事件；其次是旅游娱乐安全事件，共 27 起，主要是旅游设施不完善导致的安全事件；此外还有旅游交通安全事件、旅游餐饮安全事件和旅游住宿安全事件（见表 1）。

表 1　2018 年景区安全事件类型与性质分布情况一览

单位：起

| 事件类型＼事件性质 | 旅游交通安全 | 旅游餐饮安全 | 旅游住宿安全 | 旅游娱乐安全 | 旅游游览安全 |
|---|---|---|---|---|---|
| 自然灾害 | — | — | — | 1 | 10 |
| 事故灾难 | 4 | — | 1 | 24 | 132 |
| 公共卫生事件 | — | 1 | — | — | — |
| 社会安全事件 | — | — | — | 2 | 13 |
| 合　计 | 4 | 1 | 1 | 27 | 155 |

**4. 涉事旅游景区的类型分布**

从旅游景区安全事件发生的景区类型来看，135 起分布在地文景观类景区，29 起分布在水域风光类景区，16 起分布在建筑与设施类景区，4 起分布在人文景观类景区，生物景观类和节事节庆类景区安全事件较少。据此，应该提高地文景观类景区的安全防范水平，提高景区安全意识，与此同时，其他类型景区亦不能放松安全防范意识。

## （二）旅游景区安全事件的发生特点

**1. 事故灾难类安全事件时有发生**

根据 2018 年景区安全事件数据，事故灾难类事件以 161 起的数量依旧稳居四大事件类型的首位，占景区安全事件总数的 85.64%，大多是溺水、不慎摔倒、身体不适导致的；迷路、违规攀登、坠崖、景区设施不完善、车辆失控等原因虽相对较少，但不容小觑。

**2. 假日期间旅游景区安全事件多发**

旅游安全事件每个月都有发生，但又有数量上的差异。2018 年旅游景区安全事件，集中发生在 3 月、5 月、6 月、7 月、9 月、10 月，对应的假日旅游热分别为三月踏青时节、劳动节、暑假、国庆小长假。假日旅游成为新时代旅游的热潮，人们可自由支配的时间较为充裕，因此，游客大多选择假日出游，这也增加了旅游景区安全事件的数量。

3. 地文景观类景区较其他类型景区安全隐患多

地文景观类景区大多选址于山坡和丘陵之上，也借山地地形的险、奇等独特资源，吸引多数旅游者。随着户外运动旅游热潮的进一步推进，热爱攀爬、越野等户外运动的旅游者更加热衷于到此类景区旅游，这也加大了旅游安全的隐患，地文景观类景区也成为安全隐患最多的景区类型，在2018年景区旅游安全事件数据统计中占比为71.81%。

4. 游客不慎摔倒、溺水等事故呈现集中性

从2018年旅游景区安全事件的统计结果来看，游客不慎摔倒、溺水造成的安全事件占多数，各达37起、26起，分别占19.68%、13.83%。其中不慎摔倒大多是路滑、路陡峭所致，加强景区道路安全隐患排查尤为重要。

### （三）旅游景区安全管理的主要进展

1. 突发事件应急处置高效有序

我国各地各级旅游行政主管部门积极应对旅游突发事件，坚守岗位，坚持组织领导，突出突发事件的重点环节、重点时段，应急处置高效有序。提高景区突发应急处理能力，对推动全国各地旅游市场秩序平稳有序发展，实现景区环境、经济和社会的可持续发展具有重大作用。

2. 法律法规有效保障景区安全

2018年文化和旅游部发布了《文化和旅游部关于提升假日及高峰期旅游供给品质的指导意见》（2018年11月）和《国家级文化生态保护区管理办法》（2018年12月）等文件，为景区安全管理提供了法规依据，加强了旅游景区的安全监督管理。

3. 安全培训与教育力度得到强化

安全教育和安全知识培训十分重要，每个人都应该重视安全问题，安全

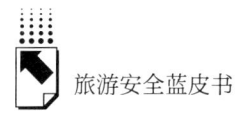

是一切的根本。我国各省市级旅游景区相关部门积极开展安全教育培训班、研讨座谈会、实景演习等，为景区旅游安全保驾护航。例如，2018年4月16日文化和旅游部人事司发出通知，组织全体导游参加导游"云课堂"在线培训，12月12日，陕西省铜川市公安局交通警察支队第二大队联合玉华宫管理局，结合景区旅游安全事件频发的现状，开展交通安全培训，为游客安全游览保驾护航，培训对象主要为玉华宫景区的观光车驾驶员和管理员；① 12月13日，湖北省九真山风景区开展"紧急救护安全、低碳环保、食品安全"公益培训和消防演习；② 12月4日下午，江苏省宿迁黄河救援队在项王故里景区，以"学点真本领更好帮助人"为主题，对景区工作人员进行安全急救知识培训；③ 12月12日上午，在湖南圣爵菲斯大酒店金鹰厅开展"全省旅游星级饭店卫生安全培训班"，参会规模较大：全省各市（州）旅游（委）局领导、行管科长、旅游饭店及旅游院校代表280余人；④ 12月11日下午，深圳文体旅游局召开《旅游行业安全管理检查规范》和《深圳市旅游突发事件应急预案》宣传贯彻培训会，面向全市旅行社和星级酒店500多家旅游企业负责人⑤。

## 三 影响2018年旅游景区安全的主要因素

旅游景区作为旅游目的地的核心吸引物，其面临的环境相对复杂，要保

---

① 《陕西铜川交警深入玉华宫景区开展观光车驾驶员培训确保游客安全》，中国交通在线，http://www.jiaotongwang.cn/shanxi/jiaotongfagui/20181213/176475.html，2018年12月13日。
② 《九真山风景区开展"紧急救护安全、低碳环保、食品安全"公益培训和消防演习》，汉网，http://news.cnhan.com/html/shehui/20181214/994782.htm，2018年12月14日。
③ 《黄河救援队安全培训活动走进项王故里景区》，新浪江苏宿迁，http://jiangsu.sina.com.cn/suqian/news/2018-12-04/detail-ihprknvt0530079.shtml，2018年12月4日。
④ 《全省旅游星级饭店卫生安全培训班》，新浪旅游，http://travel.sina.com.cn/domestic/news/2018-12-12/detail-ihqackaa6328952.shtml，2018年12月12日。
⑤ 《我局召开〈旅游行业安全管理检查规范〉和〈深圳市旅游突发事件应急预案〉宣贯培训会》，深圳市文体旅游局，http://www.sz.gov.cn/wtlyjnew/xxgk/qt/gzdt/201812/t20181213_14908246.htm，2018年12月13日。

证景区和游客旅游活动安全,确保景区的持续稳定发展,旅游景区安全管理是不可忽视的重要一环。本文对2018年国内(除港澳台地区)旅游景区发生的旅游安全事件进行了详细的分析,对其原因进行了总结,下文将从自然环境、旅游者、旅游景区管理等方面进行阐述。

### (一)自然灾害的突发性和不可预见性

2018年旅游景区安全事件以地文景观类景区发生的最多。致使游客伤亡的自然灾害往往具有突发性和不可预见性,一旦发生危险,其后果是无法想象的。旅游景区通过广播等形式对游客进行天气预报,并通过标识标牌对游客起到警示的作用,但是往往收效甚微。自然灾害除了导致游客在游览过程中伤亡以外,还引发了旅游交通等旅游安全事件。如2018年2月9日,陕西赵家洞景区因为天气回温,景区内高空掉落冰挂砸中游客,造成1人身亡、1人受伤的惨痛悲剧。[1]

### (二)游客安全意识薄弱,不遵守相关安全规定

旅游者在旅游过程中,安全意识薄弱是旅游安全事件发生的又一主要原因。游客无视景区内安全警示牌,私自进入景区外围或景区内未完全开发的地段。同时游客自身缺乏自救能力,最终导致旅游安全事件的发生。如2018年1月7日,广州驴友徒步违规穿越贡嘎,高原反应引起肺水肿,最终导致死亡。[2] 2018年4月28日,51名上海驴友在宁波某深山探险被困,其中一人受伤,后被消防人员救出。[3] 2018年8月5日,一名女童在坐索道

---

[1] 《咸阳一景区冰挂坠落砸中姐妹俩致1人身亡1人受伤》,华商网,http://m.sohu.com/news/a/222066523_119659,2018年2月10日。
[2] 《今年四川首起广州籍驴友违规穿越贡嘎遇难》,成都商报,https://sichuan.scol.com.cn/m/sczh/201801/56059381.html,2018年1月9日。
[3] 《51名上海驴友宁波深山探险被困5小时后全部顺利获救》,北青网,https://baijiahao.baidu.com/s?id=1599160554022765244&wfr=spider&for=pc,2018年4月30日。

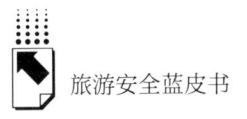

的过程中,趁大人不注意,双手卷进运转的轮滑中,6根手指被夹伤。[①] 事件发生后,女童被迅速送往成都医院进行治疗。

### (三)景区设施设备更换不及时

旅游景区内设施设备不及时更新,超期使用;景区管理人员未能及时对景区的设施设备进行定期检查、维护和更新;尤其是在旅游旺季时,热门旅游景区人流量大,超期使用的设备容易造成人员的伤亡。旅游景区内的人员数量的统计,不仅能够实现科学的限流,提高游客游览过程中的愉悦感,而且能有效地保障景区内的旅游资源和设施设备的合理使用。如2018年6月16日,游客在华山景区游客中心就餐时,吊灯突然坠落,导致9名游客受伤。[②]

### (四)旅游从业人员素质有待提高

2018年10月5日,导游在劝阻游客向泸沽湖里扔垃圾时,与游客发生冲突,3名当地村民上前制止,最终导致5人受伤。[③] 2018年12月6日,景区工作人员在与游客沟通不畅的情况下,双方大打出手,最终游客和景区工作人员都不同程度受伤。[④]

### (五)景区安全管理水平低

景区在申报国家A级景区的过程中,必须建立和完善景区安全管理机构。但是目前,部分景区的安全管理人员少、层次较低,甚至没有专门的安全管理机构。临时抽调人员组成安全队伍应付检查,一旦检查工作结束,队

---

[①] 《景区索道"咬手"一女童被夹伤6根手指》,封面新闻,http://sc.people.com.cn/n2/2018/0807/c345458-31903158.html,2018年8月7日。

[②] 《华山景区游客中心餐饮区吊顶掉落9人受伤》,澎湃新闻,http://news.ifeng.com/a/20180617/58763898_0.shtml,2018年6月17日。

[③] 《云南宁蒗通报:泸沽湖游客扔垃圾引发打架,一游客手部脱臼》,澎湃新闻,http://m.sohu.com/news/a/258260981_260616,2018年10月8日。

[④] 《游客称在西藏米林免票景区遭索票殴打官方调查回应》,广州日报,http://news.dayoo.com/society/201812/14/140000_52404596.htm,2018年12月14日。

伍随之解散，应急救援机制不健全，不能处理旅游活动中的突发状况。2018年4月7日，重庆市长寿湖景区上游开闸放水，由于景区工作人员的疏忽，未能及时通知和疏散景区内的游客，市民被困礁石浅滩。①

## 四 2019年旅游景区安全形势展望与管理建议

### (一)形势展望

1. 基于旅游大数据构建旅游景区安全预警机制

对游客在食、住、行、游、购、娱等旅游各个环节中产生的数据，尤其是游客流量、实时动态检测等数据的采集和精准分析，能够为旅游景区的安全管理提供可靠的依据。依据旅游大数据全面收集全国范围内的旅游安全事件的类型、发生原因、事件的处理方式等，为景区根据自身实际情况构建安全管理体系打下坚实的基础。

2. 重视第三方专业团队保障景区安全

景区可以委托专业机构对旅游景区安全监测与建设提供服务。第三方专业机构选派安全工程师，依据景区相关的安全管理规范、检查规范和巡查指引，对景区开展包含安全管理、安全宣传培训、消防安全、景区防踩踏应急预案落实和演练、安全隐患自查自报等在内的安全生产大检查，提出持续改进的意见和建议，编制景区检查报告，并跟进整改落实情况，形成整改报告。专业管理团队选派专业的技术人员提供日常顾问咨询服务和专业技术服务，包括安全法规咨询、安全顾问服务及在安全档案梳理、建章立制等方面的咨询服务，可以帮助景区建立科学、专业的安全管理体系。

3. 推动全国性景区安全监测平台的建设

2018年1月在厦门召开的全国旅游工作会议中提出建立与旅游产业相

---

① 《上游电站开闸放水77人踏青被困 官方：其活动违规》，中国网，http://news.china.com.cn/2018-04/08/content_50840567.htm，2018年4月8日。

关的运营监测应急指挥平台，以加强节假日期间的旅游安全管理。落实《景区最大承载量核定导则》《景区游客高峰时段应对规范》等制度，提出了假日旅游管理行动、促进景区畅通行动、建立严格有序的景区购票机制以及景区游客人流量智能检测平台。[1] 原国家旅游局信息中心对景区的客流状况进行实时监控，有利于科学有效地加强对景区的监管工作，提高旅游景区的安全管理水平。旅游部门积极与公安、交通、城管等部门合作，通过景区大数据汇总、云平台分析等技术，对景区的运行进行实时监测，从而进一步实现对景区的科学管理，推进景区管理实现智慧化与有序化。

4. 鼓励景区有条件出台有偿救援政策

2018年1月1日《黄山市实施〈黄山风景名胜区管理条例〉办法》正式实施，其中规定对于一些违规逃票以及不听劝阻私自进入未开发区域的游客进行有偿救援。这类游客一旦发生危险请求救援时，救援机构有权利向被救援人或旅游活动的组织者收取相应的费用。[2] 对诸如逃票进入景区、闯入未开发区域、未按指定路线游览等，有偿救援对驴友来说也是一种事前的保护。

5. 自助游游客人数持续增长带来新挑战

随着国内私家车保有量的逐年增多以及各种共享汽车的增多，自助游以其方便、舒适等特点得到了快速发展。自助游游客相较于其他类型的游客更加自由，同时也更加难以管理，使得景区的安全隐患增加。在全域旅游发展的推动下，部分省份如青海已经出台了《青海省自驾车旅游营地建设规范》。[3] 如何在保证自助游游客旅游质量的同时有效保证游客的人身、财产安全将成为新的课题。

---

[1] 《2018年全国旅游工作报告：2020年前，要抓好这18项重点工作》，新浪看点，http://k.sina.com.cn/article_6433121732_17f71a5c4001005opr.html?cre=newspagepc&mod=f&loc=3&r=9&doct=0&rfunc=100，2018年1月12日。

[2] 《景区有偿救援：生命必须至上，"任性"也要买单》，澎湃网新闻评论，https://mp.weixin.qq.com/s?src=11&timestamp=1546352401&ver=1317&signature=tp9Zb6hsHNaURJCmdDT1TIvPS59KHTRQ*8SZlda4iQT66ci-ngUQ3ob68n70wtrvgqPhYGdolrL6MO4xHN83fcUbzAKd6t4yW1NfoH8I0IgExRQZOjRImFbzod-335MG&new=1，2018年2月5日。

[3] 《青海省自驾车营地建设标准出炉》，西宁晚报，http://qh.people.com.cn/n2/2019/0104/c182775-32490735.html，2019年2月23日。

## (二)管理建议

**1. 积极推广旅游保险制度**

旅游景区安全事件的发生带来的危害是巨大的,并且,在旅游安全事件发生后,事情的后果以及相关事宜的处理并不是一个人或几个人、一个部门或几个部门联合起来就能够解决的。对于旅游保险来说,不同的旅游者对于保险的需求是不一样的,因此,景区应该联合保险部门制定出针对各个游客以及景区特点的保险产品。一个合理有效的保险产品不仅能够为旅游者提供保障,还能够减少企业的损失。

**2. 完善景区安全救助机构**

一支训练有素的医疗队伍是一个景区的必备要素。一旦景区发生旅游安全事件,景区的医疗队伍就能够迅速做出应急反应,对事件进行相应的抢救,比如运送紧急药品、实施紧急抢救、组织游客疏散撤离以及安排伤者送往医院救治和联系家属等,并对后续事件进行追踪。景区应该为医疗队伍配备专业的设施,提供专业的救援设备通道,以防事件发生后没有逃生通道,从而缩短救援时间,降低旅客伤害以及景区损失。当前,互联网的发达也为景区的安全应急系统的完善提供了强有力的手段,景区的应急系统可以依靠互联网的技术来进行实时的防护,一旦发生意外能够提供准确的位置以及解决方案,方便救援人员实施救援。

**3. 执行责任追究机制**

我国部分旅游景区规模大、空间范围广,安全管理人员数量不足,因此景区一旦发生安全事故,很容易产生实施救援不及时、救援时间长、安全责任认定难等问题。因此,景区要实行责任追究机制、强化安全意识。景区与员工以及相关的旅游企业可以签订安全责任书,明确安全责任及义务。

**4. 加强景区安全科技监测**

借助科技手段,助推旅游景区实现安全科技监测和智能化监管。运用物联网技术增加景区山体、陡坡等安全隐患地段,桥梁以及索桥、索道、玻璃

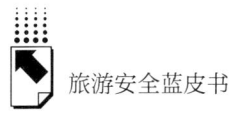

栈道等特种交通方式的安全监测；运用GPS技术、北斗技术、人脸识别技术加强游客的安全监测；通过信息化手段优质高效整合旅游资源要素，借助大数据及网络平台，助力解决旅游景区管理中存在的"孤岛效应"，实现景区数据共享，对旅游景区的流量调控实现智能化，对旅游景区中存在的安全问题实现精准定位与科学处理，促进旅游景区可持续发展。

# B.6
# 2018～2019年中国旅游购物的安全形势分析与展望*

陈秋萍 徐金容 马芳芳**

**摘 要：** 2018年我国旅游购物安全形势整体向好，国内旅游购物投诉大幅减少，出境旅游购物安全事件显著增多，入境旅游购物纠纷明显减少。与2017年相比，2018年出现境外旅游购物投诉激增、线上企业投诉多发等新现象。整体而言，旅游购物安全事件具有区域集中、阶段性波动、投诉商品类型多样等特征。2018年，旅游购物安全管理在法律建设、专项整治、人员保障、加大处罚力度等方面取得一定进展。随着境外旅游的迅速发展以及自由行比例的上升，2019年，我国旅游购物安全发展态势趋好，可从制度完善、媒体警示、改革供给、自我防范等方面构建旅游购物安全体系，具体措施包括净化旅游市场、完善在线旅游企业管理机制、加强舆论引导与媒体警示、引导游客理性消费、升级旅游纪念品为旅游衍生品等。

**关键词：** 旅游购物 购物投诉 旅游购物安全事件

---

\* 基金项目：福建省社会科学项目"福建省旅游公共服务体系的评价与优化研究"（FJ2016B105）。
\*\* 陈秋萍，华侨大学旅游学院副教授，从事旅游人力资源管理研究；徐金容、马芳芳，华侨大学旅游学院研究生。

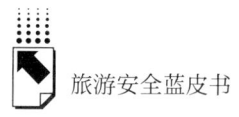

# 一 2018年旅游购物安全的总体形势

2018年，我国旅游消费持续增长，国内旅游人数达55.39亿人次，国内旅游收入达5.13万亿元，入出境旅游总人数达2.91亿人次，全年实现旅游总收入5.97万亿元。其中，入境旅游人数14120万人次，国际旅游收入达1271亿美元。[①] 本文共搜集2018年国内游购物安全案例83件、出境游购物安全案例64件、入境游购物安全案例16件，各占总数的50.92%、39.26%和9.82%。2018年旅游购物安全事件总量较2017年明显下降，国内游购物安全事件数量的降幅高达59.51%，出境游购物安全事件数量的增幅约为33.33%，入境游购物安全事件数量下降约42.86%。整体而言，我国旅游购物市场环境有所好转，安全管理成效显著。

# 二 2018年旅游购物安全的概况与特点

## （一）2018年旅游购物安全概况

1. 国内游购物安全事件大幅减少

2018年，全国各地的旅游购物投诉大幅减少。云南省全年共受理旅游投诉780件，同比下降53%。12301全国旅游投诉平台上，云南省旅游投诉列第21位，比2017年的第6位下降明显。2018年，北京市旅游投诉数量同比下降67%，其中涉及"一日游"的投诉，同比2017年降低七成，"一日游乱象"明显改观，另外，北京市勒令关停旅游购物店近30家。2018年1月至5月底，我国"3·15"旅游投诉平台关于导游强制、诱导游客购物的事件明显减少，国内共11件，集中于云南、广西等地。

---

① 《2018年实现旅游总收入5.97万亿》，中国政府网，http://www.gov.cn/xinwen/2019-02/13/content_5365227.htm，2019年2月13日。

2. 出境游购物投诉显著增多

2018年1月至5月底，"3·15"旅游投诉平台上出境游购物投诉共19件，泰国、越南成为"重灾区"。随着出境旅游的快速增长，我国多个省市的旅游质量公报显示出境游购物纠纷已成为旅游投诉焦点。2018年9月，南宁市的旅游质量公报披露出境游投诉占投诉量的64.3%，其中购物问题占28.6%，尤其是赴越南游客的购物投诉较多，如在越南芽庄购买的乳胶制品屡次出现质价不符或货不对板的现象，游客向销售方要求退货被拒绝，游客维权困难。①

3. 质价不符与强迫购物是投诉焦点

在旅游投诉平台上，"泰国乳胶枕头""假珠宝"等是出现频率较高的被投诉商品。前往泰国或越南的出境游客，在购买乳胶产品时屡屡受骗；平遥古城的部分商贩甚至通过随意标识年份，将品质低劣的"平遥陈醋"专门卖给外地游客，激起舆论的愤慨，且旅游购物产业中类似的欺生现象并非个例。在日本等地出现专供中国游客的"免税店"，存在价格虚高或假货横行的现象。在线旅游的各类陷阱中，以旅游产品质量差最为普遍，常出现"景点遗漏""被迫购物"等问题。

## （二）2018年旅游购物安全事件的特点

1. 国内游与入境游购物安全事件占比双下降

2018年，全国旅游购物安全事件总量比2017年减少118件，其中国内游购物安全事件比2017年减少122件，入境游购物安全事件比2017年减少12件，降幅分别高达59.51%与42.86%，出境游购物安全事件比2018年增加16件，增幅为33.33%。国内游购物安全事件数量在三大市场中的占比为50.92%，创下历年的新低（见表1）。

---

① 莫岚远、林玲：《出境旅游购物成投诉"大户"市民退货维权难度高》，《南宁日报》2018年11月16日。

表1  2014～2018年三大旅游市场购物安全事件数量与占比

| 年份 | 市场 | 国内游 | 出境游 | 入境游 | 合计 |
|---|---|---|---|---|---|
| 2014 | 数量(件) | 157 | 19 | 5 | 181 |
|  | 占比(%) | 86.74 | 10.50 | 2.76 | 100 |
| 2015 | 数量(件) | 245 | 35 | 30 | 310 |
|  | 占比(%) | 79.03 | 11.29 | 9.68 | 100 |
| 2016 | 数量(件) | 268 | 43 | 25 | 336 |
|  | 占比(%) | 79.76 | 12.80 | 7.44 | 100 |
| 2017 | 数量(件) | 205 | 48 | 28 | 281 |
|  | 占比(%) | 72.95 | 17.08 | 9.97 | 100 |
| 2018 | 数量(件) | 83 | 64 | 16 | 163 |
|  | 占比(%) | 50.92 | 39.26 | 9.81 | 100 |

与往年相比，2018年国内游购物投诉数量居高不下的情况得以缓解，出境游购物投诉数量激增近四成，国内游与出境游的购物安全事件数量相差无几。

2018年，国内游购物安全事件占比呈显著下降的趋势，出境游购物安全事件占比出现较明显的上升，入境游购物安全事件的占比则基本持平。

2. 诱导购物方式趋于多元化

上车推销、下车进店已成为导游工作的常态。在购物商店，导游通过延长游客的逗留时间，辅以引导性或胁迫性语言，达到迷惑游客的目的。人在异乡加上被恶意威胁，没有安全感的游客常无奈地选择顺从导游。如吴女士的妈妈前往香格里拉旅游时，花费6000元购买号称可化灾辟邪的"天珠"，结果被证实是假货。免税店、旅游大巴也是导游推介旅游商品的重要场所。某些日本的全陪导游在大巴上并不讲解沿途风光，而是着力推销熟酵素、纳豆激酶、深海鱼胶、24K黄金美容棒等产品。为刺激购物，导游提早出发时间，让游客在迷迷糊糊中前往购物店，引起游客的强烈不满。

3. 出境游购物投诉区域差异化

香港地区、泰国、韩国、日本是近年来出境游购物投诉的高发地区，

2018年，越南成为新的购物投诉热点地区。出境游购物投诉的热点商品呈现区域分布的特点，如香港地区的金饰、手表或化妆品，新马泰的补品与宝石类商品，日本的电子产品或化妆品，越南的乳胶枕头或床垫等颇为畅销。这些热销商品也是退货投诉纠纷的重灾区。如游客在境外旅游购买燕窝，过海关时被没收；也有游客在国外购买毛皮产品，因为寄送和过关检查，迟迟未收到货品。①

4. 购物安全事件高峰期与旅游旺季匹配

通过近五年旅游购物安全事件的时间分布比较，购物投诉的件数波动与旅游活动的季节差异存在密切的联系，我国旅游购物安全事件的高峰期与旅游旺季高度吻合。

表2 2014～2018年旅游购物安全事件的时间分布

单位：件

| 年份\月份 | 1 | 2 | 3 | 4 | 5 | 6 | 7 | 8 | 9 | 10 | 11 | 12 | 合计 |
| --- | --- | --- | --- | --- | --- | --- | --- | --- | --- | --- | --- | --- | --- |
| 2014 | 5 | 9 | 13 | 19 | 17 | 16 | 22 | 22 | 11 | 24 | 15 | 8 | 181 |
| 2015 | 24 | 23 | 21 | 25 | 25 | 20 | 38 | 35 | 26 | 33 | 16 | 24 | 310 |
| 2016 | 19 | 24 | 24 | 25 | 30 | 29 | 51 | 45 | 19 | 32 | 20 | 18 | 336 |
| 2017 | 29 | 30 | 22 | 17 | 29 | 21 | 32 | 27 | 19 | 22 | 18 | 15 | 281 |
| 2018 | 12 | 18 | 11 | 8 | 16 | 10 | 19 | 21 | 9 | 16 | 12 | 11 | 163 |

2018年，2月、5月、7月、8月、10月的安全事件共计90件，约占全年的55.2%，低峰时期则出现在4月、9月。高峰期的形成与春节、五一小长假、暑假、国庆黄金周等节假日相对应。因此，如何在客流密集、服务不够到位的情况下保障游客的购物便利与安全是旅游购物安全管理的重要议题。

5. 旅游购物投诉商品多元化

旅游购物纠纷已不再局限于珠宝首饰、药材等名贵商品，还涵盖乳胶

---

① 莫岚远、林玲：《出境旅游购物成投诉"大户"市民退货维权难度高》，《南宁日报》2018年11月16日。

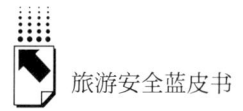

枕、乳胶床垫、美容棒、保健食品等日常用品或药品等。随着生活水平的提高,人们对康养产品的关注引发高购物需求,给不法商贩提供可乘之机。老年协会组织老年人外出旅游,强制购物的现象屡见不鲜,看似公益性的平价旅游,其实暗藏购物陷阱。天津某旅行社组织社区居民参加"高品质特价团",用低价诱惑游客上当受骗,其实质却是"购物游",行程中有将近六成的时间用于购物。这类主要由社区退休居民参加的旅游团,旅行社通常只委派某社区居民作为"领队",未与地接社签订旅游合同,游客一旦在购物过程中被骗,往往投诉无门,无法退货。

### (三)旅游购物安全管理的主要进展

1. 相关法律法规保驾护航

相关法律法规的颁布与实施,为旅游购物安全管理提供保障。2018年1月1日开始实施的《导游管理办法》明确规定导游在执业过程中不得向旅游者兜售物品,违者将被处以1000元以上3万元以下罚款,情节严重的将吊销导游证并予以公告,同时,导游也不得获取购物场所、另行付费旅游项目等相关经营者以回扣、佣金、人头费或者奖励费等名义给予的不正当利益。2019年1月1日,《中华人民共和国电子商务法》明确将涉及消费者切身利益的刷单、大数据杀熟、捆绑搭售、在线评论作假、微商行骗等在线旅游乱象纳入法律监管范围,为完善在线旅游企业的管理机制提供依据。

2. 专项行动整治旅游购物乱象

2018年1~3月,我国文化和旅游部开展以打击强迫消费为重点的专项整治行动,先后派出5个督查组,分赴湖南、重庆、安徽、江西、陕西等地,指导当地旅游主管部门开展专项整治"利剑行动"。① 此外,文化和旅游部积极推动综合监管机制建设,设立旅游警察机构、工商旅游分局与旅游

---

① 张雪:《文化和旅游部加大净化旅游市场环境力度 重点整治"不合理低价游""强迫购物消费"等乱象》,《经济日报》2018年4月20日。

巡回法庭等,落实旅游安全责任,实施信用监管和联合惩戒,加强文明旅游、理性消费和旅游安全宣传教育,进一步提升旅游服务质量。2018年5月底至8月底开展了暑期旅游市场秩序专项整治工作,全国共检查旅游企业24390家,吊销旅行社业务经营许可证34家。

**3. 地方政府密切跟进整治行动**

各地旅游主管部门严厉打击强迫消费案件所涉及的购物场所,甚至可能给予罚款、关店等处罚,严重者如涉嫌行贿罪与受贿罪的人员则被依法逮捕。2018年,厦门市共检查旅游购物商店228家(次)。11月,厦门旅游市场联合执法办公室开展集中整治行动①,重点针对环岛路沿线、奥网城等旅游违法违规乱象集中区域开展检查。大理双廊积极推进"消费维权服务站"进购物市场、进购物企业、进景区景点等。丽江古城集中整治景区景点及周边地区,以及原旅游定点商店和各类旅游购物"景区店""餐厅店""文化体验店"等。9~12月,桂林市开展旅游市场"百日专项整治"行动,要求旅游消费购物场所实行敞开式经营,严禁以封闭式、包厢式购物销售模式诱骗或强迫消费。

**4. 主管单位加大监督和查处力度**

2018年,云南省"行转刑"涉旅案件共计14件,涉案人员91人,批捕47人,在押人员23人。通过查处购物店、严管旅行社、杜绝导游强迫消费,推行综合监管机制,提升行业自律水平,实施综合监管考核、落实属地监管责任,从生产、销售、消费等环节降低旅游购物的安全风险。云南省已取消所有旅游定点购物场所,收回全部166家旅游购物场所等级评定牌匾。北京市"旅游警察"联合相关行政部门,先后破获旅游领域强迫交易刑事案件7起,成功抓获非法"一日游"全链条犯罪团伙,刑事拘留相关违法犯罪人员65人。

---

① 吴君宁:《厦门对旅游市场顽疾加大打击力度 游客投诉明显减少》,《厦门日报》2019年1月11日。

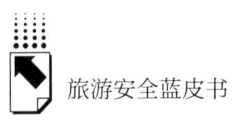

## 三 影响2018年旅游购物安全的主要因素

### (一)专项整治行动初显成效

文化和旅游部、各级政府开展专项行动,严厉打击强迫消费案件所涉及的购物店与相关人员,视情况给予行政处罚或依法逮捕,取得较为显著的成效。云南省在开展旅游市场整治的同时,还积极探索建立旅游市场综合监管"1+3+N+1"新模式。目前,云南省16个州市均建立了旅游综合监管调度指挥部及指挥中心,共挂牌设立30支旅游警察队伍、23个工商局旅游市场管理机构、155个旅游巡回审判机构,建立了旅游执法履职监督机制。2018年6月,拉萨大型旅游购物店积极表态承诺诚信经营,坚决做到绝不发生旅游投诉案件;发生旅游投诉案件的购物店将进入"黑名单",借助拉萨诚信旅游网络系统,构建旅游不合格供应商名录以及科学的旅游市场进退动态运行机制。

### (二)境外游购物需求旺盛

出境游游客强劲的购买需求与购买力是境外购物投诉数量激增的重要背景。一些仅在国外售卖的产品及独特的购物体验仍然是吸引出境游游客消费的关键因素。《2018出境游购物消费报告》显示,香港地区是内地出境游第一大目的地,日本则是人气排名第一的出境购物目的地国家,在TOP10购物目的地中就有东京、大阪、名古屋三大城市上榜。[①] 2018年,赴日本的中国大陆游客达838万人次,旅游总消费956亿元。阿联酋迪拜排名第五,正在逐步成为中国游客青睐的新兴购物目的地。全球各地的免税店始终是中国游客的最爱,其中日上免税行、新加坡樟宜机场新罗免税店等优惠券领券量

---

① 杨雨奇:《中国游客出国游热衷哪?报告:泰国日本越南居前三》,中新网,http://www.chinanews.com/sh/2019/03-15/8781266.shtml,2019年3月15日。

和使用率呈增长状态,另外,DFS 环球免税店、迪拜国际机场免税店等也深受游客的喜爱。

### (三)购物骗局更为隐蔽与多样

首先,购物场所变身"旅游景点",使游客放松警惕,更容易上当受骗。为了规避相关法规的处罚,一些购物场所为了掩人耳目,或开设在旅游景区里,或将购物店包装为旅游景点,销售的商品则从乳胶床垫、保健品到各类土特产,不一而足,价格明显高于一般商店或大型超市。其次,诱导购物的方式由之前的殴打辱骂、高速公路甩客等暴力形式转变为劝说、卖惨等软暴力形式,但目的仍是引导或说服游客进行购物消费。这些购物店甚至形成了从收客、引客到"包厢式、封闭式"销售等一系列操作的团伙。

### (四)购物消费维权困难重重

在购物退货的过程中,游客常遇到旅行社推诿、拖延时间、收取高额手续费等。由于存在法律、体制、语言等障碍,跨境消费维权面临更多的困难。跨境购物中的假冒伪劣商品、不履行保修义务等侵害消费者权益的行为,适用不同国家法律规定和产品质量标准,退换商品时涉及快递、海关报关、税收等一系列问题。如出境游游客青睐的名牌产品,其质量标准和退换货规则多是由品牌拥有者制定,一旦出现质量问题,退换货则几乎没有可能。李女士在越南购买的乳胶产品在退货过程中被收取高达 30% 的手续费;任先生在泰国购买的蚕丝四件套实为假货,退货时被收取了 25% 的手续费。

## 四 2019年旅游购物安全的管理建议

2019 年,我国国内游增幅趋缓,出境游可能保持两位数的增长速度,入境游走向平稳,游客需求的多样化、旅游方式的变化、消费结构的升级给旅游购物安全形势带来新挑战,可从制度建设、供给改革、媒体引导、自我防范等方面构建旅游购物安全体系。

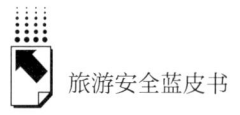

## （一）净化旅游环境

我国旅游购物场所的商业贿赂、虚假宣传、欺诈消费者、强迫购物等问题尚未解决，长效监管机制尚未建立。各级旅游部门主动协调公安、工商、商务等部门，加强联合执法，共同净化旅游购物环境。首先，通过约束旅行社，查处违法违规企业、导游人员等途径，斩断旅游业灰色利益链条，让旅游购物回归靠产品和服务品质获胜的正常轨道；其次，要做到组团社和地接社同步治理、目的地和客源地同步排查、线上线下旅游企业同步清理、集中整治与常态机制同步推进四个方面；最后，旅游、公安、工商等相关部门要形成合力，强化对旅行社产品、价格等的监管，综合运用行政处罚、信用惩戒等措施，实现事前、事中、事后多管齐下，对"不合理低价游"实行有效监管。

## （二）完善在线企业管理体制

随着旅游购物新形式的兴起，在线旅游企业投诉增多。2014年7月，《旅行社产品第三方网络交易平台经营和服务要求》等五项旅游业行业标准开始实施，对在线旅游经营服务首次做出规范。2019年1月，《中华人民共和国电子商务法》为在线旅游平台规范化、高质量发展提供了法律依据，把在线旅游平台营销乱象纳入法律监管范围，从搭售、大数据、个人信息等方面加强了对消费者权益的保护。要加强对在线旅游平台的监管，还须把《中华人民共和国电子商务法》与文化和旅游部出台的相关规章制度相结合，制定更有针对性的法律法规或实施细则。

## （三）建立跨境消费纠纷联动机制

境外购物消费维权因为涉及法律、宗教信仰、风俗习惯、工作语言等问题，比国内游或港澳游的购物维权更为复杂。由于购物纠纷发生在境外，经营者主体也在境外，境内有关执法机关难以行使管辖权。因此，要建立双边或多边协调解决机制，并推动跨境消费纠纷解决的联动机制向纵深发展。相关维权机构都要发挥各自的优势，为消费者维权铺路搭桥。借助已建立的协调维权沟通渠道，相互联合、资源共享。这样既能节约资源，降低维权成本，又能更好地发挥消费维权机构的作用。

### （四）引导游客理性消费

通过媒体宣传、官网通知等方式，提醒游客货比三家，不盲目跟风购物。游客在出游之前列出购物清单，在出游过程中谨慎决策，有利于降低购物的安全风险。此外，不轻信超低折扣信息、小区内的非法旅游小广告的宣传和游说，也不参加诸如保险公司、咨询公司、文化公司借各种名目组织的非法旅游活动，可防止落入旅游购物陷阱。随着自由行成为主流的出行方式，越来越多的游客可能在指定购物店之外进行采购，维权意识也相应提高。首先，核实旅行社的经营资质，选择具有资质的正规网站；其次，签订合同、留好凭证，将旅游费用交付旅行社的单位公账，事先核对旅游行程、索取付款发票；最后，网上付款尽量选择第三方支付平台等正规支付方式，并保留付款信息。

### （五）升级旅游纪念品为旅游衍生品

建立旅游购物安全体系的关键之一在于提供安全可靠的购物场所与商品。旅游纪念品往往实用价值较低，通常用于纪念或展示地方文化，例如冰箱贴、马克杯、钥匙扣、T恤衫等，而旅游衍生品有明确的功能性，以满足游客的使用需求为开发思路，又凸显地方特色文化，具有一定的文化附加值。我国传统的旅游商品仍以纪念品、工艺品、农副产品为主。一部分纪念品虽有对应的生活场景，但通常品质粗糙，消费者不愿在日常生活中使用，不具备实用价值；另一部分产品过于追求文化表达，只有欣赏价值，要么工艺复杂，要么成本过高，让消费者难以接受。设计与生产能够满足实用性需求的旅游衍生品，有助于增加旅游购物的选择，提高旅游购物的满意度。

# B.7 2018~2019年中国旅游娱乐场所安全形势分析与展望

林美珍 张连玉 伍玉婷 崔向天[*]

**摘 要：** 旅游安全是影响我国旅游娱乐产业可持续发展的重要因素之一。2018年，我国旅游娱乐场所安全形势与往年大致相同，但也有其自身的特点：华东地区旅游娱乐场所安全事故数依旧高居榜首；设施设备事故、涉及动物的安全事故、涉水事故所占比重较大；安全事故涉及的群体仍以儿童和青少年为主；双休日和寒暑假是旅游安全事故的高发时段。虽然2018年我国旅游娱乐场所安全形势整体上有所改观，但仍然面临较大挑战，需加强亲子旅游市场安全管理，关注新兴旅游娱乐项目，特别是高风险旅游娱乐项目安全管理，做好双休日和寒暑假高峰时段的旅游娱乐场所安全管理以及旅游娱乐场所安全的全过程管理。

**关键词：** 旅游安全事故 旅游娱乐场所

## 一 2018年中国旅游娱乐场所安全总体形势

2018年，我国旅游娱乐场所的安全总体形势呈现以下几个特征：就事

---

[*] 林美珍，华侨大学旅游学院副教授、硕士生导师，主要研究方向为旅游企业管理；张连玉、伍玉婷、崔向天，华侨大学旅游学院硕士研究生。

故发生的区域而言，华东地区发生的安全事故数高居榜首；就事故发生的场所而言，动物园和游乐场是事故发生的主要场所；就事故发生的时间而言，周末与寒暑假是安全事故的高发期；就事故发生的群体而言，儿童和青少年是事故发生的主要群体。

## 二 2018年中国旅游娱乐场所安全事故的概况与特点

本文在百度等主流搜索引擎和新华网、人民网、央视网、中国网、新浪网、腾讯新闻、网易新闻、佰佰安全网等知名门户网站，以"旅游娱乐场所""主题公园""游乐园""动物园""游乐设施""索道""漂流""滑雪""快艇游船"配合"安全"或"事故"为关键词，搜索2018年1~12月发生在我国境内的旅游娱乐场所的安全事故，以搜索并筛选到的42起旅游娱乐场所安全事故案例为基础资料进行分析。

### （一）旅游娱乐场所安全事故的时间分布特点

2018年1~12月，旅游娱乐场所安全事故集中发生在4月（5起）、5月（5起）、6月（5起）、7月（8起）和8月（8起），总计31起，占事故总数的74%。节假日期间（仅包含国家法定节假日）共发生安全事故3起，占事件总数的7%，这表明国家加强节假日旅游安全管理工作初见成效。如图1所示，2018年我国旅游娱乐场所安全事故发生的高峰时段为7~8月。如图2所示，就事故在一周内的分布来看，2018年旅游娱乐场所安全事故以星期六（9起）和星期日（9起）居多，占事故总数的42.9%，表明双休日是旅游娱乐场所安全事故的高发时间段。

### （二）旅游娱乐场所安全事故的空间分布特点

2018年全国共20个省（自治区、直辖市）发生旅游娱乐场所安全事故（见图3），事故发生较多的地区分别是北京市（6起）、安徽省（4起）、山东省（4起）和河南省（4起），共计发生18起，占总数的42.9%。如图4

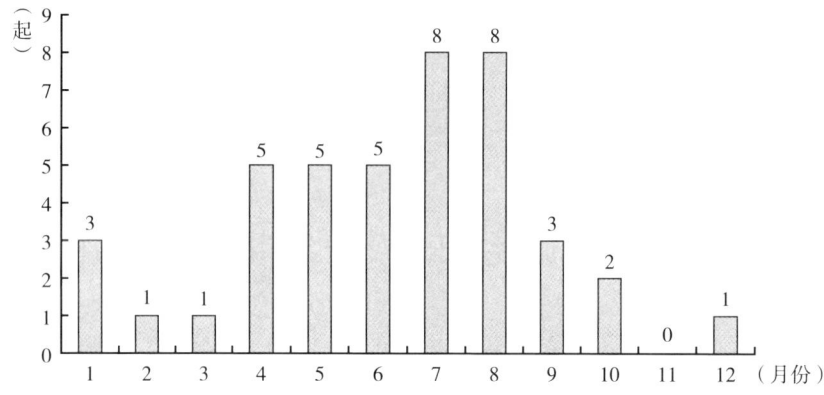

图1 2018年旅游娱乐场所安全事故月份分布

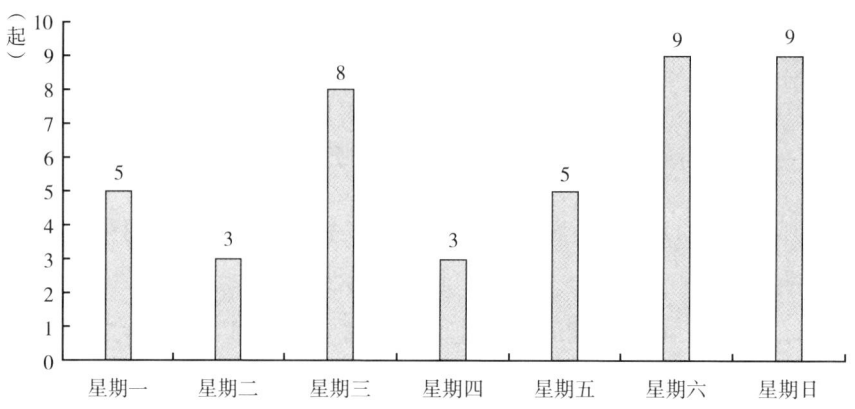

图2 2018年旅游娱乐场所安全事故一周分布

所示，事故发生区域主要集中在华东（15起）、华北（9起）和华中地区（8起），共计32起，占事件总数的76.2%。华东地区是中国旅游娱乐业相对发达的地区，因此安全事故较多。

### （三）旅游娱乐场所安全事故发生场所的特点

2018年，旅游娱乐场所安全事故的类型主要包括事故灾难、自然灾害、社会安全事件，未涉及公共卫生事件，其中事故灾难有40起、自然灾害1

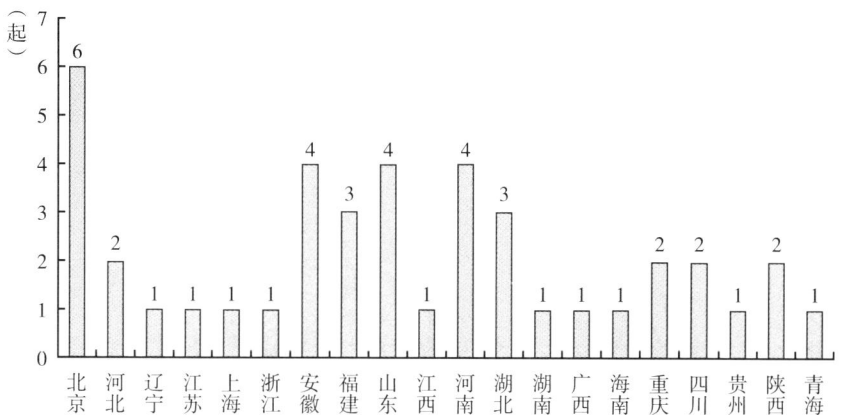

**图3　2018年旅游娱乐场所安全事故各省（自治区、直辖市）分布**

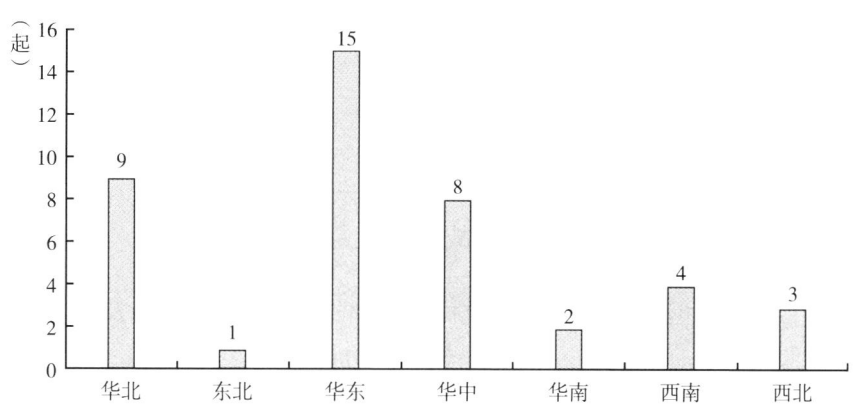

**图4　2018年旅游娱乐场所安全事故区域分布**

起、社会安全事件1起。如图5所示，游乐场是旅游娱乐场所安全事故发生的主要场所，其次是动物园、海水浴场。滑雪、滑翔、蹦极等新兴旅游娱乐项目逐渐兴起，安全事故也相伴发生，旅游娱乐的安全管控也须拓展到各类新兴旅游娱乐项目，特别是高风险旅游娱乐项目上。

### （四）旅游娱乐场所安全事故伤害主体的特点

儿童和青少年安全意识相对薄弱，且缺乏自我保护的能力，是旅游娱乐

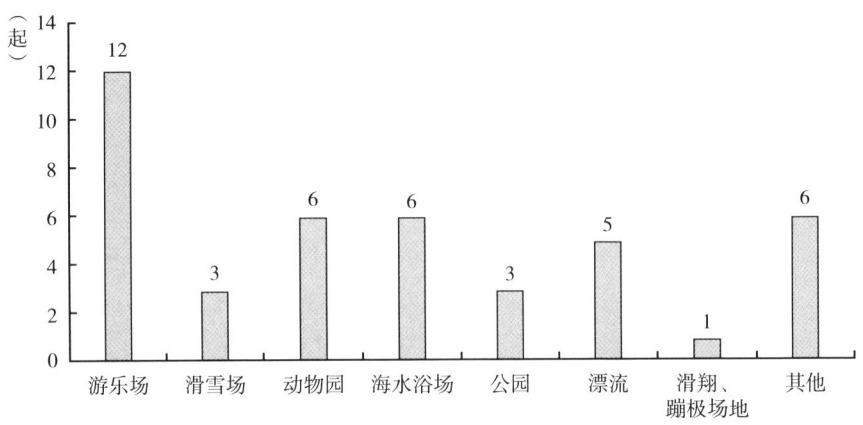

图 5 2018 年旅游娱乐场所安全事故发生场所

场所安全事故的主要对象。2018 年涉及儿童的旅游娱乐场所安全事故共有 17 起,占 40.5%。儿童和青少年往往缺乏法律意识或会忽略相关安全规则和注意事项,常会以不恰当的方式私自开展旅游活动,违反安全管理规范,表现为诸如游乐场不规范或违规操作、动物园违规投食、海水浴场违规游泳等危险行为。

### (五)旅游娱乐场所安全事故伤亡人数的特点

在 2018 年旅游娱乐场所安全事故中,造成旅游者死亡的安全事故 12 起,造成旅游者受伤的安全事故 17 起,总计 29 起,占事件总数的 69.1%。在所有事故发生的场所中,又以海水浴场发生的安全事故的死亡率最高。对于高风险旅游娱乐场所,旅游者应增强安全意识,旅游娱乐场所应加强安全警示和施救管理。

## 三 影响旅游娱乐场所安全的主要因素

### (一)自然灾害

自然灾害具有自然属性,而自然属性决定了自然灾害的产生和发展不受人为控制。这一原因使得自然灾害成为影响旅游娱乐场所安全的重要因素。自然灾害常常造成基础设施和旅游娱乐接待设施的破坏以及游客与工作人员的伤亡。2018年4月陕西华山景区遭遇超强阵风，西峰索道短时停运，索道下行一侧160名游客暂时滞留缆厢，幸运的是此次事故并没有造成人员伤亡。自然灾害等不可控因素常常导致安全事故突发且一般造成的危害较大，因此相关部门需要做好自然灾害突发情况应急预案以备不测。

### （二）旅游娱乐场所经营者安全意识不强，安全保障制度不健全

在经营过程中，旅游娱乐场所经营者往往更看重经济利益而忽视游客安全，缺乏风险管控意识，缺少必要的安全保障制度。2018年4月5日，北京八达岭野生动物世界，一名63岁老人和一名4岁儿童在参加骑骆驼项目时，从骆驼背上摔落在地。动物世界管理者忽视了老人和孩子参加该类项目存在的巨大风险，既没有阻止老人和孩子参加该项目，又没有积极采取措施进行事故处理。4月25日，江西省龙虎山竹筏漂流项目人满为患，一位老人在拥挤的人群中被踩伤。该景区管理人员没有意识到游客聚集可能带来的踩踏风险，没有采取积极措施引导游客分流。7月28日，湖北省黄冈市英山县龙潭河谷滑道旁水管突然破裂，导致自来水进入滑道，致使游客发生相互碰撞挤压事故。旅游娱乐设施经营部门没有做好日常旅游娱乐场所设施设备的维护与保养，导致设施设备出现故障。

### （三）游客，特别是儿童游客自身安全意识淡薄，安全教育缺乏

2018年发生的旅游娱乐场所安全事故中，与儿童相关的安全事故占了很大的比例。该群体成为旅游娱乐场所安全事故的主要受害者的原因较多，主要包括：①儿童年幼，生性活泼好动，好奇心较重，而自我保护意识较薄弱；②儿童缺乏足够的自我保护及自救能力；③监护人本身安全意识淡薄，没能很好地对孩子进行安全教育，且常常疏忽对孩子的看管；④旅游娱乐设施设备的安全性能差，工作人员的专业素质低；等等。如果不采取积极有效的措施，青少年和儿童仍旧会成为旅游娱乐场所安全事故的受害者。9月24日，

浙江省台州市玉环公园内一名孩子的母亲为省30元大人陪同费，让5岁孩子独自乘坐摩天轮，孩子将头探出摩天轮外，险些坠落。该事件中，家长在带孩子参加娱乐项目时，对孩子监管不够，且没有很好地对孩子进行安全教育。

### （四）设施设备故障

设施设备故障是旅游娱乐场所安全事故发生的最常见的原因之一。自然灾害因素和人为因素都会导致娱乐设施设备发生故障，而其中人为原因造成的事故因其可避免性而更应得到人们的重视。但是，每年由非自然灾害导致的设施设备故障时有发生。2018年6月6日，河南省淅川县上亿广场游乐园变压器起火，游乐设施全部断电停止工作。游客突然之间陷入困境，吓得尖叫，所幸无人员伤亡。6月18日，江苏苏州港龙乐汇城游乐场一游乐设施上升到半空后，突然发生故障，23名游客被困在半空中。旅游娱乐场所经营部门对设施设备的维护力度不足是这些事故发生的主要原因。

### （五）安全保障人员粗心大意

安全保障人员的专业素质和敬业态度是旅游娱乐设施安全不可忽略的因素。如果安全保障人员未能很好地履行职责，游客安全就缺乏保障。2018年6月3日，福建省福州市万象城空中农场，11岁小女孩在体验空中小飞侠项目时，教练疏忽大意，忘记给孩子系上安全绳，导致孩子从约4米高的平台上跌落，孩子手臂、髋骨有两三处骨折。

## 四 2019年旅游娱乐场所安全形势展望与管理建议

### （一）2019年旅游娱乐场所安全形势展望

**1. 双休日和寒暑假是旅游娱乐场所安全事故防范的重要时段**

由于工作负担繁重，人们一般会选择在闲暇时间外出旅游放松自我。闲暇时间一般包括休息日、寒暑假和法定节假日。虽然法定节假日旅游娱乐场所的安全事故得到有效控制，但周末和寒暑假依旧是事故的高发期，也是旅游娱乐场所安全事故防控的重要时段。

2. 儿童和青少年仍旧是旅游娱乐场所安全重点关注的群体

2018年涉及儿童的旅游娱乐场所安全事故共17起，占事故总数的40.5%。虽然旅游管理部门一直强调要加强旅游娱乐场所儿童和青少年群体的安全管理工作，但实际情况仍旧不容乐观，儿童和青少年依旧是2019年旅游娱乐场所安全事故防控的重要群体。

3. 传统旅游娱乐设施安全仍是旅游娱乐场所安全防控的重中之重

在2018年旅游娱乐场所安全事故的案例中，17起案例涉及旅游娱乐设施设备安全，占事故总数的40.5%。旅游娱乐场所，如游乐场、动物园等一直深受儿童和青少年群体的喜爱，娱乐场所设施设备安全系数的高低直接关系到旅游者的安全。2019年，旅游相关管理部门和旅游娱乐企业应重点加强旅游娱乐场所设施设备安全管理工作，尤其应加大旅游娱乐设施采购、设备安全排查、设备维修等方面的管控力度。

4. 高风险旅游娱乐项目成为旅游娱乐安全防控的新焦点

2018年我国旅游娱乐场所安全事故中，滑雪、漂流、跳伞、滑翔等高风险旅游娱乐项目安全事故较多。这些高风险旅游娱乐项目发生事故的概率较高，带来的伤害也较大。例如，2018年发生的12起涉水事故导致的结果一般是溺亡。高风险旅游娱乐项目成为2019年旅游娱乐安全防控的新焦点。

## （二）2019年旅游娱乐场所安全管理建议

1. 加强亲子游市场的安全管理

（1）做好儿童、青少年及监护人的安全宣传与教育，增强他们的安全意识

根据《2018年中国旅游行业发展报告》，2018年，国内旅游用户中，亲子旅游用户占比26.1%，与2017年相比，亲子游占比有所增长。[1] 面对

---

[1] 《智慧旅游助力美好生活——2018年旅游行业发展报告》，腾讯网，https://mp.weixin.qq.com/s?_biz=MzI1MTM3NDg2Mg%3D%3D&idx=1&mid=224748542&sn=bab6Deff7aa74dc4d91c3a850ba0ef98，2019年1月23日。

这样一个庞大的市场，政府应加强对亲子旅游市场的安全教育与宣传工作，国家及地方旅游管理部门同样应利用传统媒体和新兴媒体报道旅游娱乐场所安全事故的案例，传播安全防范知识与技能。此外，儿童和青少年的安全意识薄弱，作为其监护人的家长应增强安全意识，配合工作人员做好对孩子的安全教育。

（2）确保双休日与寒暑假旅游娱乐场所安全

伴随亲子旅游市场的高速发展，双休日与寒暑假依旧是未来旅游娱乐场所安全事故的高发期。《2017驴妈妈亲子游白皮书》指出，亲子游出行高峰出现在每年1～2月、7～8月及10月。出游高峰期客流量较大，无法保证旅游娱乐场所的良好秩序、设施设备的安全运转、工作人员的高效工作、资源的合理分配、客源量的有效控制等。目前国家、地方各级管理部门及旅游娱乐企业更关注法定节假日的安全防控，并取得了初步成效。由于儿童和青少年是周末和寒暑假的主要消费群体，而该类群体的自我保护能力较弱，因此，相关部门和企业应加强双休日及寒暑假的安全管理。

（3）关注游乐场、动物园等旅游娱乐场所的安全，创造安全旅游环境

由于游乐场、动物园、海滨浴场、滑雪场等是儿童和青少年重要的旅游娱乐场所，因此，旅游管理部门应制定此类场所的安全标准，加强安全监管。相关旅游娱乐企业应加强设施设备维护，设置安全提示与警示标志，加强工作人员的培训，减少风险源，使儿童和青少年能够安全放心地体验旅游娱乐项目。

2. 加强新兴旅游娱乐项目，特别是高风险旅游娱乐项目的安全管理

除传统旅游娱乐项目外，大众旅游时代也催生了一大批充满挑战和刺激的新兴旅游娱乐项目，其中不乏高风险的旅游娱乐项目，如漂流、水上运动、滑雪滑冰、热气球、高空跳伞、蹦极、攀岩、潜水。[①] 高风险旅游娱乐项目的风险系数较高，相关安全事故报道也逐渐增多。对于高风险旅游娱乐

---

① 《文化和旅游部提示：慎重选择高风险旅游项目》，光明网百家号网站，https：//baijiahao.baidu.com/s？id=1606115455315576333&wfr=spider&for=pc，2018年7月16日。

项目，旅游者应量力而行，购买保险，听从指挥。首先，旅游者在从事高风险旅游娱乐项目前应充分了解高风险旅游娱乐项目的身体要求，不选择存在安全隐患的高风险旅游项目。其次，无论是境内还是境外旅游，在从事高风险旅游娱乐项目时，应在主险之外购买高风险旅游娱乐项目附加险，最大限度地保障自身利益。最后，从事高风险旅游娱乐项目的游客要遵守安全操作规范并听从工作人员指挥，不擅自行动，如遇突发状况，服从现场指挥并及时拨打当地急救和应急电话。

3. 做好旅游娱乐场所的全过程安全管理

(1) 增强旅游娱乐安全意识，实现事前"杜渐除微"

可以通过以下三个方面加强旅游者娱乐安全教育。①主动学习。旅游者应主动加强旅游娱乐安全意识和自我保护意识的培养，旅游前通过各种途径，了解和掌握旅游地环境和不安全因素等，做好应对准备。②被动学习。通过"刺激"学习的方式增强旅游者娱乐安全意识。如通过旅游娱乐事故影像观看、事故现场参观、参与旅游娱乐应急救援等方式，不断地刺激旅游者，使其身临其境，从而增强其旅游娱乐安全意识。③环境渲染学习。政府监管部门应增强旅游娱乐场所安全监管意识，做到安全监管自律，提升安全监管技能，落实安全责任。此外，政府应当加大旅游娱乐安全的宣传力度，在大社会环境中营造旅游娱乐安全的高度警醒氛围。

(2) 加强安全救援系统建设，实现事发"有条不紊"

船到江心补漏迟，安全救援系统关乎事故发生时救援的及时性和有效性，因此，旅游娱乐场所应在事故发生时间和事故发生场所的基础上，加强安全救援系统建设。①政府成立旅游娱乐安全救援中心。政府在旅游安全监管中占据重要领导地位，承担着旅游娱乐场所的安全责任，是旅游娱乐安全救援的主力军。政府部门应成立旅游娱乐安全救援中心，保证事故发生时有人负责、有权负责、有效负责。②提高旅游娱乐场所救援团队的专业水平。旅游娱乐场所救援团队是旅游娱乐安全救援的重要支撑，在旅游娱乐场所安全事故发生时，旅游娱乐场所救援团队应当利用专业设施设备和专业救援技能迅速开展救援工作。③提高旅游娱乐场所工作人员的救援水平。旅游娱乐

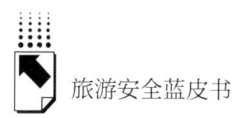

场所工作人员是旅游娱乐安全救援先锋军,事故发生时,旅游娱乐场所工作人员是第一时间采取救援措施的人。因此,应加强旅游娱乐场所工作人员救援知识的训练,保证事故发生的第一时间有人救援。

(3)事后善于总结,做到事后"前车之鉴"

事故总结是预防同类事故再次发生的关键。事故总结主要是在事故发生的基础上,发现问题并解决问题。事故总结主要从以下几个方面进行。①旅游娱乐场所安全事故记录工作。旅游娱乐地应做好旅游娱乐场所安全事故记录,对事故发生地的环境、设备和人力等进行逐一分析和排查,找出事故发生原因,为事故预防工作提供参考,且应当制定事故预防方案。②工作人员事故培训工作。根据旅游娱乐场所的事故记录,管理部门应当对事故案例进行总结与提炼,将事故案例作为学习材料,通过事故再现等方式对工作人员进行培训,使工作人员了解和掌握事故发生原因和规律,提升工作人员事故应变能力。③旅游者自我分析工作。旅游者在事后要分析事故原因,如果是自身原因导致的事故,要积极承担责任,同时加强旅游娱乐安全意识和自我保护意识等。如果是外部因素导致安全事故,旅游者在以后的旅游过程中应谨慎小心,尽力避免接触不安全因素,保证自我人身财产安全。

# B.8
# 2018~2019年旅行社业的安全形势与展望

侯志强 何靖 樊玲玲 *

**摘　要：** 2018年我国旅行社业持续发展，安全状态整体保持平稳，主要特征表现为：旅行社业安全事故时空分布较为集中；由旅游合同纠纷引发的安全问题较为严重，旅游购物安全问题突出表现为旅游商品质量安全；在线旅行社（OTA）安全问题不断凸显。展望2019年，旅行社业安全事故将继续呈现时空集聚的特点，旅游合同纠纷成为引发安全事故的主要导火索，旅游购物安全问题愈加凸显，在线旅行社安全问题引起广泛关注。基于此，需进一步加强旅游旺季热门旅游目的地的安全防控，监督旅游合同实施情况，加强旅游商品质量监察，重视在线旅行社安全问题。

**关键词：** 旅行社业　在线旅行社　安全事故

随着生活水平的提高，人们对健康和精神文化的需求日趋提升，这促进了旅游产业持续发展。《2017~2022年中国旅行社行业发展前景分析及发展策略研究报告》表明，全国旅行社总资产达666.14亿元。[1] 但旅游业发展

---

\* 侯志强，华侨大学社会科学研究处副处长，旅游学院教授、博士，研究方向为区域旅游发展与旅游目的地管理；何靖，华侨大学旅游学院硕士研究生；樊玲玲，华侨大学旅游学院硕士研究生。

[1] 《我国旅行社发展现状分析》，中国报告大厅官网，http://www.chinabgao.com/k/lvxingshe/28409.html，2017年8月15日。

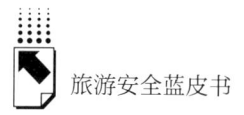

的同时不可避免地出现各种问题,其中安全问题是阻碍旅游业发展的重大问题之一。旅行社作为旅游产业传统三大支柱之一,出现了大量安全问题,引起社会各界的共同关注。

本文借助网络,利用人民网平台、百度、谷歌等主流媒体以"旅游安全""旅行社安全""旅行社纠纷""旅游事故"等为关键词,对2018年全国有关旅行社的安全事故进行检索,共检索出相关安全事故1001起,相较于2017年,总量增加,旅行社安全问题愈加严重。本文以此为样本,对我国2018年旅行社业的安全形势进行分析。

## 一 2018年旅行社业安全的总体形势

2018年我国旅行社业安全的总体形势基本稳定,但是也出现了一些新的趋势和特点,总体形势如下。

### (一)旅游旺季是安全事故的高发时段,境内是安全事故的频发地区

通过对事故数据的分析可知,首先,我国旅行社业安全事故集中分布在6~10月,且集中于"五一"、暑假和"十一"黄金周。我国现行的休假制度、旅游资源的季节性以及新型旅游形式,如亲子旅游、研学旅游等,在很大程度上导致旅游目的地在节假日超负荷运转,游客集中出行和旅游目的地超载运行都增加了旅游安全隐患。其次,安全事故在境内旅游中频发。相较于境外旅游,我国旅游业发展仍以境内旅游为主,旅行社业安全事故也多发生于境内。而且从地域分布来看,境内旅游旅行社业安全事故又集中分布在云南、贵州、四川、北京等旅游较为发达的目的地。

### (二)在线旅游安全形势严峻,传统旅行社安全服务意识有待进一步加强

借助移动互联网的发展,旅行社行业也在不断升级和发展,以OTA为

代表的在线旅行社业得到快速发展。统计数据显示，截至2018年第三季度，中国在线旅游交易规模达7342.62亿元，在线旅游即将进入亿万市场。[①] 同时，截至2018年上半年，中国在线旅游用户规模达39285万人，较2017年年末增加1707万人，有一半的网民通过在线业务进行旅行预订。[②] 便捷与风险相伴而生，OTA为旅游者带来便利的同时，也增加了如资金安全、虚假宣传等安全问题的风险隐患。此外，传统旅行社的安全问题主要体现在以导游为主的旅游服务人员的安全意识不够，这又突出表现在强制购物、欺骗诱导旅游者方面。

### （三）以旅游购物为主的安全问题不断凸显

旅游购物是旅游产业链中重要的一环，也是旅游收入的重要来源，低价旅游竞争方式禁而不止，加上我国游客不断提高的巨大消费力，在某种程度上导致旅游购物安全隐患不能根除。导游强制购物而与游客发生口头争吵、甩客等情况时有发生。同时在旅游购物中，旅游商品质量安全问题始终存在，如云南、新疆等旅游目的地是玉石、名贵中药材等产地，往往这些目的地的商家会联合旅行社、导游一起"欺骗"游客，卖给游客质价不符的旅游商品。整治不合理旅游形式，需要各级行政管理部门联合行动，而我国目前仍没有形成完善的全国性联动长效机制，相关行政管理部门联合整治也是目前亟须解决的难题。

### （四）旅游监管部门、旅行社经营管理者愈加重视安全问题

旅游安全问题是旅游业持续健康发展的主要阻碍因素之一，有效减缓旅游安全问题成为旅游界较为迫切的工作。旅游监管部门及旅行社经营管理者愈加重视安全问题，并有针对性地实施了一系列措施。各省份旅游局、旅游质量监督委员会对旅行社经营实施监督，对旅游安全事故迅速做出反应和处

---

① 参见前瞻产业研究院发布的分析数据，http://bg.qianzhan.com。
② 参见前瞻产业研究院发布的分析数据，http://bg.qianzhan.com。

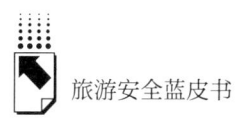

理，将旅游安全事故损失降到最低。同时，在线旅行社和传统旅行社不断加强对以导游为主的服务人员的安全教育，加强对餐饮、交通、住宿及线路等方面的安全评估，部分旅行社还实施了旅游安全事故的应急措施，这有利于从源头上减少旅游安全事故的发生。在线旅行社还开通了针对游客投诉的通道，以便于更好地发现和解决问题。

## 二 2018年旅行社业安全的概况与特点

### （一）旅行社业安全事故的分布概况

#### 1. 时间分布概况

2018年旅行社业安全事故在时间分布上呈上下波动特征。从图1可知，安全事故月份分布存在峰顶和谷底时期，峰顶时期为4月、7月及9月，而谷底时期为1月、3月、11月、12月。一方面，我国现有休假制度使得暑假、"十一"等假期成为集中出游时段；另一方面，有孩子的家庭大多会选择暑假出游，当出游人数达到饱和，甚至超出旅游承载力时，便滋生安全事故，这也是峰顶时段形成的主要原因。总而言之，旅行社业安全事故的时间分布特征与我国旅游淡旺季分布特征相吻合，在某种程度上讲，正是旅游淡旺季造就了这种时间分布特征。

#### 2. 空间分布概况

2018年旅行社业安全事故的空间分布概况主要从境内和境外两个视角进行描述。从境内分布情况来看，安全事故主要地区集中分布在北京、江苏、贵州、云南等十个主要省市，其中北京、云南、江苏、浙江、上海为安全事故集中发生地（见图2）。这与我国经济发展、旅游资源分布情况紧密相关。北京、上海、广东、浙江、江苏是我国经济发达地区，且旅游资源丰富，是热门的旅游目的地，旅游人数较多，旅游安全事故发生基数大。而贵州、云南、四川、湖南、陕西等省份凭借优越的资源条件成为旅游大省；相对落后的旅游设施条件和滞后的安全服务意识也使得这些目的地成为安全事故的频发地。

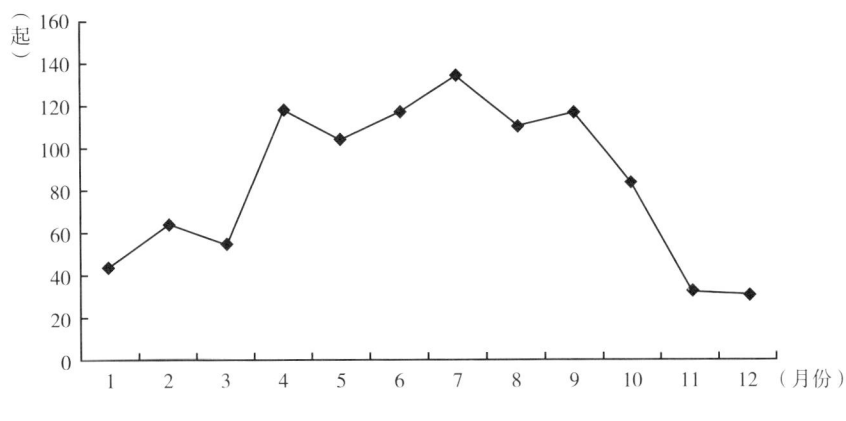

图 1　2018 年旅行社业安全事故月份分布

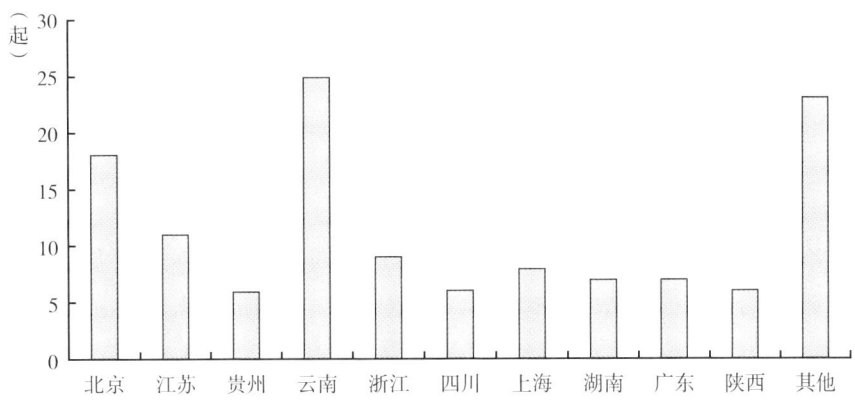

图 2　2018 年旅行社业境内安全事故主要地区分布

从境外安全事故的分布情况来看，安全事故主要地区集中分布在中国港澳台地区、日本、越南、泰国、印度尼西亚等国家和地区，其中又以中国港澳台地区、越南和泰国为安全事故集中发生地（见图 3）。除上述国家和地区外，法国、俄罗斯、美国等国家也有少量安全事故发生。这跟地理距离和经济文化发展水平紧密相关。一方面，港澳台地区、日本、越南等旅游目的地距离我国大陆较近，旅游时间和金钱成本相对较低。值得注意的是，越南是安全事故发生数量最多的目的地，这与我国大陆游客赴越旅游人数不断增多相关。有旅游业者表示，"越南旅游市场火爆是因为飞行距离短、成本低、航班数也越来越多"。① 另一方面,赴欧洲、北美旅游成本较高,因而人数较少,而且欧洲、北美等地旅游业发展较为成熟,安全保障机制较为健全,因此安全事故发生数量较少。

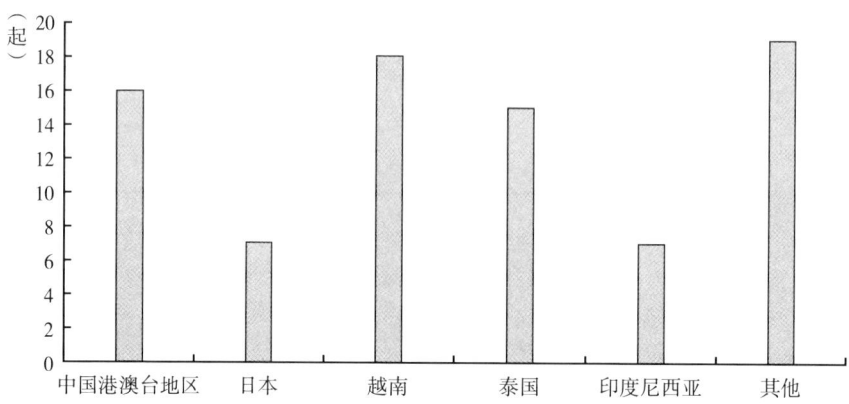

图3　2018年旅行社业境外安全事故主要地区分布

3. 类型分布概况

从图4可知,旅游合同纠纷、旅游服务质量事故、旅游人身财产安全事故和旅游购物安全事故为主要安全事故类型,分别占54.25%、26.77%、8.89%和3.40%。其中,合同纠纷导致的安全问题主要体现为旅行社与旅游者未签订旅游合同、实际提供服务与合同不符、旅行社违背合同规定等。旅游服务质量事故主要体现为旅行社工作人员在服务过程中的失误给旅游者造成财产损失或人身伤害。旅游人身财产安全主要表现为在旅游过程中游客的自身财产、生命安全的保障。旅游购物安全事故主要体现在由导游和旅游者冲突引起的人身安全问题以及旅游商品质量安全问题两个方面。除上述主要安全事故类型,旅游交通事故、旅游食品安全事故、游乐人身安全事故以及系统安全事故也时有发生,只是近年来发生频率和数量都有所降低和减少。

---

① 《港媒:中国大陆赴越南的游客人数激增超过6成》,南华早报,https://mp.weixin.qq.com/s?__biz=MzA5MjU0MjUwOA%3D%3D&idx=2&mid=2650941910&sn=a13e206595ff145b03656d06d24b17c9,2017年6月13日。

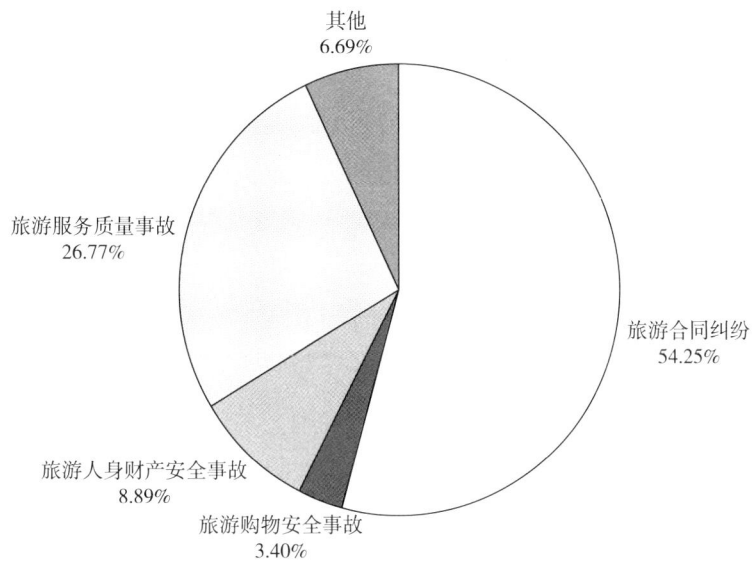

**图4　2018年旅行社业安全事故类型分布统计**

## （二）旅行社业安全事故的特点

**1. 旅行社业安全事故时空分布较为集中**

结合上文可知，旅行社业安全事故集中在旅游旺季，又以暑假和"十一"黄金周为代表时间段，所以总体来讲，一年中安全事故主要发生在下半年。在地域上，境内旅游安全事故集中分布在经济发达的北上广等地和旅游资源丰富的云贵川等地，出境旅游则集中于港澳台地区、泰国、日本等地理距离较近区域。在旅游基础设施和服务人员数量一定的情况下，过于集中的旅游人流超出旅游承载力限度，不可避免地引发安全事故。

**2. 由旅游合同纠纷引发的安全问题较为严重**

2018年，旅游业安全事故类型中由旅游合同纠纷引发的安全问题最为严重。旅游合同是保障旅游经营者和旅游者权益、规范市场秩序的法定文件，有利于旅游业持续健康发展。旅游者自我维权意识的缺乏和旅行社的不作为共同导致如旅游服务不达标、私自改变或增加旅游项目等一系列安全事

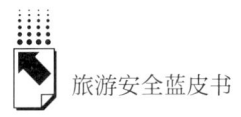

故发生。该现象在在线旅行社中同样存在，且旅游者与在线旅游企业之间并无正式书面合同，安全隐患问题更为严重。

3. 在线旅行社安全问题不断凸显

在线旅行社以便捷、经济等优势成为人们旅游活动中的重要帮手，体现在酒店预订、交通和旅游行程购买等服务方面。但同样的，在线旅行社的快速发展也是利弊并存，其安全问题不断凸显。网上交易和实际消费具有时间差，用户在购买时并不能有效评估产品或服务的真实性和安全性，在某种程度上致使不良商家虚假宣传，这成为诱发安全事故的主要因素。同时，一些不法分子通过在线旅游的方式对用户进行金钱诈骗，资金安全问题引发重视。

## 三　影响旅行社业安全的主要因素

### （一）外部宏观环境影响因素

1. 自然灾害等不可抗因素的影响

自然灾害主要包括台风、地震、洪水等，具有不可预见性且破坏性强，严重阻碍旅游活动的正常开展。2018年9月日本北海道发生6.9级地震，同时伴有25年来最强台风，严重影响了旅游安全。此次地震加台风使得新千岁机场出现中国游客滞留现象，机场暂时关闭对出行及返程团队造成影响。① 就国内旅游而言，6~8月是国内旅游旺季，也是降水较多的季节，易导致洪水、山体滑坡，加剧旅游安全事故的发生。如7月11日四川发生强降雨，64家A级景区为防止发生安全事故暂行关闭。②

2. 国内政治、经济文化等环境因素的影响

旅游安全脆弱性明显，受国家政治环境、经济发展水平和文化氛围等因

---

① 《日本北海道6.9级地震35名苏州游客暂时滞留》，中国江苏网，http://jsnews.jschina.com.cn/sz/a/201809/t20180906_1894708.shtml，2018年9月6日。
② 《受强降雨影响 四川8个市州64家A级景区暂行关闭（名单）》，新浪四川，http://sc.sina.com.cn/news/m/2018-07-12/detail-ihfefkqq5112276.shtml，2018年7月12日。

素影响。在政治上，国家政策对推动旅行社安全有重大影响，如国家在旅游市场管理和导游工资绩效改革方面的举措，在某种程度上减缓了如"零负团费""导游打人"等安全事故的发生，规范旅游市场。在经济上，生活水平的提升提高了游客出游率，而消费能力的提升增强了游客购买旅游商品的意愿，在增加旅游收入的同时，旅游商品质量安全问题逐渐凸显。在文化上，文化差异也是引发旅游安全事故的因素，即旅游安全与文明旅游紧密相连。

## （二）旅行社业内部影响因素

1. 旅行社经营缺乏安全管理意识

大多数旅行社缺乏安全管理意识是导致旅行社业安全事故频发的主要原因。旅行社在经营业务时以经济利益为中心，存在虚报服务标准，模糊性宣传，未尽合同主体、格式条款、保险事项等说明义务，擅自转团、变更行程，未尽安全保障义务等情况，使原本安全意识缺乏的游客更加忽视安全问题。总之，旅行社作为旅游安全的根本保障者，其安全管理意识的缺乏与安全事故的发生密不可分。

2. 旅行社安全预警、控制和处理机制不完善

旅游安全事故的发生不可能避免，但有效的预防措施可减少事故发生数量，安全事故发生后快速有效的处理和补救措施可降低损失。目前无论是传统旅行社还是在线旅行社，其安全预警、控制和处理机制都不完善。如传统旅行社未对所提供服务的安全性进行评估，事故发生后，烦琐的处理程序使事故损失扩大。在线旅行社在宣传旅游项目时缺乏对潜在风险的告知，包含风险提示、应急预案以及自身相关责任等内容的旅游管理机制不够完善。

3. 旅行社缺乏对代理商安全的把控

旅行社与酒店、交通、餐饮等行业的供应商合作密切，保障代理商所提供服务的安全性是旅行社的责任和义务。然而旅行社往往缺乏对代理商安全的把控。酒店住宿不达标，旅游者容易在使用酒店设施的过程中发生安全事故；交通服务不达标是造成旅游交通安全事故的主要原因之一；餐饮不达标，会引发旅游者食物中毒；游乐设施不达标，会给旅游者的人身安全带来

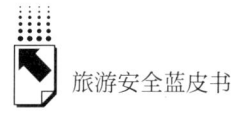

威胁。如2018年5月30日，一名20多岁的女游客在合肥欢乐岛游乐场体验"空中飞人"项目时发生意外，从空中坠落至地面平台，不幸身亡。①

### （三）旅游者及旅行社从业人员影响因素

1. 旅游者缺乏安全意识

游客在旅游过程中缺乏整体安全意识。旅游者不能快速辨别旅游过程中潜在的危险因素，安全事故发生后，不能迅速采取有效措施或者通过正确的渠道维护自身权益。尤其是面对资金交易时，游客的财产安全防范意识的缺乏往往造成不可换回的经济损失。如江苏常州的李女士在微信上报名参加某低价旅行团，交了2万多元后却被通知报名未成功，还直接被对方拉黑。相当一部分游客在未核实对方身份的情况下，通过微信给所谓的"某某旅行社导游"转账，这已成为旅游财产安全的主要隐患。②

2. 旅行社从业人员缺乏安全服务意识

旅行社从业人员具有强烈的安全服务意识不仅有利于保障旅游者的安全，也为自身利益提供了保障，然而旅行社从业人员普遍缺乏安全服务意识，这部分归因于旅行社缺乏旅游安全教育培训。就导游而言，在旅游购物中，导游应凭借丰富的经验帮助旅游者甄别旅游陷阱，而现实却是个别导游与不良商家勾结欺骗消费者，这不仅扰乱旅游市场秩序，而且使旅游购物质量安全问题愈加突出。

## 四 2019年旅行社业安全的趋势与管理建议

### （一）安全事故呈现时空集聚的特点

通过对2018年旅行社业安全事故案例的分析发现，安全事故呈现时空

---

① 《合肥欢乐岛一女游客发生意外不幸身亡，园方已停业整顿》，合肥晚报，http：//news.wehefei.com/system/2018/05/31/011278728.shtml，2018年5月31日。
② 《微信报团旅行却遭低价骗局 警方提醒应选择正规渠道》，新浪财经，http：//finance.sina.com.cn/consume/puguangtai/2018－07－02/doc－ihespqry5031634.shtml，2018年7月2日。

集聚的特点，即安全事故集中发生于旅游旺季，发生地为我国主要的旅游目的地。同时，旅游安全事故多发生于境内旅游，境外旅游安全事故发生地多为邻近我国的亚洲国家和地区。针对时空集聚的特点，旅行社业安全事故的预防和管理工作应分时段、分地点重点推进。在旅游旺季，针对热门旅游景区和目的地的安全问题，旅行社应联合众多监管部门对其进行预防和控制，一旦发生安全事故，立即采取应对措施将损失降至最低。同时，旅行社应加强服务人员的安全意识，提高他们面对安全事故的反应速度和处理能力。对于境外旅游安全问题同样需要重视，要形成旅行社、旅游者、非政府组织、政府协同合作的中国公民海外紧急救援体系。

### （二）旅游合同纠纷成为引发安全事故的导火索

旅游合同是旅游者权益的保障，通过事故案例统计分析发现，54.25%的安全事故与旅游合同纠纷相关，换言之，旅游合同纠纷成为引发安全事故的导火索。一方面，旅游者缺乏安全意识，另一方面，旅行社为了自身利益，时常出现未签旅游合同、合同条款与实际行程不符、旅游合同被无视等情况。旅游活动失去旅游合同的保障，安全事故发生概率提升，事故损失程度提高。因此，旅游者要掌握一定的旅游法律知识，当发生安全事故时，及时维护自身合法利益；旅行社应遵循诚信经营规则，签订正规旅游合同，在旅游合同中对可能危及旅游者财产、人身安全的相关事项进行说明；旅游监管部门要严厉打击旅行社违规经营行为。

### （三）旅游购物安全问题愈加凸显

国民消费水平提高的同时，旅游者购物意愿不断增强，但旅游购物安全问题也层出不穷。旅游市场监管不严、导游薪酬制度不完善等原因，致使部分导游与不良商家联合诱骗旅游者高价购买廉价虚假商品。旅游者财产损失的同时，商品质量不过关也会对其身心健康造成危害。为有效减少旅游购物安全问题，旅游监管部门应对不合格的旅游购物点进行管理，推进导游薪酬制度和绩效考核制度的建立。同时，旅游者在购买贵重旅游商品时需要保持理性消费，要求商家开具相关收据和保修单等，以备商品质量出现问题时，可通过旅行社进行退换货处理等。

### （四）在线旅行社安全问题引发关注

移动互联网的发展促进了在线旅行社发展，但在线旅行社安全问题也引起广泛的关注。相比传统旅行社，旅游者在在线旅行社购买旅游产品时，不能与服务人员面对面咨询，这便要求消费者具备更高的自主性和信息甄别能力。在线旅行社安全问题主要表现为因取消订单产生的退款财产安全问题，这主要源于消费者与平台商家在变更、取消和退订订单规则的理解方面存在偏差。因此，首先，在线旅游企业未来须对产品预订界面进行优化并提高一线工作人员的业务能力；其次，在线旅游企业应建立完善旅游应急机制；最后，各企业应加强工作人员的安全教育培训，提高其安全服务意识。

安全事件篇

# B.9
# 2018~2019年中国自然灾害涉旅安全的形势分析与展望

叶新才 王小花[*]

**摘 要:** 自然灾害是影响旅游安全的重要因素之一,具有多样性、广泛性、频发性、危害性等特点,自然灾害涉旅安全问题引起了各界关注。通过对我国自然灾害涉旅安全事件的案例分析发现,2018年我国自然灾害对旅游安全的影响较上一年度偏轻,自然灾害涉旅安全事件数量、死亡人数、失踪人数及受伤人数等指标为近5年最低水平。经初步预判,2019年我国自然灾害涉旅安全的形势趋向平稳,但自然灾害涉旅安全的风险依然存在并需各部门全力合作、提升旅游安全自救能力和游客风险防范意识。

**关键词:** 自然灾害 旅游安全

随着我国旅游业向纵深发展,旅游资源开发趋向全域化发展,旅游安全的影响因素也变得异常复杂。如何科学应对自然灾害带来的旅游安全事件,减缓自然灾害对旅游业的影响成为旅游安全管理的重要课题。本文在对

---

[*] 叶新才,博士,华侨大学旅游学院旅游管理系主任,副教授,主要研究方向为旅游目的地规划与管理、旅游项目策划与评估;王小花,华侨大学旅游学院硕士研究生,主要研究方向为旅游目的地管理。

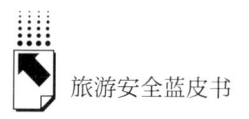

2018年我国自然灾害涉旅安全形势、特征、成因进行分析的基础上,对2019年自然灾害涉旅安全的形势进行预判并提出管理建议。

## 一 2018年自然灾害涉旅安全的总体情况

2018年我国自然灾害以洪涝、台风灾害为主,干旱、风雹、地震、地质、低温冷冻、雪灾、森林火灾等灾害也不同程度地发生,各种自然灾害共造成1.3亿人次受灾,589人死亡,46人失踪,直接经济损失2644.6亿元。总体上看,2018年全国自然灾害灾情较过去5年均值明显偏轻,其中,因灾死亡失踪人数和直接经济损失分别减少59%、78%和34%。[①]

通过百度新闻搜索"景区+各类自然灾害"关键词,得到2018年我国自然灾害涉旅安全事件案例(见表1)。通过表1和历年自然灾害涉旅安全事件案例比较可知,2018年我国自然灾害涉旅安全事件34起,较上年减少10起;死亡人数8人,较上年减少36人;失踪人数1人,较上年减少16人;旅游安全事件受伤人数22人,较上年减少523人。总体而言,2018年我国自然灾害对旅游安全的影响较上一年度偏轻,自然灾害涉旅安全事件数量、死亡人数、失踪人数及受伤人数等指标为近5年最低水平。

表1 2018年我国自然灾害涉旅安全事件一览

| 序号 | 灾害类型 | 发生时间 | 发生地点 | 事件描述 |
|---|---|---|---|---|
| 1 | 气象灾害 | 1月31日 | 河南南阳某景区 | 景区雪崩,两男童被埋,1人抢救无效死亡 |
| 2 | 气象灾害 | 2月2日 | 四川阿坝藏族羌族自治州四姑娘山 | 3名登山者遇暴雪,1死1失联 |
| 3 | 气象灾害 | 2月3日 | 四川雅安市芦山县大川河 | 一家人雪夜被困深山悬崖边 |
| 4 | 气象灾害 | 2月9日 | 陕西省旬邑县赵家洞 | 1名女子参观冰挂被砸,头部伤势过重不幸身亡 |

---

① 刘南江、费伟:《2018年全国自然灾害基本情况分析》,《中国减灾》2019年第5期,第14~17页。

续表

| 序号 | 灾害类型 | 发生时间 | 发生地点 | 事件描述 |
|---|---|---|---|---|
| 5 | 气象灾害 | 5月29日 | 福建泉州假日城堡 | 一处气垫被大风掀翻,导致气垫上人员从高处摔下受伤 |
| 6 | 气象灾害 | 6月17日 | 青海都兰雅丹部落景区 | 天气原因导致2名自驾游游客被困戈壁 |
| 7 | 气象灾害 | 7月25日 | 广西桂林漓江景区 | 3条竹筏被大风吹翻,多名游客落水 |
| 8 | 气象灾害 | 9月30日 | 四川甘孜藏族自治州折多山 | 暴雪,滞留拥堵车辆1000余辆 |
| 9 | 气象灾害 | 10月2日 | 四川甘孜藏族自治州海螺沟 | 暴雪,自驾游游客被困在山上 |
| 10 | 气象灾害 | 10月2日 | 西藏纳木错景区 | 突降暴雪,200余名游客被困 |
| 11 | 气象灾害 | 10月8日 | 四川海螺沟景区 | 暴雪,20余辆车与数名游客被困 |
| 12 | 气象灾害 | 12月28日 | 湖北武当山景区 | 暴雪,游客滞留山上 |
| 13 | 气象灾害 | 12月30日 | 重庆市武隆区仙女山景区 | 大雪,80余辆上山车辆被困半路 |
| 14 | 气象灾害 | 12月31日 | 湖南张家界武陵源景区 | 暴雪,3辆车9人被困景区 |
| 15 | 洪水灾害 | 5月22日 | 重庆黄家坝湿地公园 | 老人遭遇洪水 |
| 16 | 洪水灾害 | 5月24日 | 安徽明光市八岭湖景区老嘉山 | 山洪暴发,19名景区员工被困山上 |
| 17 | 洪水灾害 | 6月23日 | 浙江浙东大峡谷 | 25名上海游客被困 |
| 18 | 洪水灾害 | 6月30日 | 湖南长沙橘子洲景区 | 洪水,启动紧急闭园措施,800人撤离 |
| 19 | 洪水灾害 | 7月12日 | 四川铜梁安居古城景区、潼南大佛寺 | 洪水,景区关闭 |
| 20 | 洪水灾害 | 7月14日 | 湖北宜昌市夷陵区下牢溪区域 | 山洪暴发,18名驴友被困 |
| 21 | 洪水灾害 | 7月31日 | 四川雅安宝兴县陇东镇东拉山大峡谷 | 山体滑坡,30名游客被困 |
| 22 | 山洪灾害 | 8月10日 | 重庆南川头渡镇烛锋台露营地 | 山洪暴发,4名露营者遇难 |
| 23 | 洪水灾害 | 8月18日 | 山东临沂市蒙阴县椿树沟景区 | 山洪暴发,10多名游客被困 |
| 24 | 洪水灾害 | 8月18日 | 山东青岛崂山巨峰景区 | 山洪暴发,2名游客被困 |
| 25 | 洪水灾害 | 8月28日 | 浙江台州市仙居县丽人谷 | 山洪暴发,49名驴友被困山谷 |
| 26 | 洪水灾害 | 8月29日 | 山东五莲山景区 | 洪水,10名游客被困五莲山 |
| 27 | 洪水灾害 | 11月16日 | 云南丽江虎跳峡景区 | 洪水,公路沿线以下的房屋被淹,受影响人员18657人 |
| 28 | 地质灾害 | 2月4日 | 四川洪雅县高庙镇黑林村 | 下大雪,道路塌方,10多名游客被困 |
| 29 | 地质灾害 | 6月27日 | 四川九寨沟景区 | 发生多处山洪、泥石流,转移60名施工人员和15名游客 |

续表

| 序号 | 灾害类型 | 发生时间 | 发生地点 | 事件描述 |
|---|---|---|---|---|
| 30 | 地质灾害 | 7月19日 | 山西五台山景区梵仙山路段 | 山体滑坡,主干道路被整体阻断 |
| 31 | 地质灾害 | 9月22日 | 湖北宜昌市点军区车溪景区王家坝 | 屋顶坍塌,造成1死21伤 |
| 32 | 地质灾害 | 9月28日 | 广东惠州市巽寮景区 | 道路边坡塌方,道路拥堵 |
| 33 | 地质灾害 | 10月5日 | 四川天全县喇叭河景区 | 高位塌方,景区旅游道路无法通行 |
| 34 | 地质灾害 | 11月3日 | 福建鼓岭旅游度假区 | 山体滑坡,1男子被砸重伤 |

## 二 2018年自然灾害涉旅安全事件的概况与特点

### (一)2018年自然灾害涉旅安全事件的概况

从表1可知,2018年全国自然灾害涉旅安全事件至少34起,其中,气象灾害涉旅安全事件14起、洪水灾害涉旅安全事件13起、地质灾害涉旅安全事件7起。2018年全国自然灾害涉旅安全事件至少造成8人死亡、22人受伤、1人失踪,众多游客被困。

### (二)2018年自然灾害涉旅安全事件的特点

1. 自然灾害涉旅安全事件数量有回落

2012～2018年我国自然灾害涉旅安全事件至少281起,年均40.1起,总体表现为2015年自然灾害涉旅安全事件数量最多,自2015年后逐年递减,其中2018年自然灾害涉旅安全事件为近4年数量最少。

2. 影响旅游安全的自然灾害类型集中

2012～2018年全国气象灾害涉旅安全事件至少107起,洪水灾害涉旅安全事件至少87起,地质灾害涉旅安全事件至少58起,海洋灾害涉旅安全事件至少29起(见图2)。另外,从表1可知,2018年全国气象灾害涉旅安全事件14起、洪水灾害涉旅安全事件13起、地质灾害涉旅安全事件7起,

## 2018~2019年中国自然灾害涉旅安全的形势分析与展望

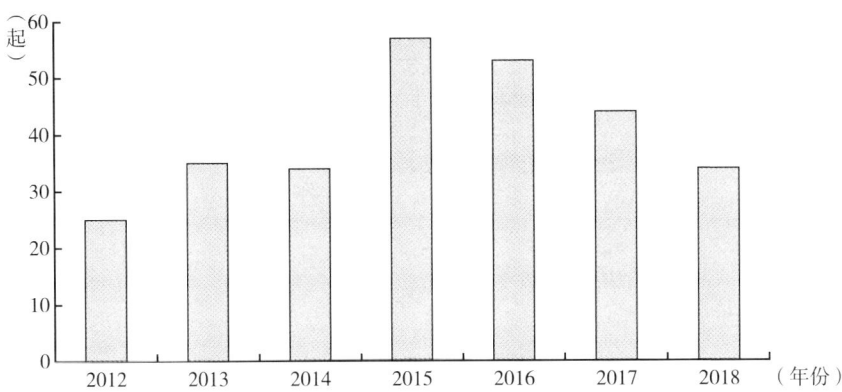

**图1　2012~2018年全国自然灾害涉旅安全事件数量**

由此表明2018年气象灾害是导致旅游安全事件最主要的灾害类型，其次为洪水灾害，再次为地质灾害，这与近7年来的总体情况基本一致，即造成旅游安全事件的主要灾害类型集中在气象灾害、洪水灾害和地质灾害。

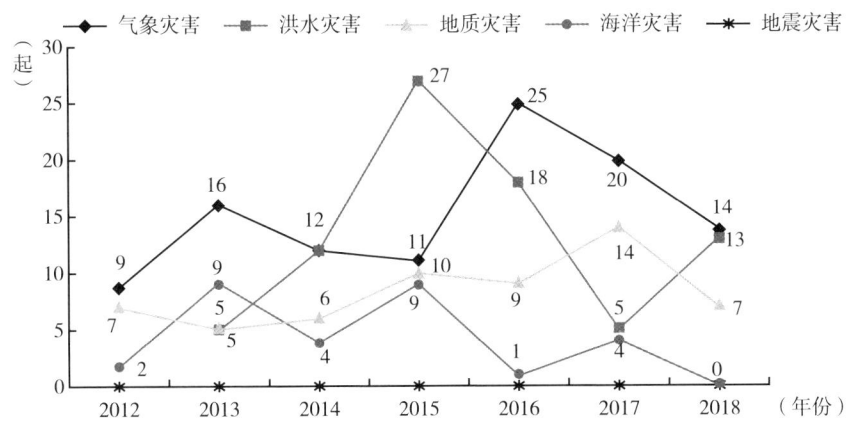

**图2　2012~2018年全国不同灾害类型导致的安全事件数量**

**3. 自然灾害涉旅安全事件伤亡人数递减**

2012~2018年自然灾害涉旅安全事件至少造成153人死亡、755人受伤、36人失踪。其中，2018年自然灾害涉旅安全事件中，死亡8人、受伤22人、失踪1人，总体情况为近5年最低水平（见表2）。

表 2　2012～2018 年全国自然灾害涉旅安全事件伤亡人数

| 年份 | 死亡人数 | 受伤人数 | 失踪人数 | 合计 |
| --- | --- | --- | --- | --- |
| 2012 | 9 | 21 | 11 | 41 |
| 2013 | 25 | 69 | 4 | 98 |
| 2014 | 11 | 7 | 0 | 18 |
| 2015 | 40 | 51 | 2 | 93 |
| 2016 | 19 | 40 | 5 | 64 |
| 2017 | 41 | 545 | 13 | 599 |
| 2018 | 8 | 22 | 1 | 31 |
| 合计 | 153 | 755 | 36 | 944 |

4. 自然灾害涉旅安全事件时空分异明显

从表 1 可知，2018 年不同区域自然灾害涉旅安全事件的数量、灾害类型和伤亡人数呈现较大的差异性。西南地区自然灾害涉旅安全事件最多，共涉及至少 14 起，占全国自然灾害涉旅安全事件总数的 41.18%；其次为中部地区，涉及自然灾害涉旅安全事件至少 7 起，占全国自然灾害涉旅安全事件总数的 20.59%；再次为东部地区和南部地区，各涉及 5 起，各占全国自然灾害涉旅安全事件总数的 14.71%；最后，西北地区涉及自然灾害涉旅安全事件 3 起，占全国自然灾害涉旅安全事件总数的 8.82%。西南地区自然灾害涉旅安全事件造成的死亡人数最多，至少达 5 人，其次为中部地区 2 人，西部地区 1 人。

## 三　2018 年自然灾害涉旅安全管理的主要进展

### （一）旅游安全管理制度不断完善

2018 年，我国不断推进国家防灾减灾救灾体制机制改革，国家旅游行政主管部门进一步加大了旅游安全监管力度。3 月初，原国家旅游局办公室发布了《关于切实做好 2018 年全国"两会"期间旅游安全工作的通知》，并且在《国务院办公厅关于促进全域旅游发展的指导意见》中提出要强化旅游安全保障。这些政策的出台有效地推进了防灾减灾工作的进行，有利于旅游业的科学化、规范化的管理。

### （二）灾害防治体系建设持续优化

2018年，国家不断加强对自然灾害应急系统的建设，包括应急管理部的成立，整合了原来11个部门的13项应急救援职责，以及5个国家指挥协调机构的职责；组建了综合性消防救援队伍，全国公安消防部队和武警森林部队20万官兵整体转制，在我国应急管理发展史上具有里程碑意义。[1] 在泰国沉船事件发生后，党中央、国务院发布公告并做出指示，要切实加强旅游和暑期安全防范工作。加强对景区、重点行业的排查治理和应急相应工作，建立高效的旅游安全应急管理系统，保障游客的生命和财产安全。

### （三）旅游安全管理工作日趋规范

2018年，各省市在全行业开展旅游安全生产活动的明察暗访，其中，也不乏对自然灾害涉旅安全事件的关注。北京、安徽、河北、四川、天津等多个省市在开展旅游安全工作会议，加强对自然灾害涉旅安全事件的管理，督促旅游经营单位密切关注天气预报，做好旅游安全提醒提示工作，合理安排旅游线路和游览项目，主动规避风险。[2] 针对夏季暴雨、洪涝，冬季暴雪等天气对旅游安全的影响，下发了相应的通知，提醒各级旅游管理部门、经营单位超前准备、落实措施，压实责任，全力防范应对。此外，各省市持续推进旅游安全生产月及安全生产和培训活动，以提高自身应对自然灾害的能力。各大景区在台风、暴雨、洪涝等天气启动应急预案，关停景区，并做好疏导工作从而保障旅游者和从业人员的安全。

---

[1] 蔡岩红：《应急管理部：2019年全面建设应急管理法律制度体系》，东方网，http://news.eastday.com/eastday/13news/auto/news/finance/20190123/u7ai8339968.html，2019年1月23日。

[2] 陈金华、秦耀辰、何巧华：《自然灾害对海岛旅游安全的影响研究——以平潭岛为例》，《未来与发展》2007年第28（8）期，第62~65页。

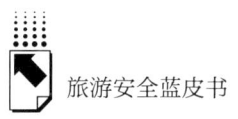

### (四)现代技术在旅游安全领域应用

随着科学技术的发展,我国越来越重视科学技术在自然灾害预防方面的应用。同样,旅游安全科学技术也日益提升。例如,通过气象卫星、航天遥感技术等先进科学技术对天气状况进行预报,在台风、暴雨等天气来临之时,及时通知各大景区启动应急预案、临时紧急关闭,并在景区公众号、旅游 App 等平台及时发布信息,以满足游客的信息需求,也可有效地保障游客人身安全。

### (五)全民参与救灾管理模式的创新

政府部门是自然灾害发生地的救援主体力量,同时需要鼓励企业、个人在自然灾害来临时自救。2018 年 9 月 11 日,携程集团与联合国开发计划署、中国旅游研究院等联合宣布,将共同实施"安全旅行——负责任的旅行"项目,升级旅行安全服务,为中国游客提供灾害预警和人道主义救援等方面的支持,降低旅行风险。[①] 旅游企业能够在自然灾害紧急情况下为旅客提供及时援助,帮助更多的游客脱离险境,减少自然灾害对旅行所造成的影响。

## 四 影响自然灾害涉旅安全的主要因素

### (一)外在因素:自然灾害的突发性

我国地理结构复杂,气象气候呈现多变和突发特点,气象气候的变化还可能引起山洪和地质灾害的发生,因此自然灾害的突发性是造成自然灾害涉旅安全事件的主要原因之一。一方面,气象气候突然变化导致直接的旅游安

---

① 张俊:《为应对旅游自然灾害 携程联合联合国推安全旅行服务》,新浪网,https://tech.sina.com.cn/i/2018-09-11/doc-ihiixzkm7131193.shtml,2018 年 9 月 11 日。

全事件。如2018年1月31日，河南南阳一景区突发雪崩，2名男童被埋；7月25日，广西桂林漓江3条竹筏被大风吹翻，导致多名游客落水；10月2日，西藏纳木错景区突降暴雪，导致200余名游客被困。另一方面，气象气候的变化引起山洪、崩塌、滑坡等次生灾害，由次生灾害造成旅游安全事件。如8月10日，重庆南川头渡镇烛锋台露营地由暴雨引发山洪，4名露营者遇难。

## （二）人为因素：防范措施的不到位

除了自然灾害多发、突发、不可抗拒等因素外，旅游行业应对自然灾害的能力薄弱和旅游者安全防范意识及自救能力较差往往成为自然灾害涉旅安全事件的主要原因。

1. 自然灾害防治能力薄弱

一是全域旅游背景下，旅游空间由城市拓宽到各种各样的空间，受资金、技术、劳动力等因素的影响，这些旅游空间的安全防护设施和安全预案尚未完善。二是自然灾害的实时监测和预警预报系统建设滞后，各部门之间的联盟联动机制难以形成。三是发挥协调能力有限，仅靠自身力量去对旅游者进行疏导、确保旅游者及从业人员的安全是不现实的。四是自然灾害涉旅安全预警预报系统尚未健全，对安全预案的可操作性和实用性考虑较少。

2. 旅游者安全防灾意识薄弱

一方面，对自然灾害的预警能力不足，对旅游者的保障措施缺乏。在面临自然灾害时，其应急管理体制、安全宣传教育、保险保障等基础设施的建设与需求相差甚远，这成为我国自然灾害涉旅安全事件的一大原因。另一方面，旅游者对于旅游安全有所关注，但是存在一定的认知差异和误区，尤其是未经历安全事故的旅游者，安全意识相对较为薄弱。也有部分旅游者出于求新求异的心理，到未开发的目的地游玩，对于旅游地存在的风险缺乏准确的判断和警惕意识，即使认识到目的地潜在的危险性，为了寻求刺激，也无视安全警示和他人劝阻，将自己置于危险之地，导致受伤甚至失去生命。旅游者缺乏相应的安全意识，对于旅途中保险的购买持侥幸心理，在事故发生时为时已晚。

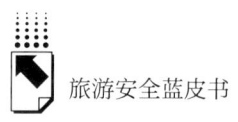
旅游安全蓝皮书

# 五 2019年自然灾害涉旅安全形势与对策

## （一）2019年自然灾害涉旅安全的形势预测

在全球自然灾害形势严峻的背景下，结合我国全域旅游发展态势，预判2019年我国自然灾害总体形势可能与2018年相似，趋向平稳，但是存在以下趋势需要重视。

**1. 自然灾害频发突发带来管理压力**

我国地域辽阔，地形地貌复杂，气候多变，在未来的一年，暴雨、暴雪、台风、地震、雷电等自然灾害依旧是旅游业所面临的难题，且自然灾害具有集中性及严重性，这对于旅游业的安全保障是一个严峻的挑战。

**2. 乡村自然灾害涉旅安全形势严峻**

随着全域旅游与乡村旅游发展，乡村旅游开发的深度和广度都在不断地推进，在此背景下，旅游基础设施的建设还未完善，而自然灾害的突发性、严重性对旅游建设有较高的要求，农村地区对于自然灾害的重视程度不足，相应的应急管理制度还未建立，对于乡村旅游地的游客和从业人员的防灾减灾宣传教育还未普及，总体来看，乡村自然灾害涉旅安全形势严峻。

**3. 旅游业态发展带来安全新风险**

随着旅游业的发展，旅游者不再局限于传统的游览观光的模式，逐渐参与到深度体验的旅游中去。如近几年新兴的邮轮、低空、漂流、夜游类项目，这些业态产品带来旅游安全新难题，对旅游目的地安全管理提出了更高的要求。

## （二）2019年自然灾害涉旅安全的管理建议

为有效地应对2019年自然灾害涉旅安全新形势，本文提出以下几点建议。

**1. 加强各部门之间的合作**

各级政府在面临自然灾害时，由中央发挥统筹指导和支持作用，地方党委和政府在灾害应对中发挥主体作用,承担主体责任。各级旅游管理部门要积极协调,配合公安、消防、交通等部门,建立统一的防灾减灾救灾领导机构,统筹防灾减灾救灾各项工作。

2. 提升旅游安全自救能力

旅游目的地政府应该加大对景区、酒店、旅行社等地的专项检查力度,同时与本地的旅游企业建立相应的联系。鼓励支持社会力量全方位参与常态减灾、应急救援、过渡安置、恢复重建等工作,构建多方参与的社会化防灾减灾救灾格局。对于一些新兴的乡村旅游目的地,要加强对目的地企业、从业人员的培训,做好安全生产月等系列活动,建立智慧预警和救援体系,充分发挥先进技术例如气象卫星、航天遥感技术等在自然灾害预警方面的应用①,建立相应的应急预案措施,提高旅游地救援的科学性、合理性。

3. 提高游客风险防范意识

从根本上提高旅游者的安全意识和风险防范意识。② 在旅游者到达目的地之前,要充分了解当地的天气状况,在旅游时,要遵循景区的规章制度,若是参加高风险的户外活动,一定要经过相应的专业技能培训,购买相应的保险,减小潜在的自然灾害对旅游者的威胁。

---

① 邵冬梅、苗维亚:《旅游景区自然灾害防治管理的研究》,《桂林旅游高等专科学校学报》2006年第17(2)期,第153~156页。
② 吴春涛、李熙、段金莉:《自然灾害旅游目的地的开发、管理和发展——以四川北川羌城旅游区为例》,《地域研究与开发》2016年第2期,第81~85页。

# B.10
# 2018~2019年中国涉旅事故灾难的形势分析与展望

王新建 池丽平 李梦圆*

**摘 要:** 本文采用案例分析法和比较分析法,研究2018年我国境内涉旅事故灾难的现状、特征、影响因素和管理进展,探讨2019年我国涉旅事故灾难发展动态和管理措施。研究表明,2018年涉旅事故灾难总体形势继续趋好,事故数量与造成的人员伤亡数显著下降;涉旅交通事故、酒店安全事故、山地户外运动事故和漂流及游船游艇事故是涉旅事故灾难的主要类型;重特大事故得到有效抑制,无资质经营与私自开展的高风险旅游项目安全问题凸显。研究指出,2019年应重点关注海洋旅游及涉水运动、无资质或私自组织的高风险项目、登山户外运动和酒店安全,应加快出台《高风险旅游项目管理办法》,推进在线旅游服务提供商提高旅游安全服务水平。

**关键词:** 旅游安全 事故灾难

涉旅事故灾难指主要由人为原因造成的,涉及旅游者人身伤亡或重大财产损失的紧急事件,包括涉旅交通事故、山地户外运动事故、漂流游船游艇事故、娱乐项目事故、低空旅游事故、酒店安全事故等。本文采用案例分析

---

\* 王新建,华侨大学旅游学院副教授,主要研究方向为旅游安全与应急管理;池丽平、李梦圆,华侨大学旅游学院硕士研究生。

法和比较分析法，研究2018年发生在我国境内（不含港澳台地区）的涉旅事故灾难。本文采用百度、谷歌、360等进行联合搜索，将所得案例逐一鉴别和去重后，最终采集到82起涉旅事故灾难案例。

## 一 2018年涉旅事故灾难的总体形势

### （一）涉旅事故灾难总体形势继续趋好，事故数量与致死人数均显著下降

据不完全统计，2018年共发生涉旅事故灾难82起，共造成157人死亡或失踪，事故数量与致死人数分别较2017年下降21.9%和18.2%。从2014~2018年总体趋势上看，涉旅事故灾难致死人数连续四年呈现下降趋势，2018年较前四年平均值低52.9%，涉旅事故灾难总体形势继续趋好。

表1 2014~2018年涉旅事故灾难统计

单位：起/人

| 事故类型 | 2014年 | | 2015年 | | 2016年 | | 2017年 | | 2018年 | |
|---|---|---|---|---|---|---|---|---|---|---|
| | 事故数量 | 死亡或失踪人数 | 事故数量 | 死亡或失踪人数 | 事故数量 | 死亡或失踪人数 | 事故数量 | 死亡或失踪人数 | 事故数量 | 死亡或失踪人数 |
| 涉旅交通事故* | 12 | 106 | 16 | 566 | 10 | 70 | 11 | 60 | 9 | 39 |
| 山地户外运动事故 | 55 | 70 | 38 | 44 | 40 | 47 | 33 | 44 | 23 | 25 |
| 漂流游船游艇事故 | 14 | 31 | 17 | 30 | 11 | 39 | 4 | 11 | 5 | 21 |
| 娱乐项目事故 | 5 | 6 | 11 | 16 | 6 | 7 | 7 | 6 | 7 | 7 |
| 低空旅游事故 | — | — | 4 | 5 | 9 | 18 | 6 | 7 | 4 | 8 |
| 酒店安全事故 | 5 | 5 | 7 | 11 | 5 | 7 | 26 | 39 | 20 | 40 |
| 其他 | 4 | 39 | 5 | 13 | 6 | 12 | 18 | 25 | 14 | 17 |
| 合计 | 95 | 257 | 98 | 685 | 87 | 200 | 105 | 192 | 82 | 157 |

＊注：由于死亡人数小于3人的涉旅交通事故太多，难以鉴别与统计，本文仅统计死亡人数3人及以上的涉旅交通事故灾难。

### （二）重特大涉旅事故灾难得到有效遏制，涉旅交通事故灾难显著减少

2018年共发生2起重大涉旅事故灾难，较2017年减少1起；2017~

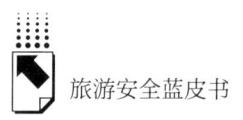

2018年连续两年未发生特大涉旅事故灾难,重特大涉旅事故灾难得到有效遏制(见表2)。与前四年相比,2018年首次出现没有发生重大与特大涉旅交通事故的情况,涉旅交通事故灾难显著减少。

表2 2014~2018年涉旅事故灾难等级统计

单位:起/人

|      | 2014年 | | 2015年 | | 2016年 | | 2017年 | | 2018年 | |
| --- | --- | --- | --- | --- | --- | --- | --- | --- | --- | --- |
|      | 事故数量 | 死亡人数 | 事故数量 | 死亡人数 | 事故数量 | 死亡人数 | 事故数量 | 死亡人数 | 事故数量 | 死亡人数 |
| 特大事故 | 2 | 80 | 2 | 477 | 1 | 35 | 0 | 0 | 0 | 0 |
| 重大事故 | 1 | 16 | 3 | 34 | 2 | 26 | 3 | 34 | 2 | 36 |
| 合 计 | 3 | 96 | 5 | 511 | 3 | 61 | 3 | 34 | 2 | 36 |

## 二 2018年涉旅事故灾难特征分析

### (一)涉旅交通事故灾难分析

1. 事故灾难概况

据不完全统计,2018年我国境内(不包括港澳台地区)共发生致3人及以上死亡的涉旅交通事故9起,共造成39人死亡、33人受伤。全年没有发生重大与特大涉旅交通事故灾难。较大事故总量较上年减少2起,造成的死亡人数较上年下降35%。

2. 事故灾难特征

事故发生原因主要有操作不当、未使用安全带、道路崎岖、雨天路滑、被其他车辆追尾、车辆失控等。如,造成5人死亡的"8·15"张家界交通事故司机涉嫌操作不当,车辆失控;造成8人死亡多人受伤的"4·12"连霍高速客车侧翻事故中,6名遇难游客均未使用安全带;造成4人死亡5人受伤的"12·31"北京林业大学学生车祸系乘坐的面包车躲避前方交通事故,车辆冲入侧沟。此外,2018年涉旅交通事故中自驾游事故数量占比上升，达30%，如，"10·5"江西自驾游交通事故造成3死2伤；"8·7"新龙县路段自驾游交通事故造成4人死亡；"8·15"张家界自驾游交通事故造成5人死亡。

### （二）漂流游船游艇事故灾难分析

1. 事故灾难概况

2018年发生漂流游船游艇事故灾难5起，共造成21人死亡、6人受伤。其中漂流事故灾难4起，共造成4人死亡；龙舟翻船事故灾难1起，共造成17人死亡、5人受伤。较之2017年的4起事故、11人死亡，2018年事故总量增加25%，死亡人数增加90.9%。

2. 事故灾难特征

上述事故中，发生在旅游景区或漂流水域的事故有两起，在禁止或非漂流区域的事故有3起。事故产生的直接原因包括操作人员技术不熟导致翻船、水流湍急船被冲翻、冒险冲坝导致翻船、不明原因船侧翻等。间接原因包括私自在禁止漂流水域开展漂流、汛期违反禁令私自营业、未穿救生衣等。如"5·15"湘江漂流翻船事故系游客私自进行橡皮艇漂流活动；"7·28"黑龙江伊春漂流事故是漂流点汛期违反禁令私自营业；"4·12"桂林市桃花江龙舟翻船事故中落水者都未穿救生衣，活动也未经有关主管部门批准。

### （三）山地户外运动事故灾难分析

1. 事故灾难概况

山地户外运动是一种高风险的旅游项目。据不完全统计，2018年共发生涉旅山地户外运动事故灾难23起，造成25人死亡，事故数量和致死人数较2017年分别下降30.3%和43.2%。

2. 事故灾难特征

事故产生的直接原因主要有滑坠或高坠、动物袭击、突发洪水、突发急症、高原反应等。同2017年，滑坠或高坠致死事故占比最高，2018年坠崖或高坠致死事故11起，占事故总数的47.8%。高原反应或突发疾病事故2

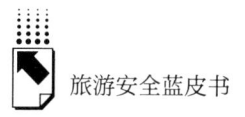

起,致 2 人死亡;动物伤人事件 1 起,死亡 1 人;突发山洪致死事故 1 起,死亡 1 人;其他事故 8 起,死亡 8 人。从事故的相关因素看,违规登山或者独自进行的山地户外运动易引发事故,2018 年独自户外运动事故有 5 起,造成 5 人死亡,违规进山或者攀爬野山事故 3 起,死亡 3 人。

### (四)旅游娱乐项目事故灾难分析

#### 1. 事故灾难概况

涉旅娱乐项目事故灾难指游客借助旋转类、滑行类或蹦跳类游乐设施游玩时发生的事故。据不完全统计,2018 年共发生涉旅娱乐项目事故灾难 7 起,共造成 7 人死亡、2 人受伤,事故灾难数量与 2017 年相同。

#### 2. 事故灾难特征

上述事故中,高空坠落事故 5 起,死亡 5 人;落水溺亡事故 2 起,死亡 2 人。事故发生的主要原因有安全带没有固定稳、安全锁扣脱落、游乐设施没有固定好被大风吹翻、摩托艇翻沉或游客落水等。从管理方面看,导致事故发生的原因包括安全管理不规范、安全意识淡薄、游乐设施安全管理不足等。

### (五)低空旅游事故灾难分析

#### 1. 事故灾难概况

低空旅游事故灾难指使用直升机、轻型飞机、旋翼航空器、滑翔机、动力伞、三角翼、热气球等航空器材或飞行器进行低空旅游活动而发生的事故灾难。据不完全统计,2018 年共发生低空旅游事故灾难 4 起,共造成 8 人死亡,事故灾难数量较 2017 年减少了 33.3%,死亡人数增加了 14.3%。

#### 2. 事故灾难特征

2018 年的 4 起低空旅游事故灾难中,滑翔机、三角翼、小型飞机和直升机事故各 1 起。其中,2 起事故为非法黑飞事故。这反映出通航发展管理相对薄弱、相关公司运营安全管理不规范、从业人员素质不高等问题。

## （六）酒店事故灾难分析

1. 事故灾难概况

2018年共发生各类酒店事故灾难20起，致40人死亡，事故总数较2017年减少了23.1%，死亡人数增加了2.6%。其中酒店火灾事故1起，致19人死亡、23人受伤；游客自杀事故9起，致10人死亡、2人受伤；电梯井坠亡事故1起，致1人死亡、1人受伤；凶杀事故1起，致1人死亡；醉酒失足落水事故1起，致1人死亡；酒精中毒事故1起，致1人死亡；触电事故1起，致1人死亡；其他不明原因事故5起，致6人死亡。其中哈尔滨"8·25"重大火灾是继2011年吉林通化酒店火灾、2013年襄阳酒店火灾、2017年"2·25"南昌酒店火灾之后又一次酒店重大事故灾难。

2. 事故灾难特征

事故的原因主要包括火灾、顾客自杀、酒精中毒、电梯井坠亡、触电等。近年来，酒店特别是非星级酒店和中低档酒店成为自杀的重要场所。与2017年相同，2018年也发生9起酒店自杀事故，其中跳楼、客房烧炭自杀的比例较高，这表明非星级酒店和中低档酒店安全管理仍十分薄弱。此外，火灾是酒店常发性事故灾难，一旦发生火灾，常造成较大的财产损失和人员伤亡。

## （七）其他涉旅事故灾难分析

其他致游客死亡的事故灾难包括景区溺水、突发疾病、动物袭击、景区落石、高空坠落、触电等，共发生14起，致17人死亡、4人受伤，其中，景区溺水事故4起，死亡5人；滑冰事故2起，死亡3人；动物袭击事故1起，死亡1人；景区落石事故1起，死亡2人、受伤4人；夜晚骑游事故1起，死亡1人；缆车上坠落事故1起，死亡1人；玻璃栈桥事故1起，死亡1人；触电事故1起，1人死亡；其他事故2起，2人死亡。

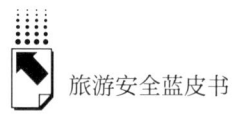

## 三 2018年涉旅事故灾难管理的主要进展

### （一）热门景区强化户外运动监管

为了保护生态、保障户外运动安全、规范户外运动管理，鳌太线、洛克线、乌孙古道、格聂神山、年保玉等户外经典线路先后被相关部门禁止穿越，黄山、稻城亚丁、四姑娘山等热门景区也相继宣布实施有偿救援。8月15日，亚丁国家级自然保护区管理局宣布，禁止非法组织团体或个人穿越亚丁国家级自然保护区。8月21日，甘孜州稻城亚丁管理局正式公布甘孜州稻城亚丁景区有偿搜救制度，分不同区域，搜救费用为1.5万元起。10月8日，木里县政府公告，禁止开展木里水洛乡至稻城亚丁（即洛克线）非法穿越活动，对非法穿越请求搜救者，将实施有偿搜救。10月16日，太白县政府公告，禁止一切个人和单位随意非法穿越"鳌太线"。

### （二）文化和旅游部提示游客慎选高风险旅游项目

2018年，文化和旅游部下发《旅游工作安全要点的通知》，开展旅游安全宣传咨询日活动，完善旅游突发事件信息报送和应急值守制度，并针对自助游游客，先后在官网发文，提醒外出旅游风险30余次。针对漂流、玻璃栈道、水上运动、热气球、高空跳伞、蹦极、攀岩、滑雪滑冰、潜水等专业性强、风险程度高的旅游项目，7月15日，文化和旅游部发布旅游安全提示，要求游客慎重选择、安全为先、量力而行。

### （三）各地持续推进旅游秩序专项整治活动

在文化和旅游部指导下，各省市相继开展"春季行动""暑期整顿""秋冬会战"等旅游市场秩序专项整治活动，推进"1+3+N"旅游综合管理体制改革，发挥综合执法的力量，组织旅游风险隐患全面排查、节假日专项督查等工作，提高旅游安全保障水平。

## （四）信息科技进一步应用到旅游安全领域

信息科技越来越多地应用到旅游安全管理领域。2018年文化和旅游部开展全国旅游信息化示范项目的组织申报和评选，启动全国旅游监管服务平台，依靠信息科技手段，越来越多的旅游场所实现了视频监控全覆盖，重点景区实现假日旅游门票预约机制和游客流量智能监控，调控流量，缓解旅游拥挤现象，提高旅游安全事故预防与应急处置能力。

## 四 2019年涉旅事故灾难趋势展望与管理建议

### （一）2019年涉旅事故灾难的趋势展望

1. 海洋旅游持续升温，涉水旅游安全风险大

海洋旅游是当前全球旅游增长的重要引擎，是全球范围内旅游发展的基础支撑。近年我国海洋旅游、涉水旅游发展速度快，参加水上摩托艇、风筝冲浪、潜水等高风险旅游项目的游客越来越多。由于一些水上高风险旅游项目管理法制滞后，许多游客涉水安全防范意识弱，自救能力不强，特别是学生群体、内陆地区游客常常因不熟悉潮汐特征而溺水，2019年涉水旅游项目仍为旅游安全事故的高发区。

2. 无资质、私自组织的高风险项目是事故多发区

随着社会各界对漂流安全、娱乐安全等高风险旅游项目的关注和政府有关部门的强化管理，近年获得有效资质、公司化经营的高风险旅游项目的事故得到有效遏制，但无资质经营、小微企业不规范经营、游客私自开展的高风险旅游项目存在较大安全隐患。这些项目具有游客需求大、安全意识薄弱、使用的设施陈旧或维护质量差等特征，易引发安全事故，仍是2019年事故多发区。

3. 中低档酒店及非星级酒店安全问题突出

近年，因经营成本压力和社会用工环境变化，中低档酒店和非星级酒店聘用的员工出现低学历、低工资、高流动率、大龄化趋势，在职员工安全意

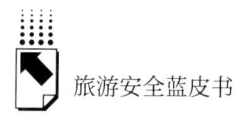

识差,酒店安全管理强度弱化。加上转型期社会矛盾和生活压力增大等多种原因,游客酒店自杀或被杀的案例也呈现递增趋势,酒店安全问题凸显,2019年酒店安全事故仍十分突出。

4. 山地户外旅游安全风险仍需重点关注

我国居民户外运动进入高速成长期,运动形式从登山、骑行休闲向露营、攀岩、溯溪、探险、定向等多元化拓展,参与群体也向不同年龄与阶层的消费人群发展,规模不断扩大,各类户外运动俱乐部也如雨后春笋般增多。目前户外运动供给不足,户外运动教育滞后,大部分户外运动者参与热情高,但安全防范能力差;户外运动俱乐部质量参差不齐,有关管理不规范、存在薄弱区;户外运动保险险种有限,商业救援比例低。2019年高风险山地户外运动仍是安全事故管理薄弱区。

### (二)2019年涉旅事故灾难的管理建议

1. 加快出台《高风险旅游项目管理办法》

由于缺乏相关管理法规,高风险旅游项目一直是旅游安全监管的短板。许多高风险项目监控存在空白地带,如漂流、高空玻璃桥、高空自行车等缺乏主管部门审批;登山、潜水、高空玻璃桥等高风险旅游项目缺乏强制性的安全标准;山地运动等高风险项目对组织或经营者的资质管理不规范;普及型户外运动教育滞后;等等。2019年,应加快出台《高风险旅游项目管理办法》,按照"分类管理、专业监督"的原则,明确不同类别高风险旅游项目监管法律责任,消除监管盲区;推进高风险旅游项目标准化管理;强化高风险旅游项目安全教育;规范高风险旅游项目经营资质审核和管理。

2. 强化无资质和私自开展的高风险旅游项目管理

将各类高风险项目纳入有关部门的管理职责,提高水上旅游项目、通航旅游项目、娱乐项目、山地户外运动项目的准入门槛。利用现代信息技术,对重点项目和重点地段进行监控,加大对无资质运营高风险项目的整治力度;探索建立更有针对性的机制,提高对居民私自开展的高风险旅游项目的安全教育与引导,做好风险防范。

3.加强非星级和中低档酒店安全监管

针对非星级和中低档酒店的安全形势,2019年应强化酒店安全管理。一是强化酒店火灾防范;二是强化酒店安全教育,提高酒店员工安全意识;三是强化对酒店安全隐患的排查,积极防范各类酒店安全事故。

4.推进在线旅游服务提供商提高旅游安全服务水平

大众化旅游时代,散客化、多样化的旅游需求使传统旅游安全监管方式面临越来越大的挑战,需要借助各类在线旅游服务提供商的力量,为自由行游客提供更全面、及时的安全保障。强化在线旅游服务商的安全生产主体责任,推进在线旅游服务商利用大数据资源和技术力量,对各种风险进行识别、分析与评估,在游客购买的各环节,进行安全提示、预警与风险管理。

# B.11
# 2018~2019年涉旅公共卫生事件的形势分析与展望

王芳 佟晓宇*

**摘 要：** 2018年，我国涉旅公共卫生安全总体形势仍然严峻，大众游客对涉旅公共卫生事件防不胜防。2018年涉旅公共卫生安全形势主要包括：大众旅游持续升温，大众游客旅游公共卫生安全意识薄弱；旅游行业规模扩张，旅游公共卫生配套设施潜在隐患大；全域旅游日益盛行，旅游公共卫生安全防范与管控难度大；国际旅游活动频繁，全球旅游公共卫生安全协作迫在眉睫；新型旅游业态涌现，旅游公共卫生事件保险与维权难以保障。2019年涉旅公共卫生发展建议：大众旅游普及化，旅游公共卫生安全意识与安全教育有待提升；全域旅游推广化，旅游公共卫生安全管理与安全监督应持续有效；国际旅游常态化，全球旅游公共卫生深度协作有待进一步加强；依法旅游规范化，旅游公共卫生事件保险与维权亟须有力保障；创新旅游智慧化，旅游公共卫生风险预防与应急救援更加先进。

**关键词：** 旅游业 公共卫生事件

---

\* 王芳，华侨大学旅游学院博士研究生，讲师，主要研究方向为遗产旅游与景观设计；佟晓宇，华侨大学旅游学院本科生。

近年来，旅游空间行为出现全域化特征，旅游者空间流动频繁、旅游城市空间相互作用频繁、突发公共卫生事件发生频繁引起公众广泛关注；而突发公共卫生事件的发生，破坏旅游目的地形象，影响旅游业正常发展。因此，防范旅游公共卫生风险刻不容缓。

## 一 2018年涉旅公共卫生事件的总体形势

本文以"旅游""游客"与旅游公共卫生安全关键词，如"食物中毒""传染病""疫情""突发疾病""猝死""高原反应""诺如病毒""登革热"等进行组合筛选，搜索各类网络媒体，据不完全统计，截至2018年12月31日，我国涉旅公共卫生事件共发生121起，发病人数419人，死亡人数13人。其中，游客食物中毒事件发生12起，发病212人，无人死亡；游客重大传染性疾病疫情发生15起，确诊115人，死亡1人；游客其他公共卫生事件发生94起，发病92人，死亡12人；无游客群体性不明原因疾病发生（见表1）。在事件等级上，重大（Ⅰ级）事件4起，发病178人，无人死亡；较大（Ⅱ级）事件17起，发病70人，死亡13人；一般（Ⅲ级）事件100起，发病171人，无人死亡。

表1 2018年涉旅公共卫生事件统计概况

单位：起/人

| 类型<br>等级 | 食物中毒事件 | | | 重大传染性疾病疫情事件 | | | 其他公共卫生事件 | | | 合计 | | |
|---|---|---|---|---|---|---|---|---|---|---|---|---|
| | 数量 | 发病人数 | 死亡人数 | 数量 | 发病人数 | 死亡人数 | 数量 | 发病人数 | 死亡人数 | 数量 | 发病人数 | 死亡人数 |
| 重大 | 1 | 92 | 0 | 3 | 86 | 0 | 0 | 0 | 0 | 4 | 178 | 0 |
| 较大 | 1 | 48 | 0 | 4 | 22 | 1 | 12 | 0 | 12 | 17 | 70 | 13 |
| 一般 | 10 | 72 | 0 | 8 | 7 | 0 | 82 | 92 | 0 | 100 | 171 | 0 |
| 合计 | 12 | 212 | 0 | 15 | 115 | 1 | 94 | 92 | 12 | 121 | 419 | 13 |

备注：港澳台地区除外。

与2017年相比，2018年涉旅公共卫生事件发生数量增加5起，同比增长4.3%；发病人数减少了21人，减少4.8%；死亡人数减少2人，减少13.3%。与2017年相比，2018年涉旅公共卫生事件中重大事件增加至4起，并波及178名游客；较大事件死亡人数增加2人，但发病人数减少32人；一般事件发病人数及伤亡人数均有所增加。2018年涉旅公共卫生安全总体态势与2017年相比呈稳定态势，虽然全域旅游背景下旅游突发公共卫生事件并未对旅游企业与旅游目的地造成实质性危害与冲击，但事件等级有所提升，游客防范意识仍然较弱，突发事件对旅游业以及游客个人生命财产安全仍存在较大威胁。

## 二 2018年涉旅公共卫生事件的概况与特点

### （一）涉旅食物中毒事件

1. 涉旅食物中毒事件概况

2018年发生涉旅食物中毒事件12起，游客发病人数212人，分别占全年涉旅公共卫生事件总数的9.9%与50.6%。与2017年相比，涉旅食物中毒事件数量不变，游客发病人数减少了8.6%，均无人死亡。涉旅食物中毒事件中重大事件为1起，发病人数92人；较大事件为1起，发病人数为48人；一般事件为10起，发病人数为72人。与2017年相比，重大事件数量保持不变，游客发病人数减少了32.8%；较大事件由2起减为1起，发病人数基本持平；一般事件数量基本持平，发病人数增加56.5%。总体来说，涉旅食物中毒事件基本呈稳定态势。

2. 涉旅食物中毒事件的特点

（1）涉旅食物中毒事件时间分布较为集中

2018年我国涉旅食物中毒事件发生时间较为集中。8月是游客食物中毒事件发生的高峰时期，涉及4起，发病人数121人，分别占涉旅食物中毒事件总数的33.3%与57.1%，其中1起为涉及92名游客的由沙门氏菌感染引发的重大食物中毒事件;① 2月和3月各发生游客食物中毒事件2起,发病人数共74人,分别占涉旅食物中毒事件总数的33.3%与34.9%,其中2月游客食物中毒事件主要发生在春节前后,3月波及1起较大事件,即福建古田48名游客食物中毒住院,所食"葱肉饼"钡元素含量异常;② 此外,4月、7月、9月与10月也均有1起食物中毒事件发生,共涉及17名游客,占涉旅食物中毒事件总发病人数的8.0%(见图1)。因此,暑假的8月、2月春节前后以及3月是游客食物中毒高发时期,应提高警惕,及时加强旅游餐饮安全预防与管控。

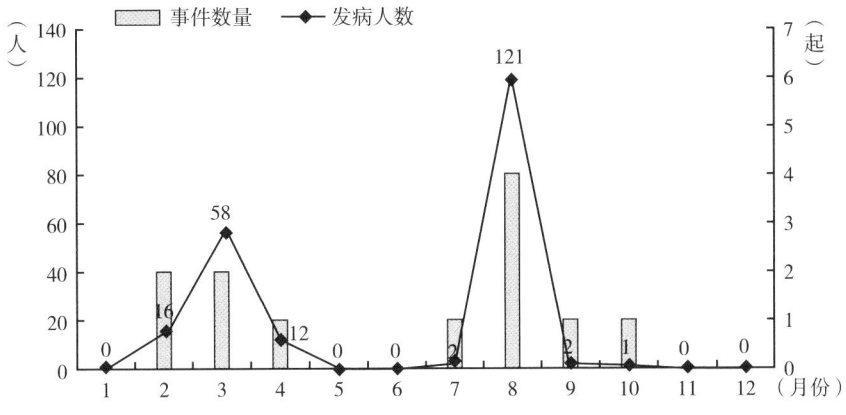

图1 2018年涉旅食物中毒事件时间分布

(2)涉旅食物中毒事件空间分布较为分散

2018年我国涉旅食物中毒事件遍布于境内外。涉旅食物中毒事件在境外发生5起,发病人数40人,分别占涉旅食物中毒事件总数的41.7%与18.9%,其中泰国发生游客食物中毒事件最为频繁,涉及3起,发病人数26人,在越南与日本各发生1起;涉旅食物中毒事件在境内共发生7起,

---

① 《官方最新通报:桂林92人食物中毒因沙门氏菌感染引发!无生命危险!》,广西日报,https://baijiahao.baidu.com/s?id=1610025933901532825&wfr=spider&for=Pc,2018年8月28日。

② 《福建古田48人食物中毒住院,所食"葱肉饼"钡元素含量异常》,澎湃质量报告,https://www.thepaper.cn/newsDetail_forward_2029123,2018年3月15日。

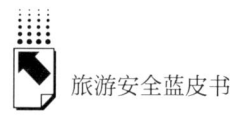

发病人数共172人，分别占涉旅食物中毒事件总数的58.3%与81.1%，游客食物中毒事件遍布福建、山东、河北、海南、广西、江苏、内蒙古等不同省份，场所大多集中在酒店餐厅。

### （二）涉旅传染病疫情事件

1. 涉旅传染病疫情事件概况

2018年我国涉旅传染病疫情事件共发生15起，占涉旅公共卫生事件总起数的12.3%；确诊发病人数115人，占涉旅公共卫生事件发病总人数的27.4%；死亡1人。与2017年相比，游客传染病疫情事件数量增加了66.7%，游客发病人数略有上升，死亡人数由无增至1人。2018年涉旅传染病疫情事件中重大事件为3起，发病人数为86人；较大事件为4起，发病人数为22人；一般事件为8起，发病人数为7人。与2017年相比，重大事件增加2起，游客发病人数却减少14.9%；较大事件由零增加为4起，波及22人；一般事件数量保持不变，但发病人数减少30%。由此可见，传染病疫情事件发生更为频繁，事件更为严重，传染病防控有待进一步加强。

2. 涉旅传染病疫情事件特点

（1）涉旅传染病疫情事件时间分布较为集中

2018年我国涉旅传染病疫情时间分布较为集中，主要集中在2~6月和9~10月。其中2~4月游客传染病疫情发生7起，游客发病人数102人，分别占涉旅传染病疫情事件总数的46.7%与88.7%，这个时间段游客发病人数最多；6月游客传染病疫情发生4起，占涉旅传染病疫情事件总数的26.7%，该月事件发生最频繁，虽然涉及发病人数仅4人；5月、9月与10月分别发生1起、1起与2起，发病人数分别为1人、6人和2人（见图2）。由此可知，涉旅传染病疫情事件主要发生在春季及春入夏过渡时间段，也遍布春、夏、秋季，但暑假7~8月传染病疫情数为零。这与以往游客传染病疫情在夏季尤其暑假是重灾区存在明显差异。

（2）涉旅传染病疫情多为境外输入性病例

2018年我国涉旅传染病疫情主要以国内游客在境外旅游感染传染病携

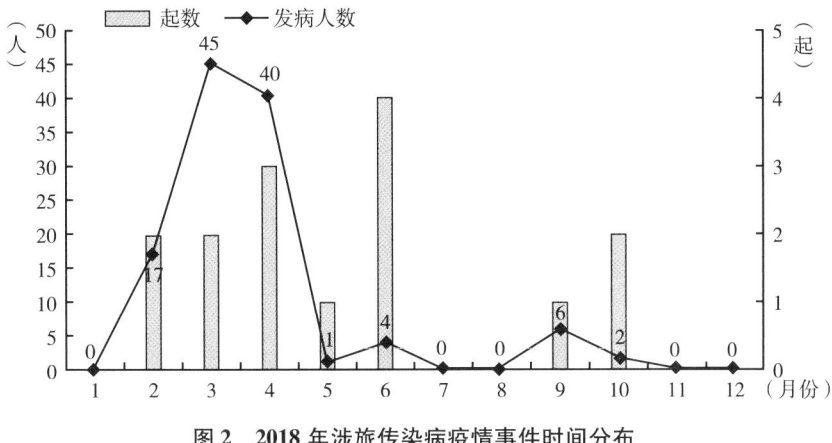

图 2　2018 年涉旅传染病疫情事件时间分布

带输入为主,部分也涉及外国游客携带传染病进入。其中国内游客在境外旅游感染传染病共 11 起,发病人数 106 人;而外国游客入境时检测出 2 起,发病人数共 2 人。旅游传染病疫情多在出入境口岸检测出来,并及时进行了防控治疗,避免了旅游传染病疫情进一步扩散与恶化。

(3)涉旅传染病疫情以群体型诺如病毒感染为主

2018 年我国涉旅传染病疫情以群体型诺如病毒感染事件为主,据统计,2018 年游客诺如病毒感染事件共发生 5 起,发病人数 101 人,涉及 3 起 86 人的重大等级事件和 2 起 15 人的较大等级事件。此外,2018 年我国涉旅传染病疫情类型也趋多样化,登革热和基孔肯雅热疫情各发生 3 起,发病人数各 3 人;性病发生 2 起,发病人数共 7 人,皆由酒店环境卫生导致,与传统性病传播方式截然不同,必须引起对酒店环境卫生管控的高度重视。

## (三)涉旅其他公共卫生事件

涉旅其他公共卫生事件往往为游客个体事件,事件数量多,致病致死率较高,预防管控难。统计数据显示,2018 年涉旅其他公共卫生事件共发生 94 起,在全年涉旅公共卫生事件总数中占比高达 77.7%;发病人数 92 人,占涉旅公共卫生事件总发病人数的 22.0%;死亡人数 12 人,占涉旅公共卫生事件总死亡人数的 92.3%。与 2017 年相比,涉旅其他公共卫生事件数量减少了 1%,

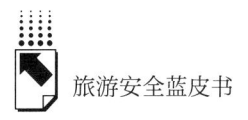

游客发病人数略有下降,死亡人数减少3人。具体而言,2018年游客猝死事件发生6起,死亡5人,并有1起一名老年游客猝死后复活事件①,同比上年游客猝死事件数量降低40%,死亡人数降低50%;游客突发疾病事件发生75起,发病80人,死亡5人,与上年游客突发疾病事件数与发病人数基本持平,死亡人数增加66.7%;游客高原反应事件发生13起,发病11人,死亡2人,比上年游客高原反应事件数增加44.4%,发病人数增加22.2%,死亡人数持平(见表2)。

表2　2018年涉旅其他公共卫生事件统计概况

单位:起/人

| 类型等级 | 猝死 | | | 突发疾病 | | | 高原反应 | | | 合计 | | |
| --- | --- | --- | --- | --- | --- | --- | --- | --- | --- | --- | --- | --- |
| | 数量 | 发病人数 | 死亡人数 | 数量 | 发病人数 | 死亡人数 | 数量 | 发病人数 | 死亡人数 | 数量 | 发病人数 | 死亡人数 |
| 重大 | 0 | 0 | 0 | 0 | 0 | 0 | 0 | 0 | 0 | 0 | 0 | 0 |
| 较大 | 5 | 0 | 5 | 5 | 0 | 5 | 2 | 0 | 2 | 12 | 0 | 12 |
| 一般 | 1 | 1 | 0 | 70 | 80 | 0 | 11 | 11 | 0 | 82 | 92 | 0 |
| 合计 | 6 | 1 | 5 | 75 | 80 | 5 | 13 | 11 | 2 | 94 | 92 | 12 |

备注:发病人数不包含死亡人数。

统计显示,游客猝死事件以老年游客居多,6起猝死事件中有4起老年游客猝死事件(有1起未提及年龄与性别),其中3起男性游客、1起女性游客。此外,还发生1起导游疑似过度劳累在家中猝死事件。② 游客突发疾病事件以10月与8月最为频繁,分别高达21起与15起;游客突发疾病事件涉及诸多场所,车上、船上、高空飞机上、高速公路上、街头、车站、民宿等;突发疾病的女性游客偏多,在搜集案例中明确游客性别的69人中,女性发病人数为42人,占比60.9%;中老年人是突发疾病类事件的高发群体,但该类事件也波及年轻人、孕妇,甚至幼童。游客高原反应事件在8~9月发生最为频繁,每月均发生3起;女性游客发生高原反应的人数偏多,总

---

① 《猝死游客复活,院前急救立大功》,水母网,http://news.shm.com.cn/txy/article/newsInfo/43157,2018年8月8日。
② 《悲痛!桂林一导游家中猝死,被发现时手脚乌黑躺在地上……》,桂林生活网,http://news.guilinlife.com/n/2018-05/21/413729.shtml,2018年5月21日。

体上游客年龄段跨越了老、中、青；涉及2起游客穿越未开发景区疑似由高原反应致死事件。

总体来看，涉旅其他公共卫生事件数量多，时空分布跨度大，范围广，不确定因素多。但仍有规律可循，春节、清明节、"五一"节与国庆节等假日旅游高峰期，发病数量会相对集中，假日旅游公共安全有待进一步加强。

此外，2018年冬季雾霾"遮掩"中国旅游市场，北京景区景点游客戴口罩成就一道"风景"，北京导游介绍空气质量可能会上升为一种职业素养，但无法预测雾霾让多少潜在游客却步。[1]

## 三 2018年涉旅公共卫生事件安全形势分析

### （一）大众旅游持续升温，大众游客旅游公共卫生安全意识薄弱

2018年大众旅游盛行，不同地域、不同性别、不同年龄外出旅游者越来越多，大众游客生活习俗、卫生习惯、身体状况不同，旅游过程中气候条件、饮食禁忌、地方文化存在差异，极易诱发公共卫生安全隐患。同时游客个体自我保护与防范意识仍然薄弱，例如部分游客本有病史仍选择登山等易劳累、易诱发疾病的旅游方式导致突发疾病；[2] 部分游客在高原地段仍然K歌导致高原反应晕倒；[3] 部分游客不听劝告非法穿越未开发旅游景区导致身亡；[4]

---

[1] 《曾经人气爆棚的"北京乌镇"，如今游客急速减少只因雾霾加重！》，新浪看点，https：//k.sina.cn/article_6405041999_m17dc52f4f00100b327.html? vt=4&pos=91&from=travel，2018年9月26日。
[2] 《游客高原反应命悬一线 边防官兵紧急救助化险为夷》，和田日报，http：//www.sohu.com/a/258400709_676105，2018年10月9日。
[3] 《女游客高原唱K致昏迷，高原反应需警惕》，搜狐新闻，http：//www.sohu.com/a/249475819_100147748，2018年8月22日。
[4] 《4名广东游客非法穿越亚丁景区 1人因高原反应死亡》，新京报，http：//news.sina.com.cn/c/2018-09-20/doc-ifxeuwwr6509405.shtml，2018年9月20日。

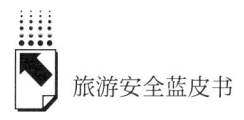

部分游客误食野果子①与野蘑菇②中毒。旅游过程中,总有游客任性置生命健康与安全于不顾,大众游客旅游公共卫生安全意识跟不上。

### (二)旅游行业规模扩张,旅游公共卫生配套设施潜在隐患大

大众旅游盛行,旅游需求扩张,不仅国内游客数量激增,外国游客同样暴增,促使旅游业及相关行业规模快速扩张,既有旅游景区不断扩大规模,同时新景区不断开发,相应旅游企业逐步扩大,新增旅游企业不断加入,然而旅游公共卫生配套设施软件与硬件跟不上,尤其部分旅游企业以利益最大化为目的,旅游公共卫生环境空间安全更难保障,例如11月江西南昌喜来登酒店因环境卫生问题被立案调查;③ 9月福建一家6口旅游住高级酒店,回来后全染上性病。④ 随着旅游行业大规模扩张,安全配套设施跟不上,旅游公共卫生潜在隐患越来越大。

### (三)全域旅游日益盛行,旅游公共卫生安全防范与管控难度大

2018年3月9日实施《国务院办公厅关于促进全域旅游发展的指导意见》,推动旅游业转型升级,优化旅游发展环境。旅游全域化实现无景区无边界,处处皆为旅游景点。但随着旅游活动空间加大,旅游范围扩大,非旅游景区部分旅游公共卫生监管处于空白地带,尤其是传染病疫情更难管控,例如24岁中国女孩从非洲抵达迪拜后突发疟疾去世;⑤ 游客澳大利亚海滩

---

① 《别碰!游客在滁州隔壁吃这个中毒》,搜狐新闻,http://www.sohu.com/a/258013495_683466,2018年10月7日。
② 《误食毒蘑菇 夫妻被"撂倒"》,牛城晚报,http://www.xtrb.cn/xt/2018-07/17/content_641916.htm,2018年7月17日。
③ 《最新!南昌喜来登酒店被曝"脏抹布",被立案调查!》,百家号,https://baijiahao.baidu.com/s?id=1617534569533883803&wfr=spider&for=pc,2018年11月19日。
④ 《一家6口旅游住高级酒店 回来后全染上性病 网友:找谁说理》,网易号,http://dy.163.com/v2/article/detail/DRR8LKJG05450QZ2.html,2018年9月16日。
⑤ 《中国女孩在迪拜突发疟疾,发病10天后不幸去世》,广州日报,https://baijiahao.baidu.com/s?id=1593799666653958135&wfr=spider&for=pc,2018年3月2日。

"捡回"的鲍鱼中检出致病性弧菌。① 相对传统旅游方式，全域旅游中非旅游景区公共卫生安全防范挑战明显加大，防范与管控更难。

### （四）国际旅游活动频繁，全球旅游公共卫生安全协作迫在眉睫

据统计，2018年中国出境旅游近1.50亿人次，同比上年增长14.7%；出入境旅游总人数达2.91亿人次，同比上年增长7.8%。② 国际旅游活动日趋大众化与常态化。2018年国际涉旅公共卫生事件发生22起、发病人数150人、死亡4人，分别占事件数、发病人数、死亡人数的18.2%、35.8%与30.8%。国际旅游活动越来越频繁，然而国际沟通协作面临挑战，处理公共卫生安全事件的力度、效度及彻底性均存在差异，同步协调存在明显困难，尤其是跨国发生的游客传染病疫情更不容忽视，国际旅游公共卫生深度合作面临巨大挑战。

### （五）新型旅游业态涌现，旅游公共卫生事件保险与维权难以保障

2018年新型旅游业态不断涌现，旅游公共卫事件投诉维权依然举步维艰，例如消费者签订境外旅游合同后突发疾病，旅行社称不退费；③ 老人港澳游被强制购物突发疾病猝死，旅行社不担责；④ "导游"持"假导游证"上岗，8名游客发生食物中毒事件，维权推诿；⑤ 旅行社员工私接单，泰国

---

① 《游客澳洲海滩捡鲍鱼 九洲口岸首次检出致病性弧菌》，新浪看点，http://k.sina.com.cn/article_1669814932_63875a94001005ugb.html?cre=tianyi&mod=pcpager_china&loc=39&r=9&doct=0&rfunc=100&tj=none&tr=9，2018年4月17日。
② 《2018年中国公民出境旅游人次近1.5亿》，新华网，http://www.xinhuanet.com/travel/2019-02/14/c_1124111705.htm，2019年2月14日。
③ 《消费者签订境外旅游合同后突发疾病 旅行社回复称一分不退》，央视网，http://finance.cnr.cn/315/gz/20181106/t20181106_524406626.shtml，2018年11月6日。
④ 《老人港澳游途中猝死，同行游客：被强制购物，旅行社：不担责》，百家号，https://baijiahao.baidu.com/s?id=1606025198940180201&wfr=spider&for=pc，2018年7月15日。
⑤ 《关于山东凯旋国际旅行社有限公司"盛夏之旅"青岛直通车游客食物中毒的处理的公示》，旅游监察支队，http://lyw.jining.gov.cn/art/2018/8/31/art_9824_700340.html，2018年8月31日。

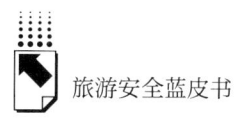

普吉岛团餐10名游客食物中毒，没签合同。① 游客公共卫生保险制度有待完善，旅游公共卫生事件维权有待规范，旅游治理有待进一步合理化与法制化。

## 四 2019年涉旅公共卫生安全工作展望

### （一）大众旅游普及化，旅游公共卫生安全意识与安全教育有待提升

2019年大众旅游普及化，应采用景区教育、社区教育、学校教育与网络教育等多种途径混合模式普及旅游公共卫生常识，持续不断发布旅游目的地相关公共卫生状况，多方位提醒游客、旅游企业及相关管理部门防范与应对突发公共卫生事件，使得旅游公共卫生事件宣传与教育常态化与普遍化。同时，游客应正确认识自身健康状况，避免长时间进行超出身体承受范围的旅游活动；提前了解旅游目的地旅游公共卫生相关疫情，避免前往传染病疫情地；旅游过程中选择正规餐饮机构就餐，尽量食用熟食等，预防与减少旅游公共卫生事件发生。

### （二）全域旅游推广化，旅游公共卫生安全管理与安全监督应持续有效

2019年，全域旅游范围进一步推广扩大，旅游行业进一步渗透扩张，旅游新业态日趋主流化，非旅游景区应纳入旅游公共卫生监管范围，旅游新业态应配备齐全安全设施，全面优化旅游公共卫生安全预防措施；多管齐下，多方协作，构建旅游公共卫生安全风险预防、应急救援、监督管理的长效机制，合理经营运作，做到有理、有力、有节，为建设健康公共卫生环境不懈努力；游客自我提升安全意识，自觉遵守安全规章制度；旅行机构自我完善相关安全服务，聚焦安全防范；旅游企业以自我预防为主，增加软件与

---

① 《旅行社员工接私单，十名游客吃团餐后食物中毒索赔难》，搜狐新闻，https://www.sohu.com/a/238949609_163019，2018年7月2日。

硬件安全保障设施；政府完善公共卫生安全政策，加大监管力度，从而激发游客个体、旅行机构、旅游企业及政府对公共卫生安全防范意识由自发转为自觉，共同构建一个全域化公共卫生安全严密防范体系。

### （三）国际旅游常态化，全球旅游公共卫生深度协作有待进一步加强

2019年，全球将形成多层次国际旅游交流格局，国际旅游公共卫生安全合作应更加宽泛，举办官方合约组织，增加同盟协会合作，增加民间组织的沟通合作，定期交流，扬长避短，共同预防，无缝协作，营造和谐无国界的旅游公共卫生安全氛围。同时加强知识信息、科学技术和物资设备等资源的共享，共同防范公共卫生事件，尤其是传染病疫情威胁，促使旅游公共卫生跨国、跨境、跨区域、多部门深度协作，共建旅游业公共卫生安全体系，保障旅游国际化的常态发展。

### （四）依法旅游规范化，旅游公共卫生事件保险与维权亟须有力保障

2019年，针对旅游公共卫生事件制定相应的旅游安全政策，健全与规范旅游市场秩序与维权；同时采用旅游保险弥补与减轻突发公共卫生事件所造成的财产损失，除针对旅游者的多种保险外，旅行社责任险也可减轻旅游企业的风险与负担，有效保障游客的安全权益，同时也为旅游监管部门处理旅游安全纠纷提供保障机制。旅游治理坚持依法治旅，做到有法可依，保障游客的合法权益，提升游客的维权意识，营造一个健全的旅游公共卫生法制环境。

### （五）创新旅游智慧化，旅游公共卫生风险预防与应急救援更加先进

"互联网+旅游"创新模式为智慧旅游提供许多技术与管理模式创新，快速推进智慧旅游发展。2019年，智慧旅游平台研发，舆情大数据挖掘，

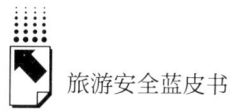

更多旅游公共卫生智能化设备投入使用，同时，直升机等先进设备投入紧急救援，交警、医务游客及志愿者加入等，使旅游公共卫生事件信息通报速度与应急响应能力将进一步增强，旅游公共卫生安全的风险预防与应急救援机制将进一步提升，未来旅游公共卫生风险预防与应急救援的及时性、精准性、智能性将获得质的飞跃。

# B.12
# 2018~2019年中国涉旅社会安全事件的形势分析与展望

张慧 董青 徐晨*

**摘　要：** 本文运用案例分析法分析我国近9年涉旅社会安全事件的发展形势。其特征包括：总体形势依然严峻，管控难度不断加大；安全事件形式多样，防控工作仍然艰巨；事件舆情发酵迅速，社会关注与日俱增；政府责任划分不明，管控机构错综复杂。对收集到的涉旅社会安全事件进行分解、编码，统计分析发现涉旅社会安全事件呈现一定的时空分布规律。此外，进一步从人员、设备、管理、环境四个方面对涉旅社会安全事件成因进行分析，并分别从预防预备、监测预警、应急处置、善后恢复四个方面提出涉旅社会安全事件的管控建议。最后，在对近9年涉旅社会安全事件发展形势分析的基础上，展望我国2019年涉旅社会安全事件的发展趋势。

**关键词：** 涉旅社会安全事件　旅游安全形势

社会安全事件主要包括群体性事件、恐怖袭击事件、暴力刑事案件等可能严重威胁到公民人身财产安全和严重影响社会秩序的需要采取应急措施进

---

\* 张慧，华侨大学旅游学院副教授，研究方向为旅游管理会展管理；董青，华侨大学旅游学院硕士研究生；徐晨，华侨大学旅游学院硕士研究生。

行处理的突发事件。① 涉旅社会安全事件对旅游业会造成重大影响和危害，极大地影响了旅游业的可持续发展。对涉旅社会安全事件的总体发展形势和时空特征进行分析，有助于进一步明确当下涉旅社会安全事件的发展形势并有针对性地进行有效管控，推动旅游业的安全发展。

本文主要以百度作为搜索引擎，以"社会安全"为关键词进行事件搜索，将所收集的事件进行归纳总结，将结果进行分析。据不完全统计，2018年发生的涉旅社会安全事件共130起，以信息安全、黄赌毒、人身安全、暴恐、财产安全、群体性、打架斗殴等社会安全事件为主。此外，2018年发生的社会安全事件共涉及28个省级行政单位，涉及地域范围广泛，给旅游业的发展带来了极大的负面影响。

## 一 涉旅社会安全事件的总体形势

我国近9年涉旅社会安全事件概况如图1所示。

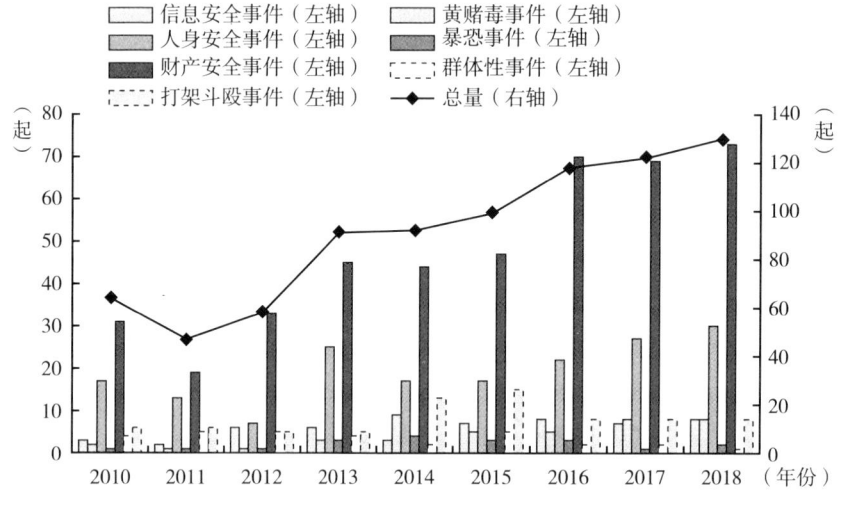

图1 我国近9年涉旅社会安全事件概况

---

① 周定平:《关于社会安全事件认定的几点思考》,《中国人民公安大学学报》(社会科学版) 2008 年第 8 (5) 期, 第 121～124 页。

### （一）总体形势依然严峻，管控难度不断加大

从我国近9年的涉旅社会安全事件概况来看，涉旅社会安全事件总体形势依然较为严峻，需要引起重视。从事件发生的时间来看，在2011年之后事件发生总数呈现逐年上涨的趋势，这表明涉旅社会安全事件仍处于高发态势，需要加以重点防控；从事件发生的空间范围来看，2018年，全年出游人次再创新高，全国各地区接待大量游客，也需要承担各类风险隐患，28个省份出现涉旅社会安全事件，这将给各地的管理工作带来巨大的挑战。此外，由于游客出游量大，游客群体复杂，风险来源多样，风险类型复杂，涉旅社会安全事件引致因素众多，使涉旅社会安全事件的管控难度不断加大。

### （二）事件发生地域广泛，安全防控仍然困难

据不完全统计，2018年全年，我国共发生涉旅社会安全事件130起，分布于28个省份。由于其突发性、多样性、广泛性的特性，预防、监测与预警工作较难进行。在事件发生后，相关部门很难采取相应的快速反应措施，涉旅社会安全事件相应的安全管控工作依然困难，需要重点加强。此外，不同类型、不同区域、不同时间节点发生的涉旅社会安全事件相应的防控重点、防控策略都存在差异，事件类型的多样性直接加大了防控工作的难度。

### （三）事件舆情发酵迅速，社会关注与日剧增

通过分析我国近9年的涉旅社会安全事件可以看出，重大安全事件的发生近几年呈现增长的趋势，这不仅给旅游业的发展带来负面效果，还对社会秩序造成严重的影响，其大都表现出"网络发酵"效应，受到社会的广泛关注，产生了不良的社会影响。2018年8月25日，在哈尔滨市的一家温泉酒店曾发生一起重大消防安全事故，黑龙江省哈尔滨市公

安局利用社交媒体网络,通过其官方微博,以悬赏30万元为条件公开进行线索征集。由于当下网络的普及,该火灾事件在新媒体平台上快速传播,网易新闻、新浪新闻、搜狐网等多家知名网站纷纷对此事件进行报道,该安全事件迅速发酵,引起广泛关注,成为社会热点事件。涉旅社会安全事件的影响范围较为广泛,网络媒体的传播更扩大了事件本身的负面影响。

### (四)政府责任划分不明,管控机构错综复杂

从目前来看,无论是中央政府还是地方政府在涉旅社会安全事件处理上并未明确划分管理责任,尚未形成涉旅社会安全事件应急管理机构与统一的领导机构,也并未明确相应的综合协调机制。因此,政府应融合应急、交通、消防、公安、武警、地质、水文等涉旅部门,成立以综治办为依托的涉旅社会安全事件应急处置中心。根据当前存在的涉旅社会安全的严峻形势,面对社会安全事件的频发,政府应充分发挥其在社会治理中的领导核心作用,尽好社会治理的责任,同时带动人民群众做到积极参与、人人尽责,共同实现全员共管的良好社会治理局面。

## 二 涉旅社会安全事件的特征

本文将搜索到的有关2018年我国涉旅社会安全事件的报道作为研究样本,建立案例库,通过对案例的逐一分析查阅,剔除重复、不完整的报道,并且借助excel对案例进行逐一分解、编码,进而从时间、空间两个维度来分析涉旅社会安全事件的基本特征。

### (一)时间分布特征

本文将130起涉旅社会安全事件进行统计分析,结果表明,从月份分布来看,8月处于峰值位置,这表明8月是涉旅社会安全事件的高发期,发生

的涉旅社会安全事件最多,占比达到 18.46%;从季度分布情况来看,第二季度、第三季度的事件发生率明显高于其他两个季度;从发生的时段来看,晚上发生涉旅社会安全事件的比例最高,占比达 40%(见图 2)。

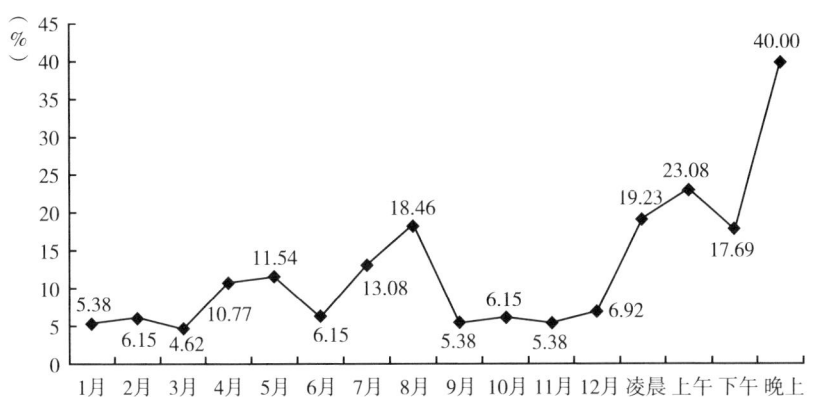

图 2　2018 年我国涉旅社会安全事件时间分布

### (二)我国涉旅社会安全事件的空间分布特征

本文对收集到的 130 起涉旅社会安全事件的空间分布以及场所分布进行统计分析,统计研究发现如下。

(1)从地区分布来看,华东地区发生比例明显高于其他地区,而华南、西南地区事件发生情况也较为严重,这三个区域事件发生比例高达 75.39%(见图 3);从省域来看,涉旅社会安全事件涉及 28 个省份,且 2018 年呈现明显的"南移"趋势。

(2)从空间场所和要素环节来看,涉旅社会安全事件发生的空间场所具有聚集性的显著特点(见图 4)。其中,在住宿环节出现事故的比例高达 55.38%。这主要是因为住宿场所作为面向公众的综合性场所,风险类型复杂多样,是盗窃、火灾等安全事故的高风险地域。此外,游览也是较易发生涉旅社会安全事件的环节,这主要是因为当处于游览环节时,游客往往处于陌生环境,更易遭受风险侵袭。

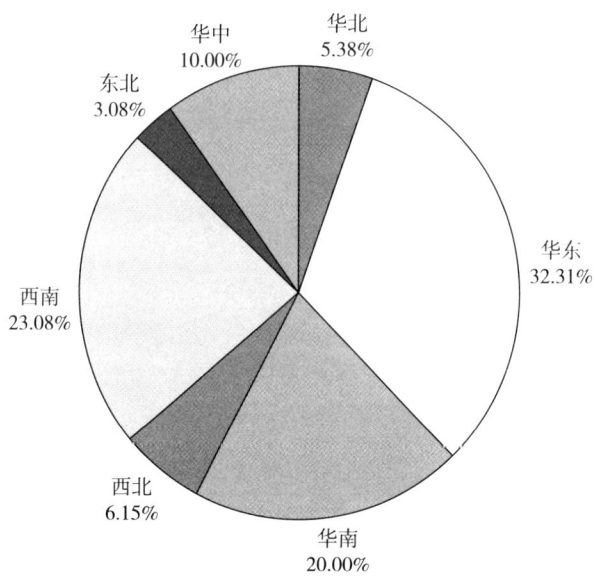

图3 2018年我国涉旅社会安全事件区域分布

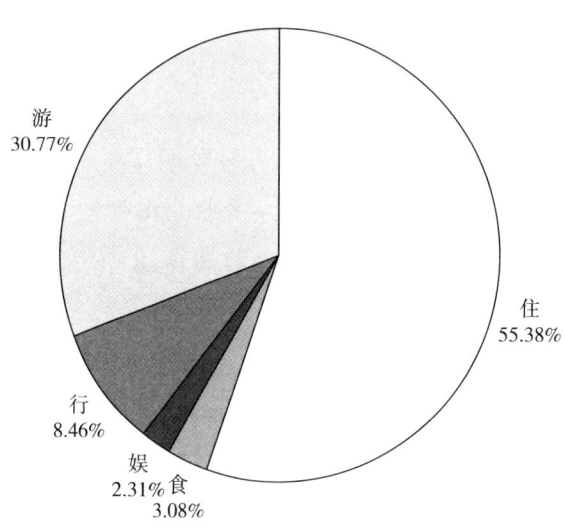

图4 2018年我国涉旅社会安全事件涉及旅游要素环节分布

## 三 涉旅社会安全事件的引致因素分析

本文对130起事件进行逐一分析，对诱发因素进行逐步提炼、归纳，得出涉旅社会安全事件的引致因素如下。

### （一）涉旅人员因素

导致涉旅社会安全事件的人员因素主要包括旅游者和旅游从业人员两大方面。现阶段我国相当一部分旅游者安全意识淡薄，应对突发事件的能力不足，主要表现为以下四种情形。一是旅游安全风险感知意识差。2018年5月8日，王先生一行在途牛网组织的"北欧四国12日游"途中，下车用餐并未携带随身行李物品，返回大巴车时发现留在车上的个人物品被盗。在旅游途中为了避免遭遇盗窃，游客们应该培养自我旅游安全风险感知意识，学习基本的安全防护措施。① 二是游客不安全行为。游客在旅游过程中，应当自觉遵守安全管理规定，保障人身财产安全。在2018年国庆黄金周期间，成都欢乐谷景区游客爆满，多个游乐项目的游客通道拥堵不堪，许多游客不顾安全管理规定，强行挤入队伍，甚至翻越护栏，导致多名游客被挤倒在地，伤及数人。② 三是游客应急能力差。如2018年9月17日，王先生一家人自驾前往四姑娘山旅游，途中遭遇当地流氓拦截停车，被敲诈800元过路费，由于缺乏必要的危机应急处理能力，王先生与歹徒发生正面冲突，身受重伤，财物被一抢而空。遭遇此类敲诈、勒索、抢劫的涉旅社会安全事件，当事游客应当冷静处理，首先保护人身安全，再从容报警救助。③ 从旅游从业者方面看，主要表现在风险防范意识淡薄、缺乏必要的游

---

① 新浪科技：《途牛回应旅游失窃 对丢失旧物的游客补偿3000元/家庭》，中关村在线，http://news.zol.com.cn/690/6901984.html，2018年5月31日。
② 董逸：《国庆假期，各大景区都出现"游客爆满"情况，人山人海、看着冒汗！》，网易新闻，http://dy.163.com/v2/article/detail/DT4N2KP10514SH2I.html，2018年10月2日。
③ Pazhj：《自驾游四姑娘山被敲诈恐怖经历》，四川新闻网，https://www.mala.cn/thread-7903119-1-1.html，2018年9月23日。

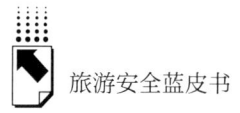

客安全管控能力、紧急预案设置不足等方面。如2018年8月5日,九寨沟景区正处于最火爆的旅游旺季,每日采取限制门票销售数量的手段控制游客人流量,但是在景区内游客集中的景点处,大家为了争看美景、自拍,纷纷挤往看台,现场没有安全管理人员进行劝阻和疏散,导致有数名游客落入"海子"。①

### (二)配套设施因素

在旅游景区内,必须定期维护检测各项设施设备,保障游客的生命财产安全。2018年12月29日晚,张姓游客入住澧县护城路汉庭商务宾馆,遭遇盗窃事件,后经报警处理发现酒店门锁设备陈旧,极易被小偷撬锁,且酒店走廊内的监控损坏也未进行维修,给警方后期破案带来很大阻力。② 同时,随着旅游人数快速增长,旅游景区内的设备设施出现超载现象,折旧磨损逐年增加,如果景区不及时加以评估检查,必然存在极大的安全隐患。

### (三)管理体制因素

管理体制因素主要包括旅游企事业单位平时未系统强化安全意识教育,忽视对安全操作规程的制定和监督执行。例如,景区发生盗窃、诈骗、敲诈勒索事件,这类事件已经屡见不鲜,但是景区管理方面并未引起足够关注,没有对可能存在的风险进行警示并安排专人在景区各人群集中处监督排查,随时给予帮助,这才导致此类事件一再发生。

### (四)环境因素

除了涉旅人员因素和涉旅部门单位管理因素外,仍有许多涉旅社会安全

---

① 王晓易:《广州游客四川落水失踪搜寻结果,家属自聘人员施救》,中国新闻网,http://edu.163.com/11/0820/15/7BTIJG3L00293L7F.html,2018年8月20日。
② 澧县网管办:《宾馆失窃,门锁监控形同虚设!》,投诉直通车,https://ts.voc.com.cn/question/view/760196.html,2018年12月29日。

事件是由不可预知的环境风险引起的,包括洪涝、台风、暴雨、塌方等。2018年3月初,我国大部分地区遭遇强对流天气,其中江西省境内雷暴、大风现象最为严重,同时伴有短时间的强降水和冰雹,在此期间,虽然江西省政府发布多次预警提醒,但是依然有大批游客不顾恶劣天气,前往庐山、三清山等景区游玩,多批游客因为恶劣天气被困山顶,当地救援工作开展得十分艰难。①

## 四 2019年涉旅社会安全事件的趋势展望与管理建议

### (一)2019年涉旅社会安全事件的趋势展望

1. 事件传播速度加快

由于互联网技术与自媒体技术的发展,具有某些社会影响的社会事件将通过网络传播、转载和发酵。2015年的"青岛天价大虾事件"、2016年的"和颐酒店女子遇袭事件"、2017年的"丽江殴打事件"、2018年的"哈尔滨酒店火灾"等旅游安全保障事件引发了微博、微信上前所未有的社会关注。2019年,由于新式互联网公司越来越多,涉旅社会安全事件会在今日头条、抖音、快手等一系列网络平台上传播、发酵、升级,对大众舆论产生不可估量、难以逆转的影响。因此,随着涉旅社会安全事件传播渠道的变化,今后的工作重心应放在对网络平台的管控上。

2. 多方主体共同参与

现代文明的进步,以及对公民社会的觉醒做出贡献的体制化教育,使得人们现在正在深入了解自身的权利,民众的话语权也越发明晰,并以更强烈的意愿寻求保护。信息技术的发展促使涉旅人员之间的联系更加密切,他们可以及时发现问题,并迅速以多种方式对公共舆论施加强大的压力。此时,

---

① 李明:《雷暴大风?江西天气刺激反转!》,大江网,http://www.sohu.com/a/249666544_556915,2018年8月23日。

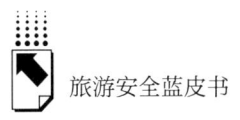

有效协调非政府组织和公民的参与，通过平等化处理政府与非政府方面的关系，打造新的预防、管控涉旅社会安全事件的牢固防线。

3. 管理工作日渐繁杂

从近9年涉旅社会安全事件的发展特征来看，事件涉及区域分散，发生时间范围长，涉及要素环节更多，涉及行业更加复杂。此外，涉旅社会安全事件涉及游客、普通大众以及社会企业等多个主体，管理工作的难度将进一步加大。可以看出，旅行中涉及的社会安全保障需要由旅游、公安、安监和其他力量联合组建的管控机构来协调提供。

4. 安全法治理念增强

旅游安全法律制度建设是我国涉旅社会安全事件预防、管控的最重要的基石。近年来，《中华人民共和国旅游法》《旅游安全管理办法》《大陆居民赴台湾地区旅游管理办法》《导游管理办法》等法律逐步制定颁布，同时众多旅游安全管控的规范性文件也在加快推行和贯彻。[①] 可以看出，我国的旅游安全法制网络正在逐步形成。与此同时，涉旅企事业单位也在认真贯彻、学习安全法制理念、方法，加强企业应急预算设置和完善，提升自我的风险管控能力。

## （二）管理建议

本文依据涉旅社会安全事件应对的基本流程，提出以下几点旅游安全管理建议。

1. 加强完善前期预防工作

涉旅部门应当确定日常的旅游安全管控工作，开展相关安全培训活动，提升游客的安全意识，设置完善的前期工作方案。首先，继续制定和完善旅游安全标准，规范旅游产业发展。根据历年涉旅社会安全事件的统计调查，很大一部分旅游安全事件的引致因素是旅游部门工作人员的违规操作、非标

---

① 赵琳：《国家旅游局办公室关于加强旅游诚信建设实施失信联合惩戒的通知》，北京市旅游发展委员会网站，http://www.bjta.gov.cn/xxgk/zcwj/zcwj_zx/395639.htm，2017年11月13日。

准化操作，因此，建立合理科学的行业安全标准是减少旅游安全事件发生、规范涉旅人员操作的必要途径。其次，发布旅游风险提示，强化游客安全意识。各涉旅部门应在旅游目的地建立旅游安全风险提示机制，随时监测目的地安全要素信息，通过及时的风险提示，不断强化游客安全意识，达到强化游客风险感知能力的目的。最后，还要坚持强化涉旅人员的安全培训，打造应急处理技能。

2. 建立安全综合预警体系

当前，建立和完善适应我国现阶段旅游安全形势的综合预警体系十分必要。在现有旅游风险监测平台的基础上，加快识别旅游安全风险的多项监测内容，打造多平台联动的智能型安全风险监测体系，同时进一步明确综合预警体系内各部门及平台之间的沟通、反馈体系，分配好预警的工作任务及内容，实现旅游安全风险监控的无缝对接。

3. 加快建立旅游应急体系

首先，加快完善我国旅游应急机制。我国各旅游主管部门和涉旅企事业单位应当进一步完善针对突发性涉旅社会安全事件的应对机制，打造全方位的应对预案，并在实施过程中不断完善预案设计，加强涉旅事件应急预案的有效性。其次，利用现代化智能手段，打造智慧型涉旅社会安全事件应急体系。随着互联网、App、物联网等多项技术的逐步成熟，现阶段的涉旅社会安全事件的应急处理工作应向智能化、科技化方向发展。最后，各级涉旅单位应当有针对性地加强应急管理训练，强化应急意识，提升各部门的应急素质。

4. 打造全方位事后恢复机制

涉旅部门应当积极开展合作，集思广益，在建立完善的前期预备工作和事中应急处理机制的基础上，强化建设涉旅社会安全事件发生后的快速恢复机制。一是要打造涉旅社会安全事件的全方位评估体系，更有针对性地采取恢复措施。其评估内容主要包括事件损失评估、游客心理评估、事件后旅游风险再评估等。二是要设定事后快速恢复预案。采用多元恢复措施，主要加强游客心理恢复、旅游市场恢复、旅游形象恢复等方面的工作。三是要落实事后总结和问责制度。在事件处置完成后,各方应加强事件总结工作,落实多方责任,汲取经验教训。

## 五　结束语

　　由于旅游活动的常态化和大众化,涉旅社会安全事件的影响已日渐严重。目前,涉旅社会安全事件类型多样,防控工作依然困难。与此同时,相关安全事件传播速度加快,发酵迅速,社会关注度与日俱增。旅游主管部门和涉旅企事业单位要认清当前严峻的形势,并对最新的安全事件发展趋势加以总结、研究、预测、分析,要重点分析涉旅社会安全事件的特性、引致因素,采取有针对性的措施加强涉旅社会安全事件的预防、监测、应急和恢复等方面工作,构建起一道牢固的涉旅社会安全事件防线。

安全管理篇

# B.13
# 2018~2019年中国旅游安全行政管理工作分析与展望

谢朝武 郭茜雅*

**摘　要：** 本文对2018年国家文化和旅游部以及全国各地区旅游行政管理部门的安全管理工作进行梳理和分析，并对2019年旅游安全行政管理工作进行展望。2018年，我国各级旅游行政管理部门积极大力强化旅游安全工作，从政策制定、文件实施、风险警示、事件处置、安全培训、监督检查、市场整治等方面全面开展旅游安全综合治理行动，并对旅游行业中的违法行为进行通报批评和严厉惩治，取得了较为积极的进展与成效。2019年，我国应完善旅游企业的安全监管制度，落实旅游企业的主体安全责任，加大对法律法规的贯彻实施力度，并重点加强与出境游国家间的旅游合作，全面保障国内、出境和入境三大旅游市场的游客安全。

**关键词：** 旅游安全　行政管理　安全监管制度

旅游业是满足人民生活需求、促进社会经济发展的幸福产业。保障旅

---

\* 谢朝武，华侨大学旅游学院副院长、教授、博士生导师，研究方向为旅游安全与风险管理；郭茜雅，华侨大学旅游学院研究生。

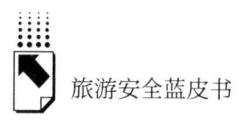

产业的安全运作是提高民众生活幸福感的重要途径。旅游安全行政管理部门是旅游安全行政工作的执行主体,在推动行业安全管理、保障游客安全方面具有基础性作用。本文以全国各省(自治区、直辖市)旅游行政管理部门官网为信息来源,对2018年我国各省市的旅游安全行政管理工作进行梳理和分析,并针对2019年的旅游安全行政管理工作提出针对性建议。

## 一 2018年中国旅游安全行政管理工作的总体形势

2018年,我国旅游安全行政管理工作在平稳中有序进行。各级旅游行政管理部门积极采取措施来推动旅游行业的稳定运行,为打造"安全、有序、优质、高效、文明"的旅游环境努力。2018年,全国各省市积极响应国家相关政策法规,加大市场监管力度,打击旅游市场中的不诚信、不文明现象。其中,文化和旅游部对旅游经营企业中存在的强制消费、虚假广告、恶性竞争及合同欺诈等不合理经营行为进行全面整顿,对市场上存在的"不合理低价游"以及"黑导游"等市场乱象进行重点治理。此外,文化和旅游部以及各省市旅游行政管理部门加强风险警示工作,及时发布出行风险提示信息,并面向景区、旅行社、旅游饭店以及各类娱乐场所开展体系化的监督检查工作和安全培训活动,持续提高旅游企业的安全生产能力和从业人员的安全服务能力。

## 二 2018年文化和旅游部与相关部委的旅游安全行政管理工作

### (一)旅游安全法制建设与规范指导工作

2018年,为了规范旅游市场体系,文化和旅游部联合26个部门颁发了《关于对旅游领域严重失信相关责任主体实施联合惩戒的合作备忘录》,严厉惩治旅游市场中存在的不诚信经营行为和欺诈现象。1月,文化和旅游部印发《旅游市场监督检查操作指南》,对旅游市场不诚信经营行为进行严格监管。2月，文化和旅游部印发《假日旅游工作导则》，保障假日期间旅游活动安全有序进行。5月，文化和旅游部为迎接暑期旅游旺季，在全国范围内开展持续3个月的"利剑行动"，全面整治旅游市场中的消费乱象。6月，中共中央办公厅、国务院办公厅印发《关于建立"一带一路"国际商事争端解决机制和机构的意见》，保障"一带一路"旅游安全。10月，国务院办公厅印发《组建国家综合性消防救援队伍框架方案》。12月，文化和旅游部印发《旅游市场黑名单管理办法（试行）》，以规范旅游市场经营活动。

### （二）旅游安全监督检查工作

2018年，文化和旅游部针对"黑导游""不合理低价游""一日游"等市场乱象，在全国各省市开展安全检查和专项整治。1~3月，针对旅游市场中的导游执业问题和强迫消费行为，文化和旅游部先后建立5个督导组赴湖南、重庆、安徽、江西、陕西等地开展专项整治工作。5月，文化和旅游部高度重视我国游客在泰国被强迫购物一事，积极联合泰国警方对旅游购物市场展开监督检查工作，并对相关人员进行惩处。6月，文化和旅游部将旅游市场营业性演出作为重点监管对象，开展专项执法检查工作。7月，全国旅游监管服务平台在全国范围内全面启用，推进旅游市场监督检查工作向信息化和智能化发展。11月，文化和旅游部针对网络曝光的酒店违规操作名单，对涉事酒店进行调查处理。

### （三）旅游安全风险警示工作

2018年，文化和旅游部针对地震、台风、海啸等自然灾害多次发布风险警示信息。1月，文化和旅游部提醒中国公民暂勿前往叙利亚、伊拉克旅游，避免地区战争带来人员伤亡。2月，文化和旅游部提示游客暂勿前往马尔代夫和台湾花莲地区旅游，提示游客切实采取措施保障自身安全。5月，文化和旅游部提示中国公民及时关注夏威夷岛火山喷发事件，避免进入高风险区域。7月，文化和旅游部提醒游客近期前往泰国旅游要注意涉水安全。8月，文化和旅游部提醒中国游客关注地震提示和海啸预警。9月，文化和旅游部提醒游客注意印度尼西亚的地震灾害。10月，文化和旅游部提醒赴

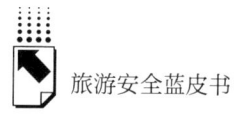

美国旅游的游客注意安全，避免受到超强台风"玉兔"的影响。12月，文化和旅游部提醒赴南非和印度尼西亚游客注意安全。

### （四）旅游安全通报批评工作

2018年，文化和旅游部联合各地相关部门对旅游市场违规经营活动进行全面整治，对违法行为进行通报批评。1~3月，文化和旅游部及各地旅游主管部门在对市场的整治活动中，累计检查了11253家旅游企业、2942家旅游团队、800台次旅游客运车辆、8596名导游。其中，共立案172起，处罚相关从业人员70人，罚款326.05万元，旅游市场秩序得到有效整治。9月，文化和旅游部公布暑期市场秩序整治结果，针对违规旅游企业共立案1103起，罚款1215.84万元，吊销旅行社业务经营许可证34家，有效规范了旅游企业的经营秩序。同月，有35名不文明游客被文化和旅游部列入黑名单。10月，文化和旅游部公布了11家被摘牌处理的4A级景区名单。

### （五）旅游安全宣传培训工作

2018年，文化和旅游部积极开展旅游安全宣传培训工作。4月，文化和旅游部开展"文明旅游，为中国加分"的活动，倡导旅游者文明出行。5月，文化和旅游部在北京举办"中国旅游日"主题宣传活动，并以"全域旅游，美好生活"为主题，打造文明旅游示范体系。10月，文化和旅游部在北京召开警示教育大会，会议传达了中央警示教育大会的重要精神，要求各级旅游行政管理部门严格遵守党纪党规，做好相应的安全管理工作。12月，文化和旅游部提示游客在出行过程中做到有备而行，安全第一。

### （六）旅游突发事件应急处置工作

2018年，文化和旅游部针对多起旅游突发事件开展应急处置工作，推动旅游应急工作稳定运行。2018年2月6日，台湾花莲地区发生6.5级大地震，给当地的旅游带来了大量的财产损失和人员伤亡，文化和旅游部立即启动应急预案，组织当地游客及时撤离，并采取相应措施做好游客的安全工作。2018年7月5日，在收到泰国普吉岛发生的两艘载有127名中国游客的游船倾覆事件的消息后，文化和旅游部第一时间启动应急机制，联合各省市并配合外交部和驻泰使领馆做好处置工作，对失踪人员进行搜救、安抚以及善后工作。2018年国庆假期期间，针对四川省甘孜藏族自治州境内一千多辆车在旅游过程中发生的滞留事件，四川省安全指挥中心连夜启动应急预案，并组织多名警力对滞留的车辆和游客进行解救。

## 三 2018年我国各省市旅游安全行政管理工作

### （一）文件转发

2018年，各省市旅游局积极转发文化和旅游部发布的各规范性文件。其中，《关于开展暑期旅游市场秩序整治工作的通知》《全区旅游安全和旅游市场秩序综合监管行动方案》《关于对旅游领域严重失信相关责任主体实施联合惩戒的合作备忘录》《假日旅游工作导则》《旅游市场黑名单管理办法（试行）》《国家发展改革委办公厅 市场监管总局办公厅关于开展政府部门下属单位涉企收费、中介机构收费清理整治工作的通知》《文化和旅游部人才中心党委开展警示教育月活动工作安排》《关于加强文物保护利用改革的若干意见》《国家级文化生态保护区管理办法》《旅游市场监督检查操作指南》《关于建立健全基本公共服务标准体系的指导意见》《关于加强中秋、国庆期间旅游市场监管工作的通知》等文件得到各省市的重视。各省市积极转发并落实文化和旅游部颁发的规范性文件，结合本地区的实际情况开展专项治理活动。

### （二）规范指导

2018年4月，山东省文化和旅游厅印发《全省文化系统上合组织峰会期间安全生产专项整治行动方案》。6月，福建省厦门市旅游发改委出台《2018年法治建设重点工作实施方案》；山西省旅游发展委员会印发《山西省旅游发展委员会旅游行政处罚自由裁量权基准制度》和《山西省旅游发展委员会旅游行政处罚自由裁量权基准》；甘肃省印发《关于开展文化市场

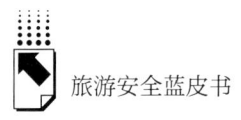

黑名单管理工作的实施方案》。8月，湖南省发布《关于加快构建现代公共文化服务体系的实施意见》《公共文化服务保障法》等文件。12月，贵州省文化和旅游厅发布雪凝天气工作要求，加强重点旅游领域的安全监督工作。

### （三）监督检查

2018年，全国各省市加强对本地区旅游安全的监督检查工作，全面推进旅游业的健康发展。4月，贵州省文化和旅游厅对市场上的不合理低价游进行全面整治，并全年依托专家机构，对全省各地市开展深入的旅游安全联合检查。6月，福建省开展旅游安全专项督察和调研工作。7月，甘肃省在全省范围内开展暑期文化市场专项整治活动，并对文化和旅游市场的安全生产进行隐患排查。9月，广东省佛山旅游局对全市A级景区的设施安全、讲解服务等开展监察工作。同月，山东省文化和旅游厅面向全省展开安全生产专项检查。10月，吉林省文化和旅游厅按照《中华人民共和国安全生产法》和《中华人民共和国消防法》对旅游市场进行安全生产巡查工作。12月，湖北省开展调研活动，检查节前旅游安全工作。同月，山东省和江苏省文化和旅游厅开展消防安全夜查活动，重点开展"一日游"旅游市场监管整治活动。

### （四）风险警示

2018年全年，全国各省市加强旅游风险警示工作。1月，江苏省发布暴雪天气下的旅游安全预警，确保暴雨雪天气中的旅游安全工作。2月，广东省文化和旅游厅提醒游客在春节旅游期间注意涉水安全和交通安全。6月，浙江省对梅汛期景区的旅游安全发出预警通知，提醒广大游客加强旅游风险防范意识，做好风险规避工作。7月，浙江省文化和旅游厅发布出境旅游安全防范提示，加强旅行社以及旅游工作人员的安全防范工作。7月5日，安徽省旅游发展委员会对暑期旅游汛期做出风险警示，提醒游客注意暑期旅游安全。7月11日，四川省旅游发展委员会连续发布多条暴雨和雷电天气预警，并关闭多家景区。8月19日，山东省发布防汛Ⅳ级预警，提醒各部门注意防范台风"温比亚"。12月，浙江省文化和旅游厅提醒广大游客谨慎选择旅游项目，避免落入"免费游"的陷阱。

## （五）事件处置

2018年，各省市旅游行政管理部门加强对旅游突发事件的应急处置。7月，针对甘肃省部分地区发生的严重洪涝灾害，甘肃省立即启动省级洪涝Ⅳ级救灾应急响应，并要求各地区和部门做好相应的防汛减灾工作。8月，受18号台风"温比亚"影响，山东省出现大范围强降雨，带来严重的人员伤亡和财产损失。对此，山东省减灾中心在接到事件通知后第一时间启动《省减灾中心救灾应急预案》，并且按照预案做好救灾物资调运等各项准备工作，要求全体工作人员全力做好救灾工作。10月，针对游客投诉案件，海南省加强对旅游市场的执法监督和综合治理，确保游客的涉旅诉求能够得到及时的响应和处理。

## （六）安全培训

旅游安全培训是提升游客和从业人员安全知识水平、增强安全意识与防范能力的重要方式。3月，山东省文化和旅游厅举办消防安全培训班，提高各级工作人员面对旅游突发事件的应急能力。10月，福建省旅游质量监督管理所联合相关部门举办"福建省旅游质监与执法工作培训班"，全面提升旅游综合执法能力。12月，福建省开展全国旅游商品管理人员培训班，保障旅游商品的安全生产和有序消费；甘肃省文化和旅游厅举办全省质监执法培训班，旨在提高执法人员的知法、识法、用法意识，优化旅游市场环境。

# 四 2018年我国直辖市的旅游安全行政管理工作

## （一）北京市旅游安全行政管理工作

2018年，北京市文化和旅游局积极做好安全管理工作，积极转发并实施文化和旅游部的规范性文件。1月，北京市旅游发展委员会印发《北京市旅游行业2018年安全与应急工作要点》。2月，北京市旅游发展委员会多次

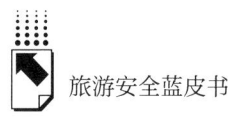

发布公告，要求各相关部门做好全市"两会"期间旅游行业安全管理工作，加强旅游行业安全防范工作。12月，北京市文化和旅游局印发《2019年元旦春节烟花爆竹安全管理工作方案》，落实春节期间的消防安全责任，做好火灾应急处置工作。此外，北京市还积极做好风险警示、监督管理以及安全培训等工作。6月，北京市文化和旅游局提醒广大游客关注旅游警示信息，注意汛期旅游安全。8月，北京市文化和旅游局开展针对旅游景区餐饮服务业的安全规范服务行为培训工作。11月，北京市文化和旅游局加强对旅游行业的隐患排查。12月，北京市文化和旅游局加强对旅行社资质的管理，落实退出机制工作。

### （二）天津市旅游安全行政管理工作

2018年，天津市从政策指导、行业监督管理、风险警示等方面开展了系列安全管理工作。5月，天津市旅游局召开2018年全市旅游安全与应急管理工作会议。7月，天津市旅游局发布暑期旅游安全提示。8月，天津市旅游局开展旅游安全课堂讲座，面向全市人民以及游客普及安全知识。9月，天津市旅游局联合各部门开展市场安全检查，共同保障国庆假期的游客旅游安全。10月，天津市旅游局分别对出境游和自驾游游客进行安全提示。11月，天津市旅游局高度重视旅游服务质量监管工作，对多家酒店脏乱差卫生情况进行曝光。12月，天津市旅游局召开全市文化和旅游系统安全生产工作部署会议，加强旅游系统的安全生产工作。

### （三）上海市旅游安全行政管理工作

2018年，上海市旅游行政管理部门积极开展各项工作来保障旅游安全。1月，上海市旅游局开展针对旅游从业人员的培训工作，提升从业人员的安全服务技能。3月，上海市旅游局联合多部门开展对旅游客运包车市场的联合整治。5月，上海市发布《乡村民宿服务质量要求》和《体育旅游休闲基地服务质量要求及等级划分》，规范旅游行业的发展。6月，上海市旅游局举办旅游行业安全培训，要求旅游从业人员在工作期间坚持"安全第一、预防为主、综合治理"的原则。7月,上海市旅游局开展对在线旅游企业的安全检查工作。8月,上海市旅游局发布风险警示,提醒广大市民和游客注意台风"温比亚"。10月,上海市旅游局印发《关于促进上海入境旅游发展的若干意见》。11月,上海市旅游局发布进博会期间的出游提示,提醒游客出游时选择有资质的旅行社。

### (四)重庆市旅游安全行政管理工作

2018年,重庆市高度重视旅游安全行政管理工作。2月,重庆市人民政府办公厅颁发《重庆市旅游突发事件应急预案》,以提高针对各类旅游事件的应急处置能力。4月,重庆市旅游发展委员会开展旅游行业安全生产教育"七进"活动。5月,重庆市旅游发展委员会对洪崖洞民俗风貌区的旅游安全保障工作进行监督指导。6月,重庆市旅游发展委员会公布对"不合理低价游"中涉重庆旅行社事件的调查结果,严厉惩处违法经营的旅行社。7月,旅游发展委员会发布《关于切实做好暑期汛期旺期旅行社安全出游管理工作的紧急通知》。9月,重庆市旅游质监执法总队发布《安全出游警示告知书》,提醒游客理性选择出游方式。12月,重庆市旅游发展委员会发布《关于做好"三夜两节"期间安全稳定工作的通知》。

## 五 2018年港澳台地区的旅游安全行政管理工作

### (一)香港地区的旅游安全行政管理工作

2018年,香港特别行政区重点加强旅游安全行政管理工作。1月,香港旅游事务署发布立法会文件《保障参加外游旅行团人士的消费者权益》,提醒游客注意购物安全。2月,旅游事务署联合政府相关部门以及香港旅游局、景区等制定安全保障措施,加强春节假期访港游客的安全保障工作。香港特别行政区还设立信息交流和事故处理的应急机制,切实保障旅客的安全权益。7月,旅游事务署开设高级首席行政主任的编外职位以支援旅游业监

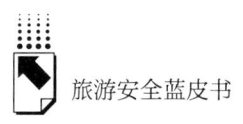

管局的成立。11月，香港旅游事务署发布公告，做好疏导港珠澳大桥入境游客的工作。

### （二）澳门地区的旅游安全行政管理工作

2018年，为推进澳门旅游业的繁荣发展，澳门特别行政区多次发布风险警示信息，开展安全培训工作，全力保障旅游业的安全运行。其中，澳门特别行政区政府发布各类恶劣天气警告，提醒广大市民和来澳游客做好预防措施，保护自身安全。澳门特别行政区还多次开展防火讲座、逃生以及灭火演练活动，提高人民的应急处置能力。为带动澳门旅游业的有序发展，澳门特别行政区政府加强交通安全管理能力，切实保障旅游活动安全运行。

### （三）台湾地区的旅游安全行政管理工作

2018年，台湾地区针对多种类型的旅游安全事故开展了系列安全管理工作。2月，台湾地区交通观光部门发布《道路交通管理处罚条例》。6月，台湾地区交通观光部门发布公告杜绝非法旅宿，以保障旅游住宿安全。8月，台湾地区交通观光部门发布对度假村的监督考核事宜的公告，从餐饮卫生环境、紧急救援系统、职业安全等方面进行安全检查和考核，全面加强各度假区的安全管理工作。12月，发布《飞航安全调查委员会组织法》。

## 六 2019年中国旅游安全行政管理工作展望与建议

### （一）加强与出境游国家的旅游合作、切实保障出境游安全

为确保出境游游客的旅游安全，我国应进一步加强与出境游各国的旅游合作。在出游保障方面，旅游行政管理部门应加强与各国的旅游合作，建立我国与出境游重点国家的多边保障机制。从政策制定、资金投入、人员保障等多个方面加强出境游的安全保障。在应急救援方面，面对出境旅游突发安全事件，相关部门应加大对海外游客的应急救援力度。同时组建海外救援队

伍，为出境游游客打造良好的应急救援队伍。在风险提示方面，我国应加强各驻外机构的协作工作，从出行预警、安全警示等方面来加强对出境游游客的风险警示。同时要建立通畅的信息传递渠道，保证游客在境外旅游的过程中能够接收风险预警信息，以采取相应措施保障自身安全。

### （二）加大对旅游安全法律法规的贯彻实施力度

旅游行政管理部门应加强旅游市场诚信度的管理。首先，对于违反规定并严重失信的旅游企业和旅游从业人员要进行相应的惩罚，并将其列入旅游市场黑名单。其次，各级旅游行政管理单位应当加强对被列入旅游市场黑名的企业和人员的动态管理，以此加强旅游市场的诚信体系建设，维护旅游市场秩序。通过贯彻实施《旅游市场黑名单管理办法（试行）》，打击不合格旅游产品在市场上的运转，避免由市场违法行为带来的旅游安全事故。以此来打造良好的旅游市场环境，保障旅游活动的安全运行。

### （三）完善旅游企业监管制度、落实企业的安全主体责任

2018年，由于旅游企业安全主体责任不明确、企业监管不力，旅游安全事故时有发生。旅游企业作为连接旅游者和旅游目的地的重要媒介，在保障旅游安全方面起着重要作用。因此，旅游行政管理部门应增多对旅游企业安全保障资源的投入，避免由人员缺失、救援设施配备不足等导致的各类旅游安全事故的发生。此外，旅游行政管理部门应加大对企业的监管力度，规范企业运作体系，并确保企业投入的安全保障设施正常运行。旅游行政管理部门还应全面落实企业各部门的安全主体责任，在处理各类安全事故时明确各管理部门的职责，确保各类安全事故得到及时处理。

### （四）明确安全培训工作重点、全面保障游客的安全出行

从2018年旅游安全突发事件的类型来看，涉旅安全事件主要包括交通安全事件、景区意外伤亡安全事件、旅游翻船事件、购物安全事件以及游客突发疾病事件等。对此，各级旅游行政管理部门应加强针对各类事件的

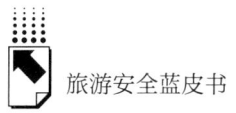

安全培训工作，并明确安全培训工作的重点，加强对旅游突发事件的应急处置能力的培训。通过培训来加强旅游安全管理部门及各旅游从业人员应对旅游突发事件的能力，保障旅游安全。安全培训要注重对于实践过程中的安全操作能力的培训，切实提高游客和各旅游从业人员的安全意识和安全能力。

# B.14
# 2018~2019年节假日旅游安全的年度形势分析

周灵飞*

**摘　要：** 2018年节假日旅游安全形势总体平稳向好。但是假日旅游市场顽疾仍然在一定范围内存在，旅游冲突不断，线上旅游安全形势没有明显好转，驴友安全事件、高风险旅游项目安全事件和出境旅游安全事件明显增加。展望2019年节假日旅游安全发展，国家将继续保持假日旅游市场整治的高压态势，创新假日旅游市场整治机制，推动境外旅游市场监管的国际合作，继续强化安全旅游宣传和教育，提高大众安全旅游的意识和能力。

**关键词：** 节假日旅游　旅游安全

休闲时代背景下，节假日期间大型公共活动多，群众出行需求激增，节假日旅游市场持续火热。中国节假日旅游市场的发展不断推动旅游安全管理体制的建设和完善，旅游安全保障能力不断提升，自2012年以来节假日旅游安全形势逐年向好。

## 一　2018年节假日旅游安全的总体形势

2018年节假日旅游安全形势总体平稳向好。但是假日旅游市场顽疾

---

* 周灵飞，华侨大学旅游学院讲师，主要从事旅游经济等领域的研究。

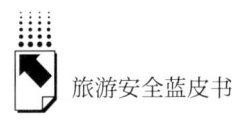

仍然在一定范围内存在，旅游冲突不断，线上旅游安全形势没有明显好转，驴友安全事件、高风险旅游项目安全事件和出境旅游安全事件明显增加。

### （一）节假日旅游安全形势持续向好

自 2013 年开始，笔者于每个节假日前后一周内每天以中国旅游新闻网作为核心样本网站收集旅游安全事件，发现每年节假日旅游安全事件数量平稳减少，相较于 2017 年，2018 年旅游安全事件更是明显减少。2017 年节假日期间共收集到 85 起旅游安全事件，其中 15 起旅游突发事件，共导致 28 人死亡。2018 年节假日期间共发生旅游安全事件 74 起，无重特大旅游安全事故，符合国家旅游局关于旅游突发事件界定标准的旅游突发事件只有 6 起，共导致 8 人死亡。

### （二）驴友安全形势严峻

2018 年节假日期间共发生旅游安全事件 74 起，明显低于 2017 年的 85 起，但驴友安全事件高达 24 起，远高于 2017 年的 9 起，占 2018 年节假日期间旅游安全事件总量的 32.4%，是占比最高的安全事件类型。虽然因为救援及时有力，24 起驴友安全事件没有导致人员死亡，但是因为驴友安全事件发生范围从经典穿越路线蔓延到各种险峻山地，涉事驴友多（高达 123 人）且从发烧型驴友蔓延到普通大众型驴友，驴友安全形势严峻。

众多传统经典穿越路线引资深驴友前赴后继。2018 年节假日期间 10 起驴友安全事件发生在这些驴友安全事件高发频发地带。比如"鳌太线"，尽管太白县明令禁止非法穿越，但 4 月 29 日，一驴友在此线穿越中失联，5 月 1 日又一驴友在此线穿越中失联。① 北京怀柔的箭扣野长城也是资深驴友

---

① 《西安一大学生太白山失联超 100 小时，官方通报禁止非法穿越"鳌太线"!》，搜狐网，http：//www.sohu.com/a/230841492_348921?tc_tab=s_news&block=s_news&index=s_10&strategyId=online&t=1525767001000，2019 年 2 月 13 日。

的梦想，国庆节期间三天发生四起山地救援。①

另外14起驴友安全事件涉及更多普通驴友。4月29日51名上海驴友前往宁波海曙龙观乡洞坑村探险，其中一名驴友摔伤，消防队员前往搜救送医。② 珠海凤凰山脉在国庆节期间发生三起登山者遇险事件，分别是父子、情侣和七名登山爱好者登山遇险。③ 这些驴友安全事件的共同特征是就近出发、登山准备不足、线路设计不合理、上山时间晚、下山安排不科学、自救能力不强。驴友安全事件高发频发是大众休闲时代面临的现实挑战。

### （三）线上旅游陷阱更加隐蔽

在线旅游纠纷仍然是节假日旅游投诉的重点。2017年在线旅游平台捆绑搭售现象引发关注，相关管理部门介入要求整改，但是2018年仍然有一些在线旅游平台存在搭售现象，并且变得更加隐蔽，消费者一不小心就被坑。典型案例是2018年春节河北任先生等四人百度搜索"港澳游"，搜到假冒的深圳国旅的网址，通过微信一共交付5520元，结果行程中承诺的景点没有安排，且违背承诺强制游客购物，最后两天干脆甩团。④

### （四）旅游冲突不断

2018年节假日期间共收集4起旅游冲突，分别是游客和游客、游客和景区、游客和旅游志愿者、游客和村民之间的肢体冲突。典型案例是国庆节期间青岛的海女士一家11人在桂林阳朔旅游过程中拒付"野导"费用而遭

---

① 《三天之内四起山岳救援 消防提醒驴友量力而行》，中国旅游新闻网，http://www.cntour2.com/viewnews/2018/10/09/ILr6nwQvJoggjbUeMXGl0.shtml，2019年2月13日。
② 《51名上海驴友宁波深山探险被困5小时后全部获救》，中国旅游新闻网，http://www.cntour2.com/viewnews/2018/05/01/t0VDDRRErKsupePrZ8ES0.shtml，2019年2月13日。
③ 《不到半个月发生3起登山者遇险事件 防止野外迷路宜结伴同行》，中国旅游新闻网，http://www.cntour2.com/viewnews/2018/10/13/dt9joSIyuhTOLkXc8k530.shtml，2019年2月13日。
④ 《春节假期又现低价港澳游投诉 团伙假冒旅行社欺骗游客参加》，中国旅游新闻网，http://www.cntour2.com/viewnews/2018/02/23/gab8LBJgD0XpLtScHKnz0.shtml，2019年2月13日。

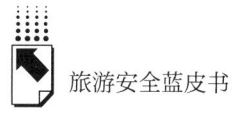

人围殴,海女士一家多人受伤,殴打海女士一家的其中4名成员被刑拘,另有两人在逃。① 此案件将桂林阳朔再次推上舆论的风口浪尖。

**(五)高风险旅游安全风险高**

以速度或高度或两者合成的刺激为吸引的特种项目和高风险旅游项目的安全风险每逢节假日就急剧上升。2018年节假日期间共收集到7起这种类型的旅游安全事件,共导致6死3伤。这7起安全事件分别是景区滑翔机和小飞机坠落各导致一人死亡;一位游客自观光缆车上坠落受伤被困;景区滑道撞断游客鼻梁、蒙自大屯海域游船侧翻死亡2人;② 玩雪圈撞树1死1伤;③ 国庆节期间,一段游客在景区极限飞跃项目游玩时因为工作人员操作不当导致保险扣脱落的视频引发网友大量关注,相关部门关停涉事项目并立案调查。④

## 二 2018年节假日旅游安全事件的特点与原因

**(一)节假日旅游安全事件的分布类型**

1. 事故灾难多发

事故灾难是2018年节假日期间数量最多的安全事件类型。6起事故灾难达到突发事件级别,一般性旅游安全事件中事故灾难44起,如果剔除一

---

① 《"野导"乱象:游客一家老幼11人广西游玩遭人群殴》,中国旅游新闻网,http://www.cntour2.com/viewnews/2018/10/31/zxvqcfsrYOqn6qeI3h2P0.shtml,2019年2月3日。
② 《云南通报2死2伤游船侧翻事故:驾驶员为增刺激感连续急转弯》,中国旅游新闻网,http://www.cntour2.com/viewnews/2018/02/25/XdePyATs4bv1ROAD52NI0.shtml,2019年2月3日。
③ 《吉林一家人度假村玩雪圈撞上大树一死两伤,警方调查是否瞒报》,中国旅游新闻网,http://www.cntour2.com/viewnews/2018/04/10/VcqtjpsbrVzsic4sl37H0.shtml,2019年2月3日。
④ 《重庆一景区高空项目保险扣脱落被停止运营》,中国旅游新闻网,http://www.cntour2.com/viewnews/2018/10/05/5EJaWzsPQWc0Z42V546e0.shtml,2019年2月3日。

般性业务投诉和纠纷,50起事故灾难占全年74起节假日旅游安全事件总量的67.6%(见表1)。

表1 2018年节假日旅游突发事件和一般旅游安全事件的类型分布

| 安全事件类型 | 数量(起) | | 比例(%) | | 备注 |
| --- | --- | --- | --- | --- | --- |
| | 旅游突发事件 | 一般旅游安全事件 | 旅游突发事件 | 一般旅游安全事件 | |
| 自然灾害 | 0 | 0 | 0 | 0 | |
| 事故灾难 | 6 | 44 | 100 | 64.7 | |
| 公共卫生事件 | 0 | 0 | 0 | 0 | |
| 社会安全事件 | 0 | 14 | 0 | 20.6 | |
| 业务安全事件 | 0 | 10 | 0 | 14.7 | |
| 总 计 | 6 | 68 | 100 | 100 | |

6起旅游突发事件除了旅游大巴在土耳其发生交通事故导致1死3伤和叔侄两人景区意外坠亡之外,剩下4起突发事件都是高风险旅游项目,可见加强高风险旅游项目的监管任重道远。44起一般性旅游事故灾难包括24起驴友安全事故、4起交通事故、4起自驾游游客被困求救事故、2起游客身体出现状况、2起游客被意外砸伤、2起游客迷路走失事件,还有游客误食路边野果中毒、游客自观光缆车摔伤、游客骑骆驼摔伤、河水突涨困住游客、泡温泉意外伤了脚趾和游客在体验景区滑道时撞断鼻梁事件各1起。驴友安全事件、自驾被困、误食野果中毒等超过30起一般性旅游安全事件的发生主要与游客旅游安全意识不足、安全行为能力不强、事故处置不当有关。造成这些旅游安全事件的另一个重要原因则是灾害性天气或者天气突变。

2. 社会安全事件社会影响大

2018年节假日期间社会安全事件数量不多,一共14起,但这些社会安全事件影响面广,舆论关注度高,社会影响大。2018年节假日期间发生了4起游客大面积滞留事件,引发社会热议。其中海口春节滞留游客和车辆规模最大,滞留时间最长,社会影响最大。[①]

---

① 《海南省海口市终止应急响应 目前已无旅客滞留》,中国网,http://travel.china.com.cn/txt/2018-02/27/content_50613348.htm,2019年2月1日。

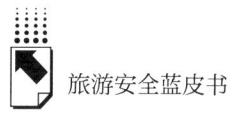

另外1例行业影响和社会影响非常大的社会安全事件是北京永利国际旅行社老板卷款跑路，游客春节行程受阻，涉案金额至少超过380万元人民币。①

2018年节假日期间收集到4例游客冲突事件，分别是游客与游客、游客与景区、游客和旅游志愿者、游客与村民（野导）之间的肢体冲突。此外，还有3例由游客不规范行为导致的社会安全事件，2例发生在国外的事件（泰国餐厅价格欺诈和西班牙司机绕环岛15圈欺诈中国游客事件），1例游客的轿车在西安酒店门口被砸，车内物资被盗事件。

3. 业务安全事件以旅行社业务纠纷为主

2018年节假日期间共搜集到10起旅游业务安全事件，相较于2017年的30起显著减少。除了景区和酒店业务纠纷各1起外，其他8起都是在线旅游和旅行社（包括导游）业务纠纷。

旅行社的业务纠纷主要表现在同团不同价、强迫购物、退团不退费和服务投诉等方面。值得一提的是2018年旅行社业务纠纷中一半发生在境外旅游，典型案例包括南京游客5000元的泰国游被拼到低价团，不仅购物点多，不购物还遭恶意辱骂；② 69岁的余先生报团参加"柬埔寨五星行"，腹泻20多次才被导游带去医院看病；③ 一名报团参加巴厘岛旅游的游客生病被要求去国际医院开证明，要交700元的"人头费"。④

### （二）2018年节假日旅游安全事件的时间分布特点

每年春节和国庆节假期长，游客集中出行，旅游安全事件密集，2018

---

① 《北京一旅行社老板卷款跑路 至少300余人旅游行程受阻》，中国旅游新闻网，http://www.cntour2.com/viewnews/2018/02/13/ZMMsauuYu0mlTo3pQlvu0.shtml，2019年2月1日。
② 《南京游客5000元游泰国被拼到低价团 不购物被骂没良心》，中国旅游新闻网，http://www.cntour2.com/viewnews/2018/10/09/QBmDzI8qh8Dkl6wLe3Gl0.shtml，2019年2月1日。
③ 《老人跟团出游腹泻二十多次后才被送医 旅行社："水土不服"》，中国旅游新闻网，http://www.cntour2.com/viewnews/2018/04/06/8v0o0bRYtslOhSzuLkbb0.shtml，2019年2月1日。
④ 《游客生病无法购物导游要求开证明：交700元"人头费"》，中国旅游新闻网，http://www.cntour2.com/viewnews/2018/10/07/mjADW30PqPPz4oqP2npr0.shtml，2019年2月1日。

年也不例外。劳动节因为气候舒适,不跨年,也不像清明节、端午节、中秋节一般有各种传统文化活动,是典型的旅游高峰期,旅游安全事件较多。这三个节假日平均每天分布3~4起旅游安全事件,剩下四个节假日除了清明节以外平均每天分布1~2起旅游安全事件。旅游安全事件的时间分布与旅游高峰期基本重叠(见表2)。

表2 2018年节假日旅游安全事件时间分布

单位:起

| 节假日名称 | 元旦 | 春节 | 清明节 | 劳动节 | 端午节 | 中秋节 | 国庆节 | 合计 |
| --- | --- | --- | --- | --- | --- | --- | --- | --- |
| 一般性旅游安全事件 | 3 | 18 | 7 | 9 | 3 | 2 | 26 | 68 |
| 旅游突发事件 | 0 | 3 | 0 | 0 | 0 | 1 | 2 | 6 |
| 合计 | 3 | 21 | 7 | 9 | 3 | 3 | 28 | 74 |

### (三)2018年节假日出境旅游安全事件的特点

2018年节假日期间收集到13起出境旅游安全事件,远高于2017年的8起。从类型看,2018年节假日期间发生了4起旅游交通事故(泰国2起、土耳其和马来西亚各1起)。另外还有与旅行社、导游、餐厅、出租车司机的业务矛盾等多种类型的出境旅游安全事件,充分反映了出境旅游安全环境的复杂性。从空间分布上看,2018年节假日出境旅游安全事件涉及泰国、马来西亚、土耳其、港澳台地区、西班牙、印度、美国和柬埔寨八个旅游目的地。其中跟泰国有关的旅游安全事件最多,共5起。从时间分布上看,春节和国庆节各发生5起旅游安全事件,元旦、清明节和劳动节各1起。出境旅游安全事件的时间分布和旅游高峰期的重叠度比国内旅游安全事件的更高。

## 三 节假日旅游安全管理的主要进展与特点

### (一)假日旅游工作有序

2018年2月,文化和旅游部印发《假日旅游工作导则》,保障节假日旅

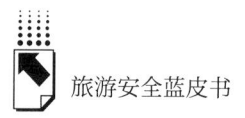

游安全管理工作有序进行。从节前旅游安全工作准备、节假日期间旅游安全事件处置到节后工作总结提升，步步推进，有条不紊。节假日旅游安全工作做到程序化、全程化，多部门参与，全程保持对节假日旅游市场整治的高压态势，大力保障节假日旅游安全。

### （二）景区限流疏导有力

各地针对假日旅游客流高峰，要求和引导各景区科学预判，提前采取限流和分流措施，及时公布景区客流信息并准备好紧急预案，保障景区旅游秩序和游客安全。免票景区实行"免费预约"参观制，收费景区实行全网络实名预约售票机制，并通过景区信息实时更新、共通共享，增配观光车运力等措施合理疏导客流。各地智慧旅游系统和相关新媒体平台为疏导客流和优化旅游服务提供了强有力的支持。湖南省旅游发展委员会将全省127家重点景区纳入智慧旅游平台，景区承载量、接待人数和门票收入等动态信息实时更新，引导游客合理安排行程。河南清明上河园通过智慧旅游平台实现"三个十分钟"，即十分钟入园、十分钟购物、十分钟找失。福建省的智慧旅游系统和"笨游"App利用大数据为游客推荐旅游线路，合理疏导客流。

### （三）文明旅游宣传教育有情

2018年4月27日，"文明旅游为中国加分"百城联动仪式开启了一场贯穿全年的全国百余旅游城市志愿服务的接力赛。除"旅游黑名单"制度和文明旅游志愿者队伍建设外，创新教育引导方式让游客了解文明旅游。四川省各重点景区向游客发放文明旅游宣传手册并引导游客为文明旅游标语投票，福建省在全省范围内发起文明游客、文明导游、文明旅游企业典型事迹推选活动，以群众喜闻乐见的方式让文明旅游宣传教育更见成效。湖南省发布了50多条惠民措施；湖北省黄陂区木兰草原景区推出"垃圾换门票"活动；江苏省扬州市国庆节期间临时增设4个免费换乘中心并开放11处机关单位内部停车资源供外地车辆使用；河南省老君山景区推出无人值守"一元午餐"，游客反响热烈。

## 四 2019年节假日旅游安全形势展望

### （一）节假日旅游市场安全健康发展

中国保持了多年对假日旅游市场整治的高压态势，政府对旅游经营者和游客都始终保持严惩违法违规和教育引导安全旅游双管齐下来规范假日旅游市场。救援技术的进步和社会救援力量的整合极大地降低了旅游安全风险和各种旅游安全事故的人员伤亡和其他损失。同时，游客的安全意识和理性维权意识也逐步提高，2019年节假日旅游市场安全健康发展有望。

### （二）出境旅游安全难以预测

中国假日旅游市场秩序平稳向好，但出境旅游的安全是个变数。2019年春节出境旅游来势汹汹，拖家带口跨境过年成为春节新的消费潮流。大规模的跨境客流的安全无论对旅游客源国还是旅游目的地（国）都意味着严峻的考验和挑战。中国节假日集中出游的规模客流给旅游目的地（国）的交通、防疫和接待能力带来巨大的压力，游客与旅游经营者之间、游客与当地居民之间以及游客与游客之间的矛盾和利益冲突就会激化，再加上语言沟通、管理制度、气候环境等各方面的差异和复杂多变的政治法律环境，出境旅游安全隐患多，2019年节假日出境旅游安全形势难以预测。

### （三）驴友安全和高风险旅游项目安全堪忧

休闲时代背景下户外运动的大众化趋势透过大大小小层出不穷的驴友安全事件表露无遗。户外运动参与人数众多，游客素质高低不一，驴友选择的地域广且类型不一，多为险峻或极富挑战之地，再加上极端灾难性天气频发，驴友安全形势严峻。低空旅游、各种极速运动娱乐、水上极速运动等高风险旅游项目供需两旺，节假日期间甚至超负荷运行。但是国家对这些高风险旅游项目的人员资质和营业条件的审核缺乏相应的规范，对设施设备的技

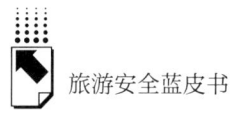

术指标和养护管理缺乏行业标准，高风险旅游项目管理机制不健全，安全堪忧。

# 五 2019年节假日旅游安全管理建议

## （一）创新假日旅游市场综合监管机制

旅游部门和物价、工商、公安、质检、安监等部门联合执法，综合整治节假日旅游市场是快速高效处置节假日旅游投诉的基本保障。这种综合监管机制有助于从严从重处理典型案例，但是联合执法缺乏持续性和相应的标准，对强制购物、非法一日游、"黑导黑车黑社"等旅游业市场顽疾的打击和治理成效有限。国家应该积极推动出台旅游综合监管的规范性文件，加强治理的可持续性和规范性，强化对旅游市场的规制。

## （二）加强假日旅游投诉处理

继续保持假日旅游市场整治的高压态势，从严从重打击各类旅游市场顽疾。首先，加大旅游安全执法检查力度。假日旅游安全检查要做到经常化、制度化、高频化、高密化，全面细致无疏漏。其次，假日旅游投诉处理需快速高效。通过智慧旅游平台和社交媒体平台监测各类旅游纠纷、投诉和舆情，特别是对非法一日游、甩团、强制购物、服务质量问题等纠纷和投诉，落实旅游投诉"诉转案"和"一案双查"，既通过调解解决旅游服务质量问题，又要及时移送相关执法部门处理旅游违法违规行为。

## （三）推动假日旅游市场监管的国际合作

中国假日旅游热延烧到境外，中国居民出境旅游热情持续高涨。以语言差异为主要特征的境外旅游环境的跨文化性和复杂性是出境旅游大众化发展趋势的巨大挑战，节假日出境旅游安全事件逐年递增。中国应该积极拓展旅游市场监管国际合作，选择主要旅游目的地（国）签署旅游市场监管合作协议,加强与目的地(国)的信息沟通和共享,共同对游客进行安全旅游宣传和教育引导,同步查处旅游活动的不法行为,保障出境旅游安全,提高游客的旅游体验质量。

**参考文献**

[1] 周灵飞:《2014~2015年中国节假日旅游安全形势分析与展望》,《中国旅游安全报告(2015)》,2015,社会科学文献出版社。

[2] 周灵飞:《2018~2019年中国节假日旅游安全形势分析与展望》,《中国旅游安全报告(2016)》,2016,社会科学文献出版社。

[3] 周灵飞:《2016~2017年中国节假日旅游安全形势分析与展望》,《中国旅游安全报告(2017)》,2017,社会科学文献出版社。

[4] 周灵飞:《2017~2018年中国节假日旅游安全形势分析与展望》,《中国旅游安全报告(2018)》,2018,社会科学文献出版社。

[5]《2018年国庆假期旅游市场情况》,中华人民共和国文化和旅游部官网,https://www.mct.gov.cn/whzx/whyw/201810/t20181007_835211.htm,2019年1月30日。

# B.15 2018～2019年中国自助旅游安全形势分析与展望

曾武英　殷紫燕　范满满*

**摘　要：** 近年来，自助游在成为大众出行热门选择的同时，其安全问题也受到了社会各界广泛关注。基于对2018年全国自助旅游安全事件的调查与分析发现，2018年全国自助旅游安全形势较为严峻，安全事件数量略有上升，但涉及人员数量大幅度减少，安全事件类型仍以事故灾难为主，且在时间、空间及景区类型分布上呈现一定的集中性。2019年我国自助游人数将持续增长，安全形势依旧不容乐观。通过对2018年自助旅游安全事件发展现状梳理、特点提炼与原因分析，提出如下建议：加强主体安全教育，拓宽宣传渠道；完善景区配套设施，加强设备定时检修；制定应急预案，开展安保人员培训演练；加快景区数字建设，提升智慧化保障水平；加强政府行业监管，推动第三方安保平台嵌入。

**关键词：** 自助旅游　旅游安全　事故灾难

在消费升级的大背景下，旅游消费结构越来越多元化，自助旅游作为一种便捷、时尚的旅游方式，对于推动旅游消费的转型和旅游产品的变革

---

\* 曾武英，华侨大学旅游学院副教授，主要研究方向为旅游企业服务与管理等；殷紫燕、范满满，华侨大学旅游学院硕士研究生。

起到了较强的支撑作用。应该看到，自助旅游的推行改变了传统旅游两点一线的行程模式，游客的活动范围扩大，行为方式更加随意，这极大地提高了游客的目的地体验性，但在一定程度上也增加了旅游途中的风险。针对日益扩大的自助旅游市场，研究自助旅游安全事件的发展现状、原因和相应的管理措施，有利于避免安全事件发生，更好地促进自助旅游市场健康发展。

# 一 2018年中国自助旅游安全的总体形势

随着旅游市场的不断扩大，自助旅游市场也在逐年扩大，其安全问题逐渐受到广泛关注。本文对中国旅游新闻网、中国新闻网、佰佰安全网、新浪网和腾讯网等新闻网站的自助旅游安全事件进行了搜集与统计，并与近年自助旅游安全事件进行了比较分析（见图1）。2018年1~12月国内共发生143起自助旅游安全事件，与2017年相比增加7.5%，分布于24个省（自治区、直辖市），涉及661人，人数较2017年下降了42.4%，其中死亡人数53人，较2017年上升了17.8%。从事件的类型看，可以分为事故灾难（景区设施设备事故、安全管理事故、自组团纠纷等）、自然灾害（气象灾

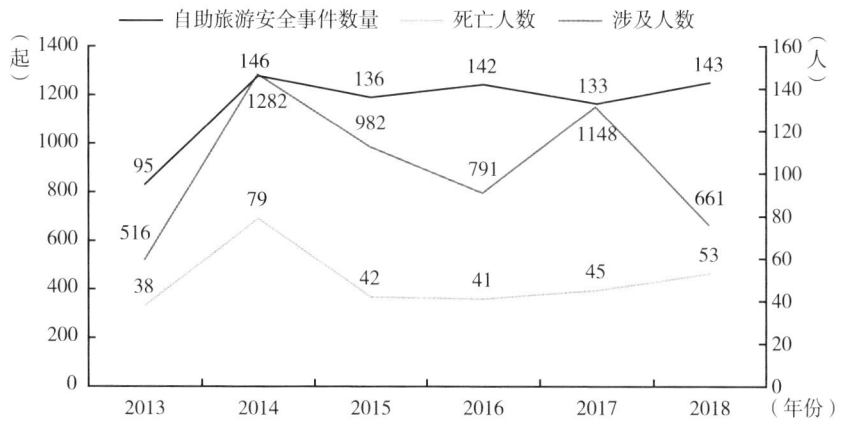

图1 2013~2018年自助旅游安全事件统计

害、泥石流灾害等)、公共卫生安全事件(食物中毒事故)以及社会安全事件(欺诈、主客冲突等)四大类。其中,事故灾难数量最多。总体来看,2018年的自助旅游安全事件中社会安全事件相比前几年显著增多,自助旅游安全问题不容忽视。

## 二 2018年中国自助旅游安全事件的特征分析

### (一)自助旅游安全事件分布的特征

#### 1.时间分布

从自助旅游安全事件的时间分布上看(见图2),7~12月的旅游安全事件比1~6月多15起。主要原因是下半年节假日较多,越来越多的游客选择去地文景观类景区游玩,受地形环境、天气突变等多重自然因素的影响,安全事件较多。5~10月是安全事件的集中期,7月是2018年自助旅游安全事件发生数量最多的月份,达21起。总体来看,受节假日旅游流规模压力的影响,2018年自助旅游安全事件在暑假和国庆假期期间发生较多。

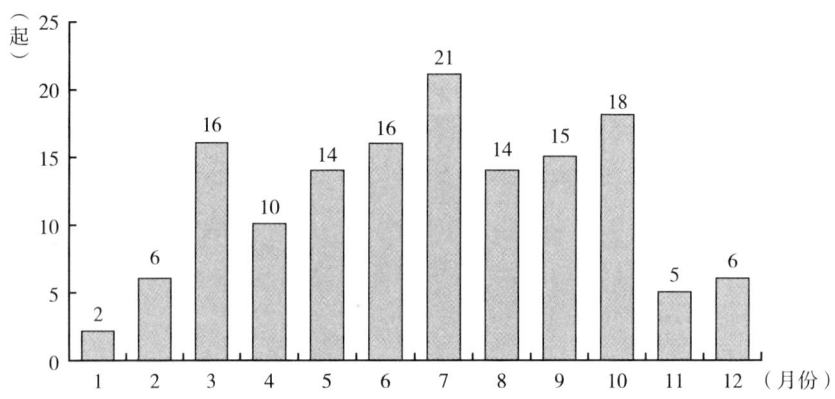

图2 2018年自助旅游安全事件时间分布

2. 空间分布

从自助旅游安全事件的空间分布来看（见图3），事件数量为两位数的有5个省份，其中浙江省居首位，共发生16起，河南省位居第二位，共发生14起，河北省居第三位，发生11起。其余自助旅游安全事件分散在19个省（自治区、直辖市）内。从事件发生的景区类型来看，发生在地文景区和水域景区的安全事件较多，如2018年4月29日，陕西太白山一名北大学生在太白山探路时，与其他两名队友失联，① 2018年10月3日，福建漳州漳浦赤湖七星湖一名自助游游客溺水身亡。②

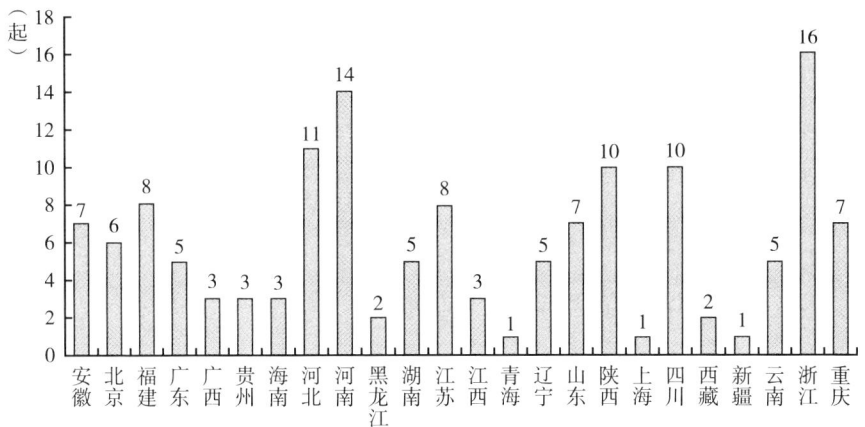

**图3　2018年自助旅游安全事件在各省（自治区、直辖市）的分布**

3. 类型分布

从自助旅游安全事件的类型分布上看（见图4），事故灾难125起、自然灾害9起、公共卫生安全事件3起、社会安全事件6起。事故灾难所占比例高达88%，由游客对道路的不熟悉或不听景区工作人员劝阻导致的意外事件最多。

---

① 原春林：《北大研究生穿越太白山失联三天被找到》，网易新闻，http://shanxi.news.163.com/18/0503/07/DGS895EE04198EVR.html，2018年5月3日。
② 韩佳鹏：《悲剧！国庆一家8人出游全落水 一人被压倒溺水身亡》，网易新闻，http://news.163.com/18/1006/12/DTEF0TTQ0001875P.html，2018年10月6日。

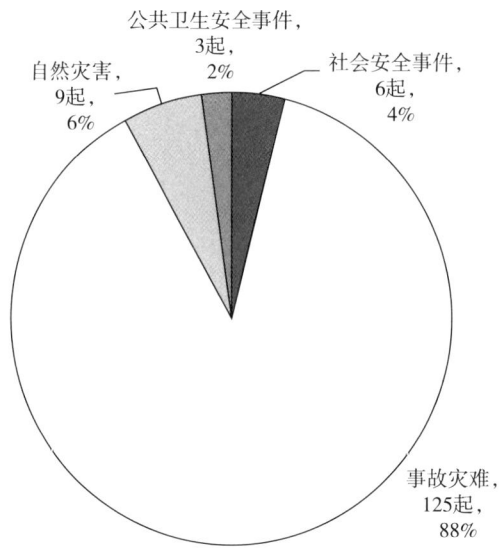

图 4 2018 年自助旅游安全事件类型分布

### (二)自助旅游安全事件发生的特征

1. 安全事件发生的个体差异性

自助旅游安全事件与游客自身的身体素质、体能技能等存在紧密关联,由于缺乏团队旅游后台部门专业化、统一化的安全保障,自助游游客在旅游途中往往需要依靠自身力量独立面对行程中的各类风险,不同游客安全素质和安全能力的差异导致安全事件发生的形式和后果的异质性,如体质较弱的游客在自助旅游时容易发生各类突发疾病,如心血管疾病等基础性疾病,需要随行人员给予科学的紧急处置。例如,2018 年 3 月 24 日,河南 1 名游客到鄢陵鹤鸣湖景区进行游玩时突然感到心脏疼痛并晕倒在地,由于抢救及时没有造成死亡。①

---

① 慕丹萍:《女子外出游玩突发疾病,过路医生出手相救》,佰佰安全网,http://www.lovehhy.net/News/View/1203445,2018 年 3 月 31 日。

**2. 安全事件形成的非预期性**

在自助旅游的过程中时常会因为游客对目的地的情况不了解、客观条件无法控制等产生安全事件，而且自助旅游往往行程变更频繁，交通安全得不到保障，发生意外的概率提升。如，3月6日在河北莲花山景区，一名游客与4位朋友一起爬莲花山，在下山途中不慎摔倒，臀部受伤。① 又如，7月3日在安徽南山景区，一名游客正在骑马游玩，受到天气炎热的影响，马儿突然暴跳起来，挣脱养马人手中的缰绳，不仅把游客重重摔在了地上，还弄伤了养马人。②

**3. 安全事件危害影响的扩大化**

在自助旅游的过程中，安全事件的发生带有一定的突发性和客观性，游客活动的空间范围也较为自由，不确定性因素较大，一旦发生安全事件将给营救工作带来困难。因此，自助旅游安全事件不仅给游客带来了严重的后果，也给景区和工作人员以及救援人员带来了极大的安全风险，扩大了安全事件的危害范围。如，9月18日江苏灵岩山景区，一名在都江堰某大学就读的女大学生因为夜间降雨、道路湿滑、视野不佳，在灵岩山迷路被困，接到报警后，救援人员两次上山营救，救援一直持续到深夜，直到第二日凌晨1时30分许才结束。③

**4. 安全事件表现形式的多样性**

自助旅游最大的特色就是自主性很强，随着消费结构升级，自助旅游形式层出不穷，由于各类自助旅游活动风险程度不一，所表现出来的旅游事件形式也多种多样。

例如，6月23日，6名自助游游客在参加恒大碧海银沙水上香蕉船项目

---

① 刘涛：《游客受伤被困莲花山 消防官兵成功救援》，河北新闻网，https：//baijiahao.baidu.com/s？id=1594334884984741967&wfr=spider&for=pc，2018年3月8日。
② 黄旭：《淮北南山景区马儿发飙摔伤游客，民警及时出警救助》，淮北新闻网，http：//www.ahwang.cn/anhui/20180712/1789335.shtml，2018年7月12日。
③ 李琼：《女大学生爬山被困 警方雨夜7小时救援未获感谢》，成都商报，https：//news.163.com/18/0925/08/DSHN8G4B0001875P.html，2018年9月25日。

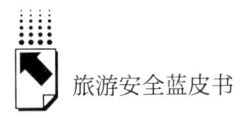

时不慎落水，造成一人死亡；① 10月3日，某自助游游客在中山陵景区游玩过程中，误食了在路边采的野果，所幸抢救及时，脱离生命危险；② 11月22日，10名年过六旬的老年驴友徒步进入清江河床自助探险被困。③

## 三 影响自助旅游安全的主要因素

### （一）自助旅游者行为主体因素

1. 游客出游前期准备不足

自助游不同于有组织的团队游，游客在享受自助旅游不受约束优点的同时，也应该注意到充分的出游准备是对自己负责任的表现。但很多游客因经验不足、考虑不周而疏于做好充足的出游准备，进而造成安全事件发生。自助游游客出游准备不充分主要体现在以下两个方面。第一，缺乏天气预报查询及旅游景区地质地貌等条件的了解。例如，2月3日发生的成都一家人雪夜自驾游被困深山悬崖边事件便是由雪夜车辆遇冰凌路面失控而撞上护栏引发的。④ 第二，相关设施、防护工具准备不足，相关安全知识及求生知识学习不足，从而造成游客深陷险境难以逃脱。

2. 游客安全旅游意识缺乏

许多自助游游客在旅游过程中缺乏安全意识，加之自助旅游游客不受到团队组织的引导与约束，更容易出现一些不安全的旅游行为，从而引发矛盾、产生危险，导致自助旅游安全事件发生。其中，不听从标识警告或人员

---

① 崔佳明：《南通启东恒大海上威尼斯一名游客不慎落水遇难》，百家号，https：//baijiahao.baidu.com/s？id=1604203486166156225&wfr=spider&for=pc，2018年6月25日。
② 莫玫瑰：《游客中山陵误食野果食物中毒 交警急救助》，荔枝网，http：//news.jstv.com/a/20181004/5bb59f78b8318923afd68ffc.shtml，2018年10月4日。
③ 王胜男：《事故多发，文化和旅游部提醒游客谨慎选择户外探险旅游》，搜狐网，http：//www.sohu.com/a/278364466_114988，2018年11月28日。
④ 谢寅宗：《成都自驾游一家人雪夜被困深山悬崖边，夫妇徒步八公里报警》，成都商报，http：//www.thepaper.cn/baidu.jsp？contid=1987400，2018年2月7日。

劝阻，靠近危险地带或违规进入景区未开发部分，是造成迷路、坠崖、溺水等事故灾难的主要原因。而纪律意识薄弱、不遵守公共秩序、贪小便宜、从不法渠道购买旅游商品等是造成打架斗殴、商业欺诈等社会安全事件的重要因素。此外，一些自助旅游游客为了追求惊险刺激，置生命安全于不顾，过高估计自身能力而发生安全事故。例如，未结伴独自探险、攀登未开发险峰、夜间游览、挑战高难度项目等，这些都是造成事故灾难的主要原因。

3. 自助旅游出游方式影响

大部分自助旅游游客会自驾出游，而其前往的景区景点不属于惯常所在地，游客本身对当地路况就不熟悉，再加上游客可能会存在夜间出行、疲劳驾驶、药驾、酒驾等行为，使得自助旅游交通事故频发。2018年发生的143起自助旅游安全事件中有8起属于交通事故，例如，4月23日，某自驾游驾驶员因吃了含有安眠药成分的感冒药，出高速时操作失误追尾前车。① 此外，自助旅游出行以家庭为单位居多，小孩、老人等弱势群体本应得到青年人更多的关注与监督。小孩活力十足却缺乏自我保护意识，而老人年龄较大，行动不便，在游览过程中对小孩和老人看护不周、监管不力是造成摔伤、溺水等事故灾难的主要原因。例如，7月31日金锁关石林景区内，小孩在游玩时摔骨折便是由于家长看管不力。②

## （二）自然环境因素

我国景区自身地质地貌复杂多样，自助游游客更倾向于游览一些人工开发程度低、天然无雕饰的景区。因此，景区复杂的自然环境往往是造成自助游游客迷路、摔伤、溺水、被动物袭击等安全事件的主要客观因素。2018年发生的143起自助旅游安全事件中有28起是因游客不熟悉当地地形地貌

---

① 梁唯雅：《男子自驾游时服感冒药迷糊追尾 专家：药驾危险堪比酒驾》，湖北省人民政府门户网站，http：//www.hubei.gov.cn/gzhd/gzhd/201804/t20180425_1279365_mob.shtml，2018年4月25日。
② 王涛：《小孩在景区游玩摔骨折 打景区服务电话求助竟是空号》，澎湃新闻，http：//travel.163.com/18/0816/15/DPBF5JRB00068AIR.html，2018年8月16日。

而迷路被困。另外，突发的自然灾害也是旅游者被困、受伤、死亡的重要原因。2018年发生的自助旅游安全事件中有9起是由冰雪、洪水、泥石流、暴雨、滑坡等突发自然灾害引起的。例如，6月23日就有25名上海游客因水位上涨道路阻断被困浙东大峡谷。①

### （三）景区管理因素

**1. 安全监测防护不力**

景区安全监测防护对于旅游者安全至关重要，但很多景区在这一方面仍存在许多不足。景区设施设备因年久失修老化、景区高峰时段超出承载能力、景区员工安全培训缺乏、景区应急处理方案不足等都是自助旅游安全事件发生的重要原因。例如，4月21日许昌市西湖公园一男子玩"飞鹰游乐"时因安全锁扣脱落坠亡。②

**2. 安全宣传不到位**

许多景区现仍存在缺少提醒、警示牌等安全宣传标识的情况，游客作为外来者难以判断其危险系数，为追求新奇贸然行动往往会造成安全事件发生。另外，很多景区在安全教育上仍存在不足，例如在野生动物出没的景点，缺少专门人员提醒游客注意安全以及讲解相关安全知识等。

### （四）政府及管理部门因素

我国旅游业发展迅速，但行业管理仍存在许多问题，而自助游游客本身需要自行安排整个行程，出门在外处于相对的弱势地位，常常会遇到商业欺诈、威逼胁迫等社会安全事件，如黑龙江雪乡"宰客"，一盘炒肉卖288元。③另外，政府相关部门在信息宣传方面也存在天气情况、自然灾害等与旅游相

---

① 谢辰阳：《25名上海游客被困浙东大峡谷，沪浙警方协力今晨成功解救》，澎湃新闻，http://news.sina.com.cn/o/2018-06-24/doc-iheirxyf2625388.shtml，2018年6月24日。
② 张怡：《许昌市西湖公园一男子玩"飞鹰游乐"时坠亡》，大河报·大河客户端，https://www.henan100.com/news/2018/775067.shtml，2018年4月23日。
③ 刘敏丹：《黑龙江雪乡"宰客"一盘炒肉卖288元 店家被罚5.9万》，新京报，https://news.china.com/socialgd/10000169/20180103/31906974_all.html，2018年1月3日。

关的信息更新不及时、宣传不到位等问题，因而造成旅游者信息闭塞，未能做好预防措施，进而引发安全事件。因此，相关部门行业管理不到位、安全监管不足、信息传播不及时也是自助旅游安全事件的重要影响因素。

## 四 2019年自助旅游安全形势展望与管理建议

### （一）2019年自助旅游安全形势展望

1. 自助旅游人数持续增长，安全问题重要性凸显

新时代背景下人们旅游消费升级换代，自助旅游作为一种新兴的旅游方式受到越来越多游客的青睐。其中，自驾游作为自助旅游中最具有代表性的方式，将随着我国公路网络的完善、私家车拥有量及租车的发展，成为游客到达景区的主要方式。因此，预计2019年自助旅游人数将持续得到较大幅度增长，并且基于自助旅游自由灵活、选择多样、无拘无束等特点，其安全问题将显得尤为重要。

2. 自助旅游中间组织发展有助于减少安全事件发生、降低伤害程度

自助旅游由旅游者自主安排旅游行程，但由于大部分旅游者缺乏经验、出游准备不足，自助旅游安全事件时有发生。而近年来，随着自助旅游市场的火爆，越来越多的中间组织得到了发展，特色定制旅游、线上出行预定、保险业务等功能的不断升级完善不但为自助游游客提供了便利，也为其提供了新的保障。因此，这些中间组织的发展将有利于降低自助旅游安全事件的发生频率及伤害程度。

3. 大数据、云计算等互联网技术将在自助旅游安全中发挥重要作用

随着互联网技术的不断发展，我国智慧景区建设步伐逐渐加快，大数据、云计算等技术手段对于景区安全管理的作用不断加强。通过这些互联网技术不仅可以实时更新景区现状，做好人员承载量预警及重大事件通知等工作，还可以在安全监测、快速呼救、紧急救援等方面发挥巨大作用，对自助游游客的集中安全管控具有巨大促进作用。

## （二）2019年自助旅游安全管理建议

1. 加强主体安全教育，拓宽宣传渠道

旅游者作为自助游活动的主体具有一定的能动性，是安全事件发生的主要原因，也是规避安全问题的重要因素，对自助旅游者的安全宣传与教育对于减少安全事件发生并降低伤害程度作用巨大。首先，政府及相关部门可以通过电视、报刊、广播、微信、微博等各种媒体报道相关自助游安全事件，使旅游者充分意识到安全问题的严重性。其次，做好自助旅游出行安全宣传，提高旅游者安全意识及紧急求救知识水平。此外，也可通过拍摄创意公益宣传片、卡通动漫等手段吸引旅游者注意，来进行自助游安全宣传与教育。最后，景区方面也要做好安全警示系统建设，发放安全宣传手册，并在必要时安排专职人员做好提醒与监督等工作。

2. 完善景区配套设施，加强设备定时检修

自助旅游安全事件的发生多因缺乏相应的服务设施设备，而设施设备损坏造成的安全事件也较多且程度严重。因此，景区及周边设施设备的完善与检修意义重大。旅游景区在发展过程中要不断完善餐饮设施、住宿设施、交通设施、游览设施、购物设施、娱乐设施，尤其是要加强停车场、标识系统、游客中心、旅游厕所等方面建设，以减少交通堵塞、停车不便、标识不清等问题引发的自助旅游安全事件。另外，对于景区内的设施设备要定期检查，实时监测，及时维修存在安全隐患的护栏、栈道、器材等，主题乐园一定要做好娱乐器材的安全检修工作。

3. 制定应急预案，开展安保人员培训演练

景区应配备专门的安保人员开展安全巡逻与安全保护工作，并制定相应的紧急预案以应对重大突发安全事件。另外，景区还应就安全管理、安全宣传、安全救援等问题定期进行员工培训与演习，时刻保持警惕，以保证安全事件发生时能第一时间抵达现场，有序高效开展救助与保护工作，最大限度减少人员伤亡。

**4. 加快景区数字建设，提升智慧化保障水平**

互联网技术的发展在为景区游览带来趣味的同时，也为旅游安全管理提供了新的手段与途径，加快智慧景区、数字景区建设对于景区的发展作用凸显。景区可通过数字化、可视化技术实时监测及预报天气情况、游客人次、设施设备运转情况等，为游客提供相关信息并将景区承载力控制在合理范围内，减少拥挤、踩踏、摔倒、被困等安全事件发生。另外，景区还可通过技术手段设置智能导览、迷路指南、一键求救等功能，以保障游客安全游览或发生紧急事件时能及时得到救助。

**5. 加强政府行业监管，推动第三方安保平台嵌入**

政府是自助旅游安全保障的主导力量，相关部门要加大对我国发展自助旅游的管控力度。同时，要鼓励自助游第三方安全保障组织的成长，通过专业化服务为自助游游客更好地提供安全技术服务支持；鼓励定制旅游企业发展，通过个性化定制满足自助游游客多样化需求，为自助游游客做好行程安排与指导；鼓励线上预订平台发展，通过线上预订第三方组织或平台介入为自助游游客购买旅游产品提供多重保障；鼓励自助游保险业务发展，通过保险救援与理赔来减少旅游安全事件责任不明带来的伤害与损失。

# B.16
# 2018~2019年中国高风险旅游安全形势分析与展望[*]

曾 怡[**]

**摘 要：** 2018年我国高风险旅游业持续发展，总体旅游安全形势较为稳定，政府监管与安全提示体系逐步完善，高风险旅游安全事件总数有所增加，事故损失有所减少，但重大境外旅游安全事故影响严重。本文结合2018年我国高风险旅游安全事件的发展态势和规律，提出2019年我国高风险旅游游客人数将继续增长，境外高风险旅游风险持续提升的趋势预测，同时也提出了进一步提升行业准入门槛、加强安全教育与增加部分高风险专项保险的管理发展建议。

**关键词：** 高风险旅游 水上项目 户外探险

## 一 2018年高风险旅游安全的总体形势

2018年我国高风险旅游业持续发展，参与体验人数持续增长，经营单位不断增多，经营范围也在不断扩大。值得注意的是，高风险旅游活动的安全风险明显高于一般旅游活动，对于经营管理者和参与游客有较高的专业要

---

[*] 基金项目：福建省社科规划青年项目"福建土楼古建筑火灾风险评估与对策研究"（FJ2016C024）。
[**] 曾怡，华侨大学旅游学院讲师、博士，主要研究方向为旅游安全、火灾安全。

求,安全系数低、风险性大,对旅游者造成人身伤害的概率和严重性均高于一般旅游活动。当前我国高风险旅游行业仍处于初步发展阶段,普遍存在游客安全意识较弱、经营单位无序管理、政府监管力度薄弱、立法规范不足、保险保障有限等问题,旅游安全事故频发,造成较大社会影响和经济损失。据统计,与2017年相比,2018年我国高风险旅游安全总体形势体现以下特征:就事件发生总数与伤亡人数而言,2018年高风险旅游安全事件总数有所增加,伤亡人数有所减少;就事件发生区域而言,华东、华南地区为安全事件高发区域,境外高风险旅游安全事件持续增多;就事件类型而言,户外探险与水上活动仍是事件的主要类型,事件数量与伤亡人数均有显著上升;就事件发生时间而言,暑假仍是事件高发时段;就事件发生群体而言,中青年男子仍然是主要群体,团队游客受害人数有所上升。

## 二 2018年高风险旅游安全事件的特征与管理现状

本文通过人民网、新华网、百度搜索、环球网等媒体,使用"漂流""高空""滑索""潜水""快艇""游船""滑雪""探险""登山""徒步""高风险"等关键词与"事故"或"安全"进行组合,收集2018年我国高风险旅游活动相关的安全事件报道。据统计,2018年1~12月,网络和媒体报道的高风险旅游活动相关风险事件达156起,较2017年增长9.9%,死亡88人、受伤113人、失踪24人,合计伤亡人数达225人,事故损失有所减少,安全形势仍有待改善(见图1)。

### (一)安全事件类型分布特征

根据《高风险旅游项目目录》及年度安全案例统计分析(见表1),2018年户外探险类高风险旅游活动仍然是发生安全事件数量最多、损失最大的项目类别,共发生了73起旅游安全事件,占高风险旅游安全事件总量的46.79%,造成了25人死亡、35人受伤以及11人失踪。其次为水上风险旅游项目,发生了49起安全事件,占事件总数的31.41%,其中包括一起

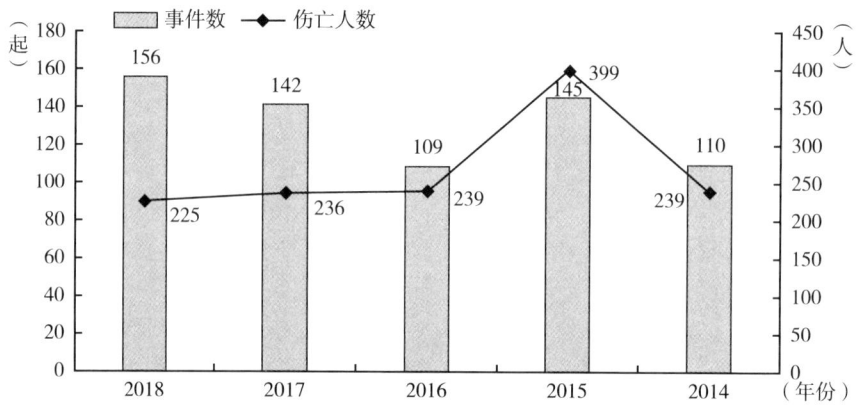

**图 1　2014～2018 年高风险旅游安全事件数量及伤亡人数统计**

特别重大境外旅游安全事故,合计造成 51 人死亡、48 人受伤、12 人失踪,事件损失最为严重。其他项目类高风险旅游安全事件发生了 16 起,占事件总数的 10.26%,较 2017 年安全事件数量明显下降,造成 6 人死亡、21 人受伤、1 人失踪。高空和高速类旅游项目较往年发生数均有所下降,分别发生了 11 起和 7 起安全事件,合计造成 6 人死亡、9 人受伤,事件损失得到有效控制。

与往年相比(见图 2),2018 年高风险旅游安全事件呈现以下特点。

1. 户外探险和水上类高风险旅游项目安全风险突出

2018 年,户外探险与水上类高风险旅游安全事件共发生 122 起,约占我国高风险旅游安全事件总数的 78.21%;伤亡人数合计 182 人。其中,户外

**表 1　2018 年高风险旅游安全事件损失统计**

| 项目类型 | 事件数(起) | 伤亡人数(人) | 死亡人数(人) | 受伤人数(人) | 失踪人数(人) |
| --- | --- | --- | --- | --- | --- |
| 高空项目 | 11 | 9 | 4 | 5 | 0 |
| 高速项目 | 7 | 6 | 2 | 4 | 0 |
| 水上项目 | 49 | 111 | 51 | 48 | 12 |
| 户外探险项目 | 73 | 71 | 25 | 35 | 11 |
| 其他项目 | 16 | 28 | 6 | 21 | 1 |
| 合　　计 | 156 | 225 | 88 | 113 | 24 |

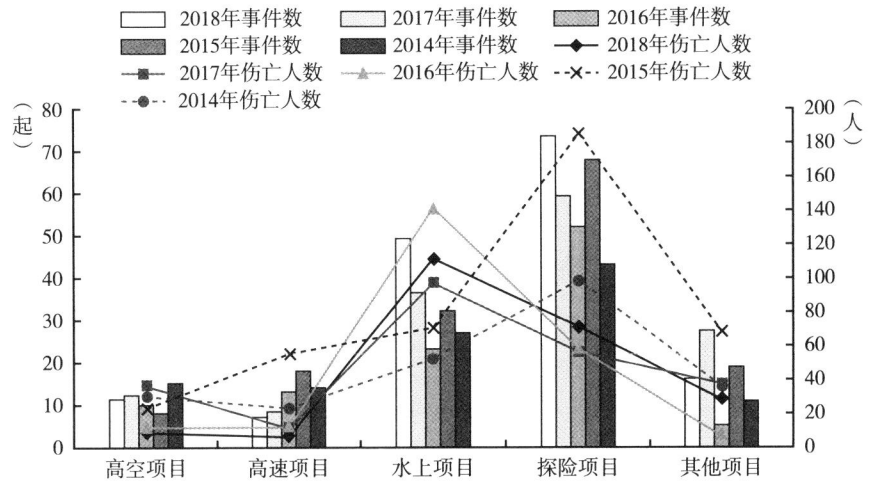

图2 2014~2018年我国高风险旅游安全事件类型分布与伤亡人数统计

探险类项目发生多起登山坠亡、滑坠滑坠、迷路被困等安全事故，水上项目发生多起游艇倾翻、野泳溺水、漂流溺亡等安全事故，救援难度大，事故损失严重，引发社会广泛关注。如7月5日，两艘载有127名中国游客的船只在返回普吉岛途中，突遇特大暴风雨，分别在珊瑚岛和梅通岛发生倾覆，造成47名游客死亡。[①] 该起事故并不是孤例，2018年由于水域条件复杂、自然灾害突发、游客自救能力不足、应急救援不及时等原因已发生了数十起水上高风险旅游安全事故。

2.传统高风险旅游活动安全风险得到有效控制

传统高风险旅游活动如攀岩、热气球、高空索道、滑雪等项目，在2018年仅发生2起安全事件，且未造成人员死亡。部分原因在于传统高风险旅游项目发展时间较长也较为成熟，景区管理人员应急能力得到了充分提升，同时游客对这些项目的熟悉程度也在提高，保障了出行安全。

---

① 《7·5普吉岛游船倾覆事故》，百度网，https：//baike.baidu.com/item/7%C2%B75%E6%99%AE%E5%90%89%E5%B2%9B%E6%B8%B8%E8%88%B9%E5%80%BE%E8%A6%86%E4%BA%8B%E6%95%85/22709815?fr=aladdin，2018年12月18日。

## （二）安全事件时空分布特征

### 1.我国高风险旅游安全事件的时间分布特征

与近四年相比（见图3），2018年我国高风险旅游安全事件在时间上分布更为平均。新兴高风险旅游活动不断发展，使得高风险旅游活动参与人群、参与范围、参与时域不断拓展，游客不再局限于在寒暑假和法定节假日出行。2018年我国高风险旅游安全事件较多的月份为3月（18起）、7月（16起）、8月（18起），其中3月为户外探险类旅游安全事件高发期，多次发生驴友登山被困、迷路、受伤甚至死亡的事故，如3月2日北京怀柔11名登山群众冒险登未开发的野山野长城被困，后历时10余小时，才被成功营救。[①] 7月、8月为传统的旅游旺季，高风险旅游安全事件多发生在团队游客群体中。

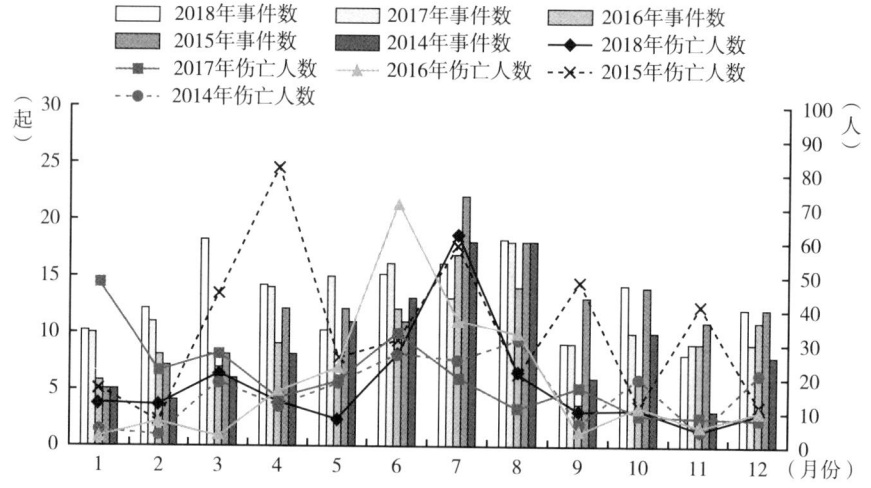

图3 2014~2018年我国高风险旅游安全事件数和伤亡人数的时间分布

### 2.我国高风险旅游安全事件的空间分布特征

2018年，我国高风险旅游安全事件发生区域较为集中，西北、东北地区

---

[①] 搜狐警法：《元宵节11名驴友被困箭扣野长城 多方登山营救》，搜狐网，https://www.sohu.com/a/224874868_420076，2018年3月5日。

高风险旅游安全事件发生数量较少，合计发生9起安全事件，造成13人伤亡的事故损失；华中、华北、西南地区高风险旅游安全形势较为稳定，合计发生47起安全事件，造成64人伤亡的事故损失；华南、华东地区发生高风险旅游安全事件频次较高，分别达到了28起和41起，造成32人和43人的伤亡结果。其中华南地区高风险安全事件数增长明显，是2017年同地区事件数的2倍。与此同时，境外高风险旅游风险尤为突出。2018年，中国公民出境旅游人数近1.5亿人次，比2017同期增长近15%。随之而来的是高发的境外地区高风险旅游安全事件，高达31起，占2018我国高风险旅游安全事件总数的19.87%，共造成73人死亡、受伤或失踪，我国出境高风险旅游安全形势极为严峻（见图4）。在2018年7月普吉岛船只倾覆事件后，文化和旅游部连续发布了多条布风险提示，广大游客海外自助游要警惕各类风险，包括涉水风险、交通风险、野外和空中项目风险、盗抢风险，并慎重选择高风险旅游项目。

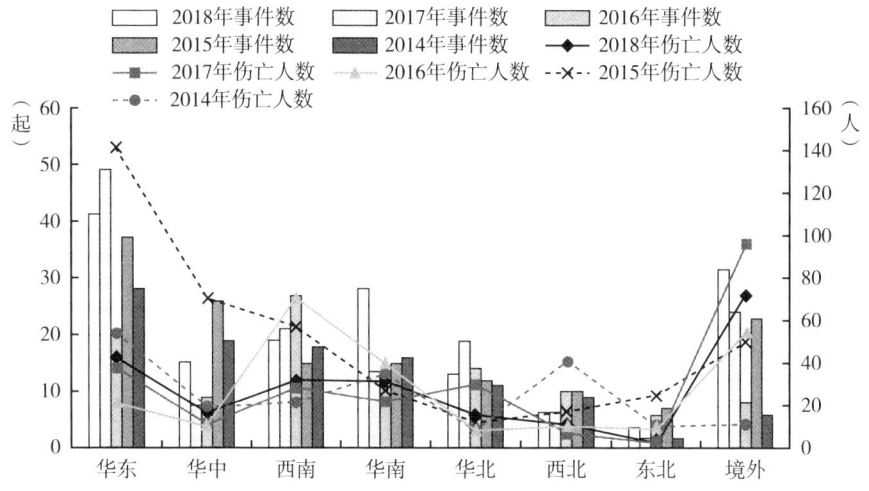

**图4　2014~2018年我国高风险旅游安全事件和伤亡人数的空间分布**

### （三）高风险旅游活动遇难者特征

通过对已知年龄和性别特征的71名高风险旅游活动遇难者的信息进行分析统计（见表2），可以发现，男性遇难者为52人，女性遇难者为19人，男女比例为2.7:1,较往年有所上升。其中,青年男性游客仍然是高风险旅游活动中最为突出的受害群体(见图5),为36人,因此有必要针对高风险旅游活动中的高风险人群进行安全教育和引导,降低其发生人身伤害的概率。同时,与往年主要由个人冒险行为引发高风险旅游事故的情况有所不同,2018年高风险旅游安全事件中存在多起景区安全管理不到位致使团队游客受伤、死亡的事件,说明参与高风险旅游的群体数量在增加,而新接触该类旅游活动的游客又是安全风险意识最为薄弱的人群,应引起必要的重视。

表2 2018年高风险旅游安全事故遇难者统计(不完全统计)

单位:人

| 性别 | 未成年 | 青年 | 中年 | 老年 | 合计 |
| --- | --- | --- | --- | --- | --- |
| 男性 | 2 | 36 | 11 | 3 | 52 |
| 女性 | 2 | 11 | 4 | 2 | 19 |

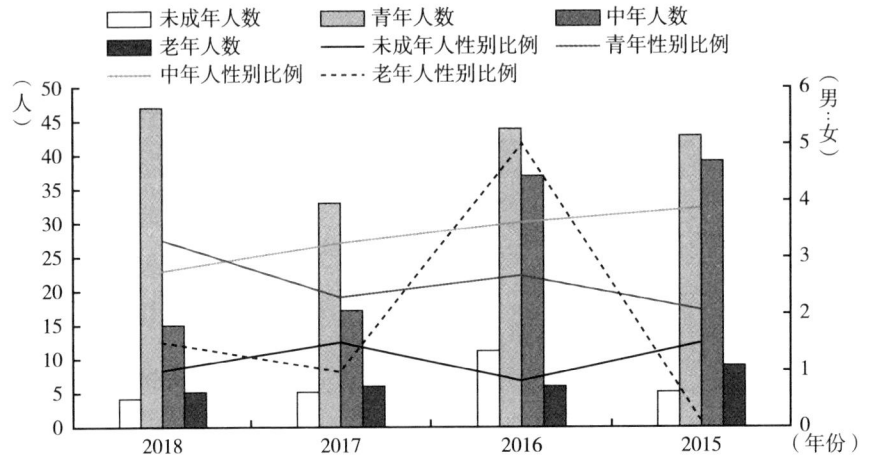

图5 2015～2018年我国高风险旅游安全事件遇难者特征

## (四)高风险旅游管理现状

**1. 地方高风险旅游专项治理力度加强,行业监管程度提升**

2018,我国各省市根据当地高风险旅游项目发展情况,开展了形式多样的监管、排查、整治、专项治理等工作，如甘肃省发布了《关于开展高风险旅游项目专项治理行动的通知》，并落实到地方 200 多项高风险旅游项目的核查治理；河北省旅游发展委也在全省暑期汛期开展高风险旅游项目排查整治专项行动；安徽省预判极端台风天气将会严重影响高风险旅游安全，建议关停漂流、水上摩托等旅游项目。同时，多地还印发实施了高风险旅游活动专项管理规范，如长治市体育局制定印发了《漂流项目专项整治工作实施方案》，北京市颁布了《北京市滑雪场所安全管理规范》，江苏省体育局试行《马拉松及相关运动赛事安全管理操作规程》，等等，均是对高风险旅游产品专项专管、落实主体责任的有力尝试。

2. 高风险旅游安全事件舆情管控难度增大

在大数据时代，新媒体传播速度难以估计，一旦发生重大旅游安全事件，网络舆情将会迅速发酵、传播，引发群体恐慌，增加舆情管控的难度。如 2018 年 7 月 8 日泰国普吉发生游船倾覆事件后，"泰国沉船""泰国游船""凤凰号"等关键词迅速登上百度指数峰值，"#泰国普吉游船倾覆事故#"等话题也在新浪微博媒体端获得了超过千万人查阅、2000 多条评论，舆论的关注增加了应急响应的压力，也给相关机构对高风险旅游安全事件的舆情管控工作带来挑战。热爱极限运动和高风险旅游活动的青年游客群体同样也热衷于社交媒体与视频直播，他们在挑战高难度、刺激的高风险旅游项目如高空蹦极、高速滑雪、水上冲浪等的同时会倾向于在网络平台实时直播与分享旅游体验，一旦发生意外，舆情效应也难以估计。

3. 高风险旅游法律系统尚未建立健全

我国正逐步建立高风险旅游法律法规体系，相关法律和地方性法规如《旅游法》《安全生产法》《航空体育运动管理办法》《滑翔伞运动管理办法》《特种设备安全法》《大型游乐设施安全监察规定》《内河交通安全管理条例》《海上交通安全法》《经营高危险性体育项目许可管理办法》《国内登山管理办法》《旅游安全管理办法》均有提及高风险旅游安全管理，[①]

---

① 黄得意：《我国高风险旅游项目法律规制研究》，湖南师范大学硕士学位论文，2016。

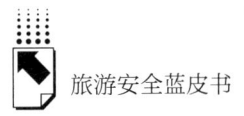

但尚未有专项高风险旅游安全法律法规出台。同时，目前施行的法律法规中对高风险旅游安全法律责任主体和责任界定尚不明晰，没有明确的细则标准，给法律追责带来较大难度。

## 三 影响高风险旅游安全的主要因素

2018年我国高风险旅游安全事件依据主要引致因素的不同，可分为四类。第一类为由人的因素引起的安全事件，该类安全事件为历年高风险旅游活动中的高发事件，主要由游客安全意识单薄、缺乏专业技能、无视安全管理规定等原因，造成自身人身伤害或其他损失，2018年共发生了104起该类事件，占事件总数的66.67%。如2月23日，5名赴泰旅游中国游客在普吉岛攀崖湾温泉酒店外海滩擅自下海游泳时发生意外，造成2名游客溺亡，2名游客受伤，1名游客失踪的惨剧。① 第二类为物的因素引起的安全事件，2018年共发生了12起该类事件，占事件总数的7.69%，主要是由景观设备老旧、安全设施设备缺乏、特殊器械未经检验合格等引起游客使用过程中发生意外。这类事件常见于游乐设施、高空高速项目等。如4月21日，许昌市一名男子在游玩西湖公园"飞鹰游乐"设施时，因安全锁扣脱落从高空坠落，经医院抢救无效死亡。② 第三类为由环境因素引起的安全事件，2018年共发生了13起该类事件，占事件总数的8.33%，主要是由突发自然灾害如山洪暴发、极寒天气、雪崩、地震、泥石流等自然因素引起的安全事件。如7月5日，由于突降暴雨，兴隆县九龙潭景区一旅游团20余名游客

---

① 《2·23中国游客普吉岛溺亡事件》，百度网，https：//baike.baidu.com/item/2%C2%B723%E4%B8%AD%E5%9B%BD%E6%B8%B8%E5%AE%A2%E6%99%AE%E5%90%89%E5%B2%9B%E6%BA%BA%E4%BA%A1%E4%BA%8B%E4%BB%B6/22398357?fr=aladdin，2018年2月24日。

② 《关于许昌市西湖公园游乐设施致1人死亡事故的情况通报》，河南省质量技术监督局网，http：//sq.haqi.gov.cn/sitesources/xcszjj/page_pc/zxzx/zjyw/articlea8b73ce6520945fcbab06f8606d46c6d.html，2018年4月22日。

被困。① 第四类为管理因素引起的安全事件,2018 年共发生了 27 起该类事件,占事件总数的 17.31%,较 2017 年有所增长(见图 6)。这类事件主要是由高风险旅游项目经营单位忽视上级安全管理规定,缺乏必要的游客安全提示、安全管理规章制度、安全人员培训以及日常安全检查等造成的。如 7 月 28 日伊春市五营区汛期私自营业,造成一名游客由湍流处落水身亡。②

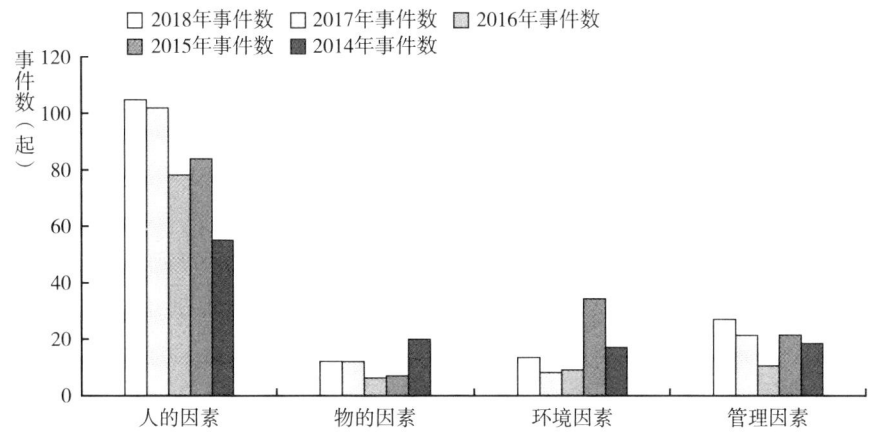

图 6 2014~2018 年我国高风险旅游安全事件影响因素分布

# 四 2019 年我国高风险旅游活动安全的趋势展望及对策建议

## (一)趋势展望

1. 高风险旅游参与人数继续增长,活动类型与经营范围继续扩大

2019 年我国参与境内外高风险旅游活动的游客数量将会继续增长,参

---

① 《暴雨致 26 名游客被困景区 河北承德消防成功救援》,新浪新闻中心,http://news.sina.com.cn/o/2018-07-05/doc-ihexfcvk1254231.shtml,2018 年 7 月 5 日。
② 《黑龙江伊春一漂流点汛期私自营业 游客翻船 1 人死亡经营者被刑拘》,中国新闻网,http://hlj.people.com.cn/n2/2018/0730/c220024-31876127.html,2018 年 7 月 30 日。

与活动的地理和时间范围将不断拓展，参与群体类型也将不断增多，青年男性群体仍然会成为高风险旅游主力人群。新兴高风险旅游项目将不断涌现，时空限制减小，极地、超高空、海底、宇宙不再遥远，高速运动、大数据、虚拟现实等新技术将融入高风险旅游项目中，在增加活动刺激性的同时，也带来未知的风险。参与高风险旅项目经营的机构将会继续增加，高风险旅游专业人才将存在较大缺口。

2. 境外高风险旅游安全风险持续提升

2019年，多地爆发经济贸易摩擦、恐怖袭击等危机，多国被列入高风险旅游目的地；中国游客热门旅游目的地如泰国、越南等国旅游安全管理水平不足，高风险旅游项目经营者资质参差不齐，从业人员缺乏专业培训；中国游客面临语言、文化、环境、法律等方面差异，容易忽视旅游安全提示，旅游安全意识和自救能力有待提高；我国尚未建立多边旅游安全合作机制，也未强制要求出境游客购买高风险旅游保险产品，境外高风险旅游应急机制无法落地，海外救援难度巨大。综上，2019年随着我国境外旅游的高速发展，境外高风险旅游安全风险将继续提升。

## （二）对策建议

1. 提高高风险旅游行业准入门槛，加强资质认证与核查

目前我国高风险旅游业普遍存在监管职责不明、建设标准不详、经营者缺乏规范的资质管理等问题，应建立高风险旅游项目的专项管理细则与标准，明确专项审批主管单位，建立高空、高速、水上、探险等项目的安全管理制度，委托行业协会制定经营资质标准，实施经营许可，提高准入门槛，加强行业人员安全培训与资质核查，定时不定时进行市场整治与排查，淘汰管理制度、设施安全、专业技术不达标的经营主体，进一步规范高风险旅游项目运营安全管理。

2. 部分高风险旅游项目实施强制购买高风险旅游专项保险办法

按照我国《旅游法》规定，对高风险旅游项目经营者实施责任保险制度。但目前经营者为我国团队游客购买的人身意外伤害保险不承保高风险

运动项目如跳伞、潜水、攀岩、探险活动等,造成游客参与此类项目无法得到有效的安全保险保障。应借鉴高风险旅游发展较为成熟的国家如新西兰、澳大利亚等国的做法,尝试设立部分高风险旅游项目强制险,保障游客人身安全。

3. 加强高风险游客群体安全教育,加强赴境外高风险旅游风险提示

应利用社交媒体、网络直播平台等新媒体渠道,创新教育内容与方法,加强对高风险旅游意向人群如青年男性游客群体的旅游安全教育,并广泛开展基础的急救自救技能培训,提升游客群体感知和抵抗风险能力。各级旅游行政主管机构应时刻关注境外旅游目的地安全形势,建立跨境旅游安全合作机制,获取当地合法合规运营高风险旅游项目的机构名单并予以公布,针对当地恶劣天气、突发事件、法律法规等及时发布高风险旅游安全提示。

# B.17 2018~2019年旅行社责任保险统保示范项目及旅游救援保险的发展形势分析与展望

张志安　胡笳*

**摘　要：** 2018年全国旅行社责任保险的统保率实现稳步增长，29个省（自治区、直辖市）建立了省级联合工作机制，保险经济服务的内容不断丰富，示范项目共接报案10324起，结案率达72.12%。同时，依托旅责险平台的全域旅游保险保障体系建设得到推进。本文提出，旅责险体系应该在覆盖面、服务质量、保障范围、全球化救援服务、跨境服务等方面进行拓展和优化。

**关键词：** 旅行社责任险　统保示范项目　旅游救援保险

随着旅游业进入大众旅游、品质旅游和全域旅游新时代，旅游安全逐渐成为事关经济持续健康发展、事关人民生活水平稳步提升、事关党和政府形象声誉的头等大事，国务院办公厅出台的《关于促进全域旅游发展的指导意见》《国务院关于加快发展旅游业的意见》《全域旅游示范区创建工作导则》《国务院关于推进安全生产领域改革发展的意见》等文件，对"旅游风险评估、安全制度建设、安全生产教育和培训、强化各有关部门安全监管责任、引入第三方参与

---

* 张志安，江泰保险经纪股份有限公司常务副总裁；胡笳，江泰保险经纪股份有限公司文化和旅游保险事业部总经理助理。

企业安全管理和辅助政府监管"等提出要求,明确了"部门监管责任、严格落实企业主体责任"的要求,提出解决旅游业安全发展问题的工作思路。

江泰保险经纪股份有限公司(以下简称江泰经纪)自2010年开始运作示范项目以来,通过项目积累了大量的旅游风险数据,融合"责任险+意外险+救援服务+安全服务"等多类产品和服务,打造旅游全产业链"保险+安全"风险防控体系,通过旅游安全培训、应急演练、隐患排查等多种形式,实现"事前风险预防+事中多方协调+事后保险赔偿"全环节保障,协助各地旅游企业增强风险防范意识和风险防范能力,深化行业安全管理,成为旅行社业及其他旅游企业发展旅游事业的坚强后盾。

旅行社责任保险统保示范项目(以下简称示范项目)作为行业安全管理的重要抓手,与旅行社从业人员综合保险、各类旅游意外险和景区意外险一起,共同构筑了融"保、调、赔、防"于一体的旅游保险体系。在各级旅游部门和各级保险监管部门的领导下,在广大旅行社的积极参与和项目保险服务机构的共同努力下,示范项目持续平稳发展。2018年共21611家旅行社参加示范项目,统保率为76.41%,共接报案10326起,较2017年(11035起)减少了6.43%。

九年来,示范项目累计处理案件84134起,经调解无须旅行社赔付的19244起,结案45309起,已决赔款5.56亿元,形成了"投保方便快捷、风险防范有培训有提示,出险报案专线受理,保险纠纷有人调解、保险索赔专人帮助、组团地接并案处理、应急处置有钱垫付预付、应急救援星使帮助、保险事故高效处理"等独特优势,基本解决了旅行社安全事故发生后的责任扯皮、保险赔偿不及时不到位和事故难处理的痼疾,初步达到了示范项目确定的保障旅游者合法权益、转移旅行社责任风险的目标。示范项目获得了行业的普遍好评,并日益成为其他部委管理行业安全风险的样板。

# 一 总体形势

2018年共21611家旅行社参加示范项目,统保率为76.41%,其中广东省、北京市、山西省、四川省、福建省、青岛市、新疆维吾尔自治区、青海省、海南省、厦门市、南通市、宁夏回族自治区统保率实现100%，陕西省、山东省、连云港市、湖南省、湖北省、常州市、沈阳市、南京市统保率超过80%。青海省、陕西省、福建省、江西省、山西省、山东省、甘肃省、湖北省、新疆维吾尔自治区、广西壮族自治区、重庆市、厦门市、西宁市、三亚市、海口市、石家庄市、长白山市等21个省（市）下发了2019年示范项目续保推动文件。全国29个省（自治区、直辖市）建立了省级联合工作机制，通过召开地方联合工作小组会议沟通重大案件处理、事故鉴定等内容，及时有效地解决项目运行过程中发现的问题，根据当地旅游风险事件情况，有针对性地探讨化解风险和防灾防损的具体措施。

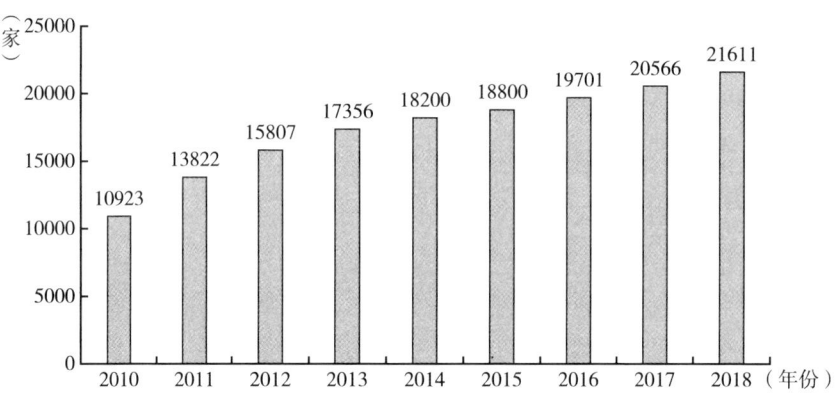

图1　示范项目9年参保旅行社规模

## 二　保险经纪服务

### （一）拜访培训服务

咨询、培训常态化发展，风险管控服务不断深化。江泰经纪统一组织各分支机构开展旅行社"拜访百分百"活动，上门拜访旅行社，解答旅行社在旅游风险防范、旅游事故应对、保险产品购买等方面存在的问题，提高旅行社风险防范能力,进一步加深旅行社对示范项目的理解,2018年上门拜访旅行社22851家,为旅行社提供培训千余次,上门服务里程超百万公里。江泰经纪各分支机构根据当地实际情况,开展各具特色的旅游保险宣传活动,配合旅游行政管理部门、保险监管部门大力宣传旅游风险、旅游保险和旅游安全知识。通过培训会议、突发事件应急演练、安全咨询日、旅游安全检查等形式多样的活动,加强旅游行业及旅游参与者的安全意识与保险意识,让旅游安全意识深入人心。

### (二)集中续保服务

2017年年底,2万余家旅行社需在一个月内集中续保。为在有限的时间内通知各地旅行社保险到期、协助旅行社办理续保手续,江泰经纪统一布置、分批推进、提前应对,与旅行社逐个电话沟通,提醒保险到期时间,提出保险方案优化建议,并告知续保手续。

### (三)日常咨询服务

江泰经纪借助电话、短信、邮件、QQ、网站平台等多种渠道随时向旅行社提供投保、索赔、案件处理、风险防范等咨询服务。通过给旅行社提供上门培训、线上培训服务,分析归纳出险情况并进行总结对比,就旅行社在经营管理或带团过程中存在的风险提出安全保障建议。为了更好地为旅行社提供投保咨询、案件处理服务,江泰经纪已在全国各地级城市陆续设立79家三级机构,做到落地化服务。2018年累计接受电话咨询84375人次,为21611家旅行社提供投保服务。同时,编制印刷2.7万册《旅行社服务手册》、2.9万册《导游手册》、1.6万张示范项目宣传折页、1.6万张示范项目封套、3万册《2016年度旅行社业风险白皮书(含案例汇编)》,向全国参保旅行社发放。

### (四)"互联网+"服务

江泰经纪"我游保"App2.0版本自2016年上线以来,不断扩充保险产品种类，优化投保效率，强化旅游、保险交易功能，通过 App 不仅可以购买各类旅游保险产品，更实现了旅游案件在线上传材料快速理赔和 500 元以下小额人伤案件免治疗快速理赔。旅行社和游客可以在线实时申请保险理赔，只需输入证件号码即可关联保单号，在线提交索赔材料，在线查询理赔进度，航班延误类案件直接调取航班数据，最大限度降低索赔材料复杂度，实现理赔款项快速到账。同时，协同保险公司革新理赔模式，对小额人伤案件理赔进行创新性突破，未就医的情况下仅需提供伤情照片和证件照片即可进行索赔，最大限度提升案件处理速度，提高服务效率。

根据市场风险类别和客户实际需求，App 目前已细分用户群，实现在线签署电子合同、扫描身份证快速投保、拍照图片清单便捷投保、一键分享省流量投保、电子发票在线申请等特色功能，配套旅游行业从业人员专属保险、景区不记名团体意外保险、全球签证拒签保险等特色产品，从旅游行业的角度出发，为行业定制产品、管理风险，通过移动互联手段提升客户体验，精简投保流程和理赔环节。

### （五）风险防控服务

江泰经纪每季度向文化和旅游部及 29 个省、6 个计划单列市文旅部门提供《旅行社责任保险统保示范项目案件情况分析及风险管控建议报告》，报送节假日案件简报分析 6 期；向各级文旅部门和旅行社提供旅游与保险法律专刊 8 期、风险警示录 6 期，完成境内、境外旅游风险地图绘制，并为山西、湖北、四川、深圳、内蒙古等地区单独绘制本地区旅游风险地图。

### （六）风险咨询服务

2018 年，江泰经纪试水行业风险咨询和安全管理业务，先后开展河北省玻璃栈桥类旅游项目安全风险隐患排查整治专项行动项目、青岛市旅游业安全风险分析项目、河北省高风险旅游项目安全管理办法编制项目、山西省 A 级景区高风险旅游项目安全风险调研项目、河北省旅行社安全风险分级管理和隐患排查治理指导手册编制项目、旅游安全风险管理培训项目、苏州市全域旅游安全风险暗访检查及配套服务项目、苏州高新区旅游行业安全管理明察暗访项目、昆山旅游安全风险辨识项目、张家港涉旅企业明察暗访项目、吴中区涉旅企业明察暗访项目、广州市旅行社安全评估和风险点危险源排查项目、肇庆市旅游安全风险评估服务项目、琼海市旅游应急预案及25家涉旅企业风险调研项目等，并在黑龙江、浙江、贵州、青海、湖南、甘肃、青岛、湖北、海南、吉林等地积极与行业管理部门沟通，为行业安全管理出谋划策。

## 三 案件处理服务

1.2018年案件情况

2018年示范项目共接报案10324起，较2017年的11035起减少了6.44%。截至2018年12月31日，2018年结案率为72.12%，已决赔款4358.09万元，未决估损4830.51万元。出险明细数据如表1所示。

表1 2018年示范项目案件情况

单位：起，元

| 案件类型 | 案件数 | 结案数 | 未决数 | 已决赔款 | 估损金额 |
| --- | --- | --- | --- | --- | --- |
| 意外伤害 | 4834 | 3135 | 176 | 13282412.53 | 28653615.00 |
| 旅程延误 | 2513 | 2166 | 315 | 11198190.25 | 2730410.00 |
| 突发疾病 | 1498 | 1001 | 164 | 7716675.46 | 7662521.28 |
| 旅行取消 | 703 | 594 | 94 | 5462165.03 | 921700.00 |
| 交通事故 | 251 | 140 | 15 | 5128280.97 | 7890900.00 |
| 食物中毒 | 250 | 183 | 11 | 450099.72 | 279000.00 |
| 财产损失 | 207 | 170 | 32 | 223685.43 | 147000.00 |
| 其他非人伤 | 40 | 33 | 4 | 119381.00 | 0.00 |
| 其他人伤 | 28 | 24 | 2 | 0.00 | 20000.00 |

2.重大案件处理情况

2018年，示范项目共处理重大案件606起，全国调处中心前往泰国境外妥善处理"2·17"普吉岛溺水案件和"7·5"普吉岛游艇翻覆事故，同时指导分中心境外处理"1·14"泰国游艇爆炸案、"2·16"泰国交通事故、"4·26"埃及交通事故、"7·24"满洲里交通事故、"12·26"越南快艇翻船事故等,通过专项保证金为重大交通事故垫付及协调共保公司为重大案件预付,使示范项目重大案件处理在获得及时的资金支持的同时,保障了旅游者权益、减轻了旅游企业负担,成为旅游部门处理重大案件的有力抓手。

## 四 全域旅游保险保障体系建设

旅游"吃、住、行、游、购、娱"六个基本要素,加上全域旅游发展下"商、养、学、闲、情、奇"六个新要素的产生,使得一些特殊的旅游风险不断涌现,任何一个要素都无法躲开高悬的风险之剑。2018年全国国内旅游人数55.39亿人次,出境旅游人数1.5亿人次,旅游保险对于这近57亿旅游者的安全出行的保障力量不可低估。

示范项目自2010年运行之初,江泰经纪就配套开发了旅游者团体意外保险,确保旅行社、旅游者的保险保障更充足,一旦出险,责任险、意外险并案处理,更体现了快速赔付、降低旅行社经营成本等诸多作用,也切实保障了旅行社、旅游者的合法利益。2015年起,在旅责险、旅意险双重保障的基础上,江泰经纪细分旅游市场线路和出行人群,陆续推出以中国台湾、日本、韩国、东南亚地区、欧洲、美加澳新为目的地的专属产品,以邮轮、自驾、航空为出行方式的专属产品,以赴韩医美、赴日体检、赴美肿瘤治疗为出行目的的特色产品,以及切合文化和旅游行业特色的旅游行业从业人员一年期保险、景区(点)/饭店安全生产责任险、目的地组合保险等,致力于打造覆盖"吃、住、行、游、购、娱"旅游六个基本要素的全产业链旅游保险保障体系。2018年,江泰经纪出资100万元采购境外星使服务,项目参保旅行社可在境外通过"大救星"App一键呼叫星使,免费享受医疗咨询、语言翻译、证件补办等当地华人星使服务,在政府救援和商业救援之外,在中国境外公民、救援机构以及海外个人服务者之间构建了新的救援服务生态,为中国公民在海外营造一个安全的旅行环境。

目前，江泰经纪布局的海外救援体系，已覆盖"一带一路"沿线 64 个国家和地区、中国主要投资目的地国家、中国主要旅游目的地国家、中国主要工程承包目的地国家，通过在 App 上"按一键"，实现求助方与服务方的快速连接、信息沟通及救援和救助服务的开展，能够同时为海量的用户同时提供高效的救援服务，将保险经纪服务扩展为救援保障和风险防范的一体化救援，将单一电话救援升级为平台式一键救援，以应对不断复杂的海外风险趋势，协助驻外使领馆做好领保服务，确保只要有华人的地方，就能拿出手机使用"大救星"App；确保中国人的脚步和中国的海外利益走到哪里，江泰经纪的保护与服务就跟到哪里。

## 五　2019年发展形势与展望

### （一）进一步扩大示范项目覆盖面

受传统思维及风险偶发性特征影响，部分旅行社追逐低价、不重保障的问题需要从制度上解决。由于保险条款的专业性，很多旅行社不懂或没有时间研究条款，新成立的旅行社及不了解保险的旅行社不明白如何选择最适合自身的保险保障，被市场上低价产品诱惑，旅游行业小、散、多，不同旅行社的发展十分不均衡，旅行社对示范项目的了解需要一个过程，根据不同类别旅行社的风险特点，进一步优化产品及价格体系，为行业提供有担当的保险保障。2019 年正值示范项目启动十周年之际，江泰经纪将在全国范围内开展多种多样的庆祝活动，通过举办全域旅游风险论坛、高风险旅游风险论坛，发布旅游风险地图、旅游风险白皮书等多种方式，共享项目发展成果，共谋行业安全发展大计。

### （二）进一步提升保险经纪服务质量

2019 年，江泰经纪将不断加强服务团队的专职力量、专业素养和专业能力，提升全面服务、深入服务的业务能力和服务意识。通过历年积累的风

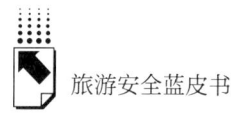

险数据，为行业管理部门、旅行社推送、定制风险数据分析，提供有针对性的风险防范建议，与旅游产品设计、行程安全保障及供应商管理进一步结合，提高旅行社及广大游客的风险防范能力，减少事故和损失。

在已有华侨大学旅游安全研究基地专家的基础上，主动猎取相关领域专家，根据学术型和实践型分层次匹配、扩展专家资源，打造专家系列论坛。从各省市高等院校、科研院所、旅游经营企业、旅游协会以及旅游管理部门中邀请旅游安全管理、旅游企业风险管理、旅游规划、法律、安全工程、安全评价、自然地理科学等专业技术专家和管理人员，提供更加专业的风险咨询服务。

### （三）进一步扩展保险产品保障范围

文化和旅游行业的融合，也不断促进了江泰经纪根据行业主管部门的变化，调整、扩展保险产品保障，开发设计新的产品，为行业中其他类型企业提供经纪服务。2019年，江泰经纪致力于发展研学旅游专属产品、文化和旅游企业安全生产责任保险产品、旅行社质量保证金履约保证保险产品、西藏高原旅游组合保险产品、道路承运人责任保险等，不断构建、完善全域旅游保险保障体系。

### （四）进一步做好全球化救援服务

市场现有产品的救援责任均以"事故是否属于保险责任"为前提，如不属于保险责任则无法启动紧急救援，目前江泰经纪已打破这一产品壁垒，对出境旅游者在海外不幸身故但不属于保险责任的情况，承担亲属前往处理后事和遗体运返费用。

面对中国公民出境规模大和分布广的特点，商业救援应当配套领保体系，做到反应快速、动作及时和高效运转。与此同时，紧急救援的响应程度和服务水平取决于救援机构的规模和服务网络，建立统一服务标准的境外救援体系十分重要。未来我国首部领事保护法推出后，在领事保护中政府、单位和个人将各尽其责，第三方公民全球救援服务和救援保险是公民海外救助的基础,将共同努力形成强大合力,使走出国门的每一个中国公民都能够得到更充分、更有效的领事保护。

## (五)进一步扩大跨界发展、跨境服务

行业的安全管理,亟待投入专业队伍协助行业开展风险管理咨询服务。江泰经纪以设计保险方案、协助索赔、风险评估、风险管理咨询服务为主业,为全国旅游行业提供保险、风险管理咨询服务十年之久,建立了以注册安全工程师、注册安全评价师、注册会计师等专业技术人才为核心的技术服务团队,组建了以中国旅游研究院、高等院校和研究机构专家为主体的专家智库,持续为各级文化和旅游管理部门提供风险管理咨询服务,得到了各级行业管理部门的认可。未来,江泰经纪将根据行业管理部门要求,针对旅行社、景区、酒店、乡村旅游景点、影剧院、博物馆等文旅企业,开展旅行社风险评估及隐患排查、文旅企业明察暗访及风险评估、文旅风险调研与突发事件应急预案编制、文旅企业应急演练方案、文旅企业安全风险辨识与双控预防机制建设等工作。

新的旅游形式对旅行社的冲击越见明显,旅行社业迫切需要从传统思维和经营模式中走出来,跨界升级,发展高端市场。就此,江泰经纪不断协助行业开发定制旅游、专业旅游、商务旅游等高端定制产品,配套保险保障产品和全球救援服务,从以往的保险服务走向共生合作发展。跨界发展、跨境服务是江泰经纪服务旅游行业的创新之举,是满足旅游行业新需求、推动旅游行业发展之举。

# B.18
# 2018～2019年我国旅游保险形势分析与展望

李勇泉　陈璐　李蕊＊

**摘　要：** 2018年，旅游保险企业面临新挑战。与此同时，供给侧改革助力消费结构升级，全域旅游战略推动旅游保险市场发展。总体上，2018年我国旅游保险运行平稳，保持向好态势。本文通过总结2018年政府、企业和旅游者这三类旅游保险主体的发展情况以及特征，剖析了2018年我国旅游保险发展的主要影响因素，在此基础上预测了2019年我国旅游保险的发展趋势：旅游保险产品持续更新、国际合作继续加深、科技助推旅游保险创新变革。最后提出了关于旅游保险发展的五点对策和建议。

**关键词：** 旅游保险　全域旅游战略　旅游保险企业

当前，旅游成为我国经济增长的新引擎、产业转型升级的新动力和人民实现美好生活的新需要。[1][2][3] 国内旅游市场开始出现新形态：共享旅游应势

---

＊ 李勇泉，华侨大学旅游学院教授，博士生导师，研究方向为区域旅游发展、旅游产业管理等；陈璐，华侨大学旅游管理专业硕士研究生，研究方向为区域旅游发展；李蕊，华侨大学旅游管理专业硕士研究生，研究方向为旅游创新管理。
[1] 赵婷婷：《旅游业：新常态下的新引擎》，《中国城市金融》2015年第8期。
[2] 崔雪丽：《新常态下旅游产业转型升级的趋势特征分析》，《城市地理》2016年第8期。
[3] 胡抚生：《新时代的目的地形象提升要以优质旅游发展为支撑》，《旅游学刊》2018年第4期。

而生、高新科技崭露头角、国际游客涌入中国。随着市场规模的扩大，旅游活动从景区迈向全空间，[1] 旅游风险因素更加复杂多变，旅游安全问题关乎全行业科学发展和地区旅游可持续发展。[2] 近年来，国家相关部门不断强化旅游安全顶层设计，推动旅游安全体系建设，各旅游景区和旅游企业加强旅游安全生产意识，落实旅游保险推进工作，取得了阶段性成果。[3] 本文通过回顾和总结2018年我国旅游保险发展形势和特点，分析影响该年度旅游保险发展的主要因素，对2019年旅游保险发展趋势做出前瞻性判断，为旅游保险可持续发展提供对策及建议。

## 一 2018年我国旅游保险的总体发展形势

2018年我国旅游保险运作状况及发展态势总体良好。第一，旅游保险统保示范项目初见成效，在保障范围、价格、服务等方面均有所提升；第二，在"全域旅游"发展理念的推动下，旅游保险不断提质增效，产品开始向多元化、个性化和定制化发展；第三，"科技+旅游保险"成为行业热词，科技引领旅游保险换代升级，人工智能等新科技加速旅游保险向"数字化、线上化、生态化"转型；第四，国家改革开放政策和"一带一路"倡议推进，出入境旅游保持高速增长态势，旅游保险业务向周边国家和地区拓展延伸，展现巨大的市场潜力。但是，我国的旅游保险仍面临发展瓶颈。第一，我国大多数旅游保险将危险项目作为除外责任，针对多样化旅游形式的保险有待深入开发；第二，我国旅游者主动购买保险的意识较为薄弱，旅游者出行未受到旅游保险保障，旅游安全问题尚未有效解决；第三，我国经济发展面临下行压力，旅游保险整体的发展动力不足，产品同质化现象严重，创新能力有待提升。

---

[1] 周永博、沈敏、吴建等：《迈向优质旅游：全域旅游供需错配及其治理——苏州吴江案例研究》，《旅游学刊》2018年第6期。
[2] 李巧玲、彭淑贞：《旅游安全及其相关问题的初步研究》，《泰山学院学报》2006年第1期。
[3] 马耀峰、张春晖、薛华菊等：《中国旅游业"十三五"规划须关注的几个问题》，《旅游科学》2016年第1期。

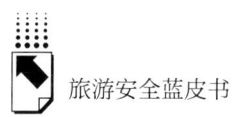

## 二 2018年我国旅游保险的发展概况与特点

### (一)保险类型的发展概况与特点

1. 旅行社责任保险统保示范项目平稳运行，仍有提升空间

旅行社责任保险作为国家强制险种，在降低行业安全稳定风险、及时有效处理突发事件中起到了十分重要的作用。① 文化和旅游部在2018年全国旅游工作会议中提出了修订《旅行社责任保险管理办法》的意见，完善"旅行社责任保险全国统保示范项目"，以期提升旅游安全的应急能力。②

2018年，旅行社责任保险统保示范项目总体平稳发展。据统计，第一季度旅行社责任保险统保示范项目共发生2125起案件，与上年同期相比，整体案件数减少137件，降幅达6%；同时，重大案件相较于2017年，减少了13%。③ 从风险事件类型来看，出案较多的为意外伤害（主要为涉水事件）、食物中毒、交通事故、旅程延误或取消以及财物损失；从出险游客性别看，男性比例远低于女性；从局部地区风险事件来看，出境旅游风险突出，且主要发生在泰国。④ 各级相关部门重视旅行社责任险相关工作的落实，如长春市旅游局对市内某国际旅行社未按时续保旅行社责任险给予了相应的行政处罚。⑤ 纵观全球旅游市场，旅游仍在不断发展中，未来旅行社责

---

① 《关于认真做好2019年旅行社责任保险续保投保有关工作的通知》，三亚市旅游发展委员会，www.sanya.gov.cn/lywsite/lyscxx/201811/3b2f5eac6c79414bad17caf6e4ba5141.shtml，2018年11月27日。
② 《旅行社责任保险管理办法将修订 旅游遇天灾将获赔》，新华网，http://www.xinhuanet.com/travel/2018-01/08/c_1122227024.htm，2018年1月8日。
③ 《一季度旅责险案件同比减少137件》，中国保险报网，http://www.xjbxw.org.cn/Article_Show.asp?ArticleID=38264tt，2018年4月28日。
④ 《注意了！一季度旅责险境外案件四成发生在泰国，旅行前别忘了带上保险》，搜狐网，http://www.sohu.com/a/230301775_618588，2018年5月3日。
⑤ 《未投保旅行社责任保险 长春一家旅行社及法人代表受处罚》，中国新闻网，http://www.jl.chinanews.com/tbgz/2018-05-09/38293.html，2018年5月9日。

任险需要不断完善，细节部分也需要继续深化，如加强高风险地区的旅游责任险保障范围和管理工作，切实保障游客的出游活动。

2. 旅游意外险涵盖场景范围逐步扩大，产品细节不断深化

2018年，在国家各相关部门以及旅游企业的共同努力下，旅游意外险涵盖的场景范围逐步扩大，相关细节部分不断深化，总体保持良好的发展态势。

作为最常见的旅游保险产品，旅游意外险主要赔偿游客在出游期间发生意外伤亡时所产生的医疗等费用。目前，国内多家旅游保险公司专门推出了针对攀岩、蹦极等高危项目的专项旅游保险产品。例如，中国平安保险率先推出马拉松旅游保险产品，该产品承担游客在旅游过程中的意外医疗等费用。[1] 昆仑健康保险公司推出畅行无忧综合意外保险产品，其保障覆盖面广，同时还提供SOS用户专属救援服务，充分显示了人性关爱。[2] 另外，中国老龄化问题不断凸显，旅游保险业迎来新的发展机遇。老年人的出游推动了旅游"银发经济"的发展，受身体健康状况等综合因素影响，老年群体在出游过程中容易发生骨折、疾病突发等意外，但是以往保险产品的受保对象不包括70岁以上老人。针对这一问题，携程积极与保险公司合作开发出覆盖最高年龄达100周岁的"双亲游"保险产品。[3] 总体而言，国内各类旅游保险产品不断细化，弥补了旅游意外险产品类型的不足。

3. 旅游投保形式创新升级，互联网保险应势发展

2018年，"互联网＋"和"旅游＋"概念持续升级，保险公司和旅游企业不断加强内部合作，共同促进互联网保险的发展。在大数据的技术支持下，在线旅游蓬勃发展，互联网旅游保险开始迈入发展期。[4] 随着游客旅游

---

[1] 《春节旅游季保险产品琳琅满目 动态定制模式走俏》，和讯网，http：//insurance.hexun.com/2018－02－15/192473257.html，2018年2月15日。
[2] 《昆仑健康保险新推综合意外险，注重SOS救援服务》，大连广播电视台网，http：//www.dltv.cn/news/sh/content_ 39484.shtml，2018年11月23日。
[3] 《70岁以上不保？携程升级老年人旅游保险最高100岁 推出"双亲游"保险》，环球网，http：//tech.huanqiu.com/internet/2018－06/12185339.html，2018年6月6日。
[4] 《互联网旅游保险迈入发展期 旅行变更险更受青睐》，人民网，http：//travel.people.com.cn/n1/2018/0523/c41570－30007616.html，2018年5月23日。

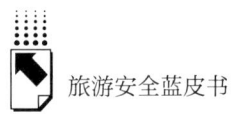

风险意识的提升,"保险"被纳入出行前的准备清单中。据此,腾讯旗下保险公司"微宝"上线了一份涵盖意外伤亡、医疗等保障,保险费最低5元/月,保额最高达300万元的意外险产品,该产品为受保人自身和其家人均提供了一定的安全保障。① 慧择保险公司顺应互联网保险发展的潮流,准确抓住目前户外旅游遇险救援服务的缺陷,在海量户外救援案例和数据的支撑下,推出了专门针对户外旅游用户的HUTS保险。该保险为不同细分场景设置了相应的专属保障,通过大数据为游客精准筛选最需要的保险产品,以满足不同游客的个性化需要,并为投保用户在遇险的第一现场提供实实在在的救援服务。② 总体而言,互联网保险的细节部分仍须完善,未来仍有一定的上升空间。

### (二)相关主体的发展情况及特点

#### 1. 政府重视旅游保险宣传和管理工作,取得显著成效

2018年,国家相关部门高度重视关于旅游责任险的各项工作。例如,文化和旅游部拟修订《旅行社责任保险管理办法》,优化"旅行社责任保险全国统保示范项目",小幅度增加部分保障项目的保费,旨在满足我国旅游业发展的现实需求,着力解决旅游意外发生的保障问题。③ 各级政府也积极开展续保投保等相关工作,如三亚市发布关于旅行社责任险续保投保工作的通知,要求各旅行社强化责任意识,及时完成续保投保工作。④ 山西省自2010年实行旅行社责任险统保示范项目起,整体运行情况尚佳,初步解

---

① 《腾讯旗下保险"微宝"上线意外险 最低5元/月》,中关村在线,http://nb.zol.com.cn/698/6980730.html,2018年9月13日。
② 《互联网保险时代,慧择HUTS为户外救援"最后一公里"赋值》,中国旅游新闻网,http://www.cntour2.com/viewnews/2018/03/27/qmm0wrUZHx9L0iD6Ep3p0.shtml,2018年3月27日。
③ 《旅行社责任保险管理办法将修订 旅游遇天灾将获赔》,新华网,http://www.xinhuanet.com/travel/2018-01/08/c_1122227024.htm,2018年1月8日。
④ 《关于认真做好2019年旅行社责任保险续保投保有关工作的通知》,三亚市旅游发展委员会,http://www.sanya.gov.cn/lywsite/lyscxx/201811/3b2f5eac6c79414bad17caf6e4ba5141.shtml,2018年11月27日。

决了理赔不易问题，并有效缓解了旅行社和游客间的矛盾纠纷。为了保持统保示范项目的稳定发展，山西省文化和旅游厅下发了《关于做好2019年旅行社责任险统保示范项目续保投保工作的通知》，要求各企业认识投保旅行社责任险的重要性，同时要求各旅游管理部门积极宣传旅游意外险，鼓励游客购买境外出游意外险等保险产品，使其在出游期间得到更优质的保障。①

2. 旅游企业与保险企业合作紧密，行业乱象仍须肃清

在全域旅游战略指导下，发展优质旅游被提上日程，优质旅游覆盖了众多的旅游产业融合发展领域，其中包括旅游保险。2018年，光大永明人寿保险有限公司和中青旅积极合作，借助各自的优质资源，为投保用户提供保障周全的综合旅游产品，实现在旅游保险领域的共同发展；② 驴妈妈上线"先游后付"产品，并与保险公司合作为消费者免费提供配套的旅游意外险；③ 近年来，出境游游客租车需求逐渐增强，为了有针对性地为其提供更加周全的保障，携程租车联手安联财险和安世联合共同推出覆盖美国和新西兰等地区的境外租车补充全险。④ 但是，旅游保险市场中也存在一些乱象，部分旅游企业在销售旅游保险产品时给消费者挖坑，消费者在下单时被自动选购保险，默认被扣除险费数百元，而该选项在购买页面并未明确显示。线上旅游保险平台的"挖坑"行为一经曝出，各平台紧急整改产品，但仍存在部分企业"屡教不改"，且并未对此恶劣行为及后续相关解决方案做出明确回应。⑤

---

① 《山西省旅行社责任险统保示范项目显成效》，山西文化和旅游厅，http://www.shanxi.gov.cn/yw/sxyw/201811/t20181107_485441.shtml，2018年11月7日。
② 《光大永明人寿与中青旅开展业务联动》，慧择保险网，https://xuexi.huize.com/study/detal-297449.html，2018年1月25日。
③ 《你知道吗？旅游也可以"先游玩后付款"》，浙江新闻客户端，http://www.cnxw.com.cn/system/2018/12/03/013430658.shtml，2018年12月3日。
④ 《安联财险和安世联合携手携程租车，共同推出境外租车补充全险》，安世联合，https://www.prnasia.com/story/220119-1.shtml，2018年8月20日。
⑤ 《途牛网驴妈妈给消费者挖坑行为恶劣》，光明网，http://guancha.gmw.cn/2018-09/30/content_31463359.htm，2018年9月30日。

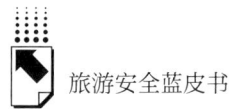

### 3. 游客投保意识有所提升,旅游风险认识仍较片面

2018年,国民境内外旅游热度持续增高。特别在暑假期间,我国出境旅游火爆,尤其是去东南亚国家的中国游客数量持续上涨,而东南亚国家一直也是旅游安全事故高发地区。2018年7月发生泰国普吉岛重大沉船事件,险情发生后,国内各保险旅游企业纷纷进行紧急排查,并快速采取应急措施,为涉事游客提供了安全救援服务和事故理赔安全通道。[1] 在新媒体快速发展的背景下,境内外旅游安全事故进入大众视线,旅游保险概念被逐渐普及,通过相关部门的积极宣传和引导,国民开始重视出行安全,大部分游客会在购买旅游产品的同时订购保险产品。据统计,2018年我国境外旅游保险投保人数年增幅近40%,[2] 在黄金假期期间,酒店取消险占比上升6%、航班延误险上升4%。[3] 尽管出险率呈上升趋势,但与发达国家65%以上的境外险渗透率相比,我国部分一线城市境外险渗透率仅为10%~20%,[4] 存在部分游客风险意识层次不齐、投保意识薄弱和主动投保率不高等问题。游客不愿意购买旅游保险的原因主要有以下几点:一是为了节省出游费用,二是对旅游保险理解有偏差(认为买保险并不能给他们带来保障),三是存在侥幸心理(认为风险发生率极低)。

## 三 影响我国2019年旅游保险发展的主要因素及趋势预测

### (一)旅游产业体系完善,推动旅游保险产品更新

近年来,在全域旅游战略推动下,我国旅游经济快速发展,产业格局日

---

[1] 《揪心的普吉岛沉船事件!国内保险旅游企业紧急行动》,和讯网,http://funds.hexun.com/2018-07-07/193389781.html,2018年7月7日。
[2] 《2018暑期出行大数据显示:境外游保险走俏》,中国金融新闻网,http://www.financialnews.com.cn/bx/bxsd/201807/t20180725_142786.html,2018年7月25日。
[3] 《旅行险市场缘何难有起色》,中国财经网,http://finance.ifeng.com/a/20181114/16570535_0.shtml,2018年11月14日。
[4] 《国人出境游热度不减 旅游险跟上了吗?》,中国金融新闻网,http://www.financialnews.com.cn/bx/bxsd/201807/t20180725_142781.html,2018年7月25日。

趋完善，旅游市场规模逐渐扩大、品质逐步提升，旅游成为国民经济的战略支柱产业和人民群众的幸福产业。①②③ 伴随旅游产业体系日臻完善，国内出现乡村旅游、健康旅游、研学旅游、工业旅游、体育旅游等新旅游业态。但是，我国旅游保险市场仍未饱和，很多细分市场仍未触及，旅游保险产品存在严重的同质化现象。在体验经济背景下，旅游者消费呈现多样化和个性化趋势，④ 旅游保险企业需要将目光投向定制化方向，迎合并满足未来市场需求，精准定位消费群体。预测未来旅游保险将趋向多样化和精准化，责任丰富、保障全面的高端旅游保险将取代传统旅游保险，细分领域的特色保险将被设计、开发并投入市场。

### （二）新型国际关系构建，深化旅游保险国际合作

2018年是我国"一带一路"倡议提出的五周年，中国不断向世界传递合作共赢的声音。同时，我国与其他国家间的免签政策不断放开，三大旅游市场持续健康成长。⑤ 在此背景下，"一带一路"沿线国家的保险需求增加，旅游保险市场迎来良好的发展机遇。但是，全球局势仍然不稳定，一些旅游目的地（国）自然灾害频发、政局动荡等问题给国际旅游保险发展带来了不小的挑战。另外，国与国之间的政治形态和对外政策不同，如何因地制宜、协调各国旅游保险企业的利益，是中国旅游保险企业亟待解决的问题。未来，我国旅游保险企业需要继续深化国际合作，着力解决不平衡不充分保险供给之间的矛盾，积极推动并构建全球旅游保险业的命运共同体。

---

① 罗明义：《对把旅游业培育成国民经济的战略性支柱产业的认识》，《经济问题探索》2010年第6期。
② 何建民：《上海旅游业培育成战略性支柱产业的要求、路径、潜力与对策研究》，《旅游学刊》2011年第5期。
③ 于冲：《体制机制在现代旅游产业建设中的作用》，《旅游学刊》2014年第10期。
④ 赵霞、姜秋爽：《体验经济时代休闲旅游的多元发展趋势》，《财经问题研究》2013年第6期。
⑤ 《我国连续多年被评世界第一大出境旅游客源国》，中国网，http://travel.china.com.cn/txt/2018-01/08/content_50203044.htm，2018年1月8日。

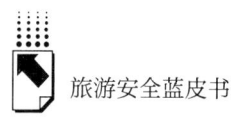

### (三)科学技术快速发展,助力旅游保险创新变革

大数据、云计算、人工智能等科学技术已渗透到旅游各行各业,在推动中国旅游业创新发展的同时,改变了传统旅游保险的发展模式。第一,通过云计算和互联网相融合的方式,使旅游保险业内部以及其与相关产业之间的对话有了共同"语言",让信息流和资源流无障碍流通。第二,大数据平台可以准确分析和预测全国的旅游保险市场,通过数据挖掘、相关性分析等方式,根据不同国家和地区的需求,设计有针对性的保险产品,推动旅游保险产品的精准营销。第三,稳定而精确的数据来源是旅游保险企业联结客户的重要纽带,通过大数据帮助旅游保险企业分析核心客户市场、区域市场洼地、客源流失等信息,剖析客户基本属性、行为特征、偏好,总结客户的数据信息,发掘高意向客户群体,发现潜在的保障需求和趋势,及时发现和预防可能存在的系统性风险,更好地为企业客户提供保障。第四,区块链技术的运用,减少了旅游保险公司在承保和监督方面的风险,提高了核保、核赔的准确性和效率,为保险监管机构进行事后监控提供有效方式。①

## 四 2019年促进我国旅游保险发展的措施建议

### (一)迎合旅游发展需求,创新保险产品研发

快速发展的旅游业已成为我国战略性支柱产业。② 近十年,国民的消费水平持续提高,旅游消费需求不断增加,旅游安全问题随之成为旅游发展过程中亟须解决的问题之一。③ 目前,旅行场景多样化,旅游形式丰富化,游

---

① 《区块链技术在保险行业的应用与影响》,和讯网,http://insurance.hexun.com/2018-05-15/193020147.html,2018年5月15日。
② 马勇、刘军:《绿色发展背景下旅游生态效率的核心价值及提升策略》,《旅游学刊》2016年第9期。
③ 张丹宇、任敬、王艳红:《旅游企业安全管理与从业人员安全意识培育的研究》,《经济问题探索》2013年第2期。

客对旅游产品的需求呈现个性化发展趋势。第一，旅游保险企业需要根据市场需求的变化，深化旅游保险产品的互补性，形成旅游保险链，将旅游保险业务延伸至食、住、行、游、购、娱六大环节，为游客出行提供全面的保障。第二，细分旅游保险市场，区分保险条款，针对不同类型旅游产品和游客，确定不同的费率，提供合适的保单，平衡供需。第三，国民出行方式发生转变，旅游保险企业需要据此丰富旅游保险种类，针对特定的旅游项目设计单项保障，并提供专门的产品和服务。同时，释放对特殊风险产品的购买需求，保障游客安全，为保险企业开拓新的业务增长点。

### （二）深化国际区域合作，完善旅游保险网络

随着对外开放程度的加深和人民生活水平的提高，国民出境旅游的机会增加，所选择的目的地国家和地区范围不断扩大，旅游保险作为风险管理的基本手段，安全保障作用进一步凸显[①]。目前，我国在"一带一路"沿线国家的旅游保险市场大多数处于发展初级阶段，规模较小[②]。随着"一带一路"倡议的推进，保险供给能力远远无法满足区域保险需求。因此，我国保险业需要主动作为，增强区域内保险供给能力，满足区域旅游保险市场的需求，为沿线国家的旅游发展提供高水平的风险管理。同时，围绕"一带一路"倡议，深化与"一带一路"沿线国家的合作，搭建旅游合作共同体和城市旅游合作机制。因此，国家相关部门需要优化宏观政策环境，助推企业扩大在国际旅游保险方面的供给，加快国际旅游保险服务合作网络建设，建立国际重大风险共保机制。

### （三）顺应科技发展趋势，提升旅游风险管控

旅游意外事件具有突发性和不可预测性，按以往经验判断，很难提供与潜在风险相匹配的旅游保险产品，因此无法从源头保障游客出游安全。借助

---

① 陈建文：《我国出境游客不文明旅游行为分析及治理对策》，《中外企业家》2016年第33期。
② 韩元军：《基于"一带一路"构建全球旅游治理新秩序》，《旅游学刊》2017年期5期。

大数据和数据分析技术，一方面可以帮助旅游保险企业掌握用户的数量、特征以及偏好等重要信息，在此基础上调整产品类型及价格以满足不同群体的需求，实现精准营销；另一方面可以助力旅游管理部门实施旅游应急救援，保障我国公民出境游安全。同时，为旅游保险企业搭建开放性的互助信息服务平台提供技术支持，为公众提供透明、专业、高效的互助共享信息服务，加快国内旅游安全保障体系建设。

### （四）强化主体责任意识，加大旅游安全宣传力度

第一，各级政府应高度重视旅游安全工作，提升旅游安全风险的宣传力度，加强高风险旅游项目的监管，强化旅行社和在线平台的主体安全责任，落实旅游安全风险排查规范。第二，相关责任主体部门需要把旅行社投保责任险作为一项重要工作来抓，旅行社责任险不仅事关旅行社和旅游者的切身利益，同时是旅游安全保障体系的重要组成部分。第三，旅游经营者在销售旅游产品时有责任确保旅游产品的安全性，应向游客主动宣传不同旅游保险的知识，介绍合适的旅游保险产品，明确不同旅游保险产品的理赔范围，避免事后不必要的理赔纠纷。第四，对于旅行社来说，需要确保旅游产品在食、住、行、游、购、娱等方面的安全性、正规性和合法性，在此基础上加强全程风险管控，包括进行整体产品的风险评估、即时风险信息的发布、过程中的风险预控、活动行程的中止或终止，并且加强对游客的安全宣传和教育。

### （五）提升游客投保意识，切实保障出行安全

2018年，中国游客在泰国普吉岛发生重大沉船事故，而游客风险意识不足是事故发生的原因之一。目前，国内外滨海旅游均涉及刺激性的涉水娱乐项目，存在较高风险，而我国内地游客线上主动购买旅游保险的比例仅为20％，因此提高游客投保意识是解决问题的关键。首先，旅游保险企业需要深入了解整个旅游产品链条的关键节点风险，设计开发对游客具有吸引力的旅游保险产品，从本质上改变游客保险意识淡薄、投保积极性低等问题。其次，

在一些发展中国家（例如部分东南亚国家）存在保额低的问题，旅游保险企业和旅行社应在出行前提醒并建议游客在出游前购买涵盖意外伤亡、高风险运动、医疗住院、全球救援服务等保障的旅游意外险产品。在游客参与高风险娱乐项目前，应让游客明确旅游保险理赔范围，并告知该娱乐项目是否在保险范围之内，保障其安全出行。最后，作为游客本身，出行前主动投保，合理选择不同种类旅游保险产品，在旅游过程中最大限度地保证自己的财产和生命安全。

# B.19 2018~2019年中国旅游安全预警形势分析与展望

罗景峰*

**摘 要：** 本文在对2018年度中国旅游安全预警信息进行系统梳理的基础上，分析了本年度中国旅游安全预警的总体形势和存在的问题，并对2019年中国旅游安全预警总体形势进行了展望和建议。2018年，中国旅游安全预警工作总体向好，但仍存在如下不足：旅游安全预警机制、内容参差不齐，缺乏利于共享的统一标准；旅游安全预警机制不灵频现，缺乏有效可行预警机制；全域旅游安全预警工作推进迟缓，缺乏与之匹配的全域旅游预警机制。2019年，应深挖全域旅游内涵，积极探索全域旅游预警普适模式；转变智慧旅游发展思路，助力智慧预警破解我国旅游发展难题；把握时代契机，共同推进海外旅游安全预警工作提质增效。

**关键词：** 旅游安全 预警

本文根据文化和旅游部官方网站、各省份文化和旅游厅/局官方网站、259家5A级景区官方网站所公布的旅游安全预警资料，对2018年中国旅游安全预警工作进行了回顾、总结和分析，并对2019年中国旅游安全预警总体形势进行了展望。

---

* 罗景峰，华侨大学旅游学院副教授，博士，主要研究旅游风险分析与安全评价、乡村旅游安全管理等。

## 一 2018年中国旅游安全预警形势分析

### (一) 国家层面旅游安全预警形势分析

《国务院办公厅关于促进全域旅游发展的指导意见》(国办发〔2018〕15号)将强化旅游安全保障网络列为促进全域旅游、提升旅游服务满意指数的重要内容,要求旅游企业积极开展旅游风险评估、强化旅游安全警示、加强景点景区最大承载量警示及重点时段游客量调控,为全域旅游视域下的旅游安全预警提供了指导方向。《文化和旅游部关于提升假日及高峰期旅游供给品质的指导意见》(文旅资源发〔2018〕100号)本着"智慧引领,科学引导"的原则,强调以智慧旅游为抓手,充分利用大数据平台,加强包括游客流量、旅游消费、目的地住宿交通、旅游景区门票、停车场、散客、自驾游游客及个体探险者等方面的预警预报工作,最终有效实现对游客出行、目的地游览和食宿消费等诸多方面的全方位科学安全引导。

通过文化和旅游部官方网站的"出行提示"栏目,获得旅游安全预警信息共40条,较2017年增加了13条。将上述预警信息依次以预警关键词、月份、内容进行统计分析,结果如图1、图2、图3所示。由图1可知,文化和旅游部官方网站发布的预警信息基本上以"提醒""提示"两种形式向公众发布,相比2017年,"提醒"较"提示"明显处于发布形式的主导地位。由图2可知,旅游安全预警信息发布数量由多到少依次为7月、11月、10月、12月、8月、1月、2月、3月、9月、4月、5月以及6月,其中,暑假、十一、元旦及寒假等节假日较为集中,占预警信息总量的52.5%,与2017年预警信息发布态势基本相符,但与2017年相比,各月预警信息数量波动性较大,最大峰值出现在7月和11月。由图3可知,预警内容主要集中在政治/治安预警和自然灾害预警两个方面,占预警信息总量的67.5%,与2017年相比,政治/治安预警数量稳中有升,自然灾害预警数量大幅攀升,节假日预警数量大幅下降,健康预警、高风险旅游预警、文明旅游预警及综合预警虽有发布但仍未受到足够重视，而其他预警未见发布，预警内容发布不均态势仍然存在。

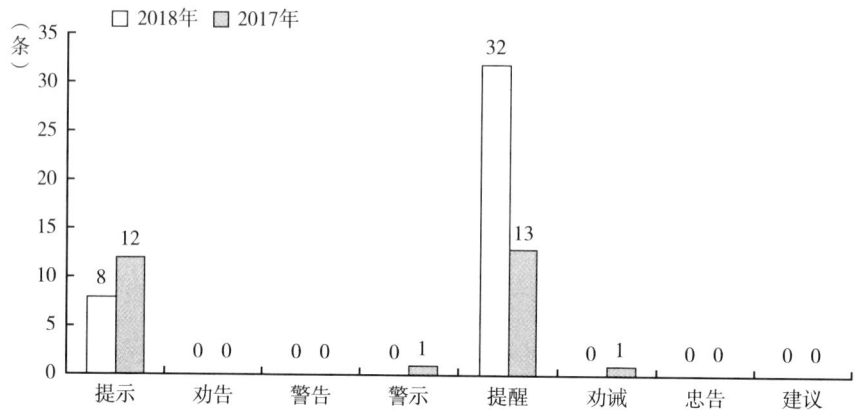

图1　预警信息按不同旅游安全预警关键词统计

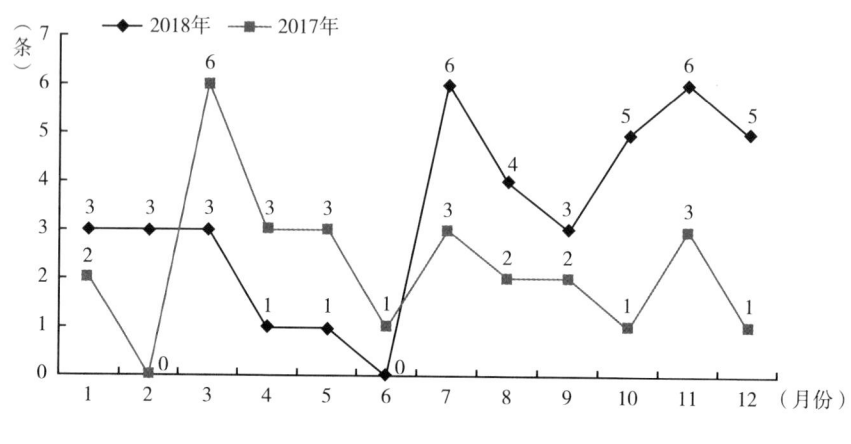

图2　预警信息按月份统计

## （二）省、自治区、直辖市层面旅游安全预警形势分析

2018年，无新增《旅游/涉旅突发事件应急预案》，自主发布预警信息机制有序推进，61.3%的省份实现了旅游安全预警信息的栏目窗口发布机制，且旅游安全预警信息规范化程度明显改善。新增旅游安全预警发布栏目的有天

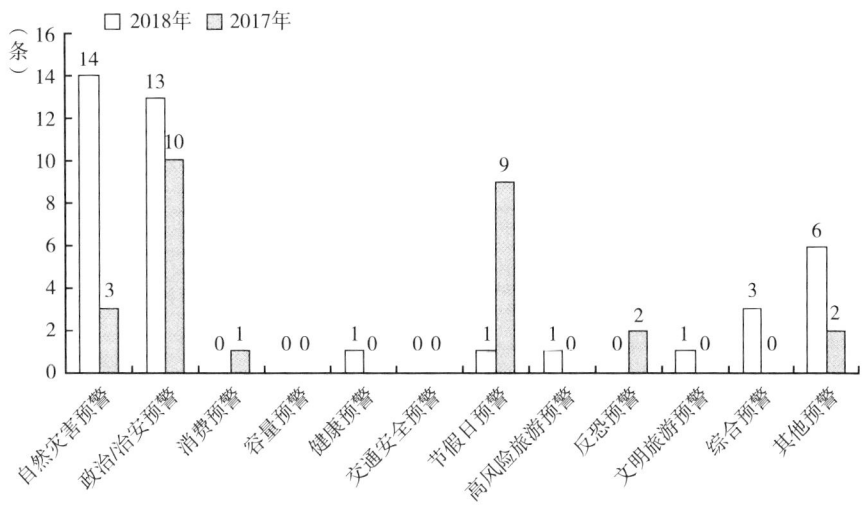

**图 3 预警信息按内容统计**

津市、山东省、重庆市、贵州省、青海省、宁夏回族自治区,而湖南省和新疆维吾尔自治区虽设有旅游安全预警相关栏目,但尚未见到预警信息的发布。在各省、自治区、直辖市文化和旅游厅/局官方网站,在"旅游安全提示"等相关栏目中对预警信息进行搜索,或以表明旅游安全预警的主导关键词"提醒""提示"等进行预警信息检索,并加以整理,结果如图4所示。

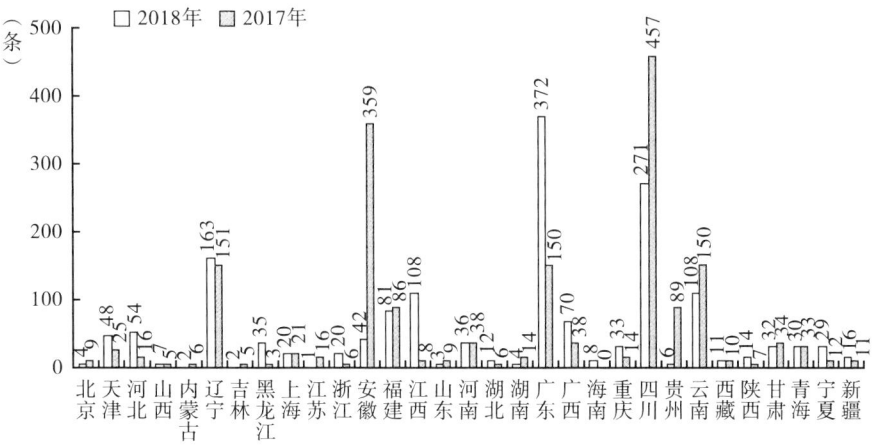

**图 4 我国各省、自治区及直辖市旅游安全预警信息发布统计**

由图4可知，在旅游安全预警信息发布数量方面，广东、四川、辽宁、云南和江西位居前五名（云南和江西并列第四名），山东、吉林和内蒙古、江苏位居后三名。与2017年相比，海南预警信息发布数量从零到有，广东、江西、河北、黑龙江四省预警信息增多趋势显著，安徽、四川、贵州三省预警信息减少明显，其余地区增减幅度相对较小，预警信息发布数量不平衡态势依然存在。

### （三）地市级层面旅游安全预警形势分析

根据各省、自治区所辖334个市、盟、自治州及地区旅游局预警状况统计，已经建立预警机制的有180个，占53.9%。本年度新增9个城市中，临汾市、朝阳市、滨州市、东莞市、钦州市及六盘水市预警分级为四级［特别严重（Ⅰ级）、严重（Ⅱ级）、较重（Ⅲ级）、一般（Ⅳ级），对应预警信号依次为红色、橙色、黄色和蓝色］，荆门市、邵阳市及常德市仅建立了简单预警机制。至此，湖南省14个市、地区全部建立旅游安全预警机制。相比2017年，本年度地市级层面旅游安全预警机制建设进展情况有所改善，但预警分级标准仍不统一，与全域旅游视域下旅游安全预警协调共享机制很难形成统一接口，地市级层面旅游安全预警工作协调机制仍须进一步加强。

### （四）旅游景区层面旅游安全预警形势分析

对我国259个5A级景区官方网站以关键词"预警"进行检索，或对其官方网站"旅游安全""出行提示""安全指引"等专栏进行检索，预警内容主要包括景区容量预警、旅游气象灾害预警、地质灾害风险预警、空气质量预警、旅游舒适度指数预警、防范野生蘑菇中毒预警及综合预警等。其中，景区容量预警仍是各景区旅游安全预警的重点，且基本上以游客接待量预警为主，景区停车场车位预警尚不多见，综合预警逐渐受到部分景区重视，如惠州西湖旅游景区"安全指引"专栏下的综合预警、登封市嵩山少林景区"旅游安全"专栏下的综合预警等。在预警机制建立健全方面，仍无明显进展，仅有中国气象局与文化和旅游部的灾害性天气旅游安全风险联防联控预警机制、巴彦淖尔市的气象旅游联防联控预警机制、漳州市的景区灾害性天气预警机制、依托"一部手机游云南"的旅游预警机制以及成陵旅游区的安全监测预警机制等。在预警系统建设方面,"行游贵州"预警提示系统上线运行;中国世界文化遗产监测预警总平台建设五期公开招标;麦积山石窟监测预警体系初步完成;西藏布达拉宫等景区的火灾预警探测器系统投入运营;基于"安全旅行·负责任的旅行"项目的中国海外旅游安全预警平台建设启动;高德智慧景区开放平台的智能预警系统投入使用;黄山景区的三维雷电预警监测系统升级完成;清明上河园景区的全国首个智能巡更系统推出;重庆洪崖洞景区的智慧游客流量监测预警系统建成投用;等等。相比2017年,本年度旅游景区层面旅游安全预警工作仍显乏力,尤其是预警机制建立健全方面后劲不足情况更为突出,预警内容方面虽有改善,但仅覆盖少数景区,总体预警状况仍然堪忧。

## 二 2018年中国旅游安全预警存在的问题

### (一)旅游安全预警机制、内容参差不齐,缺乏利于共享的统一标准

旅游安全预警机制建设方面,省级层面仍有江苏、贵州两省未出台《旅游突发公共事件应急预案》及相应预警机制;地市级层面仍有46.1%的地市未建立任何预警机制,且四级预警机制与简单预警机制并存现象仍然存在;景区层面也仅有部分景区建立了预警机制,且预警机制发挥效果的可持续性不佳。旅游安全预警内容方面,容量预警仍是旅游安全预警的主要内容,而文明预警、反恐预警、交通预警、消费预警等内容相对较少,综合预警虽有提升,但其力度仍须加大。破解旅游安全预警机制、内容参差不齐问题已成为旅游安全预警提质增效的关键,对于实现全域旅游视域下旅游安全预警信息共享至关重要。

### (二)旅游安全预警机制不灵频现,缺乏有效可行预警机制

旅游安全预警机制是旅游安全保障体系的重要一环,是实现旅游本质安

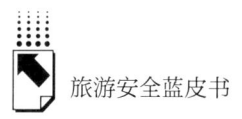

全的必要手段。2018 年，泸沽湖的游客爆满、稻城亚丁的车流拥堵、黄陂区锦里沟景区游客爆棚导致手机无信号、北京故宫景区的爆棚、鼓浪屿游客的扎堆、张家界景区1800 辆旅游大巴的"团团转"等，都表明旅游安全预警机制的形同虚设，旅游安全预警机制不灵现象依旧存在，且有愈演愈烈趋势。其原因是多方面的，既有各级旅游行政主管部门的监管缺失，也有各个景区预警机制的不完备和缺乏科学统一规划，还有游客的盲目出游行为，等等。旅游安全预警机制不灵已成为旅游安全预警工作开展的重要顽疾，对其治理刻不容缓，否则，预警机制将失去其"预防为主"的初衷和本意。

**（三）全域旅游安全预警工作推进迟缓，缺乏与之匹配的全域旅游预警机制**

《国务院办公厅关于促进全域旅游发展的指导意见》（国办发〔2018〕15 号）为全域旅游视域下旅游安全预警工作指明了发展方向，是新时期中国旅游安全预警的风向标。2018 年被确定为"美丽中国—2018 全域旅游年"，拉开了我国全域旅游全面建设和实施的序幕。国家旅游产业运行监测与应急指挥平台部署、采购、招标工作虽有序进行，但与 A 级景区全覆盖仍有很大差距。基于全域旅游的旅游安全预警机制建设工作推进相对迟缓，与蓬勃发展的全域旅游大趋势极不相称，旅游安全预警仍以单一景点景区预警为主，缺乏以社会共建共享为目的的综合目的地预警服务机制，全域旅游安全预警机制建立任重道远。

## 三 2019年中国旅游安全预警形势展望与管理建议

### （一）形势展望

**1. 全域旅游预警势必成为旅游安全预警的主要模式**

《文化和旅游部关于提升假日及高峰期旅游供给品质的指导意见》（文旅资源发〔2018〕100 号）将"全域供给，创新推进"确定为有效提升假日及高峰期旅游供给品质的指导原则之一，并指出了建立健全全域旅游治理体系和公共服务体系的重要性，表明机制体系创新和现代旅游治理体系建立已经成为全域旅游发展的关键问题，全域旅游发展模式必将全面促进单一景点景区建设管理向综合目的地服务建设管理的转变。全域旅游安全预警模式作为全域旅游治理体系和公共服务体系的重要组成部分，必将逐步取代传统单一景点景区孤立预警模式，成为保障全域旅游安全的全域旅游的要素域、管理域及功能域的重要内容和必要补充。

2. 智慧预警必将成为旅游安全预警的最佳途径

《文化和旅游部关于提升假日及高峰期旅游供给品质的指导意见》（文旅资源发〔2018〕100号）将"智慧引领，科学引导"确定为有效提升假日及高峰期旅游供给品质的指导原则之一，并将"强化科技支撑"确定为其重点任务，要求建立节假日及高峰期旅游大数据采集分析平台，实现对景区、住宿、道路等旅游信息的实时监测预警。Wi-Fi探针等"黑科技"、一部手机游云南、"行游贵州"预警提示正在推行和实践，基于移动互联和各种新兴科技的智慧旅游安全预警机制正在大行其道，功能完备、应用便捷的智慧预警必将成为旅游安全预警的最佳途径和首要选择。同时，智慧预警也可为散客游、自助游等群体提供更为精准可靠的公共安全服务功能。

3. 海外旅游安全预警即将迎来科学化、制度化和规范化新时代

文化和旅游部《2018年上半年旅游经济主要数据报告》显示，中国继续稳居世界第一大出境旅游客源国位置。然而，与蓬勃发展的出境旅游市场极不相称的是，中国游客境外安全事故频发，如"6·21"中国游客泰国溺水身亡、"8·15"中国游客法国遭遇抢劫、"4·6"中国游客巴士马来西亚车祸等。2018年9月10日，由携程集团与联合国开发计划署、中国国际经济技术交流中心、中国旅游研究院共同实施的"安全旅行·负责任的旅行"项目启动中国海外旅游安全预警平台建设，可为中国游客降低出境旅游风险提供可靠保障。伴随中国海外旅游安全预警平台的建设，海外旅游安全预警工作将步入科学化、制度化和规范化的轨道。

## （二）管理建议

**1. 深挖全域旅游内涵，积极探索全域旅游预警普适模式**

全域旅游模式提出至今，有关其内涵的争论颇多，正确审视全域旅游发展内涵对于构建全域旅游预警模式至关重要。为此，要从对全域旅游与景点旅游并不矛盾、全域旅游作为一项系统工程的长期性和艰巨性等问题的深刻思考出发，走出全域旅游的认识误区，并在此基础上，以旅游行政主管部门为主导、以景点景区为基础支点，对照《全域旅游示范区创建工作导则》（旅发〔2017〕79号）所确定目标，结合全域旅游"域变"的特点，依托智慧旅游技术，做好顶层设计，注重提升服务和持续发展要求，积极探索全域预警普适模式。全域旅游预警模式探索中要把握好如下问题：第一，立体调控机制必须配套建立与之对应的长效监管机制，以确保旅游安全预警效果的可实现性；第二，全域旅游安全预警要能实现预警内容的综合性，要破除以往旅游限流预警的单一内容形式，真正实现旅游安全预警的全内容构想。

**2. 转变智慧旅游发展思路，助力智慧预警破解我国旅游发展难题**

我国旅游业发展仍存在诸多旅游安全难题，如交通拥堵、人满为患、价格欺诈、不文明旅游、资源保护、安全预警等，而智慧旅游即可在解决上述难题的基础上，推动旅游业转型升级，实现我国旅游业的长期健康可持续发展。但我国智慧旅游研究和实践也存在薄基础厚顶端、宽框架窄领域的不足，为此，应转变智慧旅游发展思路，即由薄基础厚顶端向厚基础厚顶端转变、由宽框架窄领域向宽框架宽领域转变，以点带面切实实现旅游业安全预警智慧化发展，进而消除智慧旅游预警不智慧的弊端。同时，也可为全域旅游预警提供有效抓手。

**3. 把握时代契机，共同推进海外旅游安全预警工作提质增效**

中国海外旅游安全预警平台建设项目的启动预示着我国海外旅游安全预警工作将迎来其发展的时代契机，为此，政府、企业、科研机构及出境中国游客等多方应协作配合，共同推进我国海外旅游安全预警工作的提质增效。政府、企业及科研机构的协作配合效果已经初步显现，但作为海外旅游安全预警受益主体的中国出境游客方面尚缺乏必要的协作配合机制，这也是近年来中国出境游游客旅游安全事故频发的主要诱因之一，如中国游客忽视或无视预警导致在泰国旅游溺水死亡、中国游客未经培训参加热气球等高风险旅游项目导致死伤等。因此，为降低中国公民出境旅游安全风险，需多管齐下，即海外旅游安全预警平台建设的有序推进、政府主导监管机制的配套跟踪建设、中国出境游客安全素质的切实提高及其协作配合意识的提升。

**参考文献**

［1］罗景峰：《2017～2018年中国旅游安全预警形势分析与展望》，《中国旅游安全报告（2018）》，社会科学文献出版社，2018。

［2］中华人民共和国文化和旅游部官方网站（旅游事业），http：//zwgk.mct.gov.cn/？classInfoId＝359。

［3］王佳果、韦俊峰、吴忠军：《全域旅游：概念的发展与理性反思》，《旅游导刊》2018年第3期。

［4］王昆欣：《全域旅游发展的若干思考》，《旅游导刊》2018年第1期。

［5］石培华：《新时代旅游理论创新的路径模式——兼论全域旅游的科学原理与理论体系》，《南开管理评论》2018年第2期。

［6］张凌云、乔向杰、黄晓波：《智慧旅游理论与实践》，南开大学出版社，2017。

# B.20
# 2018~2019年中国女性旅游的安全形势分析与展望<sup>*</sup>

范向丽 吴阿珍<sup>**</sup>

**摘　要：** 2018年女性旅游安全形势大体上保持平稳。女性旅游安全事件仍然主要集中于人身安全、财产安全和心理安全事件，事件原因涉及自然灾害、公共卫生、社会安全等方面。调研发现，我国女性旅游者的安全意识有明显提升，相关部门对女性游客突发事件的应急处理也更为高效，但由于新型旅游形式（亲子游、出境自驾游、打工度假游等）、新型作案手段（偷拍、网络诈骗等）、新型媒体（共享网络平台、境外租车平台等）的出现，女性游客安全仍存在一些隐患。

**关键词：** 女性旅游安全　旅游安全　旅游安全事件

延续前几年的发展趋势，我国女性在旅游市场上的影响力持续加强，女性游客市场巨大。途牛旅游网发布的《2017~2018女性旅游消费分析报告》显示，其服务的女性游客人次数占游客人次总数的54%，已占据"多半边天"；驴妈妈旅游网发布的《2018女性用户旅游消费趋势报告》表明，其女

---

\* 基金项目：华侨大学引进人才项目(15SKBS104)。
\*\* 范向丽，华侨大学旅游学院副教授、博士，主要研究方向为性别与旅游；吴阿珍，华侨大学硕士研究生。

性用户的年均出游频次已从 2015 年的 3.4 次增加到 2017 年的 5.7 次，年均出游花费从 2015 年的 2424 元增加到 2017 年的 4680 元。[①] 旅游正在成为女性生活中不可或缺的支出和重要活动。此外，途牛、驴妈妈还分别对女性游客的选择偏好进行了调查，结果显示，"安全"是女性游客首要关注点。[②] 在出游方式方面，女性游客更倾向于选择跟团游；而在选择自助游时，也更多选择结伴游。[③] 由此可见，大多数女性游客出游的安全防范意识已有一定程度提高。但女性旅游安全事故时有发生，女性旅游者的安全知识和技能还有待提高，女性旅游者的安全保障工作仍须加强重视。

## 一 2018 年女性旅游安全的总体形势分析

2018 年我国女性旅游市场平稳发展，在整个旅游市场中占据重要地位。总体看来，女性旅游者安全受到威胁或发生事故后，社会大众能及时响应并采取行动，各级安全部门能及时出面处理，社会媒体也给予了足够关注，多方力量为女性安全出游保驾护航。

本文通过百度搜索、360 搜索、佰佰安全网、网易新闻等平台，搜集（不完全统计）2018 年 1 月 1 日 ~ 2018 年 12 月 31 日发生且涉及我国女性旅游者的旅游安全事故，共计 118 起。总体上看，我国女性旅游安全事故中人身安全事故占比最大，主要表现为交通事故（26 起）、溺水（18 起）等，人身安全事故也往往会带来财产损失，纯粹的财产损失类案件比 2017 年明显减少，这与我国女性游客安全防范意识增强有较大关系。与 2017 年相比，2018 年的出境游事故明显增多，可见出境旅游的大众化将会为旅游安全管理带来一定的挑战。

---

① 陈海峰：《报告：女性成家庭旅游决策者 "安全"是关键词》，中国新闻网，http://www.chinanews.com/cj/2018/03-05/8460420.shtml，2018 年 3 月 5 日。
② 陈海峰：《报告：女性成家庭旅游决策者 "安全"是关键词》，中国新闻网，http://www.chinanews.com/cj/2018/03-05/8460420.shtml，2018 年 3 月 5 日。
③ 盖纯：《2018 女性旅游报告：主导家庭消费决策》，人民网，http://mcq.people.com.cn/m/cq/news.cqr300?Num=7669458，2018 年 3 月 9 日。

## 二 2018年女性旅游安全的概况与特点

### (一)2018年女性旅游安全事故的分布类型

本文共收集到2018年女性旅游安全事故118起,其中出境旅游安全事故46起,国内旅游安全事故72起,可见,出境旅游安全事故所占比例比往年明显增加。从时间上看,6月、7月、8月是旅游安全事故发生的高峰期。另外,"十一"黄金周出游高峰使得10月也是事故多发期(见图1)。从事故伤害的结果形态看,人身安全伤害和财产损失占比较大,因为人身安全伤害往往伴随着财产损失,如交通事故等,纯财产损失事故较少,主要表现为偷盗(6起)。从事故发生诱因出发,本文将事故分为自然灾害、涉旅事故灾难、社会安全事件等,① 其中涉旅事故灾难明显多于其他事故类型(见图2)。

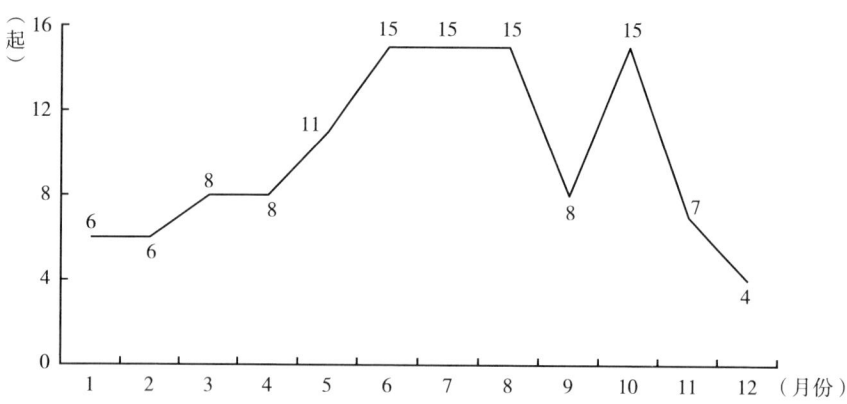

**图1 2018年我国女性旅游安全事故时间分布**

---

① 范向丽、覃海丽:《2017~2018年中国女性旅游的安全形势分析与展望》,《中国旅游安全报告(2018)》,社会科学文献出版社,2018。

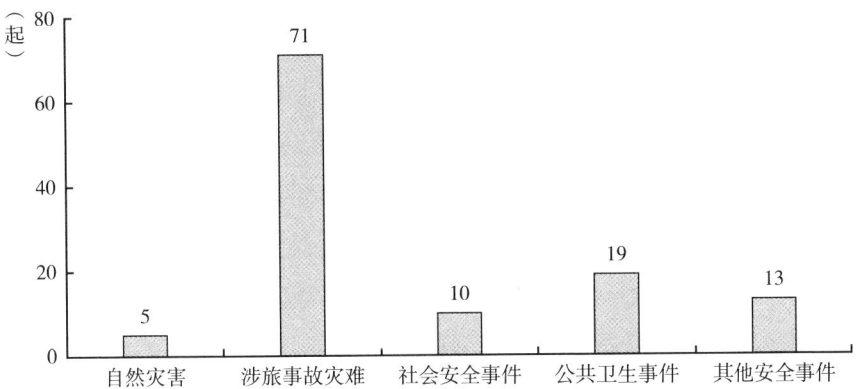

图 2 2018 年我国女性旅游安全事故类型分布

1. 自然灾害

自然灾害是以自然事件或力量为主因造成的生命伤亡和人类社会财产损失事件,包括干旱、高温、低温、寒潮、洪涝、积涝、山洪、台风、龙卷风等气象灾害。① 从本文所搜集案例来看,在旅游活动中对旅游者影响较大的自然灾害包括台风、大雨、地震、山洪等。自然灾害事故主要发生在夏季6月、7月、8月,这与这期间我国处于季风期、雨季导致天气多变等自然因素相关。本文共收集到自然灾害事故5起,其中4起发生在夏季。比如6月3日,暴雨致11名游客被困长城,其中包括4名女性和4名孩童,消防人员将被困人员护送下山。可见,夏季出游一定要关注天气预报,尽量避免在极端天气外出。另外,存在雷电、洪水等隐患的景区也应及时完善天气状况实时监测、突发天气应急处理方案等,减少此类事故发生。

2. 涉旅事故灾难

涉旅事故灾难由于发生于人们生产、生活过程中,或直接由人的生产、生活活动引发,往往会造成大量人员伤亡、经济损失、环境污染等严重后果。② 涉

---

① 黄崇福:《自然灾害基本定义的探讨》,《自然灾害学报》2009年第5期。
② 张洁、宋元林:《事故灾难类突发公共事件网络舆论引导模式的构建及运用》,《重庆理工大学学报》(社会科学版)2013年第3期。

旅事故灾难与自然灾害事故最大的不同在于其与人的行为有着密不可分的联系。涉旅事故灾难主要包括交通事故、户外运动事故、游船事故、酒店安全事故、娱乐项目事故等，其中交通事故、登山等户外运动事故占比大（如图3所示）。

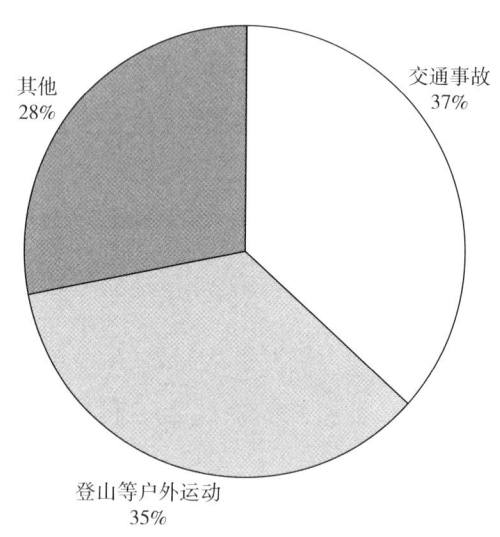

**图3　2018年我国女性涉旅事故灾难具体类型分布**

（1）涉旅交通事故

本文收集到女性旅游交通事故共26起，其中国内旅游交通事故5起，境外旅游交通事故21起，且以旅游巴士事故为主。但是近年来随着境外自驾游的流行，境外自驾游交通安全也应引起足够的重视。从分析结果可以看出，由于女性游客自救能力相对较差，女性游客在交通事故中受伤害比重更高、伤害程度相对更严重。国内旅游交通事故中，"四女孩坠入雅砻江"事件引起社会广泛关注，事故发生于8月7日，4名女游客在其自驾从稻城亚丁返回成都途中，车辆不慎坠入雅砻江，4名女游客全部遇难。境外旅游交通事故中16起为旅游巴士事故，由于巴士承载游客较多，往往造成恶劣的事故后果，社会影响也比较大。典型的事故案例如，3月20日，一辆搭载9

名中国游客的面包车于泰国攀牙府追尾一辆18轮大货车，1名中国女游客当场死亡，另外2名女游客重伤。另外5起为境外自驾游安全事故，如9月25日，4名赴南非自由行的中国游客在租车旅行途中发生车祸，2名女性伤者被送往医院接受治疗。由此可见，境外自驾游和境外旅游大巴安全监管应该引起足够重视。

（2）户外运动事故

如今，越来越多女性开始尝试具有挑战性的户外运动。本文共收集到女性户外运动事故25起，其中2起事故发生在国外。登山等户外运动对身体素质、综合技能要求较高，女性在户外运动中容易出现迷路、摔倒、体力不支等情况。如，2018年元旦期间，2名香港女游客在当地向导陪同下，在开普敦桌山攀岩时发生意外，其中1名香港女游客和当地向导不幸身亡；2月2日，3名驴友在未办理正规手续的情况下，违规攀登四姑娘山，途中1名女游客失踪，两天后搜救队发现该女子已遇难。

（3）游船事故

本文共收集到游船事故3起，均发生在东南亚海岛旅游目的地。如，12月26日，一艘载有21名中国公民的游船在越南芽庄附近海域发生翻船事故，事故造成一名中国女子遇难，另有一名中国小女孩生命垂危。东南亚凭借气候、距离、旅游资源等优势，成为我国出境旅游市场的重要组成部分，游船是海岛旅游的主要交通工具，由于海上救援难度系数高、游船承载游客数量大，一旦发生游船事故，将会造成严重后果。

（4）娱乐项目事故

本文收集到6起娱乐项目事故，如5月30日，23岁女子赵某在合肥欢乐岛玩"空中飞人"游乐项目时不幸从十多米高处坠亡。娱乐项目一般伴随着刺激性，项目本身就存在安全隐患，对设施设备的安全性、员工操作的规范性要求均很高。另外，项目经营者应以明示的方式告知游客风险概况，加强对游客的安全警示。

此外，涉旅事故灾难中还包括酒店安全事故和由强制购物、"宰客"、游客不文明行为等引起的事故。

**3. 涉旅公共卫生事件**

旅游活动具有综合性和流动性等特征，旅游活动的过程中容易发生旅游突发事故，加上旅游目的地自然环境、气候环境、公共卫生状况和设施设备等存在差异，来自不同客源地的游客对旅游公共卫生环境的"抵抗"程度不同，容易造成旅游公共卫生事件。① 从收集的案件分析，旅游公共卫生事件主要包括溺水、突发疾病和高原反应。

本文共收集女性旅游公共卫生事件19起，其中溺水事故13起、突发疾病3起、花粉过敏2起、高原反应1起。溺水事故集中发生于夏季6月、7月、8月，其中2起发生在出境旅游中，目的地均为泰国。典型案例如，6月11日，在浙江某湖泊景区水域岸边游玩时，1名女游客不慎落水，另1名女游客下水施救前者，结果这2名女游客一起溺亡于该水域；6月12日，在泰国普吉岛海域，4名中国女游客在有危险警告的海域游泳发生溺水，1人重伤。

突发疾病由于发病快，而且往往没有先兆，一旦发生，后果也比较危险。如6月17日，一名60岁左右的女性游客在玉龙雪山由于缺氧突然休克倒地，温州1名女游客（职业为温州市人民医院医生）马上对其进行胸外按压、口对口人工呼吸等心肺复苏抢救，2分钟后，休克女游客恢复呼吸和意识，旁边游客为其提供随身携带氧气瓶吸氧，5分钟后，玉龙雪山医疗急救人员到场，休克女游客成功获救。这起事件告诉我们，游客互救意识也应该成为行前安全教育的重要部分。这一事件后来也被多家媒体报道。

**4. 涉旅社会安全事件**

女性旅游社会安全事件主要包括性侵、殴打、抢劫、偷盗等，本文共收集10起涉旅社会安全事件。其中，性侵事件会对女性造成身体上和心理上的伤害，是女性旅游安全事故中最恶劣的事故之一。研究表明，性侵缘起于

---

① 邹永广、朱尧：《突发旅游公共卫生事故合作治理的网络特征研究——以10·8海螺沟食物中毒为例》，《华侨大学学报》（哲学社会科学版）2018年第4期。

旅游情境的特殊性、旅游目的地文化以及客源国女性对旅游性安全的低认知度等因素①。本文共收集2起涉旅性侵事件。9月20日，28岁黑龙江女游客在泰国象牙瀑布死亡，被发现时下身赤裸，涉及性侵；9月7日，一名女孩醉酒后与男友入住西安酒店，在男友出门后不久，该酒店服务员潜入房间对女孩施暴。

抢劫与偷盗事件主要发生在境外，造成直接的财产损失，如6月8日，两名中国游客（1男1女）在巴黎老佛爷商区遭一外籍男子抢手表。旅途中发生的打架斗殴事件一般由旅游者之间的矛盾、旅游者与当地居民的矛盾、旅游者与导游的矛盾引起，这类事件极易引起大家关注，加上网络通信日益发达，这类事件的传播会带来负面的社会影响，有损目的地甚至国家形象。

5. 其他安全事件

本文共收集到其他安全事件13起，包括动物袭击、滑跌和滑落土沟等，典型案例如，7月底，广西18岁女孩考上大学后去重庆旅游，自拍时摔成重伤，险遭终身残疾。

### （二）2018年女性旅游安全事故的发生特点

分析所收集到的相关案例可知，2018年女性旅游安全事故的发生主要有以下几个特点。

1. 安全事故类型更加多样化

新的旅游形式、新型作案手段的出现以及女性旅游观念改变等导致旅游事故类型越来越多样化。例如，女性游客喜欢通过网络（微信朋友圈、微博等社交平台）分享自己的出游活动，为了在旅途中拍出各种"美照"，往往不顾安全行为规范，这导致拍照滑倒事件明显增多；越来越多的女性参与登山等户外运动，② 女性游客登山事故多发。

---

① 李佳源：《社会心理学视角下的女性旅游性安全：以泰国导游性骚扰为例》，《中国性科学》2014年第8期。
② 魏欣宁：《2018亲子游分析：呈游客低龄化趋势 出游半径逐渐扩大》，人民网，http://travel.people.com.cn/n1/2018/0529/c41570-30020371.html，2018年5月29日。

### 2. 中老年游客安全问题开始凸显

年轻女性是女性旅游市场的主力军,与往年数据相比,虽然安全事故依然主要集中于年轻女性,但是中老年女性安全事故也开始出现。随着我国老龄化加剧、社会养老制度的完善,退休女性开始成为旅游市场的一股重要力量,户外运动、出境游处处可见她们的身影。此外,由于退休女性对消费较为敏感,时间选择比较自由,她们经常选择旅游淡季廉价团,很容易在旅途中发生一些不愉快的体验。这些都给其旅游安全带来一些隐患。

### 3. 亲子游安全事故明显增多

根据人民网5月29日报道,基于多个OTA平台大数据发现,"带娃出游"成主流,主题乐园最受亲子游游客喜爱。① 随着越来越多的儿童跟随家长出游,儿童旅游安全备受关注,本文共收集到儿童溺水、走丢、被游乐设施误伤、被动物袭击等旅游安全事故20起。如8月5日,8岁双胞胎姐妹在黄岛区万达公馆南侧沙滩游玩时丢失,次日民警发现双胞胎中的姐姐已经遇难。

## 三 2018年影响女性旅游安全的主要因素

### (一)安全管理应体现性别分异

女性旅游市场日益壮大,旅游企业纷纷推出所谓女性旅游产品吸引游客,但这只是一种营销手段,其产品与普通产品在实质上并没有区别,在安全管理方面也还没有足够的性别意识。有些旅游企业虽然开始关注女性旅游安全,但是没有抓住女性旅游者对于安全的特殊需求,没有采取更实际、更具针对性的保护女性旅游者安全的措施。比如,2018年发生多起娱乐项目事故,这表明,越来越多的女性旅游者参与新奇、刺激的娱乐项目,景区应根据女性特征,为其提供特殊的安全保障措施。

---

① 黄继珍:《对广州市女性参与户外运动的调查研究》,《广州体育学院学报》2010年第30期。

## （二）安全知识和技能有待提升

安全意识增强不等同于对安全知识的掌握以及自身安全技能的提高，女性旅游者在提高自身安全意识的同时，要注重安全技能的提升。出游前对旅游目的地的情况要有足够的了解并且准备相应的安全技能，比如去海岛、水域旅游要提高自己的水上自救能力，去高原旅游要做好高原反应的应对措施，去登山要学习擦伤、骨折处理等自救技能。安全经验和知识的缺乏也带来很多隐患。没有足够的经验，不能在出游前做好充分的安全准备与事故预防工作，在事故发生时往往手忙脚乱、不知所措，从而错过最佳伤害挽回时间。比如女性在登山过程中更容易发生崴脚、被困事故，事故发生之后往往不能及时开展正确的自救，不恰当的自救会造成二次伤害或者游客只能等待救援。

## （三）环境的不稳定性提高旅游安全事故的发生概率

旅游环境包括自然环境和社会环境。[1] 旅游自然环境不稳定主要是因为自然灾害具有突发性，随着极端天气的增多，旅游自然灾害事故数量也呈上升趋势，比如游客在登山期间遭遇大暴雨、泥石流。旅游社会环境不安全因素主要指出境旅游的一些国家不能为游客提供良好的旅游环境，比如国际关系的复杂化使有些国家居民对中国游客不友好，或者由于旅游目的地社会治安较差，中国游客被抢被盗事件多发。

# 四 2019年女性旅游安全管理的建议与形势展望

## （一）2019年女性旅游安全管理的建议

### 1. 关注新媒体的舆论效应

新媒体对于信息的传播极易形成"舆论滚雪球效应"，其虽然不能完全

---

[1] 杭华：《旅游安全问题的成因分析及应对策略》，《旅游纵览》（下半月）2014年第1期。

代表社会主流声音，但反映了社会关注热点，是社会一定人群的情绪反应。① 媒体对女性安全事故的关注，从正面效应来讲，一是起提醒作用，提醒广大女性旅游者出游时提高警惕，有助于减少同类伤害女性旅游者的事故发生；二是起震慑作用，社会的足够关注能够对有预谋、有企图的不法分子起到一定的震慑作用，减少由人为因素造成的伤害事故；三起是监督作用，监督相关旅游政府部门、旅游企业，在事故发生之时是否及时采取正确的处理措施。从负面效应来讲，对事故后果过度的放大传播，可能使女性对社会安全、旅游安全失去信心，从而降低出游欲望。所以，要关注新媒体的舆论走向，通过引导让其有助于社会正能量的传递。

2. 提高女性游客的安全知识与技能

女性旅游者一是应该在加强自身旅游安全意识的基础上，进一步学习旅游安全知识，提高自己的安全能力，特别是在参与户外运动或者危险系数较高的旅游项目之前，应事先做好充分的准备工作，包括遭遇危险的心理准备、求生装备的准备、求生技能的准备等。二是加强遵纪守法意识，遵守景区、景点的安全警示，遵守交通规则等。三是女性旅游者在追求个性、解放的同时，要考虑实际情况，比如对于独自出游的尝试，要充分考虑旅游目的地的社会治安等实际因素。四是带儿童出行要时刻警惕安全事故的发生，对儿童加强安全教育，增强儿童突发事故应急能力。

3. 呼吁公众参与到旅游安全管理中来

旅游安全管理需要社会公众的参与，一是对事故中的游客提供帮助以及配合救援工作的开展，比如利用自己的职业技能（如医生）对游客实施抢救；二是通过网络平台等渠道对旅游企业、旅游景区、政府的旅游安全工作进行监督。

## （二）2019年女性旅游安全形势展望

本文认为2019年我国女性旅游安全形势主要体现在以下几方面。（1）

---

① 方田：《新媒体发展中的"舆论滚雪球"效应分析》，《丝路视野》2016年第19期。

女性仍然是旅游市场的生力军，预计出境游、自驾游、自助游等的女性游客人数将会持续增加。随着我国游客安全意识的逐步提升，虽然安全事件的总体数量不一定会减少，但是发生频率和比例应该会下降。（2）文明出游、境外购物安全等问题应该成为关注重点。（3）随着亲子游市场的快速膨胀，亲子旅游中的安全问题有可能会有所增多，相关部门应该对此引起重视。

# B.21 2018~2019年我国高聚集游客群的安全形势分析与展望*

殷 杰**

**摘 要：** 2018年，我国高聚集游客群安全事故处于高发态势，安全形势不容乐观；事故分布呈现时空分散特征，防控难度不容小觑；安全管理难度大，亟待共建共治。对高聚集游客安全事故剖析发现，高聚集游客群安全事故分布具有一定的时空集中性，如在"十一"黄金周高发、在山岳型景区高发，且高聚集游客群的安全受到人员、设施设备、环境和管理等多重因素的共同影响。展望2019年，高聚集游客群将朝出现频率常态化、风险隐患多样化、人群管理智能化、安全管理个性化等方向发展，相关管理单位应进一步强化风险预防能力、加大监测预警力度、构建综合治理体系、加强事后调整能力。

**关键词：** 高聚集游客群 安全形势 时空特征

近年来，我国旅游业飞速发展，游客出游量大，出游时间相对集中，出游目的地趋同（80%的游客都流向20%的景区①），游客极易在特定的空间

---

\* 基金项目：国家社科基金项目"游客高聚集场所的风险防范与安全防控研究"（15BGL119）。
\*\* 殷杰，华侨大学旅游学院副研究员，博士，研究方向为旅游安全。
① 郭峰、吴晋峰、王鑫等：《基于SNA的西安入境旅游市场"倒二八"结构研究》，《人文地理》2011年第26（5）期，第127~132页。

场所（诸如游客中心、缆车站点、观光车换乘点等）内聚集，形成特定类型的游客群体——高聚集游客群，即局部空间内形成的特殊类型游客群体，该群体至少聚集50名游客且游客密度大于2.0人/平方米。①② 由于时间节点的特殊性和空间场所的限制性，高聚集游客群面临如自然灾害风险、事故灾难风险、公共卫生风险和社会安全风险等诸多风险。因此，如何强化高聚集游客群的风险预防、强化高聚集游客群的安全管控成为管理单位亟待解决的问题。

本文借助百度新闻的高级搜索功能以及新浪微博搜索相关主题微博的功能，以"景区+拥堵""游客+堵塞""景区+爆棚""游客+爆棚""景区+井喷""游客+井喷""景区+滞留""游客+聚集""景区+人满为患""景区+踩踏"等为关键词搜索事故案例，并通过以下标准筛选案例：（1）所搜集案例信息应来自报纸媒体的网络版/微博版或者地方政府官网、专业新闻网站等；（2）所搜集的案例必须带有图片或者视频，且能从中直观筛选属于高聚集游客群的案例。按照以上标准，据不完全统计，本文共搜集到2018年高聚集游客群案例82起。其中拥堵事故72起，占比达87.80%；滞留事故8起，占比达9.76%；2起骚乱事故，占比为2.44%。

## 一 2018年高聚集游客群的总体安全形势分析

### （一）事故频频出现，安全形势不容乐观

本文将2004~2018年出现的高聚集游客群安全事故数进行对比，历年高聚集游客群安全事故数量的变化情况如图1所示。

由图1可知，高聚集游客安全事故案例自2011年开始出现明显增

---

① 殷杰、郑向敏、董斌彬等：《游客高聚集场所：概念、特征、风险与研究议题》，《重庆工商大学学报》（社会科学版）2016年第2期，第34~41页。
② 殷杰、郑向敏：《基于最优尺度分析的游客高聚集场所安全风险研究》，《科学经济社会》2017年第1期，第76~82页。

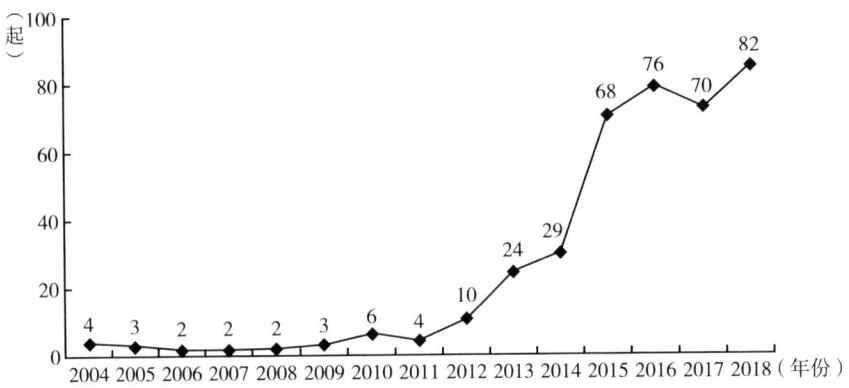

**图 1　历年高聚集游客群安全事故情况**

长。2018年，高聚集游客群安全事故数占历年事故总数的21.30%，为历年最高，总体安全形势不容乐观，安全防控工作有待进一步深入和强化。

### （二）时空分布分散，防控难度不容小觑

时间尺度上，高聚集游客群安全事故分散分布于全年12个月份，且发生于春节黄金周、元宵节、清明小长假、"五一"小长假、中秋小长假、"十一"黄金周、周末、平日等多个时间段；分布于上午、下午和晚上多个时间节点。空间尺度上，2018年高聚集游客群安全事故分散分布于24个省级行政单位；涉及游乐、游览、交通、餐饮4个环节；分布于主题公园类场所、遗址古迹类场所、生物景观类场所、山岳类场所、民俗风情类场所、江河湖泊类场所、海滨海岛类场所、古街区类场所、古建筑类场所、公共区域类场所10种场所类型。高聚集游客群安全事故呈现明显的时空分散分布规律，高聚集游客群安全防控难度大。

### （三）安全管理复杂，共建共治不容忽视

自然灾害风险、事故灾难风险、公共卫生风险和社会安全风险是高聚集

游客群面临的主要风险,[①] 且高聚集游客群安全事故发生于游览、交通、餐饮和游乐多个环节,高聚集游客群风险防范与安全管控较为复杂。此外,高聚集游客群安全事故出现在山岳类场所等10个空间域面,且各场所空间特征、涉及的管理单位与管理标准均有所差异。因此,高聚集游客群安全问题需要多部门共建共治。

## 二 2018年高聚集游客群安全事故的时空特征分析

本文借助excel对案例进行逐一分解、编码,从时、空两个维度来探究高聚集游客群安全事故的特征。

### (一)高聚集游客群安全事故的时间分布规律

本文分析了高聚集游客群安全事故的月份分布、节假日分布以及时段分布情况,结果如下。

(1)高聚集游客群安全事故多发于10月、8月、4月和2月(见图2)。其中,10月事故发生最多,占比达47.56%。本文对高聚集游客群安全事故的月份分布情况进行快速聚类,将聚类数设定为3。结果表明,10月被单独分成一类;4月和8月分为一类;其他月份被分为一类。结合各月份事故发生比例来看,10月已成为高聚集游客群安全事故的高发月份。4月和8月为高聚集游客群安全事故的次高发期。

(2)从高聚集游客群安全事故的节假日分布来看,高聚集游客群安全事故多发于"十一"黄金周,事故发生占比达50.00%;在周末出现的比例也相对较高,占比达15.85%;发生在非周末时间的占比高达84.15%(见图3)。本文对高聚集游客群安全事故的节假日分布情况进行快速聚类分析,将聚类数设定为2。聚类结果表明,"十一"黄金周被单独归为一类;周末、平日、

---

[①] 殷杰、郑向敏、董斌彬等:《游客高聚集场所:概念、特征、风险与研究议题》,《重庆工商大学学报》(社会科学版)2016年第2期,第34~41页。

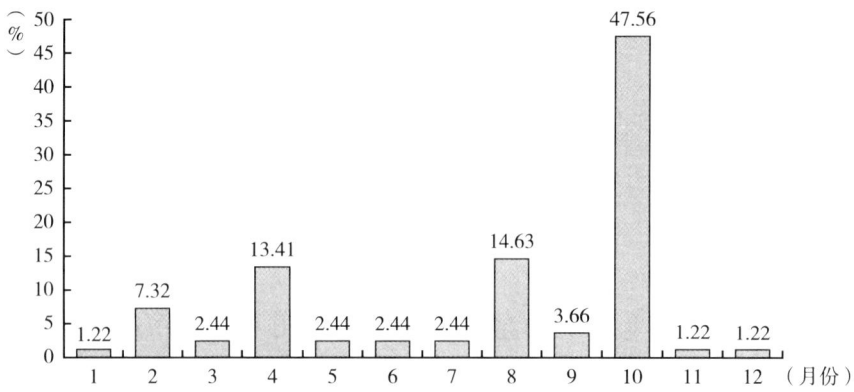

**图2 高聚集游客群安全事故的月份分布**

春节黄金周等其他时间被归为一类。结合节假日安全事故的发生比例来看，"十一"黄金周已成为高聚集游客群安全事故的高发时段。

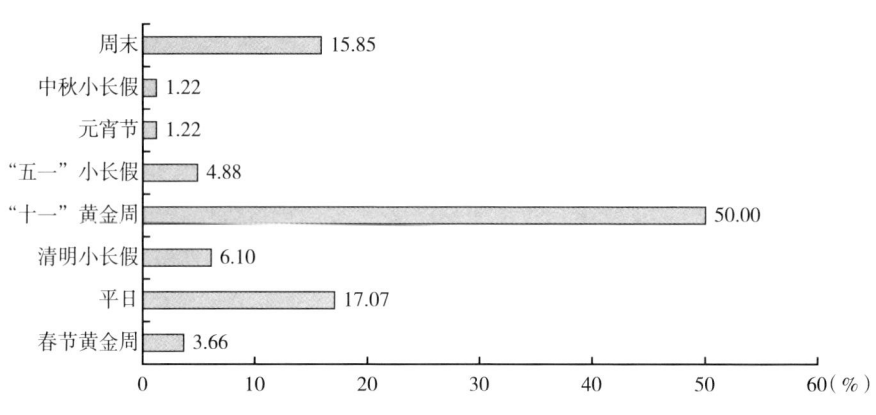

**图3 高聚集游客群安全事故的节假日分布**

（3）从高聚集游客群安全事故的时段分布来看，上午（6~12点）和下午（12~18点）是高聚集游客群安全事故的主要发生时段，占比分别为56.10%和37.80%（见图4）。大量游客在上午时段向特定的目的地空间集中；而大量游客在下午时段集中返程，这两个时间段极易形成高聚集游客群，并形成拥堵、滞留、骚乱等安全事故。

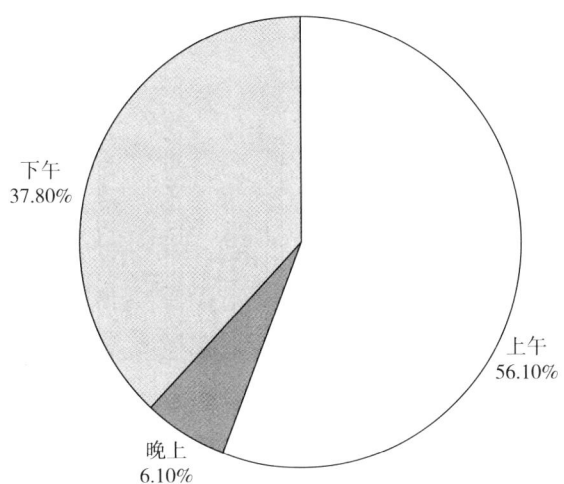

**图 4　高聚集游客群安全事故的时段分布**

### （二）高聚集游客群安全事故的空间分布规律

本文分析了高聚集游客群安全事故发生的省域分布、涉及环节分布、聚集场所类型和聚集空间节点，结果如下。

（1）高聚集游客群安全事故分布于 24 个省级行政单位，较为分散。其中，高聚集游客群安全事故发生数排在前 3 位的省份依次为山东、陕西、江苏，发生比例依次为 12.20%、12.20% 和 8.54%。山东省是华东地区事故最高发省域，西南地区事故高发省级行政单位为重庆市，河南则是华中地区的事故高发省份，陕西的高聚集游客群安全事故数则位居西北地区之首（见图 5）。从事故高发的省级行政单位来看，这些省级行政单位也是热门旅游目的地。

（2）高聚集游客群安全事故分布于游览（84.15%）、交通（10.98%）、游乐（2.44%）和餐饮（2.44%）多个环节（见图 6）。其中，事故多发于游览环节，即景区内，这主要是因为游客出游时，往往选择景区作为旅游目的地。

（3）高聚集游客群安全事故分布于山岳类场所、遗址古迹类场所等 10 个场所类型。其中，山岳类场占比最高，达 41.46%。此外，快速聚类（聚类数设定为 2）结果显示，山岳类场所被单独划分为一类，这说明高聚集游客

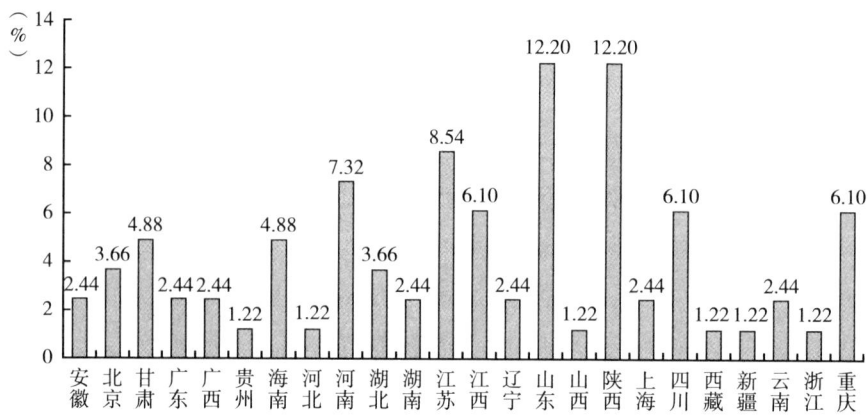

图 5　高聚集游客群安全事故的省域分布

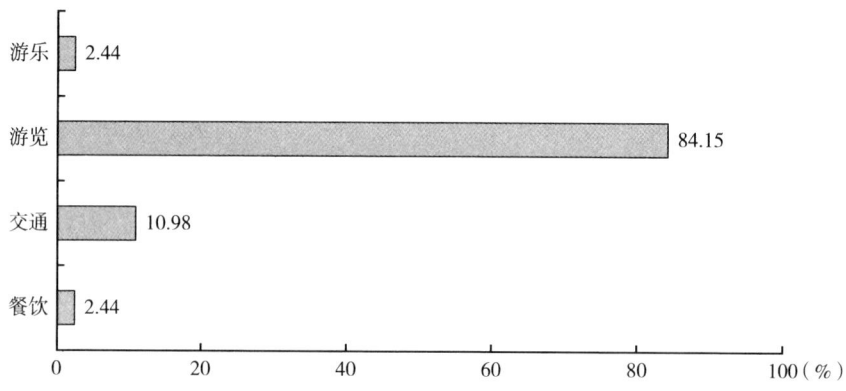

图 6　高聚集游客群安全事故的发生环节分布

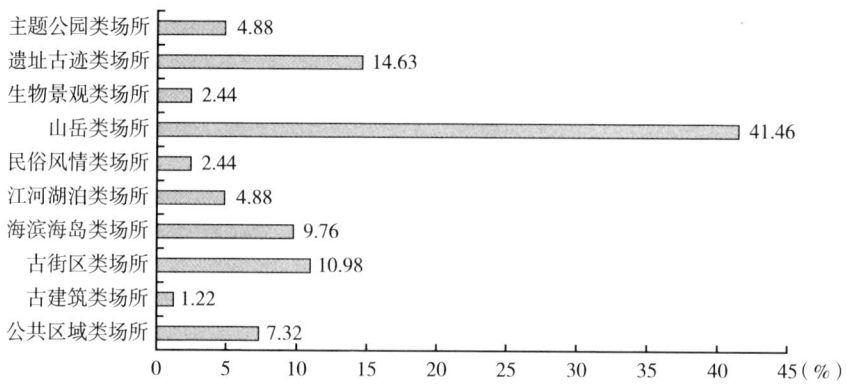

图 7　高聚集游客群安全事故的场所分布

群安全事故的高风险区域为山岳类场所。这主要受山地场所空间限制，很难快速疏散客流，游客群容易在山岳类场所出现。此外，其他场所被归为第二类。

（4）从高聚集游客群安全事故分布的具体空间节点来看，高聚集游客群安全事故分散分布于热门景点、观光车站点等9个空间节点。其中，热门景点成为事故最高发的空间节点，占比高达84.15%（见图8）。

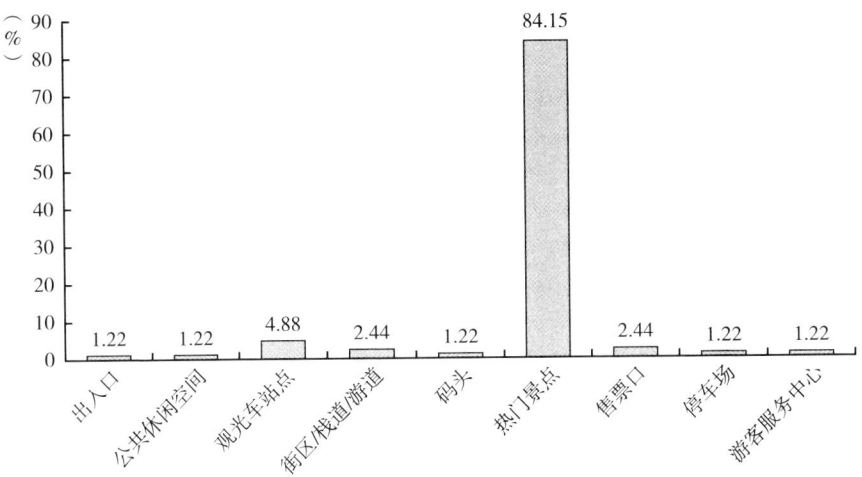

图8　高聚集游客群安全事故的空间节点分布

## 三　2018年影响高聚集游客群安全的因素

依据归因理论、系统安全理论等观点，高聚集游客群安全受到多源压力、状态变异和管理响应三大子系统的共同影响，[①] 具体受到人员因素、设施设备因素、环境因素和管理因素的直接影响。[②]

---

① 殷杰、郑向敏：《高聚集游客群安全的影响因素与实现路径——基于扎根理论的探索》，《旅游学刊》2018年第33（7）期，第133~144页。
② 殷杰、郑向敏、董斌彬等：《游客高聚集场所：概念、特征、风险与研究议题》，《重庆工商大学学报》（社会科学版）2016年第2期，第34~41页。

## （一）人员因素

人员因素是直接影响高聚集游客群安全的重要因素。具体表现为以下几个方面。

一是游客自身因素。游客风险意识较差，安全认知程度不高。由于旅游活动的异地性，游客往往对于目的地、游览的空间场所熟悉程度低，对相应的应急设施、路线路况均不熟悉，且存在诸多不安全行为。2018年10月1日，广州塔景区游客人数爆棚。很多马路一边的游客想更快到达广州塔下，选择了从路边护栏直接翻越，短短一分钟内，有将近30名游客翻越围栏。

二是现场工作人员因素。高聚集游客群现场的工作人员往往缺乏高聚集游客群安全管控能力，且游客群密度高、人数众多、人流量大，不易察觉相关风险，容易导致风险防控不到位等情况。

三是管理者因素。管理者对于游客客流方面预估不足，风险认知不足，直接导致现场管理投入不足，且缺乏相应的应急预案投入。如2018年1月6日，众多游客前往昆明轿子雪山赏雪，但由于管理者对于客流预估不足，景区工作人员不足，应急预案不到位。一位网名为"辛辣柠萌"的网友在微博写道："轿子雪山！滞留了上万名游客没有车坐，现在景区游客中心找不到一个工作人员！已经步行了七公里，没有路灯，大家靠手电筒走到这里，前面还有差不多十公里的山路，这样的景区，在游玩高峰期连基本的应急预案都没有，一整天了，都在排队，又冷又饿又累！"

## （二）设施设备因素

由于游客人数众多，景区设施设备往往处于高负荷、超负荷运行状态，极易引发安全事故。此外，特定空间场所内的支持性设备、旅游活动开展的辅助性设备都可能构成威胁高聚集游客群安全的潜在风险源。2018年11月23日，缅甸东支举办大型孔明灯表演，活动现场聚集众多游客，形成高聚集游客群。主办方在人群的中心点燃孔明灯，并且在孔明灯上放置烟花，但是，孔明灯在上升过程中发生爆炸，进而引发现场骚乱，最终导致现场500余人死亡、600余人受伤。

### （三）环境因素

由于高聚集游客群往往在景区出现，多数景区又处于室外场所，因此极易受到气温、雨水等环境因素的影响。在游客处于高聚集状态时，一旦周边环境有所变化，极易引发高聚集游客群骚乱，形成安全事故。2018年10月2日夜晚，由于游客过多，庐山三叠泉景区观光车以及食物不足，加上山上气温骤降，大量游客饥寒交迫地滞留在庐山的三叠泉景区山顶处，现场一度出现骚乱。

### （四）管理因素

高聚集游客群由于聚集人数众多、人群密度高，信息传递易失真，往往难控难疏，管理难度极大。在安全管理实践中，高聚集游客群往往管理不到位，缺乏相应的管理机制与保障体系。这主要表现为两个层面：一是高聚集游客群现场安全管理不到位；二是上位管理部门缺乏沟通协作，上位管理不到位。

在高聚集游客群安全管理实践中，现场高聚集游客群安全管理缺陷主要表现为信息传递不及时、人群管理不到位、人群疏散不及时、无法对人群有效快速管理等。2018年7月26日洛阳白云山景区，大量游客在进景区时，就出现上千人在景区售票厅门口挤着的情况。景区仅开一扇门让大家挤着进景区，并未有针对性地对游客群体进行管理，也未采取相应的管理措施。

上位主管部门在指导、监管高聚集游客群安全管理实践时也存在相应的缺陷。党的十九大报告提出"打造共建共治共享的社会治理格局"。而高聚集游客群安全管理涉及旅游、气象、交通、公安、消防、安监、质监、卫生、环保等多部门，需要建立一个综合协调的共建共治共享的风险防范与安全防控机制。显然，构建共建共治共享的高聚集游客群风险防范与安全防控体系仍须进一步努力。

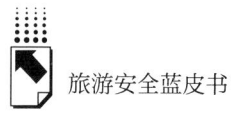
旅游安全蓝皮书

## 四 2019年高聚集游客群安全的发展趋势与管理建议

### (一)2019年高聚集游客群安全的发展趋势

人员、设施设备、环境与管理等多个因素影响着高聚集游客群的安全。随着高聚集游客群安全问题逐步被关注,其安全管理也将朝规范化、制度化、精细化方向迈进。

1. 出现频率常态化

随着旅游业的快速发展,旅游活动呈现大众化与常态化趋势,大量游客出游时间和地点较为集中,使得高聚集游客群的出现也越来越频繁化。此外,高聚集游客群安全事故的发生时间从原先集中于法定节假日向周末等时段转移,这表明高聚集游客群呈现高发态势,相应的事故也呈现多发倾向。如何应对常态化出现的高聚集游客群,强化其安全管理实践是未来安全管理面临的重要问题。

2. 风险隐患多样化

高聚集游客群是密集人群的一种特殊类型,其由不同的游客类型构成,不同游客类型带来的风险隐患众多。另外,游客高聚集场所类型多样,包含山岳型、街区型、主题公园型等多种类型的空间场所,场所复杂,相应的安全隐患众多。此外,高聚集游客群在白天、夜晚等不同时段均有可能形成,不同的时间段均伴随着不同风险,风险隐患众多。

3. 安全管理个性化

由于高聚集游客群聚集的游客类型不一,其在年龄、性别、文化程度、职业等各方面都存在差异。因此,相应的安全管理策略均存在差异,应针对不同游客的个性特征进行安全管理。同时,游客高聚集场所也存在不同,空间差异将会导致相应的管理方案存在差异。因此,也需要强调依托不同空间场所类型来加强游客安全管理。

4. 人群管理智能化

由于高聚集游客群聚集人数众多，人群密度高，因此，借助相关智能化设备进行安全管理将是今后的一大发展趋势。如借助密集人群伤害监测系统、人群密度监控系统、人群异常行为监测系统、人流监控系统等智能化设施设备，助力高聚集游客群安全管理实践。

## （二）管理建议

本文依据旅游突发事件应对的基本流程提出如下高聚集游客群安全管理建议。

1. 强化风险预防能力

要强化高聚集游客群安全管理，首先必须强化风险预防能力。一是强化游前风险预防工作。按照高聚集游客群安全事故的高发时空特征，在该时间节点来临前，强化相应事故高发节点的风险预防工作，检查相应的设施设备，排查风险隐患，降低时空问题带来的旅游风险。二是加强游客客流管理工作。严格控制客流，尽量避免形成高聚集游客群。首先，在易形成高聚集游客群的场所严格设定游客最大承载量，联合公安等部门严格控制客流，避免在空间场所内形成高聚集游客群。其次，按照空间节点特征制定相应的游客群疏导方案，如在狭窄的栈道区域设置客流疏导方案、在山岳型空间场所设置应急救援通道等。三是落实高聚集游客群形成后的风险预防工作。在特定时间条件作用下，不可避免地会形成高聚集游客群。一旦形成高聚集游客群，应马上向相关部门、工作人员发布预警信息，加大安保力量，共同防范旅游风险。

2. 加大监测预警力度

高聚集游客群面临诸多风险，需要加大风险监测预警力度。一是在易出现高聚集游客群安全事故的空间节点设置监控设备、广播设备等，动态监控客流量与客流变动情况，一旦发生紧急状况，监控中心通过播音系统快速将风险信息告知游客，快速疏导游客。二是在易形成高聚集游客群的关键空间节点设置客流探针，动态监测客流，一旦客流达到预警阈值，立刻启动报警机制。三是加强场所内的人员值守和流动巡查，流动监测客流，并进一步强化和提升人

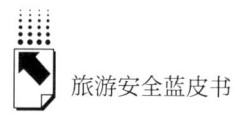

员的风险预警能力。四是加强外部联动,积极与气象、水文、交通、地质等部门加强联系,构建综合性风险监测预警平台,全面监测各类风险,动态评估风险等级,及时发布预警信息。五是建设预警信息发布平台,一旦风险等级达到预警阈值,立即启动信息发布程序,通过预警渠道将预警信息发送至相关单位和管理人员,实现管理部门、旅游企业、相关工作人员、游客等预警信息全覆盖。

3. 构建综合治理体系

高聚集游客群安全管理涉及多部门,旅游主管部门应与涉旅部门建立战略合作关系,构建共建共治共享的高聚集游客群安全问题综合治理体系。一是建立风险预警体系。旅游主管部门联合气象、交通、地质、水文等部门,共同监测影响高聚集游客群安全的多元风险,建立协同风险预警体系,联合发布高聚集游客群风险信息。二是建立应急联动体系。高聚集游客群安全事故一旦出现,旅游主管部门应立即与各部门进行应急联动,进行多部门、多层次应急响应,联合进行事故处理,提高事故处置效率。三是建立多元救援队伍。旅游部门应与公安、武警、消防等公共救援力量联合,形成多元化的应急救援梯队,强化应急救援力量,提升应急救援水平。四是建立人群伤害监测系统。根据高聚集游客群安全事故发生的时空规律,在关键空间节点设置人群伤害监测系统,借助技术手段自动识别受伤人群,以提高救援效率。

4. 加强事后调整能力

由于高聚集游客群具有聚集游客数量多、人群密度高等特点,一旦发生安全事故,容易造成游客群死群伤,事故影响巨大。因此,相关管理单位不仅要做好高聚集游客群安全事故的应急处置工作,还需要做好事故发生后的善后调整工作。一是积极抚慰游客。事故发生后,要及时抚慰游客,关注游客心理变化,积极帮助游客平复情绪,避免由心理问题造成二次伤害。二是恢复市场信心。高聚集游客群安全事故发生后,必然会对旅游目的地造成严重的负面影响。因此,相关管理部门应积极恢复市场信心,修正受损形象。三是强化管理调整。相关管理单位应在事后及时总结事故处置经验,弥补高聚集游客群安全管理体系的缺陷与不足,不断完善防控体系。

# B.22
# 2018~2019年我国大学生旅游的安全形势分析与展望

林荣策*

**摘　要：** 伴随大学生旅游规模的日益增加，安全事故也时有发生。2018年，我国大学生旅游安全总体形势主要表现为：事故类型多样，风险隐患复杂；社会关注聚焦，安全防控困难。通过案例分析发现，大学生旅游安全事故具有诱因复杂性、事故易发性、管控困难性和一定的时空集中性等特点。总体而言，大学生旅游安全形势不容乐观。展望2019年，大学生旅游安全事故将朝着时间相对集中、事故类型多样和风险隐患复杂等方向发展。因此，保障大学生旅游安全可以从构建完善的大学生旅游安全防护措施、创新大学生旅游安全教育内容和形式、加强大学生旅游安全素养提升、健全旅游安全保障体系等方面入手。

**关键词：** 旅游安全　大学生旅游

随着我国旅游业的发展，大学生群体越发成为旅游的新生力量。2018年10月，教育部发布了《中国教育概况——2017年全国教育事业发展情况》。报告显示，我国各类在校大学生规模庞大，2017年总规模达到3779万人。①

---

\* 林荣策，华侨大学旅游学院讲师，硕士，研究方向为大学生思想教育、旅游安全教育。
① 数据来源：中华人民共和国教育部网站，http://www.moe.gov.cn/jyb_sjzl/s5990/201810/t20181018_352057.html。

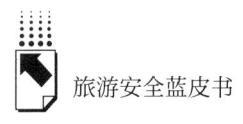

大学生休闲时间较多,旅游以节假日出行居多,讲究实惠,注重旅游过程经历和感受,喜欢刺激和自由的旅游活动,① 旅游安全问题随之而来。

## 一 2018年大学生旅游的总体安全形势分析

本文通过百度新闻的高级搜索功能以及新浪微博搜索相关主题微博的功能,以"大学生旅游+事故""大学生旅游+受骗""大学生旅游+失联"等为关键词进行搜索,所搜集案例信息均来自报纸媒体的网络版/微博版或权威网站等。据不完全统计,本文共搜集到2018年大学生旅游安全事故案例27起,从伤害结果来看,人身安全事件占96.3%,财产安全事件占3.7%,总体安全形势表现如下。

### (一)事故类型多样,风险隐患复杂

从事故类型来看,2018年,大学生旅游安全事故涉及滑坠、溺水、交通事故、传销、被害、自杀等,安全事故表现形式多样。究其原因,有个体主观冒险、气候环境变化、交通工具使用不当、突发事件处理不当、交友不慎导致的伤害和事故,也有遭到意外他杀导致的死亡等,这些说明了大学生旅游安全隐患是复杂的,涉及旅游环境因素、社会因素、气候因素、个体安全意识因素、个体安全技能因素等。

### (二)社会关注聚焦,安全防控困难

社会对于涉及大学生的事件关注度高,特别是安全事故,极易引发社会舆论关注。2018年大学生旅游安全事故发生地域广泛,涉及陕西、浙江、四川、山东、云南、北京、江西、福建等地,出行时间分散涵盖了每个月,但也表现出一定的集中性,主要集中在"十一"黄金周、寒暑假、周末等,

---

① 葛艾红:《大学生旅游行为及旅游市场开发研究》,《经营与管理》2018年第1期。

同时，大学生群体注重旅游过程经历和感受，喜欢富有刺激性和挑战性的旅游活动，这无形之中增加了安全防控难度。

## 二 2018年大学生旅游安全事故的概况与特点分析

本文借助 excel 对案例进行逐一分解、编码，从时空两个维度来探究大学生旅游安全事故的特征。

### （一）大学生旅游安全事故的时间分布

大学生旅游安全事故多发于4月、5月、7月、8月、9月、10月。其中，5月、10月事故发生数最多，合计占比达48.15%，这表明5月、10月是大学生旅游安全事故的高发期（见图1）。

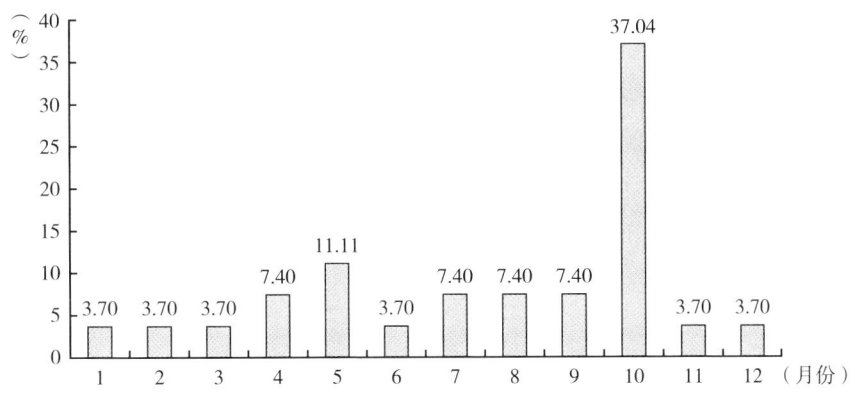

图1　大学生安全事故的月份分布

结合事故发生的具体时间可以看出，节假日、周末发生安全事故的概率远高于平日，超出62.96个百分点。事故多发于"十一"黄金周，占比达到37.04%，其次是暑假和"五一"小长假。结合事故发生的月份和日期，可以看出，"十一"黄金周、暑假、周末、寒假、"五一"小长假容易发生旅游安全事故，各级部门应多加防范（见图2）。

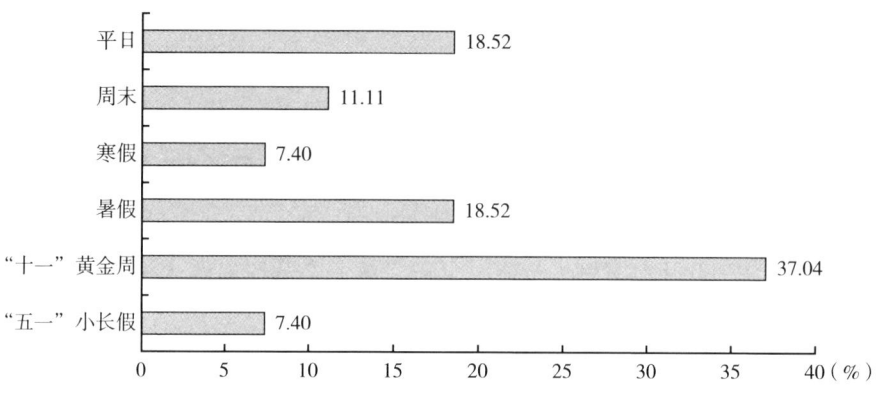

图 2　大学生旅游安全事故的节假日分布

## （二）大学生旅游安全事故的空间分布

从事故的省域分布来看，事故分布较为广泛，分布于 12 个省级行政单位。其中，陕西、江西、四川三个省份大学生旅游安全事故的发生比例最高（见图 3）。陕西省历史悠久，文化灿烂，是中华文化的重要发祥地；江西省以丘陵山地为主，盆地谷地广布，四季分明多变；四川省富有"天府之国"的美誉，地形多样，自然风景优美。这三个区域都是我国热门的旅游省份，与大学生追求求知和体验的旅游需求特点相契合。

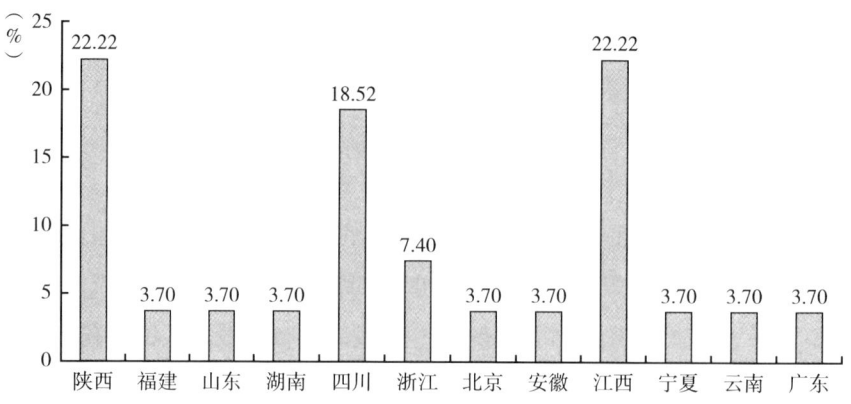

图 3　大学生旅游安全事故的省域分布

从事故的发生环节分布来看，不含 8 起大学生被骗误入传销组织事件，大学生旅游安全事故发生于游览、交通、游乐环节，在 19 起事件中分别占 68.42%、21.05%和 10.53%（见图 4）。其中，事故多发于景区内，即游览环节的安全事故发生率最高。这主要是因为大学生出游时，往往选择景区作为旅游目的地，景区成为事故易出现的场所之一。

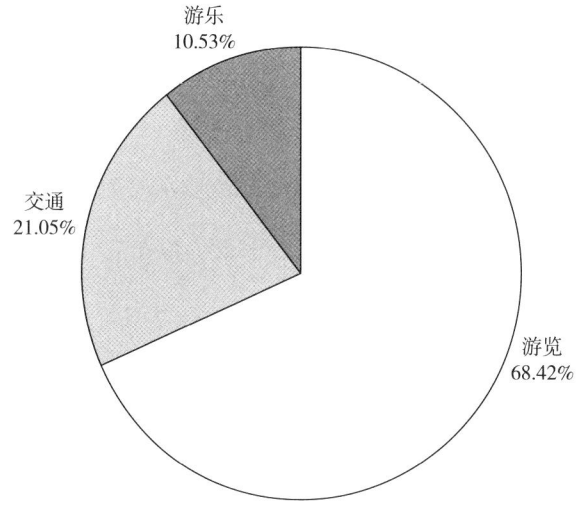

**图 4　大学生旅游安全事故的发生环节分布**

从事故分布的场所类型来看，安全事故分布于山岳类场所、江河湖泊类场所、公共区域类场所。其中，山岳类场所事故占比达 51.85%，这说明大学生旅游安全事故的高发、高风险区域为山岳型场所。这主要是因为山岳类场所环境复杂容易发生危险。其次为公共区域类场所，事故占比 40.74%，这类事故大多数是因安全意识淡薄被骗入非法传销，还有由交通事故导致的伤害（见图 5）。

## （三）大学生旅游安全事故的发生特点

### 1. 诱因复杂性

本文搜集到的案例均为大学生自助旅游案例，这与大学生群体的经济收

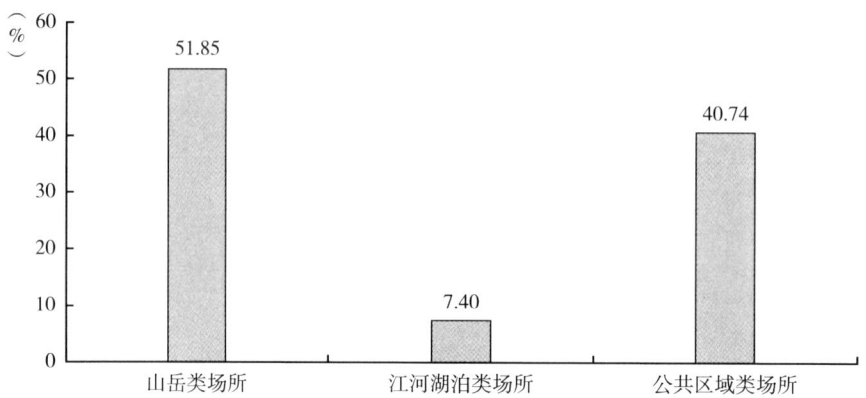

图 5 大学生旅游安全事故的场所分布

入情况和独立意识强等因素有关。分析这些事故的原因，有不遵守安全警示，私自穿越、攀爬、野游导致的事故伤害，如 2 月 1 日，中山大学两名大学生违背景区禁令，自主攀登四姑娘山，导致一人坠亡;[①] 5 月 17 日，合肥两名大学生野游溺水身亡。[②] 有气候突发变化引起路滑、视线不清，导致摔倒、迷路等，如 7 月 24 日，一名女大学生在萍乡武功山景区突遇暴雨滚落悬崖受伤昏厥。[③] 有自身缺乏安全意识导致事故伤害，如 6 月 26 日，长沙某大学两名大学生在岳麓山骑行，未佩戴任何护具，二人共骑一辆车从山顶方向俯冲而下，失控摔倒致一死一伤。[④] 有社会不可靠因素导致人身伤害，如 11 月 13 日，某女大学生在杭州西湖景区游玩失踪被杀。[⑤] 可见，诱发大

---

① 《四姑娘山坠亡女大学生：2017 年 7 月曾爬上该山半脊峰》，中国新闻网，http://www.chinanews.com/sh/2018/02-08/8443951.shtml，2018 年 2 月 8 日。
② 《合肥两名大学生野游溺水身亡 事发蓬莱路与方兴大道交口》，万家咨询网，http://365jia.cn/news/2018-05-18/A27F391885B78CDD.html，2018 年 5 月 18 日。
③ 《2 名大学生武功山突遇暴雨 滑落悬崖被困通宵获救》，江苏大学生安全教育网，http://www.jsdxsaqjy.com/Info/Show.aspx?id=5197，2018 年 7 月 27 日。
④ 《危险骑行路！两大学生岳麓山夜骑遭遇意外一死一伤》，湖南在线，http://hunan.voc.com.cn/article/201806/201806280948209127.html，2018 年 6 月 28 日。
⑤ 《西湖景区失联女生被害案嫌犯落网》，凤凰网，http://news.ifeng.com/a/20181118/60166226_0.shtml?_zbs_firefox，2018 年 11 月 18 日。

学生旅游安全事故的因素复杂多样，有旅游环境因素、社会因素、气候因素、个体安全意识薄弱因素、个体安全技能缺乏因素等。

2. 事故易发性

案例中，因受到网络媒体的宣传或朋友同学选择的影响，且在没有做好旅游前必要的准备工作、旅游知识匮乏情况下，非理性出行导致事故伤害的事件占比达25.93%。如，8月18日，福建某大学生网上结伴找驴友，依赖网上攻略冒险游玩八怪谷，后因体力透支被困；① 12月8日，上海某高校两名大学生因受"网红景点"四明山红杉林的吸引，租车自驾游迷路被困。② 可见，大学生在选择出行路线时，带有很强的非理性倾向，网络媒体、朋友同学推荐是他们主要的旅游信息获取渠道，存在一定依赖性。

3. 管控困难性

事故统计显示，大学生旅游安全事故涉及滑坠、溺水、交通事故、传销、被害、自杀等，管控困难，特别是大学生旅游误入非法传销导致被拘禁事件不容乐观，占比达29.63%，如5月10日青岛某女大学生应"发小"邀约到咸阳游玩，失联陷入传销组织被非法拘禁19天，后被警方解救；③ 10月1日，河南理工大学某大二男生应网友邀请私自前往江西游玩，陷入传销组织后被救。④ 由于传销组织欺骗性强，管控难度大，大学生旅游误入非法传销组织时有发生，此类现象不容忽视。

## 三 影响大学生旅游安全的主要因素

根据博德的事故因果连锁理论，导致事故发生的原因包括直接原因和间

---

① 《深夜迷失八怪谷，救援人员7小时"搜山"》，凤凰网，http://news.ifeng.com/a/20180820/59910087_0.shtml，2018年8月20日。
② 《女大学生雪天获救后送锦旗致谢宁波警方》，凤凰网，http://news.ifeng.com/a/20181221/60205091_0.shtml，2018年12月21日。
③ 《女大学生应"发小"邀请游玩陷传销 遭拘禁19天》，中华网，http://news.sina.com.cn/s/2018-10-19/doc-ifxeuwws6030355.shtml，2018年6月5日。
④ 《多名大学生近期离奇失踪 其中一人失联已超过十天》，中国青年报，http://news.sina.com.cn/s/2018-10-19/doc-ifxeuwws6030355.shtml，2018年10月19日。

接原因。具体而言分别是指人的不安全行为、物的不安全状态和个人因素、工作有关因素；其中根本原因是管理的缺陷。① 本文分析得出诱发大学生旅游安全事故的因素主要包括以下几个方面。

### （一）旅游主管部门：安全监管不足

旅游主管部门的安全监管直接影响到安全管理的效果。虽然旅游监管部门对于进入景区的一些危险区域有明文禁止，但是面对时有发生的违令穿越、攀爬事件，在处罚上还有难度，后续有效的监管不足，导致主管部门、景区等各级部门安全责任落实不清。同时，大学生旅游安全事故发生时，旅游主管部门与高校、家长之间缺乏有效的联动互助机制，在信息沟通反馈上也不够及时。

### （二）高校：安全教育不明

从事故中可以看到，大学生在旅游前没有做好路线规划、配备好相关旅游装备、掌握必要的户外生存常识等就贸然地进行穿越、骑行或攀爬。这些都直接反映出大学生缺乏必要的旅游安全知识。而这又与大学生接受的旅游安全教育密切相关。许多高校对大学生的安全教育缺乏针对性和专业性，特别是在旅游安全教育领域，简单地将安全教育等同于安全警示教育。节假日前的旅游安全提示和安全事故发生后的警示，都缺乏有效的系统安全教育。在大学生眼中，这种旅游安全教育是例行公事，既无专业性，又流于形式，其成效不言而喻。

### （三）大学生群体：安全意识不强

大学生对外面的世界充满好奇，而大学又为他们提供了远离家庭环境的相对独立自由的活动空间。这使得他们有更多的机会进行旅游和探险，无人

---

① 《博德事故因果连锁》，360百科，https://baike.so.com/doc/6985425-7208173.html，2013年9月4日。

小岛、深山水库、奇山密林等一些奇怪险的区域成为他们热衷的选择。从事故的角度分析，由于缺乏安全防范意识，大学生有意或无意地进入不向游人开放的危险水域、深山林区等导致了安全事故的发生。同时，大学生旅游安全意识不强，易受到网络媒体的宣传或朋友同学推荐的影响，缺少正确的危险评估和安全设施，在救生防护能力和心理准备不足的情况下以身涉险。

### （四）旅游企业：安全保障不全

大学生作为一个寻求知识、寻求新奇事物的年轻消费群体，在旅行中，看重过程体验和感受。从2018年的事故中也可以看出，很多事故是大学生追求旅游过程体验和刺激，穿越、骑行或攀爬人迹罕见、富有挑战性的奇山密林或深山水库等导致的。而目前，旅游企业提供的旅游安全保障不全，比如救援队伍人员和设施配备、大学生旅游安全保险配备、危险区域的警示等方面与大学生群体有针对性的旅游需求不匹配，这无形之中也降低了大学生旅游的安全系数。

## 四 2019年大学生旅游安全的发展趋势与管理建议

### （一）2019年大学生旅游的安全趋势展望

随着社会各界对于大学生旅游安全问题的关注，旅游行业、高校及相关部门的有效配合，2019年大学生旅游将朝着更规范、更健康的方向发展，总体安全形势有望进一步提升。

1. 大学生旅游安全事故仍会呈现时间上的相对集中性

由于大学生群体具有相对宽松自由的时间，他们一般选择相对集中的节假日等闲暇时间出游，具有明显的时间集中性。从2018年事故的发生时间来看，在法定节假日、寒暑假、周末等特殊时段，相应的事故也呈现多发倾向。预计2019年大学生还是更倾向于选择法定节假日、寒暑假、周末等特殊时段出游，这些特殊时段仍是大学生旅游安全事故的高发期。

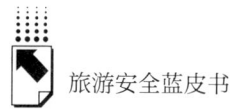

**2. 大学生旅游安全事故类型和风险隐患仍会呈现多样化和复杂化**

2018年,大学生旅游安全事故在事故类型、事故发生环节、事故发生场所等方面呈现多样化和复杂化。由于大学生游客群体的个体差异性,其在旅游意向和目的地选择上仍然会体现个性化的需求,2019年,大学生旅游安全事故仍将集中在各种自主和个性化的旅游活动上,诸如旅游环境因素、社会因素、气候因素、个体安全意识因素、个体安全技能因素等复杂多样的安全隐患依旧存在。

**3. 大学生旅游中误入传销组织的现象将愈发严峻**

2018年大学生旅游误入非法传销组织事件占比为29.63%。虽然各级相关部门对传销组织危害性都有及时宣传报道,但是针对大学生群体的引导教育还不够,更多局限于高校层面,导致大学生对传销组织的认知水平有限、防范意识薄弱,同时,缺少营造全民抵制非法传销的社会氛围,这无形之中也为传销"黑手"伸向大学生群体提供了更多的可能性,当然,传销组织不断"升级换代",也使其更具有欺骗性和隐蔽性。可见,2019年,大学生旅游中误入传销组织的现象将愈发严峻。

## (二)2019年大学生旅游的安全管理建议

**1. 旅游主管部门:构建完善的大学生旅游安全监管措施**

旅游对于大学生的求知和成才具有一定的推动性,各级部门首先应端正思想认识,以积极的态度看待大学生旅游行为。在此基础上,结合自身职能,积极协调旅游安全工作任务,明确各类业务分工,层层落实大学生安全旅游责任。第一,建立完善应急机制,定期安排对热门景区、危险地段进行安全排查,拟定好各种可行、详尽的安全预案,做到有人管、有人抓,及时将各种安全隐患问题处理在萌芽状态;第二,构建区域旅游安全信息平台,联合110、120、12315、119、12301等一级旅游投诉热线等平台,收集投诉意见和不安全信息,加强与高校、科研单位合作开展信息研判工作,制定安全管理方案;① 第三,

---

① 皮常玲、郑向敏:《基于域变视角的全域旅游安全管理体系研究》,《河南大学学报》(社会科学版)2018年第1期。

建立畅通的有效沟通机制，做到"旅游主管部门—高校—学生—家长"有效的信息沟通反馈，在事故发生时能够有效地联动互助，积极构建"社会联动、多部门协调、专业化监管"的旅游安全治理机制。①

2. 高校：创新大学生旅游安全教育内容和形式

高校应将大学生旅游安全教育纳入日常安全教育工作，创新旅游安全教育的内容和形式，提高安全教育的实效性。第一，将"旅游安全意识培养、安全技能训练、安全文化熏陶"三者有机结合，融入大学生旅游安全教育内容，设计并开展消防自救逃生演练、溺水体验、野外生存能力训练等针对性强的安全教育；第二，在教育形式上，要注重体验与互动参与，重视情境设计，可以结合仿真的训练活动，培养大学生各种旅游技能；第三，加强旅游安全宣传，充分利用网络、宣传栏、出版物等宣传大学生旅游安全注意事项、旅游地和旅游时间选择策略、历年发生的大学生旅游安全事故警示、紧急自救措施等，降低大学生旅游发生事故的概率。

3. 大学生群体：加强自我旅游素养提升

旅游素养是一个人在旅游过程中表现出来的个人素养，包括规范自己的旅游行为以及保护自身的旅游安全。② 大学生群体不同于大众群体，他们自我独立意识比较强，喜欢自助旅游，追求个性化，喜欢探险刺激的旅游活动方式，极易出现违规旅游、非法穿越等行为。因此，可以从理论学习和实践行动两个方面来加强自身旅游素养的提升。一方面，不断加强对文明旅游行为的学习和掌握，并将其作为自身道德修养评价的指标，内化于心，外化于行；另一方面，依托高校旅游协会等旅游社团组织，通过参与社团组织的学习和实践活动，互相学习进步，提高旅游安全防范意识。

4. 旅游企业：健全旅游安全保障体系

旅游企业是旅游安全工作的主体承担者，要做到让大学生安全旅游，必须有一套旅游安全保障体系。第一，旅游企业要注重旅游安全风险信息预

---

① 谢朝武：《强化暑假旅游安全重在风险防控》，《中国旅游报》2018年7月9日，第1版。
② 陈麦池：《国民旅游素养教育体系建纵论》，《四川旅游学院学报》2016年第1期。

警,加强旅游安全风险警示信息发布,可以通过在线旅游平台加强风险提示。对高风险项目的设施设备、高风险区域的安全警示标志等进行定期检查和更新,并配备专业医疗救援设施和引导人员。① 第二,针对大学生旅游时注重旅游体验、喜欢带有刺激和探险的旅游活动的特点,旅游企业应对所辖的旅游景点的线路和出行环境的安全性进行充分考察,要识别本区域的主要环境风险源,建立环境风险源档案库,注重游览环境、道路环境、大气环境的安全防控。② 第三,针对大学生在旅游过程中可能碰到的景区意外伤害、交通意外伤害、住宿人身伤害等,配套有针对性的大学生旅游保险,最大限度地化解大学生出游安全风险。

---

① 谢朝武:《我国旅游安全预警体系的构建研究》,《中国安全科学学报》2010年第8期。
② 谢朝武、申世飞:《旅游地环境风险对中国旅游突发事件的影响及其区域分布研究》,《地理科学进展》2013年第3期。

# B.23
# 我国旅游景区的安全管理研究

厉新建　陆文励　沈铮杰*

**摘　要：** 本文分析了我国旅游景区安全事故的类型及主要原因，阐述了我国旅游景区安全的现状与困局。旅游景区安全事故的原因主要分为旅游者因素、景区管理者因素和社会因素。强化景区安全管理，应加强旅游安全知识宣传教育，确保景区设施设备安全，建立旅游安全信息系统，健全旅游行政管理机制。

**关键词：** 旅游景区安全　安全事故　类型与成因　优化措施

## 一　我国旅游景区安全事故的类型及主要原因

### （一）我国旅游景区安全事故的类型

1. 自然灾害

自然灾害是指给人类生存带来危害或损害人类生活环境的自然现象。据统计，旅游景区较为常见的自然灾害大致可分为地质地貌灾害、气象灾害和其他自然灾害三种类型。地震、滑坡、泥石流等为常见的地质地貌灾害，洪

---

\* 厉新建，博士，北京第二外国语学院教授，研究方向为旅游经济发展战略、旅游经济与休闲经济、旅游企业跨国（境）经营等；陆文励，北京第二外国语学院旅游管理专业在读研究生；沈铮杰，北京第二外国语学院旅游管理专业在读研究生。

水、台风、冰雹等气象灾害也常有发生。景区内如果发生自然灾害，不仅会对景区内自然环境造成严重破坏，对旅游业造成毁灭性打击，而且会危及所有游客以及工作人员的生命安全，造成重大安全事故。由此可见，难以预见、不可避免以及产生巨大毁灭是这类事故的显著特征。

2. 旅游设施安全事故

游览设施安全事故是指服务设施以及游览交通等发生问题引发的安全事故。缆车索道失控、路面损毁以及救生衣破损等为常见的旅游设施安全事故。景区内的设施设备由于种类多、相对分散、投资较大且未能定期检查，极易出现设备老化、质量不合格、检修不及时等现象，另外有些设备为了配合景区整体的布局与协调，追求美观大于追求功能性与实用性，导致安全事故的发生。与自然灾害相比，旅游设施安全事故具有可预见性，可以通过人为监管、完善设施设备等手段得以有效控制。

3. 景区犯罪

由犯罪人员直接对景区游客实施危害其人身及财产安全的行为称为景区犯罪。这类事故对社会的负面影响较大。其主要类型有抢劫、欺诈勒索、贩毒，更为严重的甚至有暴力伤害等，这类事故往往发生在游客身心放松、警惕性不高的情况下，因此针对性强、涉及人群范围较广、发生频率较高。

4. 疾病事故

疾病事故是旅游行程中较为常见的事故类型。在景区中可能出现的疾病包括：由水土不服而引起的上吐下泻、天气炎热导致中暑、天气多变引起的感冒发烧和食物中毒，以及游客本身患有的疾病在景区突发等。疾病事故是游客自身体质原因造成的，涉及范围小，对景区的影响也小，但对于游客本身而言是一次糟糕的旅游体验。

5. 火灾与爆炸以及其他安全事故

这类事故的发生多是由于野外发生森林火灾以及景区设施线路老化、景区内储存不严格的易燃易爆品等。火灾爆炸事故的发生不仅会造成人员直接伤亡，还会造成景区内基础设施破坏、财产严重损失，甚至影响景区正常营业。景区内安全事故具有复杂性和突发性，往往存在意外的突发安全事故，难以预测。

自然灾害、旅游设施安全事故、景区犯罪、疾病事故和火灾与爆炸等都属于景区内旅游安全事故,现以 2018 年旅游景区内发生的典型安全事故为例进行分析,确定其安全事故类型,为后期预防与处理此类事故做准备。具体事故情况见表 1。

**表 1　2018 年旅游景区安全事件**

| 时间 | 地点 | 事件 | 安全事故类型 |
| --- | --- | --- | --- |
| 1 月 16 日 | 福建 | 厦门的赖先生和同事在漳州平和县灵通山游玩时,不慎摔倒,导致骨折。其同事立即拨打 110、119 报警求助。景区工作人员、公安、消防立即赶往现场救援 | 其他 |
| 4 月 21 日 | 广西 | 两艘龙舟在桂林市桃花江发生翻船,此次翻船共造成 57 人落水,17 人遇难,40 人被救起 | 旅游设施安全事故 |
| 5 月 30 日 | 安徽 | "合肥欢乐岛"游乐场内,一年轻女子赵某在玩"空中飞人"游乐项目时,不幸从十多米高处坠亡 | 旅游设施安全事故 |
| 6 月 25 日 | 四川 | 九寨沟持续强降雨,公路被淤泥阻断,道路坍塌,村寨里的很多民宅被泥石流冲击造淤堵,生产生活用品受损严重,景区村寨断水断电,严重影响居民生产生活 | 自然灾害 |
| 7 月 10 日 | 云南 | 两名游客在云南怒江州贡山县丙中洛镇拍照游玩时不慎跌落悬崖 | 其他 |
| 8 月 12 日 | 浙江 | 一位驴友在奉化溪口镇徐凫岩溯溪,不慎从 20 多米高的山崖滑落,经过 6 个多小时的救援,终于被送到山下 | 其他 |
| 9 月 10 日 | 台湾 | 一名男子晚间搭乘缆车,因钢索断裂,被卡在半空中,次日上午成功被直升机救出 | 旅游设施安全事故 |
| 10 月 28 日 | 安徽 | 一名约 50 岁的中年女性在登山过程中突然感到心脏不适,躺在路边无法移动,家人紧急拨打了报警电话求助 | 疾病事故 |
| 12 月 8 日 | 浙江 | 一群来自上海的驴友在浙江省黄店镇三峰山不慎走失。经过救援队近 11 个小时的艰难搜救,25 名驴友全部成功获救,无人受伤 | 其他 |

资料来源:笔者根据网络新闻报道整理。

## （二）我国旅游景区安全事故的主要原因

1. 旅游者因素

一方面，游客安全意识淡薄易造成安全事故。游客为了追求精神放松与娱乐选择去旅行，因此在旅途过程中极易因为放松警惕发生丢失钱财等安全事故；还会因为行为放纵随意丢弃烟头、野外烧烤等，这些行为正是火灾安全事故发生的主要原因。另一方面，游客为寻求与众不同的体验，甚至不顾及生命安全而去追求冒险刺激的活动，如挑战极限项目、从事探险旅游等一系列危险系数高的旅游活动，有些游客甚至为了追求更多奇而异的体验，不听从工作人员劝阻独自进行活动，导致安全事故发生。

2. 景区管理者因素

首先是景区工作人员数量不足。景区范围较大，旅游安全涉及方方面面，一些存有侥幸心理的管理者认为安全事故不易发生，同时也为了节省资金，在景区工作人员的雇用方面减少其数量，一个工作人员身兼多职，另外还会抽选毫无经验的工作人员进行景区管理，这些行为正是造成安全事故的因素。其次是不完善的安全体系。5月30日"合肥欢乐岛"内，赵某由于旅游设施问题不幸从十多米高处坠亡，正是由于多数旅游景区还没有建立完善的安全体系，不能把安全管理落实到日常中，如设施设备老化无法进行及时的检查修理等，才会发生这样的悲剧。最后是管理者的管理方法落后。目前我国多数景区使用监控及人员指引监管等方法来预防事故发生，无法与当今大数据相结合进行监管，对于事故发生的"盲点"更是容易忽略。

3. 社会因素

一方面由于相关法律法规有待完善，旅游安全在立法方面还存有较多需要补充的地方。一些有较高危险系数的热门特殊项目还未归入安全管理领域，这就使得旅游事故频频发生。另一方面是由于执行旅游安全管理法律法规的力度有待增加，多种原因导致已有的法律法规在景区未能得到很好的落实，因此存在的安全隐患较多，这直接给游客带来了危险。

## 二　我国旅游景区安全管理的现状与困局

### (一)我国旅游景区安全管理现状

1. 游客安全意识薄弱

随着经济的发展，旅游业已经成为人们生活不可缺少的一部分，但由于我国旅游业起步较晚，人们对于旅游景区的安全意识不足，而且许多游客对游乐活动场所的安全隐患不甚了解，甚至一些游客在旅游活动中松懈大意，对安全提示漠不关心，把游览规则置之度外，没有做好充分准备就盲目活动、冒险活动，如擅自闯入未开发的地区进行游览、在景区内野炊等以至于酿成安全事故。正是由于游客缺少安全意识，一些本应避免的伤害时常发生，造成了我国旅游景区安全事故频发的现状。

2. 景区相关设施老化

虽然安全工作是景区建设及发展的重要内容，但许多景区由于建设较仓促，安全工作还不够细致，其中不乏一些小众景点为了追求发展，没有处理好生产与安全、效益与安全以及发展与安全的关系，这就出现了景区设备不足、设施老化等安全隐患。

为了追求高效益与低成本，景区管理人员未能及时检查相关设施，出现设施老化却得不到更换的现象，正是景区管理者的这种侥幸心理为安全埋下了隐患。这同时也说明了景区管理人员对安全事故的严重性认识不足，缺乏敬业精神，为了自己私欲而置游客的生命财产于不顾。

3. 相关法规执行不足

旅游景区安全事故多发的原因在于景区安全工作分配不明确、有关法律法规执行力度不够强以及相关安全防护不到位等。相关法规执行力度不足以及防护措施不到位都是事故频发的原因。目前我国针对景区安全问题不断调整相关法规，但景区由于各种原因不能完全执行。未能将景区具体情况与法规全面、深入结合，未能找出安全隐患源头而制止，未能按规定完成各项防

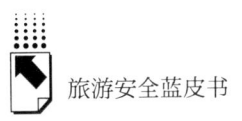

护措施的建设是目前限制景区发展的严重阻力。

有些景区相关法规执行不足且技术手段落后,以至于监管工作不能及时到位。目前有些景区甚至没有专门的安全监管机构,为了应对上级检查而临时组建安全检查队伍,并宣称对应法律法规已按要求执行,一旦检查结束便自行解散队伍,相关法律法规仍如摆设,不能按照要求执行相关规定和没有采取整治和防治措施导致景区安全存在较大隐患。

4. 生态安全问题严重

首先,旅游景区开发建设以规划方案为依据,因此规划方案的成功与否直接影响景区未来的发展。一些开发商为了迎合市场潮流、实现经济效益最大化,在不考虑实际情况、过度满足游客喜好的条件下盲目对景区进行商业开发,正是这种不尊重自然、不结合当地风土人情的做法使景区生态环境面临严重的安全问题。其次,一些景区管理者在保护环境和经济收益冲突时,往往会选择先收益后治理的方式,景区未能严格控制客流量从而导致景区容量超载,这就使脆弱的生态系统严重不平衡。最后,工作人员对生态环境管理不善将导致旅游景区污染严重,同时游客对于一些稀缺和不可再生资源的破坏将严重扰乱景区生态平衡,"少丢一片垃圾,少摘一枝花,少刻一个字,文明旅游"标语时刻提醒人们生态平衡的重要性。

### (二)我国旅游景区安全管理困局

1. 门票价格下降带来安全威胁

2018年6月29日,国家发展改革委发布了《国家发展改革委关于完善国有景区门票价格形成机制降低重点国有景区门票价格的指导意见》,以利用国家级风景名胜区、国家级自然保护区、全国重点文物保护单位、国家公园等公共资源建设,旅游景区质量等级评定为5A级,且现行价格水平较高的国有景区为重点,降低偏高门票价格,并积极推动4A级及以下国有景区降价。由于门票收入占旅游景区收入的重要部分,因此门票价格降低将导致景区收入锐减。在此情况下,景区管理者为了增加收入、降低成本可能会采取裁员、减少购买设施设备或减少维修检查的资金投入等措施,这就导致安全维护人员减少、娱乐设施设备老化等问题,给景区安全带来潜在威胁。

2. 夜间经济发展干扰景区秩序

随着社会经济的不断发展,白天工作、晚上休息的传统作息模式已被打破,夜晚成为人们消费的重要时间段。全国各地为推动夜间经济发展,近期纷纷出台相关意见及文件,这对夜间旅游发展起到了良好的政策性带动作用。但夜间经济的发展对于景区来讲存在一定程度的安全威胁。夜间经济通常指从下午6点到次日早上6点所进行的经济文化活动,由于景区空间范围有限,在人流较大的情况下容易造成拥堵,不仅使景区混乱加剧,在夜间灯光不足的情况下踩踏事件也极易发生,而且还增加了偷窃、盗窃、抢劫以及暴力伤害的可能性,同时夜晚的烟花爆竹和灯光秀等娱乐活动也使火灾发生概率增高。

## 三 我国旅游景区安全管理的优化措施

### (一)加强旅游安全知识宣传教育

旅游安全事故具有突发性、不可预见性、破坏性等特点,但如果拥有良好的安全意识和安全知识,则可以防患于未然,最大限度地减少甚至避免人们受到人身财产伤害。关于旅游安全知识方面的宣传教育,要面向旅游者、旅行社、景区、从业人员等相关单位和人员。

一方面,可以举办旅游安全宣传活动,强化旅游者的安全意识。在日常生活中,旅游景区积极组织举办旅游安全相关活动,设立旅游安全咨询台,以增强游客旅游安全意识,提高防灾救灾能力。可以在景区入口放置宣传展板,向进入景区的游客展示旅游安全法律法规、旅游安全自救知识等。认真解答游客提出的有关旅游安全的各种问题,讲解有关旅游安全的防范措施,并向游客发放旅游安全手册、宣传单等。在游客游览过程中,通过在景区内设立的相关告示和解说牌提醒游客加强安全意识,听从相关工作人员的安全提醒,不进行冒险性活动,不做出格的举动。

另一方面,景区相关部门可以进行安全技能培训,加强相关从业人员的安全意识。对旅游从业人员而言,除了在相关旅游活动前需要进行安全宣传与提醒,自身还应了解紧急救助办法以及应对突发事故的应急措施,因为游客在游玩过程中可能处于放松状态,但相关从业人员需要时刻保持安全警惕状态以应对突发情况,面对突发的旅游安全事故,相关从业人员需要具备较强的心理素质和事故处理技能。因此对从业人员来说,不定期进行安全技能培训和时刻保持安全意识显得尤为重要。为提升旅游从业人员应急处理能力,景区要定时进行安全事故应急能力培训,以及时发现潜在安全隐患,妥善应对突变事故,积极采取妥善应急措施,做到时时有预防、人人有意识、事事有预案。

### (二)保障景区设施设备安全

为加强景区安全管理,需要对旅游景区外部的交通要道、景区内部的相关道路进行定期检查并维护相关设施,及早发现并排除潜在的道路安全隐患;对景区内的建筑实行定期检查、不定期抽查,确保消防器材等安全设施处于良好状态;对于特种旅游项目如高空索道、蹦极、山地车等特种设备,工作人员应每日检验其安全性,确保做好相应的安全管理工作,并及时更换老化的设施。

通过信息管理、安全预警、应急救援三大子系统对景区安全进行实时把握,从而建立科学性、系统性、综合性的智慧型旅游景区设施设备安全预警系统;还可以通过视频监控系统、广播系统、景区客流量采集系统、道理监控系统、防火系统、应急救援系统等形成多方位、全天候设施设备安全监控。

### (三)提升夜间景区安全

夜间经济的发展给景区提供了新的利益增长点,但也为景区夜晚的安全管理提出了新的挑战。夜晚景区不同于白天景区,景区在各类灯光的渲染下更有氛围,人们身心很容易沉醉在这种氛围中,而人们的警惕性在此时也大大下降,因此提升景区夜间管理能力显得尤为重要。

首先，夜晚景区的开放在空间上应展现出集中性，游客所参观的空间应集中于某几个景观点，这些景观点应尽可能靠近景区大门或旅游服务区，以便于景区对游客进行集中管理和疏散，保障游客的安全。

其次，景区在时间上要体现合理性，除特殊情况外景区不应开放至过晚时间，应尽可能在23点前结束。虽然游客在夜晚心理比较兴奋，但游客乃至工作人员的身体都呈现疲惫状态，在此种情况下游客可能由于自身疏忽出现不必要的安全事故，同时熬夜对于人的身体健康影响较大，不利于人的健康发展。

### （四）多渠道应对门票价格下降

景区门票是景区收入的主要来源，就目前景区门票下降的情况而言，很多中小景区光靠自身可能难以维持日常经营，在资金不足的情况下，景区可以通过共赢、融资、众筹等方式来应对门票价格下降。如景区和当地的企业乃至高校形成一个整体，企业为景区提供相关的信息数据以便景区进行更好的智能安全预测，从而降低景区自己采集数据的支出；高校可以为景区培养管理人才，从而减少景区自身培养人才的成本；而景区能为企业提供实时精确的数据，以便让企业面对市场变化时做出更及时的反应；针对高校，景区可以为其提供课题调研场所。这种多方合作方式使景区、企业以及学校达到共赢局面。景区还可以充分利用国家政策，进行政策性信贷融资，如将景区部分土地使用权、开发经营权等资产作为抵押向银行进行融资；再者在互联网平台上采取众筹模式，直接面向广大网民进行筹资，实行风险共担。

### （五）组建高效旅游安全信息系统

目前旅游安全信息系统较为薄弱，没有引起足够重视。在大数据时代，旅游景区应与相关公司进行合作，并与公安、交通、医院等各单位进行大数据共建共享，联合建立起旅游安全大数据平台，形成全方位、全覆盖的安全信息网络，为预防、解决问题提供技术基础。

同时做到旅游安全统计数据公开化、透明化，向社会公众和政府部门公

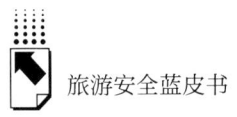

开数据。通过用旅游安全数据发声,提醒旅游者提高防范意识。在政府部门方面,应引起有关管理部门的重视以加强安全监督,做到防患于未然,尽可能降低安全事故的发生概率。在景区安全监控方面,通过在重点区域和偏僻地段设立电子监控装置,增加景区安全保障设施,并让相关人员加大巡逻检查的力度,确保安全监控设备始终处于正常的工作运行状态,做到及早发现、及早处理。

### (六)建立健全旅游行政管理机制

景区要优化行政管理机制设计,设立专门的旅游安全管理机构。通过加强景区自身内部体制建设,强化安全管理职能,确保旅游景区安全有效运转。建立健全旅游安全行政管理体制,明确各岗位职责,优化行政管理机制,合理划分权限,保障各项工作的顺利完成,形成高效、完善的旅游行政管理机制。

通过设立景区安保部门,加大对景区巡逻保卫的工作力度,以增强景区安全性,同时确保在事故发生后相关工作人员能在第一时间赶到现场进行事故处理;成立安全小组,协调各部门在安全工作中的关系,做到安全工作的全面统筹规划,明确各部门自身的管理责任。安全小组应定期召开全体会议,相关负责人听取有关事项的汇报,讨论当月的旅游工作问题,并确定下一阶段的工作计划,以确保有效开展、落实景区相关安全工作。

**参考文献**

[1] 谢丹:《旅游景区安全管理再思考》,《太原城市职业技术学院学报》2018年第4期,第30~32页。

[2] 彭秀国:《我国旅游景区安全问题浅析》,《科技创新导报》2012年第10期,第247页。

[3] 国家发展改革委:《国家发展改革委关于完善国有景区门票价格形成机制降低重点国有景区门票价格的指导意见》,2018年6月29日。

# B.24
# 邮轮突发事件应急处理研究
## ——以霸船事件为例

叶欣梁 梅俊青[*]

**摘　要：** 随着国内邮轮旅游产业的井喷式发展，邮轮霸船事件时有发生。"霸船"属于非法留置船舶，是一种海事侵权行为。本文研究国内近年来出现的邮轮霸船事件，全面分析事件的主要经过和导致事件的诸多因素，深层次剖析国内发生霸船事件的根源，归纳总结国内在处理此类事件中的缺陷以及为处置此类事件需要在响应机制上做的工作，进而有针对性地建立响应机制。

**关键词：** 邮轮旅游　霸船事件　突发事件　应急机制

## 导　言

中国邮轮市场进入稳健增长阶段，在2018年全年，我国邮轮旅游市场接靠邮轮达976艘次，接待出入境邮轮游客数量达488.6万人次，母港邮轮艘次依然占有绝对比例，达898艘次，母港出入境邮轮游客数量达471.4万人次。近年来全国邮轮港的突发事件增多，尤其以霸船事件最为典型（见表1）。为了有效应对邮轮行业霸船纠纷，应建立相关部门共同参与的邮轮

---

[*] 叶欣梁，上海工程技术大学教授，硕士生导师，研究方向为旅游风险管理、邮轮经济等；梅俊青，上海吴淞口开发有限公司研究员，研究方向为邮轮经济。

霸船事件紧急联动机制及日常运营监管机制，引导游客树立正确消费观和维权观，增加对游客告知义务，完善邮轮保险理赔体系，加强邮轮公司自身安全管理。

表1　2018~2019年邮轮突发事件赔偿案例

| 序号 | 时间 | 突发事件 |
| --- | --- | --- |
| 1 | 2019年2月25日 | 皇家加勒比"海洋量子"号邮轮因受恶劣天气影响，登船时间延误3小时(含)以上(不足8小时)，赔偿每位被保险人人民币50元。 |
| 2 | 2019年2月20日 | 皇家加勒比"海洋量子"号邮轮因受恶劣天气影响，返程抵港延误3小时以上(不足6小时)，每人最高赔偿人民币300元。 |
| 3 | 2019年2月20日 | 歌诗达"新浪漫"号邮轮因受故障维修影响，菲律宾一个港口停靠取消，赔偿每位被保险人人民币400元。 |
| 4 | 2018年10月7日 | 皇家加勒比"海洋量子"号邮轮因受恶劣天气影响，登船时间延误3小时(含)以上(不足8小时)，赔偿每位被保险人人民币50元。 |
| 5 | 2018年10月05日 | 地中海"辉煌"号邮轮因受恶劣天气影响，行程缩短一天，赔偿每位被保险人人民币700元。 |
| 6 | 2018年10月1日 | 皇家加勒比"海洋量子"号邮轮因受恶劣天气影响，返程抵港延误3小时以上(不足6小时)，每人最高赔偿人民币300元。 |
| 7 | 2018年10月02日 | 喏唯真"喜悦号"邮轮因受恶劣天气影响，行程缩短一天，赔偿每位被保险人人民币700元。 |
| 8 | 2018年9月27日 | 歌诗达"大西洋"号邮轮因受恶劣天气影响，两个港口重大变更，赔偿每位被保险人人民币400元。 |
| 9 | 2018年9月25日 | 地中海"辉煌"号邮轮因受恶劣天气影响，日本大阪港口停靠取消及福冈停靠时间缩短，赔偿每位被保险人人民币700元。 |
| 10 | 2018年8月21日 | 歌诗达"赛琳娜"号邮轮因受恶劣天气影响，港口停靠时间缩短3小时(含)以上(不足6小时)，赔偿每位被保险人人民币300元。 |
| 11 | 2018年7月29日 | "盛世公主"号邮轮因台风封港，返程抵港延误6小时以上，每人最高赔偿人民币600元。 |
| 12 | 2018年8月20日 | 皇家加勒比"海洋赞礼"号邮轮因受恶劣天气影响，过夜的熊本港口无法停靠。 |
| 13 | 2018年8月19日 | "盛世公主"号邮轮因受恶劣天气影响，长崎港口取消，停靠时间缩短。 |

数据来源：环亚邮轮保险。

# 一 邮轮突发事件典型案例

邮轮旅游是近几年新兴的海上旅游方式，在邮轮航行过程中，如遇到不可抗因素的影响，由于邮轮游客对处理规则并不了解，就容易导致群体性事件发生，其中较为典型的就是"霸船事件"。因此，游客是引发邮轮突发事件的重要因素之一。在突发事件中，以"霸船事件"和"扣船事件"最具代表性，对其研究具有较大的价值。

## （一）丽星邮轮"处女星"号突发事件

2018年7月，丽星邮轮"处女星"号前往日本那霸及大阪，行程为6天5晚，由于受到巴比仑台风的影响，那霸港关闭，船方告知将更改行程至石垣岛，实际停留石垣岛的时间仅有4小时，并且航行中途又因游客身体不适再次更改航线，使得停留大阪的实际时间仅有6小时，船上的泳池也只开放1天，游客十分不满，霸船抗议。为了降低对本航次游客后续行程的影响，船长提供免费接驳交通服务，并针对有需要的游客免费提供一晚邮轮住宿，提供需更改返程机票的游客每位1500元的补偿，向游客致歉后，船上游客全部下船。

## （二）诺唯真游轮"喜悦号"突发事件

2018年3月，本该从吴淞口邮轮港起航的诺唯真游轮"喜悦号"，因为大雾黄色预警，港口封港，邮轮一直滞留在邮轮码头，无法正常开船，而邮轮上的游客，高唱国歌，大闹邮轮前台，推搡安保人员。在长江口抛锚的天海邮轮"新世纪号"，还要等待"喜悦号"离开后进港迎客，3月28日，诺唯真游轮发出通知，"喜悦号"航线被迫更改，取消长崎港，改为海上巡游。根据旅行社提供的保险名单，在每个航次出行前，均为每位游客购买了"太平洋邮轮旅行保障计划"，由不可抗力导致行程受到影响的游客均能获得相应保险赔付。这次维权事件，再次体现邮轮旅行购买保险的重要性。

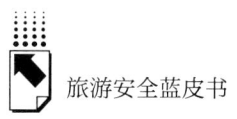

旅游安全蓝皮书

## 二 国内外邮轮突发事件法律法规

### （一）国外邮轮突发事件法律法规

根据《国际邮轮乘客权利法案》的相关规定，游客主要是通过旅行社等票务代理机构进行购票的，因此游客难以索取邮轮公司的直接赔偿。在德国《民法典》中有相关条文规定，旅游经营人包含具有法人资格的经营主体，也包含提供旅游服务的一般市场主体，都要对其游客负责。在意大利《航海法典》第7条中规定，船舶所有人要依据船旗国的法律法规做好对船长和船员的管理。美国《2010年邮轮安全法》对邮轮基本设施有一定的要求，如邮轮船舶甲板护栏的高度要超过1米，形成对游客安全的有效保护，降低游客落水的风险。通过对国外邮轮突发事件法律法规研究，建立和完善有效的霸船事件多元解决机制，对促进邮轮旅游和谐健康发展有重要作用。

### （二）国内邮轮突发事件法律法规

《中华人民共和国海商法》第107条提出，海上旅客运输合同是指承运人以适合运送旅客的船舶经海路将旅客及其行李从一港运送至另一港，由旅客支付票款的合同。在突发事件发生时，《中华人民共和国旅游法》对旅游突发事件的旅行社应急响应机制做出了一定的要求。《上海市邮轮旅游经营规范》提出做好邮轮游客安全的保护工作，减少各类影响游客安全的风险。在处理突发事件的过程中，由于母港邮轮游客绝大部分是中国游客，邮轮公司要及时以中文等语言通过船上广播、电子屏等告知游客行程延误或变更信息，邮轮公司和旅行社要做好各方面的信息沟通，强化与游客的交流，安抚好游客的情绪，并积极做好应急方案的制定工作。

## 三 邮轮"霸船事件"法律分析

在中国邮轮市场造成"霸船事件"的因素较多，例如不良天气导致的邮轮靠离港延误、航线变更，与游客原有的期望差别较大，游客为开展邮轮旅游付出较大的代价和机会成本，并且对相关的国际法规并不熟悉，为了更好地保护自己的权益或想通过有意闹事得到更多的赔偿，从而聚集大量游客造成"霸船事件"。

### （一）游客"霸船事件"于法无据

据国际海洋法、海事规则等，船长是主要责任人，有权利根据客观情况做出靠港或不靠港的决定，在邮轮航行过程中，船长拥有完全的处置权利，这是船长的法定权利。当遭遇台风等恶劣天气时，船长有权选择更换码头靠岸或在判断为不安全的情况下拒绝登陆。这其实都是出于对游客与船上工作人员人身安全的考虑。按照邮轮国际惯例及我国相关旅游法规的规定，对于不可抗力导致的航程变更，邮轮公司无须承担责任和给予赔偿。因此邮轮公司为了安全考虑而采取的合理措施，不能成为旅客霸船的依据。

### （二）邮轮霸船危害港口安全管理

由人为因素造成的邮轮霸船，已经破坏了港口的公共秩序。按照《中华人民共和国治安管理处罚法》的规定，对于扰乱车站、港口、码头、机场或者其他公共场所秩序的，扰乱船舶或者其他公共交通工具上的秩序的，影响交通工具正常行驶的，处警告或者二百元以下罚款；情节较重的，处五日以上十日以下拘留，可以并处五百元以下罚款。由此可见，"霸船行为"实际上是一种违反治安管理条例的行为，甚至会危及公共安全。

### （三）邮轮旅客超期滞留与出入境管理的法规相悖

在邮轮实践中，邮轮港的边检制度与航空港边检制度完全相同，邮轮航次结束后要进行"清港"，不允许游客滞留。根据2013年7月1日生效的《中华人民共和国出入境管理法》第51条的规定，交通运输工具负责人或者交通运输工具出境入境业务代理单位应当按照规定提前向出入境边防检查机关报告入境、出境的交通运输工具抵达、离开口岸的时间和停留地点，如实申报员工、旅客、货物或者物品等信息。邮轮运输即将终结本次航程时，邮轮负责人或其出境入境代理单位会向出入境边防机关报告旅客人数、到达时间及入境时间等相关信息，出入境边防机关将会安排相关人员做好出境入境手续。游客霸船的行为无疑会冲击边防检查的秩序，同时会造成后续的旅客无法出境登船，从而违反了出入境管理的法律规定。

### （四）邮轮霸船违背游客一般义务性规定

《中华人民共和国旅游法》第79条也明确规定，旅游经营者应当严格执行安全生产管理的法律、法规和国家标准、行业标准，需要具备相应的安全生产条件，需要制定旅游者安全保护制度。当邮轮公司因为天气原因等不可抗因素改变预定行程时，邮轮船长出于游客与船上人员人身安全的考虑，选择更换码头靠岸或限制旅客离船上岸观光，这不仅是航运惯例，也是邮轮公司履行《中华人民共和国旅游法》中安全性保护义务的规定。《中华人民共和国旅游法》第67条明确规定，合同不能继续履行的，旅行社和旅游者均可以解除合同。合同解除的，余款将退还旅游者；危及旅游者人身、财产安全的，旅行社应当采取相应的安全措施，因此支出的费用，由旅行社与旅游者分担。

### （五）邮轮霸船影响邮轮相关企业的合法利益

在我国，"重实体、轻程序"历来是法治建设之痼疾，老百姓在主张自己权益时，往往只想到自己的利益受损，要用法律来维护自己所谓权利的实体公正性。根据合同相对性原则，与旅客签订旅游服务合同的是旅行社，而不是其选择的合同履行辅助人邮轮公司。霸船实为"过度维权"，是"不轨旅客"以破坏公共秩序为代价来争取自己的权利，以牺牲别人的正当利益来满足自己的利益需求。邮轮旅游纠纷完全可以在《中华人民共和国旅游法》的框架下通过正当途径解决。

## 四 邮轮"霸船事件"的解决路径

邮轮霸船事件，从游客角度而言是为了更好地维护自身的权益，减少自身的损失，但对邮轮公司的正常运营造成不良的影响，同时也对邮轮港口的安全造成威胁，并且造成不良的社会影响。在对邮轮霸船行为进行批评的同时，需要寻求更好的解决办法。因此，本文从下几个方面对邮轮霸船问题提出可行的解决途径。

### （一）完善处理突发事件的法律法规

由于邮轮在我国属于新兴事物，现有的法律法规缺乏有关规定，即使在邮轮游客霸船的过程中，我国执法人员也无法可依，在没有外方船长的邀请下无法登轮执法。目前我国执法人员采取的主要途径是，前期与船方进行沟通，在无法和解的情况下，将邮轮游客赶下船，在游客进入邮轮港廊道后，我国公安执法人员就可以行使执法权。但这种方式依然不是较为良好的办法，主要的原因在于现有的法律法规尚未对邮轮霸船事件有明确的规定。因此，我国应该逐步完善邮轮运营安全保障方面的法律法规，从而更好地提升霸船事件解决的可行性和效率。

### （二）塑造邮轮企业诚信与行业自律

首先要加强互信自律。在解决霸船问题上，一方面可借鉴航空旅客黑名单制度，构建邮轮旅客诚信档案制度，将此记录与个人征信记录相关联，加强社会公众的监督；另一方面，中交协邮轮游艇分会（CCYIA）做好邮轮企业的行业自律工作，诚信经营。另外，消费者协会与中交协邮轮游艇分会应共同打造信息披露制度。参考《国际邮轮乘客权利法案》，要求在中国从事邮轮旅游的邮轮公司，如因故障取消全部航行，乘客有权要求全额退款，如航行因故障提前结束，乘客有权要求部分退款。应充分发挥行业协会的引导促进作用，强化对邮轮游客满意度的调研，为将开展邮轮旅游的游客提供

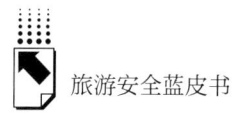

更好的指导,应加强诚信体系建设,对邮轮公司、旅行社及相关服务机构建立诚信评级,使游客在服务选择方面可以得到更好的指引。

### (三)建立风险基金保障制度

邮轮旅游作为新兴海洋旅游方式,相比传统的陆上旅游,邮轮旅游还有各种各样的海上风险,并且这种风险具有较高的不确定性,由风险带来的各项损失也是较大的,因此,有必要联合国际邮轮公司、旅行社及邮轮港口等建立邮轮风险基金。邮轮"霸船事件"是邮轮公司面临的主要风险之一,邮轮公司要对游客进行赔偿,由于游客较多,邮轮公司承担较大的风险成本。邮轮公司不仅要承担较大数量的资金成本,而且需要承担较大的企业声誉损失成本。设立风险保障基金可以将邮轮"霸船行为"纳入其中,减轻邮轮公司的风险压力,同时也减少游客的损失。

### (四)完善邮轮旅游保险产品体系

当前针对邮轮旅游保险的产品体系逐渐丰富。环亚保险经纪于2016年推出的上海市邮轮取消延误综合保险第一次创新运用保险市场化手段,协助邮轮旅游纠纷应急处置,填补了上海国际航运服务的空白。环亚保险经纪在吴淞口国际邮轮港设立了现场理赔服务点,为客户提供面对面的保险服务。江泰保险经纪公司设计的"邮轮旅游专属保险"产品,针对邮轮旅行中的特殊风险——邮轮靠港时间缩短、停靠港口取消、抵港时间延误进行产品设计,打破其他保险公司必须在出发5日前投保的限制,网站端团险产品支持最早次日起保,App端个险产品支持最早隔日起保,更符合邮轮行业收客和操作惯例。

## 五 结论

邮轮霸船已成为邮轮旅游发展的实质障碍,霸船维权实际是一种过度维权,并且可能构成损害他人利益的违法式维权。应建立相关部门共同参与的邮轮霸船事件紧急联动机制及日常运营监管机制，制定邮轮霸船事件应急预案；按照国际惯例，完善邮轮业法律法规；制定全国范围内的专门邮轮旅游合同，约定旅游社先行赔付及邮轮公司赔付金额标准等处置方式。此外，应从引导游客树立正确消费观和维权观、增加对游客告知义务、完善邮轮保险理赔体系、借助海仲调解、完善邮轮旅游投诉处理机制、加强邮轮公司自身安全管理、加强邮轮船员培训等方面提出有针对性的对策建议，促进我国整体邮轮旅游环境的健康发展。

## 参考文献

［1］刘裕宁：《美国有关邮轮旅客权益实践研究》，《法制与社会》2019年第4期，第208~209页。
［2］孙思琪、金怡雯：《邮轮休闲娱乐服务经营者的法律地位与责任承担》，《旅游研究》2019年第11（1）期，第85~98页。
［3］陈琦：《邮轮旅游法律规制的理论困境与制度因应》，《大连海事大学学报》（社会科学版）2018年第17（6）期，第9~15页。
［4］谢振衔、陈琦：《论涉外邮轮旅客人身损害赔偿法律适用的困境与克服——兼评上海海事法院最新判决"羊某某邮轮溺水案"》，《大连海事大学学报》（社会科学版）2018年第17（5）期，第10~14页。
［5］陈风润：《邮轮旅游本土化进程法律协调之困与因应选择》，《法学杂志》2018年第39（9）期，第114~121页。
［6］王益澄、方茹茹、马仁锋、袁雯、张悦、金邑霞：《中国邮轮旅游研究回顾及其人文地理学视域前瞻》，《宁波大学学报》（人文科学版）2018年第31（5）期，第75~82页。
［7］孙思琪、金怡雯：《邮轮旅游航程变更：法律规制、立法进展及司法实践》，《大连海事大学学报》（社会科学版）2018年第17（4）期，第13~23页。
［8］谢玲玲：《从邮轮承运人责任角度探讨旅客权利保护》，浙江大学学位论文，2018。
［9］谢忱：《我国涉外邮轮侵权纠纷法律适用研究》，《山东警察学院学报》2018年第30（3）期，第39~50页。
［10］刘玉婷：《我国邮轮母港建设管理法律制度研究》，海南大学学位论文，2018。
［11］王嘉郁：《邮轮游客权益保障机制研究》，海南大学学位论文，2018。

［12］秦锴：《邮轮公司法律责任研究》，海南大学学位论文，2018。

［13］吕方园、郭萍：《邮轮霸船之法律考量——以〈旅游法〉为分析进路》，《旅游学刊》2014年第10期，第108~115页。

［14］郭萍、吕方园：《邮轮霸船：维权抑或霸权》，《理论与现代化》2013年第5期，第40~45页。

# B.25
# 旅行社对游客安全教育引导体系的建构

吴春安 谈天然*

摘　要： 游客旅游安全素质不高是旅游安全事故与事件频发的重要原因。旅行社作为组织游客开展旅游活动的重要媒介，对游客进行安全教育和引导显得尤其重要。基于此，本文分析了旅行社对游客安全教育的必要性，以及面临的困境与难题，并从旅行社对游客开展安全教育的主体、过程、方法及途径等方面建构了旅行社安全教育引导体系。本文提出，旅行社应该强化游前知识培训、游中秩序维护与警示、游后行为引导，并通过安全宣传教育、安全口诀教育、安全演练教育、公众参与性教育等方式提升游客安全素质。

关键词： 安全教育　体系构建　旅行社

中国旅游业正进入高速发展的关键期，但频发的旅游安全事故给旅游业的健康发展带来巨大挑战。国内外已有的经验和教训表明，游客的安全意识薄弱、安全技能匮乏是旅游安全事故的重要引致因素。同时，由于旅游目的地风险因素的多样性、游客出游活动的异地性，仅依靠政府的风险提示和市场监管很难保证游客在旅游过程中的生命财产安全不受侵扰。旅行社是游客开展旅游活动的重要组织者，不仅能够在游客出游前、出游中和出游后三个阶段强化游客的安全态度和安全意识，也能够通过严格的游客管理和监控体

---

\* 吴春安，华侨大学旅游学院研究员；谈天然，华侨大学旅游学院旅游管理专业研究生。

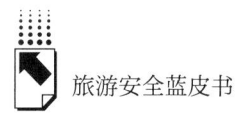

系，在旅游安全事故中做到事前有效预防和事后妥善处置。因此，旅行社建立完善的游客教育体系，通过科学实施涉及游前、游中和游后三个阶段的游客安全教育，引导游客从抵制约束、被动服从转变为主动遵守，强化游客的安全素质和安全行为。本文分析了旅行社对游客安全教育的必要性，总结了旅行社对游客安全教育的困境与挑战，构建了面向游客的集安全教育主体、安全教育过程、安全教育方法和教育途径于一体的旅行社安全教育引导体系，以促进旅游业的可持续发展。

## 一 旅行社对游客安全教育的必要性

### （一）对游客安全教育的重要性日益突出

游客安全是旅游业发展的重要基础，在旅游业高度发展、旅游风险规模化的复杂背景下，对游客进行安全教育的重要性也日益突出。2017年，中国旅游人次已经突破55亿人次，游客消费水平也迅速提高。在高速发展的背后，旅游业发展也饱受安全问题的困扰。其中，游客安全意识薄弱、自救技能不足是旅游安全事故和事件发生的重要原因。这表明，游客安全教育应当得到国家和产业的重视，对游客进行安全教育的重要性也日益突出。

### （二）游客安全教育是法规政策的基本要求

2015年5月正式实施的《旅行社行前说明服务规范》对于旅行社行前说明的形式、内容进行了更为详细的规范。其中，旅行社应当详细告知游客突发事件的处理流程、与旅游地和旅游行程相关的重大安全警示、旅行社的紧急联络信息以及有助于保护游客安全的其他信息。同时，导游等旅游从业人员在旅游过程中对游客进行风险提示、安全技能教育，保障游客合法权益等是《中华人民共和国旅游法》《导游管理办法》等法律法规的基本要求。因此，旅行社构建面向游客的安全教育体系是响应国家法规政策的基本要求，是旅行社履行主体安全责任的重要体现。

### (三)旅行社对游客安全教育的特殊性

从旅游活动的组织来看,旅行社作为包团旅游的组织者,是游客外出旅游安全的保障主体。从安全教育的便利程度来看,在游客出游前的行程说明会中,旅行社可对游客的安全知识、安全技能进行普及教育。同时,旅行社的导游人员也能在游前、游中、游后等阶段对游客安全开展安全教育,对旅游目的地环境中可能存在的风险隐患进行即时教育,提高游客的安全知识和安全技能水平。从安全教育的效果来看,旅行社对于游客旅游活动的组织和安排具有"团进团出"的特征,能将旅行团游客集中起来进行安全教育,具有速度快、效率高、影响范围广等特点。

## 二 旅行社对游客安全教育存在的困境与难题

### (一)旅游安全事件的频发性与复杂性

旅游安全事件的频发性及其成因的复杂性对旅行社面向游客开展安全教育具有较大的影响。从旅游安全事件的类型来看,涉及旅行社和游客的安全事件覆盖了自然灾害、事故灾难、公共卫生事件、社会安全事件等各种事故类型,旅行社必须对不同事故类型展开有针对性的安全知识普及、安全技能培训和应急规范教育。同时,旅行社从业人员安排不当、导游人员服务操作不规范、旅游地风险隐患等都会引发旅游安全事件,游客在出游前、出游中和出游后所面临的风险要素也不尽相同,旅行社如何展开有针对性的风险调控是一个亟待考虑的问题。此外,旅游安全事件的结果往往都是群死群伤,在危机情境中对于游客、导游的应急处置能力和自救能力要求较高,这对于旅行社的安全教育内容、安全教育形式也提出了更高的要求。

### (二)游客安全意识薄弱与安全技能匮乏

目前游客在旅游安全意识和自救技能上存在诸多问题。第一,游客对于旅游安全的重视程度不足。游客外出旅游时对安全问题的敏感性和重视程度与惯常生活环境中具有较大差别。部分游客可能存在侥幸心理，为追求新奇、刺激的旅游体验，对导游、旅游地的风险提示视而不见。第二，游客对旅游目的地的安全状况了解不够。目前，游客对目的地的安全认知在很大程度上来自网络游记和旅游攻略，但是网络上充斥着虚假、与实际不符的描述和报道。同时，在精彩游记和照片的引导下，游客往往忽视了对于旅游目的地风险隐患的关注，也难以有针对性地了解应急自救知识。第三，游客的安全技能匮乏。攀登、徒步、蹦极、滑翔等高风险旅游项目对于游客的安全技能、体质能力和精神状态具有较高的要求，未经过系统培训的游客在旅游过程中往往缺乏冷静思考，在发生安全事故时也不能采取自救。为此，参团游客安全素质整体水平较低给旅行社面向游客群体进行安全教育带来了很大的难题。

### （三）旅行社导游人员的安全素质不高

导游人员是旅行社对游客展开安全教育的重要行动者，导游人员的素质直接关系到旅行社的安全教育成效，也关系到旅游安全事件的处置成效。但是，我国导游职业的进入门槛较低，仅需要通过导游从业资格证的理论考试就可从事旅行社的导游工作，大部分导游人员没有经过系统的旅游安全知识与技能培训。在这种背景下，我国旅行社导游人员的安全素质参差不齐，部分导游人员安全知识和应急技能匮乏。同时，导游带团过程中往往关注经济利益诉求，对游客传达安全知识不准确，也难以及时提醒游客在出游过程中应当注意的风险隐患。

### （四）旅行社安全教育体系不完善

旅行社对游客的安全教育具有重要作用，但旅行社的游客安全教育还处于探索阶段，大部分旅行社尚未形成全面的安全教育引导体系。具体表现在以下几个方面。从安全教育主体来看，基本上是领队或者导游在开展相关工作，政府相关部门、旅行社经营管理者的参与程度较低。从安全教育内容来看，主要以导游人员不系统的口头讲解为主，教育内容涉及旅游安全知识和旅游地的风险提示，对于游客应急技能、自救技能、风险判别能力等方面的知识介绍比较匮乏。从安全教育过程来看，主要以游前的旅游安全知识教育和游中导游的监督约束为主，没有涉及游后的行程讲解和总结。从安全教育方法来看，主要以口头讲解和文本介绍为主，缺乏展示、体验、示范和演练等多种教育方法的整合应用。因此，当前旅行社对游客的安全教育只是将单一教育主体和基础内容进行组合，缺乏明确的教育目标体系和教育过程体系，这在一定程度上削弱了旅行社安全教育的功能。

## 三 旅行社对游客安全教育引导体系的建构

### （一）旅行社对游客安全教育的主体

1. 政府及旅行社管理者

政府管理部门和旅行社是游客安全教育的主要提供者，在对游客的安全教育中扮演着重要角色。从政府方面来看，我国旅游业处于快速发展时期，政府亟须将旅游安全教育纳入国家安全教育体系中，推动旅游安全教育的普及。政府部门应积极推动旅游地以及各类旅游企业面向游客开展安全教育，对旅游安全教育工作缺失的旅游企业也应设立相应监管机制。在教育培训方面，政府可推动高校设置旅游安全教育课程，设立旅游安全教育基金，并对旅行社执业资格、导游从业资格等设立严格的考核制度。

从旅行社管理者方面看，面对旅行团安全事故高发的行业背景，旅行社管理者应该制定合理的旅游安全教育规章，并加大旅行社相关工作人员的执行力度，提高旅游从业人员的安全素质。在安全教育培训方面，旅行社管理者既要加强对游客的安全教育培训，也要重视对旅行社相关工作人员的安全教育培训。应当加强导游人员安全知识、安全技能和安全态度的培养，提高导游在危机情境下的应急处置能力。同时，也要加大对导游安全知识和安全技能方面的考查力度，对安全素质没有达到要求的导游从业人员停止派团并有针对性地进行安全教育培训。此外，旅行社应当重视旅行社安全文化的塑造，推动旅行社营造良好的旅游安全氛围。

2. 导游及旅行社从业人员

游客的出游活动涉及多个层面的危险来源，而导游和旅行社从业人员在提高游客风险意识、减少旅游安全事件方面具有重要作用。从导游的工作任务来看，导游可以在行前说明会中向游客普及安全常识，阐明游客在旅游行程中、旅游目的地可能会遇到的安全问题和风险隐患。从导游的工作性质来看，导游是旅行社与游客直接接触的代表，容易取得游客的信任，是游客的游览活动得以顺利开展的操作主体。为此，在开展安全教育时，导游应当在游客出游的各个阶段，将旅行社各个部门所要传达的安全信息向游客进行系统阐述。这些信息主要囊括游客的人身安全、财产安全、证件安全、卫生安全等方面，具体涉及与当地居民发生肢体冲突、游客购物被宰、证件和财务丢失、疫情病毒等可能会危害游客游览活动的安全问题。此外，导游也需要将旅游目的地的实际情况，例如景区概况、地方风俗和地方禁忌等信息如实告知游客，避免游客与当地居民发生冲突（见图1）。

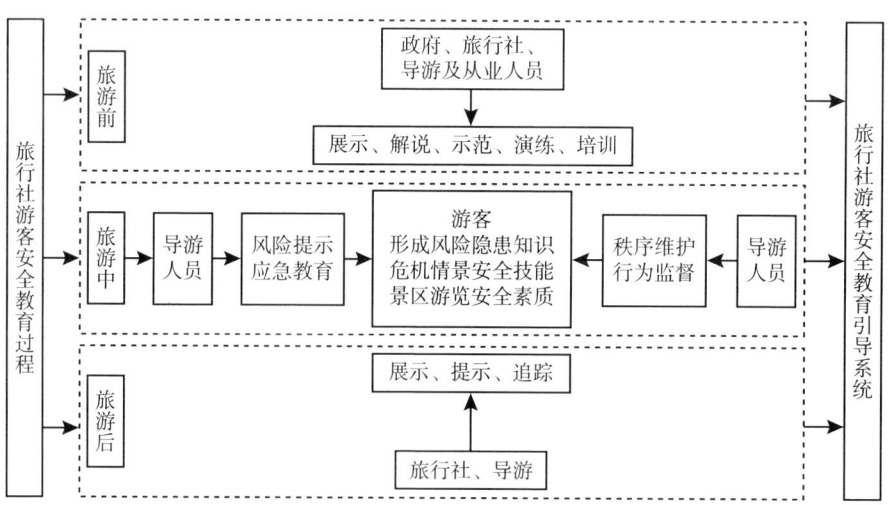

**图1　旅行社对游客的安全教育引导体系**

## （二）旅行社对游客安全教育的过程

1. 游前的安全基本常识和安全技能知识教育

出游前，各主体应当在行前说明会中向游客普及安全基本常识和安全技能知识，包括风险识别、自救技能和紧急处理。旅行社管理者应当针对不同类型的旅游安全事件展开相应的知识教育。在自然灾害方面，要引导游客学会识别地震、台风、洪涝等灾害的发生特征，并帮助游客掌握在地震、台风、洪涝中脱险逃生的技能。在事故灾难方面，要引导游客了解火灾、车祸、溺水、坠崖的引致原因，掌握相关的消防知识和车祸、溺水、坠崖等事故的防范措施。在社会安全事件方面，引导游客识别并能够规避毒品、色情、赌博等不良项目。在公共卫生事件方面，帮助游客了解食物卫生、病情疫情的基本常识，并掌握对于食物中毒、感染疫情的应急处理办法。对于高风险旅游项目，帮助游客掌握划船、漂流、过山车、攀登这些项目的基本安全操作方法和技巧，并让游客了解意外受伤的相关急救措施如伤口处理、骨折急救等。

2. 游中的游览秩序维护和风险提示

导游是游客在旅游行程中重要的教育实施主体。在游客游览过程中，导游要维护游客的游览秩序并对游览途中的风险进行相关提示，避免旅游安全事件或事故的发生。首先，导游应当提醒游客遵守旅行团的出游纪律，避免发生迟到、走散或冲突等事件，维持旅行团的正常游览秩序。同时，导游应当对旅游目的地可能存在的隐患展开风险提示，防患于未然。其次，导游应当反复提醒游客注意游览安全，并将自身在带团过程中积累的安全经验分享给游客，增强游客的安全意识，减少游客的危险行为。

3. 游后的安全行为教育

出游后，规范游客的安全行为，是旅行社对游客开展安全教育引导的重要任务。对于在游览过程中遭遇过安全事故的旅行团，旅行社管理者要及时对游客进行安抚，并弄清楚安全事故发生的前因后果，总结相关的经验。对于在游览过程中有旅游危险行为的游客，可以在游后与游客进行沟通，阐明

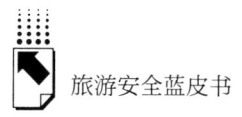

不安全旅游行为后果的严重性和危害性,避免同类事情再次发生。在游客回到客源地后,旅行社应该通过适当的方式向游客反馈行程中的安全经验和教训。游后的安全教育主要关注对游客安全行为的反馈和引导。

### (三)旅行社对游客安全教育的方法

1. 安全宣传教育

安全宣传教育是安全教育最普遍的一种形式,也是游客接触最多的一种形式,安全宣传教育要达到宣传范围广、影响深的效果。旅行社以及相关管理部门可借助广播、电视、报纸、网络等媒体工具,向游客或者潜在游客进行安全知识、文明旅游知识、应急救援技能的宣传,以潜移默化的方式影响游客的安全意识和安全态度。除了加强对游客一般性安全知识的教育以外,还可宣传不安全行为的负面影响,激发游客实施安全行为的道德感、义务感和参与感。

2. 安全口诉教育

安全口诉教育主要是通过导游人员及其他从业人员在行前说明会、景区景点、旅游交通场所,将旅游安全基本知识、旅游地风险要素、旅游活动风险隐患以及应急处理知识向游客进行面对面的口诉讲解。旅行社安全口诉教育是旅行社与游客直接接触的一种安全教育方式,也是最有效和最关键的一种教育方式。安全口诉教育能够通过听觉系统不断引导游客形式关于出游安全的正确态度、意识,进而引导游客在出游中做出相应的安全行为。

3. 安全演练教育

安全演练教育是通过导游人员、旅行社管理者及其他旅游从业人员的动作和言语的示范,对游客的安全意识、安全态度和安全行为进行引导的示范教育。实景安全演练能够从视觉层面加强游客对旅游安全知识的吸收和掌握,也能提高游客在危机情境中的自救能力和响应能力。对此,旅行社应该根据行程线路的安排,对可能遭遇的风险情形进行安全演练教育。也可借助景区、邮轮等旅游场所的演练资源开展演练培训。采用实景演练、模拟训练的形式传授给游客突发事件中的脱险逃生的本领,有助于提高游客的旅游安全素质和应急处理能力。

4. 公众参与性教育

公众参与性教育是一种群体性参与的教育方式。例如，旅行社可以举办以游客安全为主题的教育活动，如游客安全知识竞赛、游客安全素质讲座等，设计集参与性、趣味性和娱乐性于一体的旅行社公众参与教育项目。通过增加游客参与安全教育的渠道，切实让游客或潜在游客在教育项目中学习安全知识，这对于游客形成安全意识和安全态度具有潜移默化的影响。此外，也可发挥政府管理部门、旅行社管理者、导游从业人员、游客等各个主体的监督作用，对于个别游客的不安全出游行为进行在场引导，以达到规范约束作用。

## （四）旅行社安全教育的途径

多样化的安全教育途径能够激发游客的学习兴趣，提高安全教育的成效。旅行社可通过多种互动教育途径的组合应用来完善面向游客的安全教育引导体系。第一，旅游安全教育推式互动模式。推式互动是一种送教上门的教育途径，其目的在于给潜在游客普及安全知识，提高游客的基本安全素质。第二，旅游安全教育拉式互动模式。拉式互动是通过奖励的方式，将潜在游客集中在一起，系统介绍旅游安全知识。第三，旅游安全教育平式互动模式。这是一种常规化的互动模式，在旅行团出游前把游客集中在一起，邀请旅行社管理者、行业安全专家为游客开展有针对性的旅游安全教育。

**参考文献**

[1] 谢朝武：《旅游应急管理》，中国旅游出版社，2013。
[2] 郑向敏：《旅游安全概论》，中国旅游出版社，2009。
[3] 李天元：《旅游学概论》，南开大学出版社，2002。

# B.26
# 基于扎根理论的游客感知旅游风险研究
## ——以人民网旅游"3·15"投诉平台为例

王文华 陈泰银 苏毅博 石勇 张飞 张丽甜 张鹭*

**摘 要：** 旅游风险作为行业可持续的阻碍因素，其理论研究和实际的管理操作都未达到与旅游业发展相符的程度。本文选取了人民网旅游"3·15"平台2014~2017年的有效投诉文本作为质性分析的原始资料，基于风险维度，利用扎根理论对数据进行处理分析。从4539条有效投诉文本中逐级提炼简缩得出67个概念范畴、13个主范畴、6个核心范畴（财务风险、功能风险、时间风险、身体风险、社会风险、隐私风险），探究实际旅游活动中风险的主体类型、风险构成的结构比例等。通过进一步对比2014~2017年的投诉资料发现，旅游风险的构成比例存在一定的稳定性，财务风险与功能风险是主要的风险构成类型，两者合计大于90%，其余4类旅游风险总计低于10%，其中的社会风险和隐私风险合计未超过2%，发生概率最低。最后，从旅游行政管理部门、旅游服务企业、旅游者三个不同的角度提出相应的旅游风险应对建议，希望通过改善旅游市场经营环境、提高旅游者自我风险防范意识等，降低旅游风险，减少其带来的损失。

**关键词：** 旅游风险 游客 感知 扎根理论

---

\* 王文华、陈泰银、苏毅博、石勇、张丽甜，郑州大学旅游管理学院，中国科学院地理科学与资源研究所；张飞，中国科学院地理科学与资源研究所；张鹭，郑州商学院。

## 引 言

我国旅游业正处在一个空前繁荣的发展阶段，有巨大的上升空间。然而，随着迅猛发展的旅游态势而来的还有旅游风险，交通意外、购物诈骗、设施风险、恐吓威胁、抢劫偷盗等事件频发，都直接或间接地给旅游业带来了负面的影响。旅游产品具有形式的无形性、购买的先期性、产销的同步性、空间的不可转移性等特点，[①] 这使得旅游活动中暗藏的风险大于一般的购买活动。旅游者对旅游风险非常敏感，通常来说，风险小则出游意愿高，反之出游意愿会降低。同时，旅游风险具有不确定性，这使旅游风险无法通过测算得出准确的发生轨迹，也无法做到彻底根除。

国外的旅游风险研究可以追溯到20世纪70年代，当时世界范围的恐怖主义态势十分严重，旅游风险研究主要集中于恐怖组织、社会犯罪等事件对旅游的影响。到了90年代，旅游风险研究出现阶段性高潮，主要集中在旅游与恐怖主义、旅游与犯罪、旅游与战争、旅游与政治不稳定等方面，偶尔也涉及对景区游览风险、饭店火灾等风险问题的研究。[②] 相较于国外，国内的旅游风险研究起步稍晚，在1999年之后才有发展。起步阶段旅游企业的经营风险管理是关注的重点。2003年SARS事件使中国的旅游业遭受了前所未有的打击，我国的风险管理进入新阶段，相关文献也不断增多。邓冰、吴必虎、蔡利平于2004年在《国内外旅游业危机管理研究综述》一文中讲述了旅游业危机管理的背景、萌芽，分析了危机管理的概念、基础理论、发展历程和研究内容等。[③] 唐敏、程乾、邱继琴分析文献资料总结出国内旅游风险研究集中在四大类，即开发风险、生态风险、经营风险和文化风险，并探

---

[①] 娄世娣：《旅游风险及其防范》，《商业经济》2004年第2期，第119~120+127页。
[②] 唐敏、程乾、邱继琴：《国内旅游业风险管理研究述评》，《商业时代》2009年第21期，第100~101页。
[③] 邓冰、吴必虎、蔡利平：《国内外旅游业危机管理研究综述》，《旅游科学》2004年第1期，第1~8+57页。

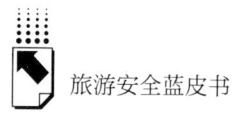

讨了现阶段国内旅游风险研究的局限性。① 柴寿升将旅游者风险感知定义为个体对外界各种旅游危机事件的主观感受与认识。② 总体而言，国内旅游风险研究水平较低，理论基础较为薄弱，方法较为单一，无法为旅游可持续发展提供决策依据。

本研究基于游客感知视角，运用扎根理论对资料进行处理分析。经过三级编码，从中逐级提炼概念范畴、主范畴和核心范畴，并对不同时间的投诉资料进行进一步的比较分析，期待对提升旅游地形象、整治旅游市场、促进旅游业发展乃至国民经济增长有价值。

# 一 理论基础

## （一）风险

"风险"的英文是 risk，风险的定义可谓百家争鸣。国外学者主要从三个角度定义风险。（1）概率类角度：是由未知或已知事件的概率分布来描述，③ 或者由某种选择导致可能发生的事件的可能范围。④ （2）期望损失类角度：是指预期出现的财产损失、人员伤亡和对经济活动的破坏。⑤ （3）概念化公式类角度：比较典型的概念化公式如 R = F（Z，E，V）。该式中，R

---

① 唐敏、程乾、邱继琴：《国内旅游业风险管理研究述评》，《商业时代》2009 年第 21 期，第 100~101 页。
② 柴寿升、曹艳梅、龙春凤：《基于多元回归模型分析的旅游者风险感知影响因素评价研究》，《中国海洋大学学报》（社会科学版），2011 年第 3 期，第 55~62 页。
③ Alwang J., Siegel P. B., Jorgensen S L. Vulnerability: a View from Different Disciplines [R]. Social Protection Discussion Paper Series, No. 0115. Washington, D. C.: Social Protection Unit, Human development Network, Network, World Bank, 2001.
④ Clarke L. Mission Improbable: Using Fantasy Documents to Tame Disaster [M]. Chicago: University of Chicago Press, 1999. 9.
⑤ Cardona O. D. Indicators for Disaster Risk Management [R]. First Expert Meeting on Disaster Risk Conceptualization and dictator Modelling Manizales Colombia Inter – American Development, Bank 2003.

是风险、Z 是危险性、E 是暴露性、V 是脆弱性。[1] 而在国内，主要是从狭义和广义角度来阐述风险，狭义主要是指事件发生的概率，而广义还考虑风险事件导致的后果。[2]

### （二）旅游风险

旅游产业的风险并不仅指旅游企业的消亡，更多的是由旅游资源的不合理开发、旅游区域组织形象的损害、经营不当、社会治安等引发的客源减少，甚至危及公众生命、给旅游业带来严重后果的风险因素。[3] Oliver 认为一旦产品（服务）不能达到旅游者预先设定的期望值，不管该结果是由产品（服务）本身引起的或是其他因素引起的，都会被旅游者视为"不满意"，并且将此类不受自己控制的因素视为风险。[4] 安辉、付蓉提出，对消费者而言，风险是指消费者在其消费行为中所认知到的可能发生的负面结果，由此，旅游风险就是旅游者期望获得的和最终获得的主观旅游体验之间存在的偏差。[5] 学术界对于旅游风险没有一个准确而固定的定义，其中接受程度最广的定义为"旅游者在旅途中或在目的地遭受各种不幸的可能性"。[6]

### （三）旅游风险维度

旅游风险维度可称为旅游风险的构面。现今国内外并未形成一个固定的分类标准。Roehl 等学者在研究中将样本识别分成三种不同的风险群体，并

---

[1] Garatwa W., Bollin C.. Disaster Risk Management: A Working Concept [R]. Eschborn (Germany): Deutsche Gesellschaftfür Technische Zusammenarbeit (GTZ), 2002.
[2] 肖义、郭生练、熊立华等：《大坝安全评价的可接受风险研究与评述》，《安全与环境学报》2005 年第 3 期，第 90~94 页。
[3] 孙华平、刘风芹：《旅游产业发展中的风险管理与控制》，《经济与管理》2008 年第 10 期，第 63~67 页。
[4] Oliver R.. Cognitive antecedents and consequences of satisfaction [J]. Journal of Marketing Research. 1980 (17): 460-469.
[5] 安辉、付蓉：《影响旅游者主观风险认知的因素及对旅游危机管理的启示》，《浙江刊》2005 年第 1 期，第 197~201 页。
[6] TSAUR S. H., TZENG G. H., WANGK C.. Evaluating tourist risks from fuzzy perspectives [J]. Annals of Tourism Research, 1997, 24 (4): 796-812.

将旅游感知风险的维度抽象归纳成七个,即设施风险、财务风险、心理风险、满意风险、时间风险、心理风险和社会风险。① S. F. Sonmez 等学者最早提出了国际旅游风险中的十个维度,即社会风险、财务风险、身体风险、时间风险、设施风险、满意风险、心理风险、健康风险、恐怖主义风险、政治安全风险。② 胡巧珍在《游客风险感知研究综述》一文中梳理了国内外学者的旅游风险维度,提出七大维度,即身体风险、经济风险、性能风险、社会风险、心理风险、时间风险、机会损失风险。③ 许晖、许守任、王睿智根据大样本调查和探索性因子分析,对国内游客进行研究发现,国内旅游风险除身体风险、功能风险、财务风险、沟通风险、社会风险、心理风险六个基本感知风险维度外,消费者还因旅游消费的特性感知到特定的风险类型,即服务风险、设施风险和沟通风险三个旅游风险维度。④

## 二 研究设计

### (一)研究方法

扎根理论是由美国社会学家 Glaser 和 Strauss 于 1967 年在摸索如何从原始资料中提炼理论总结出的方法论,是一种质性研究方法,⑤ 是从经验资料的基础上建立理论。⑥ 其实质是收集和分析原始资料,从资料分析的过程中

---

① Roehl W. S., Fesenmaier D. R. Risk perceptions and pleasure travel: An Explanatory Analysis [J]. Journal of Travel Research, 1992, 30 (4): 17 – 26.
② Sonmez S. F., Graefe A. R. Influence of Terrorism Risk on Foreign Tourism Decisions [J]. Journal of Travel Research, 1998, 25 (1): 112 – 144.
③ 胡巧珍:《游客风险感知研究综述》,《商业文化(上半月)》2011 年第 8 期,第 331~332 页。
④ 许晖、许守任、王睿智:《消费者旅游感知风险维度识别及差异分析》,《旅游学刊》2013 年第 28 (12) 期,第 71~80 页。
⑤ Glaser, B. G., Strauss, A. L. The Discovery of Grounded Theory: Strategies for Qualitative Research [M]. New York: Aldine, 1967.
⑥ 舒璋文:《NVivo 质性分析软件在扎根理论中的运用》,《科教导刊 - 电子版(下旬)》2014 年第 10 期,第 153~153 页。

衍生出理论，是一种自上而下建立实质理论的研究方法。[①] 最终致力于将繁杂的资料概念化，对经验事实做出抽象反映，特别关注在资料间进行比较的必要性，以确认、发展概念及产生概念间关联。[②]

本研究在以扎根理论为方法论的基础上，主要使用了以下两种研究方法。

（1）网络文本分析法：通过一定的路径将网络平台的文字资料转化为研究资料的方法。本文利用此方法获取人民网"3·15"旅游投诉平台的投诉数据并以此为研究的基础。

（2）数理统计：在进行编码后运用excel软件对收集的大量文本资料进行统计分析、分类汇总、绘制图表等，为后期的分析及结论探讨等工作打下基础。

### （二）研究数据

本研究尝试把游客在旅游"3·15"投诉平台上的投诉文本作为质性分析的原始数据，进行相关的分析。该平台由人民网于2009年正式推出，专门服务于旅游相关投诉，旨在快速地将问题反映给有关部门，寻求解决办法并反馈游客。这些投诉文本是旅游者在旅游活动中的遭遇和经历，具有较强的真实性，并且投诉文本细节翔实、内容覆盖广泛，符合扎根理论研究对文本资料的基本要求。

### （三）资料整理

本文选用了2014~2017年的旅游投诉文本，投诉文本使用之前需要对其进行筛选，去掉无效的投诉文本。无效的投诉文本包括：（1）重复投诉：在提交时由网络或系统的原因造成的重复提交，或是旅游者在同一时间进行

---

① 李志刚：《扎根理论方法在科学研究中的运用分析》，《东方论坛》2007年第4期，第90~94页。
② 薛晶心：《扎根理论方法与高等教育研究》，《大学教育科学》2011年第6期，第85~88页。

多次投诉；（2）非投诉文本：旅游者对某些部门的致谢信、发展建议等；（3）超范围投诉：旅游者投诉对象不在平台规定范围内；（4）无因投诉：旅游者过于挑剔导致无法被满足或旅游者寻求正常服务范围之外的需求得不到满足而产生的投诉。对于得到的4539条有效的投诉文本逐字逐句阅读，提取原始资料数据的概念和维度，通过厘清概念—确定范畴—构建理论的不断循环，来获取全面的理论维度。当从后续的投诉文本获取新的概念时，就与已有的投诉文本所形成的类别或范畴进行比较。一旦出现新的范畴，就对原有的理论范畴进行修正，把新的范畴纳入原有的范畴之中，如此反复进行。当新收集到的投诉文本可包含原有的范畴，而不再产生新的范畴或类别时，即达到了理论饱和。

## 三 分析过程

扎根理论从概念的提取到模型的构建都是通过逐级编码实现的，三级编码是扎根理论的精髓部分。[①]

### （一）开放式编码

开放式编码是将投诉文本逐步概念范畴化，即根据一定的原则将大量的投诉文本按照扎根理论"契合和相关"的标准进行逐级缩编，用概念范畴来准确反映投诉文本的内容，并把投诉文本以及抽象出来的概念打破、揉碎并重新综合的过程。[②] 通过对获取的有效投诉文本的逐条阅读和分析，发现投诉原文中出现的现象，再对其进行概念化命名。概念化命名可用投诉原文中出现的语句，也可以用从文献阅读、社会经验中获取到的概念。概念化命名结束之后对重复的概念进行整合，最终得到了67个概念范畴。由于同一

---

① 〔英〕卡麦兹（Charmaz，K）:《建构扎根理论：质性研究实践指南》，重庆大学出版社，2009。
② 陈向明:《质的研究方法与社会科学研究》，教育科学出版社，2000，第99~101+332~336页。

基于扎根理论的游客感知旅游风险研究

概念范畴对应的投诉原文较多且篇幅有限，因此不一一列举每例投诉的概念提取过程。此处将概念对应的投诉文本进行划分整合之后随机抽取投诉文本进行展示（见表1）。

### 表1 概念范畴提取示例

| 原始资料 | 概念提取 |
| --- | --- |
| 申请了退款，旅行社表示退房需要付10%手续费，游客表示同意后未退回90%的钱款 | 不退款 |
| 平台购买低价机票必须捆绑销售保险<br>保证全程无任何收费项目、无强制购物后导游要求每人5000元购物指标 | 捆绑销售<br>强制消费 |
| 平台不作为未尽到协助退订的义务 | 未履行相关义务 |
| 我们的导游弃团自行乘飞机走了<br>临时通知我们的团不能成团。要我们要么换时间，要么换目的地<br>平台在没有跟我取得任何联系的情况下强制给我的订单取消了并且退款 | 甩客甩团<br>临时变更行程<br>单方私自取消订单 |
| 旅游饭店卫生恶劣吃出头发和塑料碎片<br>平台泄露客户信用卡信息 | 卫生环境差<br>信息被泄露 |
| 云南丽江导游暴力敲诈游客四千多元<br>旅行社途中上客1次下客2次，对车上所有乘客造成安全隐患导致本人在下车后发现行李丢失 | 被敲诈<br>财物被盗 |
| 平台旅游现实安排的行程与网页宣传的广告相差很大，有欺骗消费者嫌疑<br>页面上写明住宿费用总额为98元，到时店家告需要支付300元的住宿费用<br>擅自变更旅游行程安排，未按合同和行程单约定的内容和标准为旅客提供服务 | 虚假宣传<br>随意变更价格<br>擅改合同行程 |
| 客服人员服务态度很差，不能处理客户的问题，还给客户带来了极为不好的感知<br>大多数游客多次被耽误时间等待导游领着自费项目的游客归来，而规定行程内的旅行却被安排到了夜晚或黄昏时分，严重影响了观景质量 | 服务质量差<br>旅游质量差 |
| 进行滑草项目，由于设备不合格，工作人员配备不足导致车辆翻倒，致使本人身体多处骨折 | 体验项目中受伤 |
| 旅行社在没有通知到消费者的情况下，擅做主张给我们更换了酒店，降低接待标准，擅自从五星酒店换到四星级酒店 | 接待与预定不符 |
| 云南玉石价格虚高，经多种渠道了解，购买的与实际价格不符，也就是标价的十分之一 | 价格虚高 |
| 平台提供错误信息导致已无法赶上航班行程严重受损<br>在平台预定后给予无效票件导致无法上船游玩 | 提供错误信息致误机<br>票据无法使用 |

注：表格内将涉及的准确名称隐去，统称为景区、平台、酒店等。

299

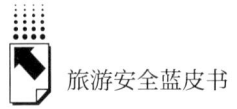

## （二）主轴式编码

主轴式编码是在开放性编码所获得的各个独立范畴之间建立起联系，挖掘各项范畴之间潜在的逻辑关系，[①] 目的在于区分与精练范畴。通过发现开放式编码中得到的独立概念范畴之间的潜在关系，再用类属命名对其加以概括，最终得出了13个独立的范畴，其中包括未退应退款、花费超出预算、额外增加花费、被坑被宰、不按合同履约、服务质量差、旅游质量差、发生安全事故、游玩体验时受伤、办理票据耽误、出游途中耽误。

## （三）选择式编码

选择式编码是对主轴式编码得出的概念范畴再进一步的精简提炼与整合，形成最终的核心类属。研究经过概括、提取、重组、整合、抽取概念的范畴和类属，最终提炼出了6个核心类属，分别为财务风险、功能风险、身体风险、时间风险、社会风险和隐私风险。

财务风险是指旅游者购买产品（服务），却没有得到相应价值回报的可能性，或是在消费过程中由不利因素造成财物损失、浪费的可能性；功能风险是指旅游产品和服务质量与旅游者的预期存在差别，对旅游者造成了不好的旅游体验的风险；时间风险是指花费时间在行程以外的事件上导致旅游不能按时完成，造成时间被浪费的风险；身体风险是指旅游者在旅游过程中因天气、卫生、自然灾害、治安等问题，身体健康受到伤害的可能性；[②] 社会风险是指目的地的社会治安较差给旅游者带来损失的可能性；隐私风险是指旅游者在购买产品时个人信息被企业或商家泄露、出卖的可能性。

2014~2017年总投诉文本资料的三级编码过程如表2所示。

---

[①] 苑炳慧、辜应康：《基于顾客的旅游目的地品牌资产结构维度——扎根理论的探索性研究》，《旅游学刊》2015年第30（11）期，第87~98页。

[②] 吴国清：《城市居民出境旅游风险感知维度选划——以上海市为例》，《地域研究与开发》2017年第36（01）期，第109~114页。

基于扎根理论的游客感知旅游风险研究

表 2 三级编码过程

| 开放式编码 | 主轴式编码 | 选择式编码 |
|---|---|---|
| 拖延退款(97)、不退款(287)、出错拒赔(46)、扣押个人财物(21)、赔付不合理(36) | 未退应退款 | 财务风险 |
| 变相涨价(81)、高价倒卖(15)、虚假预定(133)、定价不合理(33)、预定后无房可住(91) | 花费超出预算 | |
| 不合理收费(375)、捆绑销售(15)、强制消费(328)、误导消费(78)、财物被损(8) | 额外增加花费 | |
| 购物被欺骗(292)、以"佛"行骗(12)、被"宰客"(32)、门票不规范(3)、藏药诈财(26)、无法退货(173)、价格虚高(153)、价质不符(60) | 被坑被宰 | |
| 甩团甩客(24)、临时变更行程(19)、私自转团拼团(34)、单方取消订单(143)、擅改合同行程(293)、违反合同(65)、接待与预定不符(107)、单方更改预定(56)、不按预定出票(27) | 不按合同履约 | 功能风险 |
| 拒绝改退预定(211)、未履行义务(145)、服务态度差(181)、工作系统故障(29)、办理业务出错(38)、工作流程存在问题(26)、未提供发票(行程单)(56)、虚假活动(73)、虚假宣传(123) | 服务质量差 | |
| 卫生环境差(10)、管理不善(36)、违规经营(28)、旅游体验差(98)、存在安全隐患(18) | 旅游质量差 | |
| 收费不办理签证(4)、办理签证出错(16)、工作失误耽误行程(54)、未按时出票(39)、提供错误信息致误机(10) | 办理票据耽误 | 时间风险 |
| 航班延误(14)、等待时间长(15)、接送车未按时到达(8)、票据无法使用(26) | 出游途中耽误 | |
| 被殴打(16)、意外事故(37)、食物中毒(10)体验项目中受伤(15)、动物抓伤(4) | 发生安全事故 游玩体验时受伤 | 身体风险 |
| 财物被盗(5)、被敲诈(5)、当地人坑客(15)、遭遇抢劫(1) | 治安差 | 社会风险 |
| 侵犯隐私(2)、信息被泄露(7)、出卖客户信息(1) | 相关信息泄露 | 隐私风险 |

注：开放式编码中数字表示投诉出现的次数。

## 四 结果分析

通过将开放式编码中得到的概念范畴的出现次数加以归类、计算，得出主轴式编码中独立范畴以及选择式编码中核心范畴的各个类型的比例数据。计算结果如表 3 所示。（1）财务风险和功能风险是投诉中风险占比最大的两类。(2)财务风险中,增加额外花费和被坑被宰是两大构成要素,其中不合理收费、强制消费、购物被欺骗、无法退货、价格虚高等都是财务损失的主要方面。(3)功能风险主要表现在不按合同履约和服务质量差两个方面。单方取消订单、擅改合同行程、拒绝改退预定、未履行义务、服务态度差都是旅游者投诉较多的类型。(4)时间风险包括出行证件票据办理出错导致不能出行和出行途中耽误造成不能履行行程计划两方面。(5)意外事故、被殴打、体验项目中受伤是身体风险投诉的主要对象,食物中毒和被动物抓伤也有发生投诉。(6)社会风险和隐私风险投诉是最低的两类风险,两者合计未超过1%。

表3 范畴比例数据

| 主轴式编码(独立范畴) | 选择式编码 |
| --- | --- |
| 未退应退款(10.73%)<br>花费超出预算(7.78%)<br>额外增加花费(17.71%)<br>被坑被宰(16.55%) | 财务风险(52.77%) |
| 不按合同履约(16.92%)<br>服务质量差(19.43%)<br>旅游质量差(4.19%) | 功能风险(40.54%) |
| 办理票据耽误(2.71%)<br>出游途中耽误(1.39%) | 时间风险(4.1%) |
| 发生安全事故(1.39%)<br>游玩体验时受伤(0.42) | 身体风险(1.81%) |
| 治安不好(0.57%) | 社会风险(0.57%) |
| 相关信息泄露(0.22%) | 隐私风险(0.22%) |

将三级编码中独立范畴按年份与风险类型划分得到以下数据(见表4、表5)。(1)不同年份之间风险类型的结构比例存在一定的规律,2014~2017年每年财务风险和功能风险两者比例合计都超过了90%;身体风险、时间风险、社会风险、隐私风险则占比相对较小,总计都小于10%。(2)从2014~2016年的数据来看,财务风险占主要位置并且比例不断增加。功能风险是继财务风险后的第二大旅游风险类型,随着时间的推移有稍许的降

低。社会风险比例在2014~2016年三年中不断降低,侧面反映出旅游目的地的治安条件可能在不断地改善。隐私风险作为发生概率较低的风险类型,随着时间的推移小幅度地上升。

表4 各年风险类型投诉条数

单位:条

| | 财务风险 | 功能风险 | 时间风险 | 身体风险 | 社会风险 | 隐私风险 | 合计 |
| --- | --- | --- | --- | --- | --- | --- | --- |
| 2014年 | 440 | 404 | 30 | 19 | 10 | 2 | 905 |
| 2015年 | 721 | 480 | 52 | 20 | 8 | 3 | 1284 |
| 2016年 | 778 | 477 | 43 | 27 | 4 | 5 | 1334 |
| 2017年 | 461 | 477 | 57 | 17 | 4 | 0 | 1016 |

表5 各年风险类型比例

单位:%

| | 财务风险 | 功能风险 | 时间风险 | 身体风险 | 社会风险 | 隐私风险 |
| --- | --- | --- | --- | --- | --- | --- |
| 2014年 | 48.62 | 44.64 | 3.31 | 2.10 | 1.10 | 0.22 |
| 2015年 | 56.15 | 37.38 | 4.05 | 1.56 | 0.62 | 0.23 |
| 2016年 | 58.32 | 35.75 | 3.22 | 2.02 | 0.30 | 0.37 |
| 2017年 | 45.37 | 46.95 | 5.61 | 1.67 | 0.39 | 0.00 |

## 五 结论与讨论

本文通过人民网旅游"3·15"投诉平台获取游客投诉的文本资料,并在文本资料整理、分析的基础上进行质性分析,得到以下结论。

(1)本文运用扎根理论研究方法对投诉文本进行研究,挖掘出六个核心范畴,即旅游风险的六个维度:财务风险、功能风险、时间风险、身体风险、社会风险、隐私风险。

(2)旅游风险比例的构成存在相对稳定性,其中财务风险和功能风险在游客感知旅游风险中居于主导地位,其占比略大于九成;时间风险、身体风险、社会风险、隐私风险占比较小。游客在旅游过程中遭遇更多的是经济和旅游产品质量问题。

（3）在整体风险类型结构比例较为稳定的情况下，风险类型比例在发生着细微的改变。2014~2016年，财务风险、隐私风险不断增多，而功能风险和社会风险逐渐减少；时间风险与身体风险在一定的范围内波动变化。

本文使用的是网络投诉数据，存在无法反映不善使用网络及对网络投诉渠道不了解人群的旅游风险的可能性，得出的结论是否具有普遍意义，还需在后续研究中予以验证和完善。另外，在投诉逐年增多的背景下，在将来数据充足时可再对2017年出现投诉条数明显减少且风险类型结构出现较大变化的情况进行研究，探明该现象是阶段性，还是趋势性的改变。

# B.27
# 2018年旅游安全指数报告与旅游安全热点问题分析[*]

邹永广 朱尧 李强红[**]

**摘 要：** 本文从客观的旅游安全度和主观的游客安全感两方面，使用前期理论研究建构且经检验的指标体系，采用多元统计分析方法，对2018年全国主要样本旅游目的地的安全状况进行调研和评价分析，主要发现：（1）样本地旅游安全度整体呈现良好态势，但旅游安全抵抗力与入侵度的差距较小，旅游安全度空间分异明显；（2）游客安全感指数处于较安全状态，但安全感指数差异较小，空间分布较为显著；（3）经济因素是增强抵抗力的较为重要的动力因素，基础设施投入与安全的重视程度是安全抵抗力重要组成部分，自然灾害对旅游安全入侵威胁较大，公共卫生事件等风险因子的威胁也需要高度重视；（4）游客安全期望与安全感知的空间分布格局差异显著，影响要素的作用程度不同。本文还对评价结果折射出的热点问题进行剖析，最后提出了相应的管理建议，为旅游地安全综合治理提供实践参考。

**关键词：** 旅游安全 旅游安全度 游客安全感 热点问题

---

[*] 基金项目：国家社科基金项目（16CGL027）。
[**] 邹永广，华侨大学旅游学院副教授、硕士生导师；朱尧，华侨大学旅游学院硕士研究生；李强红，华侨大学旅游学院硕士研究生。

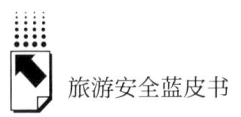

## 一 旅游安全指数指标体系及测评方法

### （一）指标体系

1. 旅游安全度指数测评指标

旅游地安全度是旅游系统在内外部各种干扰风险影响的特定时空情境下，目的地旅游系统各子系统之间及子系统要素内相互作用、相互协调运行，抵御风险干扰，维持目的地旅游系统稳定的程度。[1] 旅游地安全度可以通过旅游安全抵抗力和安全风险入侵度两个维度进行衡量。旅游安全抵抗力是目的地维持旅游安全系统内部稳定、抵抗外部各种干扰因子的能力，旅游风险入侵度是目的地遭受内外部旅游风险入侵的破坏程度[2]。如果旅游安全抵抗力大于旅游风险入侵度，则表明目的地旅游系统处于稳定状态，旅游安全度较高；反之，则表明目的地旅游系统处于不稳定状态，旅游安全度较低。基于前期研究，本报告使用的旅游地安全度指数评价指标体系包括安全活力、安全结构、安全恢复力、自然环境风险、社会环境风险，共 5 个二级指标以及 12 个三级指标。

2. 游客安全感指数测评指标

游客安全感是游客在旅游过程中的特定时空条件下，不受旅游目的地外界因素干扰而免于承受身心压力、伤害或财物损失的综合主观心理感受，是游客对旅游目的地安全客观状况的主观感受，是主观诉诸客观的行为过程[3]。游客安全感是游客安全期望与安全感知的统一体。[4] 其中，

---

[1] 邹永广：《目的地旅游安全评价与预警》，社会科学文献出版社，2018。
[2] 邹永广：《目的地旅游安全度的时空分异研究——以全国 31 个重点旅游城市为例》，《经济管理》2016 年第 38（1）期，第 127~136 页。
[3] 邹永广、郑向敏：《旅游目的地游客安全感的影响因素实证研究——以福建泉州为例》，《旅游学刊》2012 年第 27（1）期，第 49~57 页。
[4] 邹永广、郑向敏：《旅游目的地游客安全感形成机理实证研究》，《旅游学刊》2014 年第 29（3）期，第 84~90 页。

游客安全期望是游客出游前通过各种途径搜集有关旅游目的地安全信息而形成的对目的地的心理安全认知,而游客安全感知包括在旅游体验中和旅游体验后游客对旅游目的地综合且真实的安全认知评价。游客安全感可以通过游客对安全信息、旅游环境、社会治安、地域文化4个维度的感受进行表征,① 每个维度包括若干个测量指标,共包括21个测量题项。

## (二)测评方法

### 1. 旅游安全度指数测评方法

首先,收集样本地旅游安全度测评指标的统计数据,因国家统计数据有相对滞后性,本文依据历年国家统计数据,采用趋势外推法得到2018年全国31个重点城市的旅游安全度指标数据,同时,将所有三级指标数据进行标准化处理②,并使用经前期研究检验的测评模型指标系数作为权重。其次,按照前期研究得到的计算公式,测算目的地旅游安全抵抗力和旅游风险入侵度,且将二者进行比较,得到旅游安全度。最后,在前人研究基础上③,将目的地旅游安全度划分为5个等级:Ⅰ (0, 1.0]为重警(恶劣状态),Ⅱ (1.0, 1.3]为中警(较差状态),Ⅲ (1.3, 2.0]为一般预警(一般状态),Ⅳ (2.0, 4.0]为较安全状态(良好状态),Ⅴ (4, +∞)为安全状态(理想状态)。

### 2. 游客安全感指数测评方法

首先,选择前期研究得到的量表(游客安全期望与安全感知的测量题

---

① 邹永广:《目的地旅游安全评价研究》,华侨大学,2015。
② 朱正威、蔡李、段栋栋:《基于"脆弱性-能力"综合视角的公共安全评价框架:形成与范式》,《中国行政管理》2011年第8期,第101~106页;肖风劲、欧阳华:《生态系统健康及其评价指标和方法》,《自然资源学报》2002年第17 (2) 期,第203~209页。
③ 魏永忠:《论我国城市社会安全指数的预警等级与指标体系》,《中国行政管理》2007年第2期,第89~94页;孔红梅、赵景柱、姬兰柱等:《生态系统健康评价方法初探》,《应用生态学报》2002年第13 (4) 期,第486~490页;郭秀锐:《城市生态系统健康评价——以广州市为例》,北京师范大学博士学位论文,2003。

项相同）[①]，采用李克特5点量表对游客安全认知评价予以赋值（"非常不符合"=1，"非常符合"=5）。其次，于2018年10~12月进行问卷调研，主要调研游客对所到访旅游地的安全期望与感受，采用随机拦访和在线随机抽样调查方式，共发放问卷2109份，有效问卷2087份，共涉及全国31个主要样本旅游地。随后，利用SPSS软件测算游客安全感各观测变量的权重，应用前期研究得到的测评模型，测算游客安全期望值和游客安全感知值。最后，将游客安全感知值与游客安全期望值进行比较，得到游客安全感指数值，划分为四个等级：Ⅰ（0，0.5]为安全状态，Ⅱ（0.5，1.0]为良好状态，Ⅲ（1.0，1.5]为预警状态），Ⅳ（1.5，+∞）为较差状态。同时，得到游客安全感状况。由于调研时采用反向题进行测试，因此得分越低表示旅游目的地越安全。

## 二 样本地旅游安全指数的总体状况

样本地旅游安全度整体呈现良好态势，但旅游安全抵抗力与入侵度的差距较小。根据测算公式对31个样本地旅游安全度进行测算和排名，具体结果如表1所示。整体来看，第一，样本地旅游安全度平均得分2.9，处于较安全状态。处于较安全状态的样本城市有21个，占67.74%；处于预警状态的样本城市共有10个，占比32.26%，其中一般预警的样本城市有4个，中度预警的样本城市有4个，重度预警的样本城市有2个（长沙、乌鲁木齐）。第二，在样本地旅游安全抵抗力排名中，中度预警的城市有9个，占比29.03%；北京抵抗力最强，得分为1.2682，为理想状态；拉萨得分最低，得分为0.2887，为较差状态。第三，在样本地旅游风险入侵度排名中，

---

[①] 张玉春：《北京市居民安全感指数的编制》，《首都经济贸易大学学报》2007年第2期，第115~117页；安莉娟、丛中：《安全感研究述评》，《中国行为医学科学》2003年第12（6）期，第698~699页；沈学武、耿德勤、李梅等：《不安全感自评量表的编制与信度、效度研究》，《中国行为医学科学》2005年第14期；孙思玉、吴琼、王海兰等：《天津市大学生安全感研究》，《中国健康心理学杂志》2009年第17（3）期，第304~307页。

入侵度较高的城市有5个，占比为16.13%；入侵度处于一般的城市有11个，占比35.48%；入侵度较低的城市共15个，占比48.39%；入侵度最高的城市是成都，得分为0.8905，处于中等预警状态，入侵度最低的城市是海口，得分为0.0342，处于安全状态。第四，样本地旅游安全抵抗力与风险入侵度势均力敌，整体差距较小。北京的旅游安全抵抗力最大，而风险入侵度较小，旅游安全度最高。

表1 样本地旅游安全度指数得分与排名

| 排名 | 城市 | 抵抗力 | 排名 | 城市 | 入侵度 | 排名 | 城市 | 旅游安全度 |
|---|---|---|---|---|---|---|---|---|
| 1 | 北京 | 1.2682 | 1 | 成都 | 0.8905 | 1 | 北京 | 10.2457 |
| 2 | 重庆 | 1.1915 | 2 | 长沙 | 0.7286 | 2 | 海口 | 9.2756 |
| 3 | 成都 | 1.0976 | 3 | 乌鲁木齐 | 0.7131 | 3 | 拉萨 | 7.5271 |
| 4 | 杭州 | 0.9508 | 4 | 重庆 | 0.6630 | 4 | 西安 | 3.7626 |
| 5 | 上海 | 0.8737 | 5 | 武汉 | 0.5543 | 5 | 银川 | 3.2343 |
| 6 | 广州 | 0.8078 | 6 | 广州 | 0.4857 | 6 | 太原 | 3.0894 |
| 7 | 昆明 | 0.7572 | 7 | 贵阳 | 0.3998 | 7 | 合肥 | 3.0780 |
| 8 | 天津 | 0.7259 | 8 | 杭州 | 0.3966 | 8 | 兰州 | 3.0567 |
| 9 | 合肥 | 0.6854 | 9 | 南京 | 0.3700 | 9 | 哈尔滨 | 3.0426 |
| 10 | 武汉 | 0.6539 | 10 | 呼和浩特 | 0.3489 | 10 | 上海 | 3.0284 |
| 11 | 石家庄 | 0.6350 | 11 | 天津 | 0.3476 | 11 | 郑州 | 2.8784 |
| 12 | 福州 | 0.6295 | 12 | 南宁 | 0.3112 | 12 | 沈阳 | 2.8620 |
| 13 | 西安 | 0.6164 | 13 | 昆明 | 0.2907 | 13 | 西宁 | 2.8405 |
| 14 | 长沙 | 0.6161 | 14 | 上海 | 0.2885 | 14 | 石家庄 | 2.7260 |
| 15 | 南昌 | 0.5956 | 15 | 福州 | 0.2855 | 15 | 昆明 | 2.6046 |
| 16 | 郑州 | 0.5949 | 16 | 济南 | 0.2737 | 16 | 南昌 | 2.5529 |
| 17 | 南京 | 0.5939 | 17 | 南昌 | 0.2333 | 17 | 长春 | 2.4725 |
| 18 | 沈阳 | 0.5907 | 18 | 石家庄 | 0.2330 | 18 | 杭州 | 2.3974 |
| 19 | 哈尔滨 | 0.5768 | 19 | 合肥 | 0.2227 | 19 | 福州 | 2.2044 |
| 20 | 济南 | 0.5731 | 20 | 郑州 | 0.2067 | 20 | 济南 | 2.0938 |
| 21 | 贵阳 | 0.5162 | 21 | 沈阳 | 0.2064 | 21 | 天津 | 2.0887 |
| 22 | 太原 | 0.5015 | 22 | 哈尔滨 | 0.1896 | 22 | 重庆 | 1.7970 |
| 23 | 南宁 | 0.4692 | 23 | 长春 | 0.1861 | 23 | 广州 | 1.6630 |
| 24 | 兰州 | 0.4654 | 24 | 西安 | 0.1638 | 24 | 南京 | 1.6054 |
| 25 | 长春 | 0.4602 | 25 | 太原 | 0.1623 | 25 | 南宁 | 1.5078 |

续表

| 排名 | 城市 | 抵抗力 | 排名 | 城市 | 入侵度 | 排名 | 城市 | 旅游安全度 |
| --- | --- | --- | --- | --- | --- | --- | --- | --- |
| 26 | 乌鲁木齐 | 0.4518 | 26 | 兰州 | 0.1522 | 26 | 贵阳 | 1.2913 |
| 27 | 呼和浩特 | 0.3797 | 27 | 西宁 | 0.1271 | 27 | 成都 | 1.2326 |
| 28 | 西宁 | 0.3611 | 28 | 北京 | 0.1238 | 28 | 武汉 | 1.1796 |
| 29 | 银川 | 0.3410 | 29 | 银川 | 0.1054 | 29 | 呼和浩特 | 1.0883 |
| 30 | 海口 | 0.3170 | 30 | 拉萨 | 0.0384 | 30 | 长沙 | 0.8456 |
| 31 | 拉萨 | 0.2887 | 31 | 海口 | 0.0342 | 31 | 乌鲁木齐 | 0.6336 |

样本地旅游安全度空间分异明显，预警区域旅游风险不容忽视。整体上看，旅游安全度处于良好及理想状态的城市有21个，分散在全国东中西各区域；旅游安全度处于预警状态的城市共有10个，主要分布于华中地区（长沙、武汉）、西南地区（重庆、成都、贵阳）和华南地区（南宁、广州），空间聚集在中部和西南部。

样本地游客安全感指数处于较安全状态，游客安全感有待提升。通过抽样调查数据测算，得到样本地游客安全期望值、安全感知值和游客安全感指数值（如表2所示）。整体来看，第一，样本地游客安全感指数均较低，且各旅游地游客安全感得分差距较小，游客安全感指数最高的乌鲁木齐得分为0.7879，为良好状态；指数最低的是南昌，得分1.3092，为预警状态；两者相差0.5213。第二，游客安全感平均得分为0.9565，游客安全感知均低于游客安全期望，游客认为样本旅游地处于较安全状态。第三，游客安全期望平均得分0.5409，说明游客整体出游安全意识较高，较重视旅游目的地安全服务。第四，游客安全感知平均得分0.5139，低于游客安全期望，表示样本旅游地能提供较好的安全服务，游客实际安全感高于安全期望。

表2　游客安全感指数得分与排名

| 排名 | 城市 | 安全期望 | 排名 | 城市 | 安全感知 | 排名 | 城市 | 游客安全感 |
| --- | --- | --- | --- | --- | --- | --- | --- | --- |
| 1 | 南昌 | 0.4583 | 1 | 沈阳 | 0.4173 | 1 | 乌鲁木齐 | 0.7879 |
| 2 | 长春 | 0.4623 | 2 | 杭州 | 0.4355 | 2 | 沈阳 | 0.8184 |
| 3 | 合肥 | 0.4746 | 3 | 合肥 | 0.4365 | 3 | 北京 | 0.8333 |

续表

| 排名 | 城市 | 安全期望 | 排名 | 城市 | 安全感知 | 排名 | 城市 | 游客安全感 |
|---|---|---|---|---|---|---|---|---|
| 4 | 石家庄 | 0.4778 | 4 | 拉萨 | 0.4540 | 4 | 郑州 | 0.8333 |
| 5 | 杭州 | 0.4839 | 5 | 广州 | 0.4710 | 5 | 拉萨 | 0.8361 |
| 6 | 济南 | 0.4861 | 6 | 成都 | 0.4794 | 6 | 长沙 | 0.8531 |
| 7 | 广州 | 0.4870 | 7 | 长春 | 0.4802 | 7 | 重庆 | 0.8840 |
| 8 | 天津 | 0.5000 | 8 | 南宁 | 0.4905 | 8 | 太原 | 0.8928 |
| 9 | 成都 | 0.5004 | 9 | 石家庄 | 0.4921 | 9 | 贵阳 | 0.8942 |
| 10 | 南京 | 0.5020 | 10 | 上海 | 0.4951 | 10 | 杭州 | 0.9000 |
| 11 | 上海 | 0.5070 | 11 | 北京 | 0.5000 | 11 | 银川 | 0.9092 |
| 12 | 沈阳 | 0.5099 | 12 | 天津 | 0.5000 | 12 | 南宁 | 0.9143 |
| 13 | 西宁 | 0.5333 | 13 | 郑州 | 0.5000 | 13 | 合肥 | 0.9197 |
| 14 | 兰州 | 0.5353 | 14 | 银川 | 0.5029 | 14 | 武汉 | 0.9258 |
| 15 | 南宁 | 0.5365 | 15 | 西宁 | 0.5056 | 15 | 昆明 | 0.9439 |
| 16 | 福州 | 0.5380 | 16 | 重庆 | 0.5069 | 16 | 西宁 | 0.9481 |
| 17 | 拉萨 | 0.5430 | 17 | 武汉 | 0.5115 | 17 | 福州 | 0.9524 |
| 18 | 海口 | 0.5444 | 18 | 福州 | 0.5124 | 18 | 成都 | 0.958 |
| 19 | 西安 | 0.5466 | 19 | 贵阳 | 0.5139 | 19 | 兰州 | 0.9669 |
| 20 | 银川 | 0.5531 | 20 | 兰州 | 0.5176 | 20 | 广州 | 0.9671 |
| 21 | 武汉 | 0.5625 | 21 | 南京 | 0.5218 | 21 | 上海 | 0.9765 |
| 22 | 昆明 | 0.5718 | 22 | 长沙 | 0.5243 | 22 | 天津 | 1.0000 |
| 23 | 重庆 | 0.5734 | 23 | 济南 | 0.5298 | 23 | 石家庄 | 1.0299 |
| 24 | 哈尔滨 | 0.5738 | 24 | 乌鲁木齐 | 0.5325 | 24 | 呼和浩特 | 1.0368 |
| 25 | 呼和浩特 | 0.5741 | 25 | 昆明 | 0.5397 | 25 | 长春 | 1.0387 |
| 26 | 贵阳 | 0.5747 | 26 | 西安 | 0.5714 | 26 | 南京 | 1.0394 |
| 27 | 北京 | 0.6000 | 27 | 海口 | 0.5794 | 27 | 西安 | 1.0454 |
| 28 | 郑州 | 0.6000 | 28 | 太原 | 0.5938 | 28 | 海口 | 1.0643 |
| 29 | 长沙 | 0.6146 | 29 | 呼和浩特 | 0.5952 | 29 | 哈尔滨 | 1.0823 |
| 30 | 太原 | 0.6667 | 30 | 南昌 | 0.6000 | 30 | 济南 | 1.0899 |
| 31 | 乌鲁木齐 | 0.6758 | 31 | 哈尔滨 | 0.6210 | 31 | 南昌 | 1.3092 |

样本旅游地游客安全感指数差异较小，空间分布较为显著。整体上看，第一，样本地游客安全感指数差异较小，22个样本城市游客安全感指数处于良好状态等级，占样本总数的70.97%；9个城市处于预警状态，占样本总数的29.03%，主要分布在华东地区（济南、南昌、南京）的3个城市和

东北地区（长春、哈尔滨）的2个城市处于预警状态，华南地区（海口）、西北（西安）、华北（呼和浩特）各1个城市处于预警状态。第二，游客安全感存在较明显的空间分异，东北、华中和西南三个地区共11个旅游目的地的游客安全感处于良好状态，而游客安全感较低的城市聚集在华东区域。

## 三 样本地旅游安全指数的主要特征

### （一）样本地旅游安全度指数特征

1. 旅游安全抵抗支持动力的作用程度分异

经济因素是增强抵抗力的较为重要的动力因素。从统计结果看，经济能力与善后重振能力是影响游客安全感的重要因素。样本地旅游安全抵抗力处于中度预警的9个城市为南宁、兰州、长春、乌鲁木齐、呼和浩特、西宁、银川、海口、拉萨。处于安全状态的城市有3个（北京、重庆、成都），具体来看，北京抵抗力最强，拉萨抵抗力最差。

基础设施投入与安全的重视程度是安全抵抗力的重要组成部分。从具体指标来看，自然灾害防治投资得分最高，为0.823。得分在0.6以上的指标有12个，主要包括当地基础设施保障以及旅游目的地对安全的重视程度。当地基础保障主要包括当地医院、卫生机构数量，得分为0.767；医院、卫生院床位数，得分为0.932；森林覆盖率，得分为0.764；自然灾害防治项目数，得分为0.699；应急救灾物资保障，得分为0.760；当年社会救助人数，得分为0.888。旅游安全的重视程度主要包括旅游安全管理机构协调部门数量，得分为0.658；旅游突发事件相关应急组织，得分为0.714；旅游安全监督检查次数，得分为0.826；旅游安全与预警信息发布数，得分为0.837；旅游救援机构数量，得分为0.772；旅游安全事件修复能力，得分为0.695。

2. 旅游安全风险入侵因素的威胁差异显著

自然灾害对旅游安全入侵威力较大。分析统计数据可知，旅游风险入侵度较高的样本城市,主要集中在华中(长沙、武汉)、西南(成都,重庆)和西北(乌鲁木齐),其中成都是风险入侵度最高的样本城市,处于中度预警状态。

公共卫生事件等风险因子的威胁也需要高度重视。从具体指标来看,得分最高的是工业二氧化硫排放量,为0.977。得分高于0.6的指标有:火灾事故,得分为0.774;火灾死亡人数,得分为0.614;交通事故,得分为0.640;交通事故死亡人数,得分为0.801;交通事故损失折算,得分为0.846;工业废水排放量,得分为0.645;工业烟尘排放量,得分为0.616;失业人数,得分为0.795;人身意外保险赔付,得分为0.633;社会治安事件,得分为0.619。

### (二)样本旅游地游客安全感指数特征

1. 游客安全期望与安全感知的空间分布格局差异显著

游客安全期望呈现东南高、中西低的空间分布格局。游客安全期望处于良好状态的城市有8个,占比25.81%,主要分布于华东(杭州、合肥、南昌、济南);23个样本城市处于一般预警状态,占比74.19%,其中华中地区(郑州、武汉、长沙)和西南地区(重庆、成都、贵阳、昆明、西藏)占比较大。南昌的游客安全期望最高,得分为0.4583,处于良好状态;乌鲁木齐的游客安全期望最低,得分为0.6758,处于一般预警状态,最高分与最低分相距0.2175。

游客安全感知的空间分布无较明显特征,东中西各区域存在游客安全感知指数高低交叉分布。游客安全感知处于良好状态的城市共有13个,占比41.94%;处于一般预警的城市共有18个,占比58.06%。其中安全感知最优的城市是沈阳,得分0.4173,处于良好状态;安全感知得分最差的城市是哈尔滨,得分0.6210;差值为0.1497。而游客安全感知得分为0.45~0.55的旅游目的地有22个城市,占比70.97%,该分数段的城市安全感知在良好至一般徘徊。

### 2. 游客安全期望和安全感知影响要素的作用程度不同

游客安全感各影响要素的指数差异显著，影响作用不同。旅游目的地治安状况、地域文化、旅游环境与安全信息分别得分为0.9046、0.9838、0.8104、0.8757，旅游环境分值较低，表示旅游目的地配套硬件设施超出游客预期；而地域文化分值相对较高，与当地居民的互动是影响游客安全感最重要的因素。

社会治安安全感知高于社会治安安全期望。社会治安是影响游客安全感的重要因素。社会治安期望平均得分2.9，社会治安感知平均得分2.65，整体来看，二者存在差异，样本地游客社会治安安全感知均高于安全期望，整体社会治安状况比游客预期好。

样本旅游地旅游环境安全服务成明显短板。从旅游环境安全期望和安全感知的得分来看，游客对旅游环境的安全期望得分为3.86，安全感知得分为3.62，旅游环境安全期望与安全感知存在显著性差异。整体来看，样本旅游地旅游环境安全服务成为游客安全感影响要素中的明显短板，得分均较高，有较大提升空间。

地域文化安全感知良好。从地域文化的安全期望和安全感知得分来看，地域文化安全期望得分为3.11，地域文化的安全感知得分为2.83，地域文化安全期望与安全感知存在显著性差异。整体来看，游客出游前会担心与当地居民、企业的互动，而实际旅游过程中能较快融入当地氛围。

安全信息方面的安全感有较大提升潜力。从安全信息方面的安全期望和安全感知得分来看，安全信息安全期望得分为3.7，安全信息安全感知得分为3.46，安全期望与安全感知存在显著差异。游客出游前对安全信息关注程度较高，说明游客趋近理性，出游前会考虑安全因素。

## 四 旅游安全热点问题剖析

### （一）如何借助机构改革，增强旅游安全防灾减灾能力

2018年自然灾害对旅游安全入侵威力较大，全国较多地方处于中度预

警状态,而且遭到地震、泥石流、滑坡等自然灾害侵扰,大多数景区受到严重影响,涉旅自然灾害的防灾减灾能力亟须提升。2018年3月第十三届全国人民代表大会第一次会议中明确提出撤销原国家安全生产监督管理总局,成立应急管理部。应急管理部融合了地震局、生产监督管理局等部门的应急管理职责,旨在加强、优化国家应急能力建设,构建高效国家应急能力体系,形成统一指挥的中国特色应急管理体制。在旅游行业,旅游突发事件类型复杂,引致因素多样,救援过程涉及多部门合作,但部门协调配合等问题导致救援组织专业能力不足、救援效率低等。因此,应急管理部成立后,涉旅主管部门如何配合与协调应急管理部,做好旅游突发事件的防灾减灾工作,是亟须探讨的现实问题。

### (二)如何创新旅游安全管理方式,提升旅游安全治理能力

在旅游安全抵抗力方面,样本地旅游安全管理机构协调部门数量、旅游突发事件相关应急组织、旅游安全监督检查次数、旅游安全与预警信息发布数、旅游救援机构数量、旅游安全事件修复能力等指标得分较低,反映出样本地旅游安全管理方式较传统,旅游安全管理意识不足。2018年3月1日,原国家旅游局印发了《旅游市场监督检查操作指南》。截至2018年12月底,全国各省市均已根据该文件对旅游市场进行监督检查。又如2018年国庆假期,北京、贵州、云南、江西、海南等省市领导深入一线检查指导,切实保障旅游安全和市场秩序,取得较好成果①。旅游安全监督检查是创造良好旅游安全环境的基础,是增强旅游目的地安全抵抗力的重要组成部分,也是较传统的旅游安全管理方法,如何在传统管理方式的基础上创新,提升旅游安全治理能力是亟待探索的问题。

### (三)如何满足旅游安全基本需求,全面提升游客安全感

从样本地游客安全感指数的分析中不难发现,游客的社会治安安全感知、

---

① 张维:《2018年国庆假期旅游市场情况》,中国旅游报,http://www.gov.cn/xinwen/2018-10/09/cOntent_ 5328733.htm,2018年10月9日。

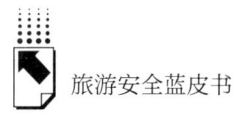

地域文化安全感知良好，而旅游环境、安全信息方面的安全感有较大提升空间。社会治安、地域文化、旅游环境和安全信息皆是游客旅游安全的基本需求，旅游地应完善旅游安全基本要素。特别是在大众旅游时代，游客需求持续升级，个性化、多样化、体验化特征明显，个人游、自助游、自驾游等成为主流的出游方式①。旅游安全是优质旅游发展的前提和保障，游客安全感则是旅游业健康发展的基石。2018年出现的一些旅游消费"宰客"事件，严重影响了旅游目的地的旅游形象，降低了游客对目的地的安全期望，导致游客安全期望和游客安全感知的差异，因此提升游客安全感是亟须关注的热点问题。

## 五 提升建议与对策

为更好地营造安全的旅游地环境，提升旅游地安全指数，本文提出以下建议。

### （一）理顺旅游安全管理体制机制

各地各级涉旅部门应在国家机构改革后，理顺旅游安全管理的体制机制，做好相关职能的对接和工作细则的明确与落实。第一，旅游部门应与应急管理部进行精准对接。应急管理部职责明细中，明确提出应急管理部须拟订应急管理、安全生产等方针政策，指导应急预案体系建设。各涉旅主管部门应积极配合落实应急管理部相关职责，各地涉旅部门与各地应急管理部门协商讨论、精准对接相应旅游安全管理工作，尽快调整或修订旅游安全生产工作条例和旅游突发事件预案，与应急管理部实行精准对接，确保旅游安全工作良好运行。第二，进一步明确且落实工作细则。应急管理部职责中明确提及应急管理部应指导各地区各部门应对安全生产类、自然灾害类等突发事件和综合防灾减灾救灾工作。因此在进行大型旅游安全监督检查或发生旅游

---

① 白长虹：《发展旅游产业筑牢幸福基石》，中国旅游新闻网，http：//www.ctnews.com.cn/，2017年12月20日。

突发自然灾害时,应急管理部拥有的多方面应急管理人才和资源,应作为核心主体指导大型旅游安全监督检查和旅游突发自然灾害的应急救援,涉旅部门应全力配合应急管理部执行安全监督检查和应急救援,以此提升旅游突发事件的防灾减灾能力。

### (二)完善旅游地安全管理体系

良好的旅游安全管理体系能增强旅游目的地的安全抵抗力。在机构职能重新调整的基础上,涉旅部门要进一步完善旅游安全管理体系。第一,对内部而言,政府自身建立完善的安全监督管理制度,通过整合监督管理能力等方式构建完善监督管理体制。对外而言,政府可定期通过官方渠道对外发布旅游安全预警信息,以提醒游客注意安全,从而降低游客出游风险。第二,建立对风险源的定期监控体系,包括对旅游景区、旅游企业的日常检测预警及调查评估。如定期对旅游企业开展安全教育与培训,开展监督检查工作,以加强旅游企业对旅游安全的重视。第三,构建旅游安全多元治理模式。在旅游安全入侵因素趋向深度与广度发展的形势下,应进一步整合新闻媒体、当地民众、志愿者以及行业协会等第三方组织的力量。充分发挥媒体的监督作用与宣传作用,依靠当地志愿者提升目的地居民、企业以及游客的安全意识与技能,依靠第三方组织的专业力量开展紧急救援,构建"多元一体"的旅游安全管理体系,增强旅游目的地安全抵抗力,以推动旅游目的地安全系统良性运转。

### (三)创新旅游安全监管方式

各地涉旅主管部门创新旅游安全监管方式,带动当地居民、旅游企业、游客等利益相关者形成多元协同安全治理体系。第一,进一步修订并完善旅游旺季安全监督检查方案。现有旅游安全监督检查方案已明确规定监督检查详细内容、操作手册。但旅游旺季工作人员压力大,安全事件引致因素复杂,质监部门难免力不从心。因此,政府在旅游旺季除正常安全检查程序外,应实行多部门联合执法,保障质监工作正常实施和安全迎接游客到来;

此外，进行安全检查前应对联合执法部门进行培训指导，切实让每个质监人员了解自己工作职责与其重要性，避免质监人员在安全监督检查中走马观花，留下安全隐患。第二，定期开展旅游安全检查与培训。在旅游旺季，涉旅主管部门应提前对景区内景点设施进行安全监督与检查，确保旅游设施的正常运转；对旅游未开发区域和危险区域进行封锁和告知，避免游客误入；对旅游从业人员开展旅游安全动员大会，帮助员工厘清景区注意事项，提高员工安全意识，有针对性地培训基本应急技能；涉旅企业应接受旅游质监部门安全检查意见，配合安全检查工作，及时整改，形成政企二元一体安全监督检查保障体系。第三，建立社会监督检查志愿者体系。在旅游行业中，甄选当地居民、旅游经营者等作为旅游安全志愿监督员。建立并完善旅游安全社会监督志愿者体系，创新传统的旅游安全治理方式，在一定程度上能够提升旅游安全治理水平。

### （四）进一步协调旅游安全保障资源分配机制

公共安全硬件配套设施投入是提高旅游目的地抵抗力和游客安全感的重要因素。我国东、中、西部地区由于资源禀赋程度、硬件设施等存在差异，各地旅游安全抵抗力不同；为更好地增强旅游安全保障，各级政府部门应做好旅游安全保障资源的分配。首先，政府应营造政策优势，拓宽筹资渠道，加大公共基础设施投入。其次，建立互助、合作的共享理念。继续加大对经济欠发达地区旅游扶贫的支持力度，只有确保贫困地区的基础设施达到一定的平均水平，才能保证旅游目的地具有抵抗风险入侵的能力。只有根本解决旅游目的地贫困地区发展不充分、社会资源分配不平衡问题，才能保障当地居民、游客安全感稳步向好。最后，在资源配置不足的情况下，应建立政府、市场、社会三位一体的资源配置机制，使三大主体在旅游目的地安全配置中发挥互补作用，形成高效协作机制，以进一步提高旅游安全抵抗力。

### （五）有意识提高游客旅游安全风险应对能力

旅游目的地安全管理需要旅游目的地政府的宏观管理与规划，更需要游客自身不断强化对于旅游安全风险的应对能力。第一，塑造游客安全理性意识。就游客自身而言，游前可以通过微博、旅游目的地官方网站等多种途径掌握旅游目的地的旅游安全信息，在出游前客观、理性地判断旅游目的地安全状态和安全形势，在旅游过程中根据具体目的地安全状态调整旅游行为。第二，保障游客人身安全和消费安全。对于游客人身安全而言，游客需要进行必要的安全培训，提高安全意识和防范技能；相关政府部门应开展旅游安全法制宣传，提高游客法律意识；政府部门和旅游行业部门应联合出台信用制度，提高游客责任意识。从消费安全角度看，食品监管局、工商局、交通局等部门应定期或不定期对旅游企业进行检查，防止出现对旅游目的地形象和对游客造成杀伤性损害的事件；旅游地应设置"紧急医疗卫生站"，采取医护人员定时轮班到岗的制度，对有需要的游客进行实名制认证后，免费提供药品和进行紧急救治，这样既为游客营造了安全的物理环境，又提升了游客的心理安全感。第三，应进一步发挥大众媒体的信息传达和教育功能。大众媒体应及时报道旅游目的地旅游安全风险隐患，重大事件通过专题报道、问题曝光等方式引起游客乃至社会的关注，以提高游客安全意识，加强旅游目的地安全管理能力。此外，游客安全感的提高不仅应重视媒体作用的发挥，还应通过政府、旅游企业的有效指导与实践强化游客安全技能。

## 参考文献

［1］邹永广：《目的地旅游安全评价与预警》，社会科学文献出版社，2018。

［2］邹永广：《目的地旅游安全度的时空分异研究——以全国31个重点旅游城市为例》，《经济管理》2016年第38（1）期，第127~136页。

［3］邹永广、郑向敏：《旅游目的地游客安全感的影响因素实证研究——以福建泉州为例》，《旅游学刊》2012年第27（1）期，第49~57页。

［4］邹永广、郑向敏：《旅游目的地游客安全感形成机理实证研究》，《旅游学刊》2014年第29（3）期，第84~90页。

［5］邹永广：《目的地旅游安全评价研究》，华侨大学，2015。

［6］朱正威、蔡李、段栋栋：《基于"脆弱性－能力"综合视角的公共安全评价框

架：形成与范式》,《中国行政管理》2011年第8期,第101~106页。
[7] 肖风劲、欧阳华:《生态系统健康及其评价指标和方法》,《自然资源学报》2002年第17（2）期,第203~209页。
[8] 魏永忠:《论我国城市社会安全指数的预警等级与指标体系》,《中国行政管理》2007年第2期,第89~94页。
[9] 孔红梅、赵景柱、姬兰柱等:《生态系统健康评价方法初探》,《应用生态学报》2002年第13（4）期,第486~490页。
[10] 郭秀锐:《城市生态系统健康评价——以广州市为例》,北京师范大学博士学位论文,2003。
[11] 张玉春:《北京市居民安全感指数的编制》,《首都经济贸易大学学报》2007年第2期,第115~117页。
[12] 安莉娟、丛中:《安全感研究述评》,《中国行为医学科学》2003年第12（6）期,第698~699页。
[13] 沈学武、耿德勤、李梅等:《不安全感自评量表的编制与信度、效度研究》,《中国行为医学科学》2005年第14期。
[14] 孙思玉、吴琼、王海兰等:《天津市大学生安全感研究》,《中国健康心理学杂志》2009年第17（3）期,第304~307页。

区域安全篇

**B.28**
# 2018~2019年北京市旅游安全形势分析与展望[*]

韩玉灵 崔言超 周航 陈学友[**]

**摘　要：** 2018年北京市旅游安全形势总体保持良好，紧紧围绕北京市委、北京市人民政府推进安全生产领域改革发展的相关要求，强化党政同责，坚持问题引领，坚持标本兼治，深化体系建设，狠抓隐患治理，各项安全管理工作有序开展，旅游安全突发事件处置妥善。展望2019年，北京市将牢牢把握首都城市战略定位，紧贴文化旅游融合实际，积极研究探索机构改革新形势下文化旅游安全工作经验，提高行业安全生产能力和管理水平，进一步优化旅游环境。

**关键词：** 北京市　旅游安全形势　旅游安全突发事件

## 一　2018年北京市旅游安全的总体形势

2018年，北京市旅游业呈现稳中向好态势，实现旅游总收入5921.2亿元，较2017年增长8.3%；接待游客总人数31093.6万人次，较2017

---

[*] 本研究由北京旅游发展研究基地与北京市文化和旅游局合作完成；受到国家社科基金项目"我国旅游立法重大问题研究"（12BGL069）的支持。
[**] 韩玉灵，北京第二外国语学院北京旅游发展研究基地教授，北京法学会旅游法研究会副会长；崔言超，北京市文化和旅游局安全与应急处（假日办）处长；周航，北京财贸职业学院讲师；陈学友，北京市文化和旅游局安全与应急处（假日办）主任科员。

年增长4.5%。其中，接待国内旅游总人数30693.2万人次，较2017年增长4.6%；国内旅游总收入5556.2亿元，较2017年增长8.5%。接待入境游客400.4万人次，较2017年增长2.0%，是自2012年以来，北京市入境游人数首次"回正"。2018年全年，北京市首站前往地出境旅游总人数510.9万人次，较2017年微降0.1%。[①] 文旅融合背景下，旅游者消费品质化需求日益凸显，文化类体验活动持续受到追捧。在"一带一路"倡议深化、签证便利、支付环境和语言环境不断优化等综合因素推动下，出境旅游中远程市场旅游者数量增长明显。随着旅游市场规模的扩大、旅游形式的日益丰富以及旅游目的地分布的愈加广泛，旅游安全管理工作面临更大挑战。

2018年北京市旅游安全形势总体良好，行业安全管理水平得到进一步提升。据统计，2018年原北京市旅游发展委员会共收到本市各区及旅游企事业单位报送的旅游安全突发事件50起，较2017年下降32.4%。按事件级别划分，较大事件1起，其余均属于"一般事件"。全部事件共造成51人死亡、40人受伤、8人滞留。各项旅游安全突发事件处理及时有效，未造成严重的负面影响。

## 二 2018年北京市旅游安全形势的概况与特点

### （一）旅游安全突发事件概况

1.性质分析

以事件的性质为划分标准，2018年北京市发生的旅游突发事件涉及事故灾难、公共卫生事件、社会安全事件三类，未发生自然灾害类旅游安全突发事件，各类型统计情况如表1所示。

---

① 北京文化和旅游局官网：http://whlyj.beijing.gov.cn/cycj/tjxx/ndtjxxzj/448699.htm，2019年2月15日。

表1 2018年北京市旅游安全突发事件性质分析

| 事件分类 | 事件数量(起) | 占比(%) | 伤亡情况 |
|---|---|---|---|
| 事故灾难 | 17 | 34 | 22人死亡、40人受伤 |
| 公共卫生事件 | 26 | 52 | 27人死亡 |
| 社会安全事件 | 7 | 14 | 2人死亡、8人滞留 |
| 总　计 | 50 | 100 | 51人死亡、40人受伤、8人滞留 |

(1)事故灾难。全年本市共发生17起事故灾难类旅游安全突发事件，较2017年同类事件发生数量有所减少，占全年旅游安全突发事件总数的34%。该类事件共导致22人死亡，占全部事件导致死亡总人数的43.14%；导致40人受伤，占全部事件导致受伤总人数的100%。其中，淹溺事故10起，导致10人死亡；道路交通事故5起，导致11人死亡、39人受伤；坠落事故2起，导致1人死亡、1人受伤。

(2)公共卫生事件。全年本市共发生26起公共卫生类旅游安全突发事件，较2017年同类事件发生数量小幅增加，占全年旅游安全突发事件总数的52%，均为旅游者突发疾病事件。共导致27人死亡，占全部事件导致死亡总人数的52.94%。

(3)社会安全事件。全年本市共发生7起社会安全类旅游安全突发事件，均为滞留事件，占旅游安全突发事件总数的14%，较2017年同类事件发生数量大幅减少。共导致2人死亡，占全部事件导致死亡总人数的3.92%；导致8人滞留。

2.时间分布

从旅游安全突发事件发生的时间来看，全年四个季度情况如下（见图1）。

第一季度共发生旅游安全突发事件11起，较2017年同期发生数量有所减少，占全年旅游安全突发事件总数的22%。其中，事故灾难5起、公共卫生事件4起、社会安全事件2起。共导致8人死亡、14人受伤、2人滞留。

第二季度共发生旅游安全突发事件24起，较2017年同期发生数量小幅增加，占全年旅游安全突发事件总数的48%。其中，事故灾难6起，公共卫生事件15起，社会安全事件3起。共导致30人死亡、23人受伤、4人滞留。

第三季度共发生旅游安全突发事件10起，较2017年同期发生数量有所减少，占全年旅游安全突发事件总数的20%。其中，事故灾难4起，公共卫生事件4起，社会安全事件2起。共导致8人死亡、3人受伤、2人滞留。

第四季度共发生旅游安全突发事件5起，较2017年同期发生数量大幅减少，占全年旅游安全突发事件总数的10%。其中，事故灾难2起，公共卫生事件3起，共导致5人死亡。

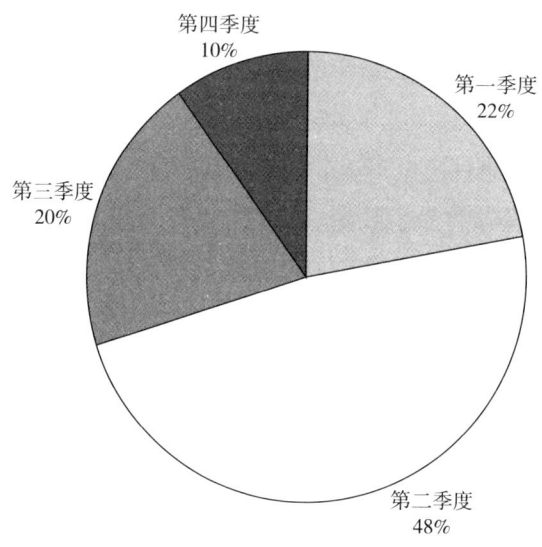

**图1　2018年北京市旅游安全突发事件时间分布**

3. 空间分布

按照事件发生地，旅游安全突发事件分为境外旅游安全突发事件和境内旅游安全突发事件（见图2）。全年北京市民在境外发生的旅游安全突发事件有28起，占全年旅游安全突发事件总数的56%。其中，事故灾难11起、公共卫生事件10起、社会安全事件7起，共导致27人死亡、39人受伤、8人境外滞留。

全年北京市民在境内其他地区旅游、外国籍旅游者以及外省市市民来北京旅游发生的旅游安全突发事件共22起,占全年旅游安全突发事件总数的44%。其中,公共卫生事件16起、事故灾难6起,共导致22人死亡、1人受伤。

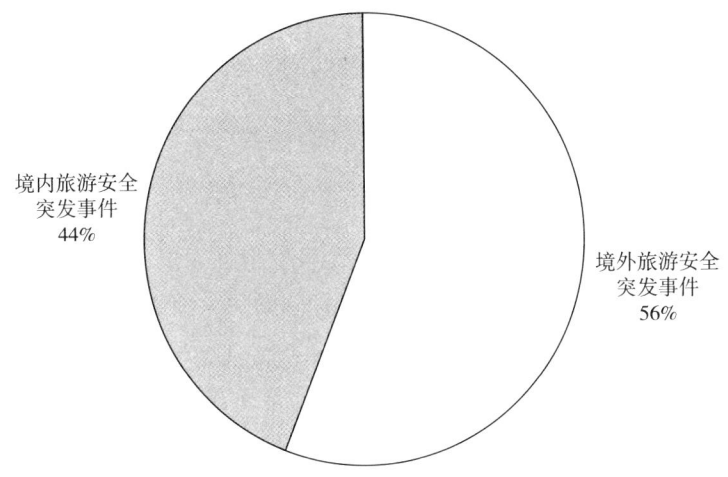

图2　2018年北京市旅游安全突发事件空间分布

### (二)旅游安全突发事件的发生特点

1.公共卫生事件和事故灾难占比大,伤亡率居高

2018年北京市共发生26起公共卫生类旅游安全突发事件,占全年旅游安全突发事件总数一半以上,且致死率最高,占全部事件导致死亡总人数的一半以上,均为旅游者突发疾病事件。死亡率次高的是事故灾难类旅游安全突发事件,全年共发生17起,虽仅占全年旅游安全突发事件总数的34%,但死亡22人,占全部事件导致死亡总人数的四成以上。

2.旅游安全突发事件多发生在第二季度

2018年北京市各季度均有旅游安全突发事件发生,而第二季度发生率最高,共24起,占全年旅游安全突发事件总数的近一半,主要为公共卫生类。其次为第一季度,共发生旅游安全突发事件11起,占全年总数的

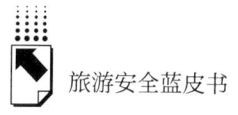

22%，主要为事故灾难类。

**3. 境外旅游安全突发事件占比大于境内**

2018年北京市出境旅游人数虽然小幅下降，但发生在境外的旅游安全突发事件占比较大。全年共发生28起，占全年总数的一半以上。2018年赴传统热门旅游目的地如日本、泰国旅游的人数同比下降较多，更多小众的冷门旅游目的地正在被发现和受到青睐，市民出境旅游的脚步越来越远、目的地选择越来越多，对目的地环境较为陌生提升了发生旅游安全突发事件的概率。

**4. 景区是旅游安全突发事件的多发环节**

与往年类似，2018年北京市旅游安全突发事件多发生在景区游览环节，共33起，占全年旅游安全突发事件总数的66%。主要表现为旅游者游览过程中突发疾病、发生淹溺事故、发生坠落事故或滞留等。共导致29人死亡，占全部事件导致死亡总人数的56.9%；导致1人受伤，占全部事件导致受伤总人数的2.5%；有6人在景区滞留。酒店住宿也是旅游安全突发事件的多发环节，2018年共有10起旅游安全突发事件发生在酒店，主要是突发疾病和淹溺事故。

## 三 2018年北京市旅游安全工作的主要进展与特点

### （一）健全完善制度，落实行业安全管理责任

2018年年初原北京市旅游发展委员会印发了《北京市旅游行业2018年安全与应急工作要点》，细化了9大类32项具体工作。组织召开了行业安全工作大会，明确年度安全生产工作指导思想、工作目标、重点任务和保障措施。先后组织召开了12次专题会议，专门研究旅游安全应急演练、防汛、安全生产责任、假日安全服务保障、隐患排查治理、安全生产月活动等工作。健全完善"党政同责、一岗双责、齐抓共管、失职追责"的安全生产管理责任体系，全面形成人人想安全、人人抓安全、人人为安全着想的良好

局面。制定印发旅游行业安全生产改革发展实施方案,明确了北京市旅游行业安全生产领域改革发展目标、26项具体工作任务、时间点和路线图,对深化行业领域安全生产工作改革提供了制度保障。加快推进社会旅馆和乡村旅游两个安全生产等级评定技术规范的编制进程,预计2019年发布实施。

### (二)深化排查治理,夯实行业安全管理基础

2018年,全市旅游行业持续推进安全隐患"大排查、大清理、大整治"三大专项行动"回头看"和北京市政府对各区安全生产督察考核问题整改,主动采取企业自查、专项督查、明察暗访、联合检查、专家检查等多种有效方式,深入开展旅游安全隐患排查,积极开展旅游企业安全风险分级管控和隐患排查治理体系建设,全面督导旅游企业安全生产主体责任落实。充分发挥社会力量专业技术优势,推动政府购买服务查隐患向纵深发展,着力解决行业安全管理中的薄弱问题。在安全生产月,扎实开展了教育培训、隐患排查治理、安全风险辨识评估、法规制度学习、应急演练等活动。在春节、"两会"汛期、暑期等重点时段,采取多种形式开展行业安全大检查工作。制定印发了一系列火灾防控方案和通知,持续开展消防安全隐患排查整治。围绕社会管理综合治理重点工作,组织开展了春节烟花爆竹安全管理、预防煤气中毒、国家安全教育日等活动,排查了2018年春节期间北京旅游反恐工作隐患,深入开展了2018年第一次和第二次社会矛盾纠纷排查工作。

### (三)推进规范建设,建立行业安全管理长效机制

持续推进行业安全生产标准化建设,2018年全市新增二级标准化企业7家,新增三级标准化企业848家,二级达标企业累计达到138家,三级达标企业累计达到1271家。持续推进旅游安全信息化建设,完成了"雪亮工程"平台建设并投入使用,着力监管旅游企业使用安全与应急管理系统。推进完成了星级饭店风险安全辨识评估工作,并结合评估成果,绘制了全市旅游行业安全风险电子地图,编制了安全风险评估报告、应急资源调查报告和应急能力评估报告,制定了安全风险管控办法,基本建立了全市旅游行业

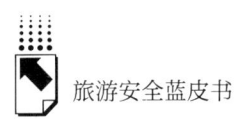

星级饭店安全风险管控机制,实现安全风险辨识、评估、监测和管控全过程综合管理。持续推进行业参加安全生产责任保险工作,截至2018年年底,全市投保企业1231家,与2017年的772家相比增长59.46%,进一步提高了旅游行业风险防控能力,化解和转移安全风险。

### (四)加强培训宣传,提高从业人员和旅游者安全意识

2018年,市区两级及旅游企业组织安全培训154次,参训人数达14420人次。例如,5月举办了2018年北京市旅游行业防汛工作培训班;8月举办了《地方党政领导干部安全生产责任制规定》培训;10月、11月分两批次组织开展了安全生产等级评定技术规范培训;等等。开展了一系列社会公众安全宣传活动,累计发放资料3万余份,受众旅游者180万人次。例如,5月开展了以"行动起来,减轻身边的灾害风险"为主题的第十个"防灾减灾日"宣传教育活动;6月举办了2018旅游安全宣传咨询日活动;11月举办了主题为"全民参与,防治火灾"的北京市旅游行业2018年"119"消防宣传月启动仪式。以常见旅游事故为主,制作了10集手绘动漫宣传片,面向公众进行旅游安全宣传提示,进一步提高了广大旅游者和市民的旅游安全意识和防范能力。并在暑期、汛期、国庆假期等时段利用景区周边及繁华路段公交站台候车亭、地铁灯箱/海报、网络媒体向旅游者发布出行安全信息提示。

### (五)强化应急管理,提升旅游突发事件处置能力

2018年,原北京市旅游发展委员会组织市级示范演练32次,各区组织演练172次,总参训人数达24000人次,内容涉及消防、防汛、防爆、水上救援等各类安全应急演练,切实提升了旅游主管部门以及旅游企业的实战处置能力。对于涉旅突发事件,均在第一时间按照旅游突发事件处置流程,协调相关部门和企业进行现场和善后处置。对旅游应急制度和反恐怖规范进行了修订,并根据A级旅游景区最大承载量实施情况和发展变化,重新测算核定和公布景区最大承载量。在防汛方面,制定下发了《北京市旅游防汛分指挥部2018年防汛工作方案》,形成了《关于汛期景区关闭和恢复开放

的规定》，做到了防汛工作底数清楚、责任明确、措施具体。在全市旅游行业集中开展"防汛隐患排查月"活动，对地质灾害隐患类景区、涉山涉水类景区和有大型室外娱乐项目的景区进行了重点检查督查。汛期每次强降雨前，通过"旅游行业管理平台""安全与应急管理系统"及时对全市景区、旅行社和民俗村户进行强降雨应对部署，严格落实《汛期景区关闭和恢复开放的规定》，并第一时间通过多种途径公布景区关闭信息和景区咨询电话，确保旅游者能随时了解查询景区开关情况。

### （六）细化保障措施，确保假日和大型活动万无一失

充分发挥假日旅游协调机制作用，组织召开了春节、劳动节、国庆节假日旅游工作会议，协调公安、体育、公园管理中心等单位开展联合检查，组织公安、工商、交通执法、城管、公园管理中心等部门继续实行集中值班制度，组织重点旅游企业开展大型游乐设施、反恐防暴、火灾防控、交通安全等应急演练。督促各区旅游行政管理部门和各旅游企业开展假日安全检查，规范旅游市场秩序，严厉打击"黑车、黑店、黑导"、以次充好、欺客"宰客"等违法违规行为。全国"两会"、"中非合作论坛"、2018年国际商务及会奖旅游展览会、第十二届北京国际旅游节、第七届北京国际旅游商品及旅游装备博览会等重大活动举办期间，按照"一流的保障措施、一流的服务质量、一流的精神风貌"的工作标准，认真落实大型活动安全服务保障要求，督导主承办方严格落实安全主体责任，开展活动现场风险评估，强化应急预案制定和应急演练，全流程开展隐患排查治理，加强应急值守，有效防范了涉旅突发事件和安全事故的发生。

## 四 2019年北京市旅游安全形势展望

### （一）旅游安全突发事件形势

由于事故灾害和公共卫生事件的不可控因素较多，预计2019年，上述

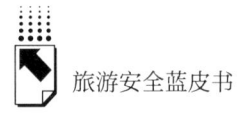

两类旅游安全突发事件仍将是北京市相关部门重点防控的类型；尤其是旅游者突发疾病事件仍将占有较大比重，致死率仍然较高。而事故灾难具有影响面大、破坏性强的特点，容易发生群死群伤较严重的旅游安全突发事件。

从旅游安全突发事件发生的时间来看，旅游高峰时期虽容易发生旅游安全突发事件，但由于北京市在重点时段采取了深化排查、强化应急管理、细化保障等有力措施，有效防范了旅游突发事件的发生，预计旅游高峰期旅游安全突发事件发生率不会激增，随着带薪休假制度的逐步落实及各节假日的全年分布，预计2019年各季度旅游安全突发事件的发生将呈现较均匀的分布态势。

从旅游安全突发事件发生的空间来看，随着旅游者的脚步越来越远，对目的地缺乏足够了解，可能存在继续发生旅游突发事件的风险，预计2019年境外旅游安全突发事件仍将占有较大比重。

从旅游安全突发事件发生的环节来看，由于景区游览环节存在的风险隐患较多，预计2019年旅游安全突发事件仍将多发于景区。

### （二）旅游安全管理工作要点

1. 强化安全生产责任，推进制度规范建设

北京市文化和旅游局将进一步健全完善文化和旅游安全生产责任制，严格落实属地行业监管（管理）责任，及时研究部署文化和旅游行业安全生产工作，建立安全生产隐患整改督导机制，督促企业整治安全隐患。健全完善行业安全管理制度，紧贴文化和旅游融合实际，研究制定文化和旅游行业安全管理制度和措施。建立涵盖全体人员、全部工作岗位、全部生产经营活动的安全生产责任制。持续推进行业安全生产标准化建设工作和行业安全生产责任保险制度。加大对属地文化旅游企业使用系统情况进行安全监管，经常开展线上巡查、检查，进一步提高文化旅游安全信息化应用水平。

2. 全面落实重点工作，加强安全服务保障

开展A级景区安全风险评估及管控工作，按时编制完成旅游行业重大安全风险源清单、安全风险辨识评估报告、应急资源调查清单、应急能力评

估报告，有针对性地制定安全风险管控措施，编制事故应急预案并组织开展应急演练。采用政府购买服务方式，持续对旅游企业落实安全生产主体责任情况进行评估。扎实推进开展全市旅游行业安全隐患治理三年行动，加强大型活动、假日旅游安全服务保障，做好全国"两会"、"一带一路"峰会、国庆节等重大活动的安全服务保障工作。认真研判元旦、清明节、劳动节、端午节和中秋节五个小长假以及春节和国庆两个黄金周假日旅游安全形势，充分利用假日旅游工作机制，开展大型活动、景区特种设备、高风险旅游项目等假日安全检查，督导企业开展假日安全隐患自查自改自报工作，全面做好旅游统计检测、宣传报道、交通保障、安全应急、环境整治、服务接待等假日旅游工作。

3. 深化隐患排查治理，增强行业应急能力

依托社会技术力量，对行业相关领域开展隐患排查。检查督促A级旅游景区核定旅游者最大承载量，建立客流预报预警制度，制定流量控制方案，对景区重点区域流量实行分级监控管理，督查旅游景区制定超过最大承载量应急预案和防拥挤踩踏应急预案，并指导景区开展针对性应急演练。采取旅游企业自查、专项督查、明察暗访、联合检查、专家检查等多种有效方式，加大对宾馆饭店、旅行社的安全检查力度。集中开展旅游行业汛前安全检查和应急演练，细致排查防汛安全隐患，强化防汛队伍建设，备足防汛物资，及时对公众发布景区关闭及开放提示信息，督促指导景区建立汛中巡查、汛后核查隐患排查机制，确保景区汛期安全。加强文化和旅游行业应急能力建设，加强重要时段、重点区域示范性演练活动，严格旅游突发事件信息报送和应急值守制度，确保联络畅通、信息上报畅通。

4. 开展安全教育宣传，推动安全管理社会化

北京市文化和旅游局将继续深入开展《地方党政领导干部安全生产责任制规定》学习，切实转化为落实安全生产工作的具体举措和实际行动。开展社会旅馆、乡村旅游地方标准培训和宣贯工作，依据技术规范要求，深入开展本行业、本单位隐患排查治理工作。着力开展行业安全风险分级管控、隐患排查治理、安全管理人员及专职安全员等的教育培训工作，对从业

人员在安全生产法律法规、消防、治安、卫生、交通等方面进行安全生产教育培训，建立从业人员教育培训档案。针对假日、汛期、暑期、冬防等重点时段，利用各类媒体，加大对文化旅游企业、市民、旅游者的安全宣传力度，强化预报预警信息发布，快速准确引导旅游者安全出行、安全旅游。主动开展旅游安全社会化宣传、安全生产责任保险宣传、政府购买服务、社会民主监督等工作，公布旅游安全监督电话，及时处理旅游安全投诉事件、回应旅游安全社会关切。

# B.29
# 2018～2019年吉林省旅游安全形势分析与展望

张立军 杭 伟*

**摘 要：** 2018年吉林省旅游产业增长势头强劲，旅游经济保持了较好的发展态势。旅游管理部门重视安全生产改革工作，不断完善安全监管防控体系，全省旅游安全工作稳定有序。吉林省旅游管理部门强化旅游安全工作的计划性，全面部署旅游安全工作，加大督导检查力度，组织开展旅游安全专项整治行动，加大监督检查力度，加强安全宣传教育与培训演练，强化应急值守，实现吉林省旅游安全形势的整体稳定。展望2019年，吉林省将强化旅游安全制度建设和安全整治工作，加大出境游安全管理，优化冰雪旅游安全管理机制，推动安全教育和培训以及应急保障能力建设。

**关键词：** 吉林省 旅游安全 安全形势

## 一 2018年吉林省旅游安全总体形势

2018年，在吉林省委、省政府的正确领导下，全省旅游系统忠诚践行习近平总书记"两山理论"，深入推动旅游业供给侧结构性改革，紧紧抓住

---

\* 张立军，吉林省文化和旅游厅安全处处长；杭伟，吉林省文化和旅游厅主任科员。

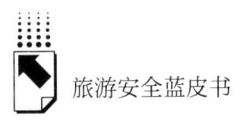

"冰天雪地"和"天赐'凉'机",全力打造吉林旅游冰雪和避暑盛宴,旅游经济保持了较好的发展态势。全省接待游客总人数22156.39万人次,同比增长15.15%;全省旅游总收入4210.87亿元,同比增长20.07%。

全省旅游行业深入贯彻全国安全生产电视电话会议精神和省委、省政府关于安全生产工作的部署,扎实推进安全生产领域改革,全面深化"安全生产治理年"工作,全力减少一般事故,有效防范较大事故,坚决遏制重特大涉旅事故,全省旅游安全形势持续稳定。

## 二 2018年完成的主要工作

### (一)全面部署旅游安全工作,压实安全责任

结合旅游安全特点,在重大节日、旺季、汛期、敏感时期等时间节点均下发安全工作通知,指导督促各地做好旅游安全管理工作。多次召开专题会议传达国务院、吉林省委、省政府安全生产工作会议精神以及中央领导、省领导指示批示要求,分析安全生产形势,研究部署旅游安全工作。6月中旬在白城市大安市召开全省旅游安全工作会议,总结2017年旅游安全工作,部署2018年重点工作,同时对旅游旺季和汛期安全生产工作进行了重点强调,并与各地旅游主管部门现场签订《2018年旅游行业安全生产工作目标责任状》,进一步压实安全责任。

### (二)加大督导检查力度,消除各类安全隐患

省旅发委采取重点检查、随机抽查、联合检查以及暗查暗访的方式,加大旅游安全督导检查力度。尤其是在元旦、春节、"两会"、"五一"、国庆以及旺季、汛期等重要时期均组织专项督导检查。全国"两会"和"五一"、国庆前夕,会同省卫计委、环保厅、商务厅、食药监局、质监局、安监局、消防等部门对全省重点旅游企业进行联合督导检查。重点督促旅行社要加强旅游各个环节中的安全保障措施,景区要建立客流预报预警制度、制定流量控

制方案,超负荷运营的景区要暂停开放,极端天气期间视情况采取关闭措施,星级饭店要强化消防安全管理等,确保企业安全运营。督导检查中发现的问题,当面予以反馈,并要求企业及时进行整改,彻底消除安全隐患。

### (三)组织开展旅游安全专项整治行动

一是开展旅行社租车环节和导游员执业行为专项整治。规范旅行社与旅游汽车公司租赁行为,监督旅行社选用正规的旅游汽车租赁公司,严格审查旅游包车车辆和驾驶人的资质,选择符合资质条件的车辆和驾驶人并签订规范租车协议。规范导游员的执业行为,提高旅游团队服务质量。7~8月旅游旺季期间,省旅发委联合当地旅游主管部门对旅行社、旅游包车和旅游团队进行了抽查,共检查旅行社20家、旅游大巴45辆、旅游团队79个、导游员79名。

二是联合相关部门开展旅游景区星级饭店专项检查工作。3月5~20日,根据吉林省政府督查室的统一部署,会同省卫计委、环保厅、商务厅、食药监局和质监局共同下发了《关于印发吉林省旅游景区酒店(旅店)专项检查工作方案的通知》(吉卫联发〔2018〕10号),重点检查食品安全、环境卫生、用品质量等方面的问题。对消防手续不全、达不到星级标准的24家星级饭店取消了星级资格,对37家星级饭店提出限期整改。

三是开展赴俄旅游安全专项整治。根据文化和旅游部的总体部署,会同黑龙江省共同开展赴俄旅游安全整治工作,重点排查和消除境外住宿、陆路和海上旅游安全隐患,严禁境外"黑车""黑船""黑宾馆"接待吉林省赴俄旅游团队。与黑龙江省旅发委共同制定了加强境外旅游安全的管理措施,同时开展了对俄旅游市场安全的专项检查,目前各经营赴俄旅游业务的旅行社都能够按照要求认真组织旅游团队,加强团队安全管理,境外旅游安全形势明显改善。

四是开展星级饭店、A级旅游景区消防安全专项整治。为深刻吸取哈尔滨"8·25"北龙汤泉休闲酒店火灾事故教训,会同吉林省公安厅联合下发了《关于印发〈吉林省旅游星级饭店及A级旅游景区消防安全专项整治工作方案〉的通知》（吉公办字〔2018〕60号）。9月11日～10月15日，与吉林省公安厅消防总队联合开展对旅游星级饭店和A级旅游景区消防安全专项整治行动，其间共成立5个督查组进行专项督导检查，指导督促企业切实履行消防安全主体责任，提高防控火灾能力。

五是开展了全省A级旅游景区旅游安全和市场秩序督导检查工作。9月14～30日，会同吉林省住建厅、国土厅、林业厅、环保厅等部门，并邀请全国景区评定专家，联合开展全省A级旅游景区集中排查工作，其中对4A级以上旅游景区进行全面大排查，重点针对景区在安全、生态保护、基础设施、价格等方面的问题进行集中检查。

### （四）发挥监管微信群功能，加强安全督促和提醒

结合天气变化、预警信息、节假日特点以及国内重特大安全事故等，利用监管微信群及时督促和提醒各地做好安全防范，有效预防涉旅事故发生。尤其在"桂林龙舟翻船事故""广东KTV火灾事故""朝鲜涉中国游客交通事故"以及"泰国普吉岛游船倾覆事故"等重特大安全事故发生后，通过监管微信群多次强调，要提高思想认识、突出责任意识，举一反三，查找漏洞和不足，提升事前、事中、事后应急处置工作水平，确保游客生命财产安全。

### （五）强化旅游气象服务和舆情监测，及时发布风险提示

与气象部门建立合作机制，按照双方签署的《旅游高影响天气应对防范合作协议》要求，充分利用气象部门的专业优势，进一步做好旅游气象服务工作，有效预防和减轻灾害性天气对旅游安全的影响。建立鹰眼全网监测系统，密切监测网络舆情，发掘问题、迅速响应、依法处置、及时发布，全力降低或化解旅游网络暴力风险。特别是黑龙江雪乡事件发生以后，吉林省旅发委积极主动通过各大主流媒体高水准、高站位、高密度发起吉林旅游宣传攻势，迅速扭转舆论氛围，极力减轻雪乡事件对吉林省旅游造成的负面影响。针对《中国消费者报》报道的向海景区存在设施缺失、安全隐患等问题，吉林省旅发委高度重视，严格按照省领导的批示要求，迅速调查核

实,指导督促企业全面彻底整改,积极回应社会关切。泰国普吉岛游船倾覆事故发生后,及时通过新华网、凤凰网、中国吉林网、吉林旅游新媒体矩阵等媒体发布了旅游风险提示。健全完善常态化风险提示机制,结合吉林省旅游旺季和汛期安全特点,通过各类媒体进一步加强对旅游企业和游客的风险提示。在台风和强降水天气来临前,各地根据旅游安全风险提示信息实行景区关闭措施,杜绝了安全事故的发生。

### (六)加强旅游安全宣传教育

组织开展具有行业特点的安全生产月和安全生产宣传教育"七进"活动。印制下发《游客安全乘车温馨提示》、《游客乘车安全须知》、《文明旅游,理性消费》、《文明旅游出行指南》、《旅游安全管理办法》、《安全信息卡》以及《安全管理规范》等各类安全宣传资料。充分发挥媒体网络功能,设立旅游安全宣传专栏,引导游客理性消费,及时刊登发布大型工作会议、安全检查、教育培训和应急演练活动等情况,加大安全生产宣传教育力度,营造浓厚的安全生产宣传氛围。

### (七)积极开展安全培训和应急演练

吉林省旅游安全工作会议期间邀请中国旅游研究院(华侨大学旅游安全研究院)和江泰保险经纪总公司(旅责险全国调解处理中心)安全专家就全域旅游安全保障体系建设和旅游风险防范与安全防控两方面进行了安全培训。此外,为突破冰雪旅游业人才瓶颈,提升冰雪旅游从业人员能力和素质,由吉林省旅发委牵头,省体育局、省教育厅及国家冰雪旅游人才培训基地联合组织"千名滑雪指导员"培训班和全国冰雪旅游导游员(讲解员)培训班。召开全省旅游安全应急演练现场会,组织了景区消防、水上救援和游客突发疾病紧急救援三个科目的应急演练。各市(州)旅游主管部门分管安全工作的领导和处(科)长、部分县(市、区)旅游局领导、部分旅游企业负责人、新闻媒体等共计200余人参加了演练观摩,当地安监、公安、海事、消防、卫生等部门参加了演练活动。

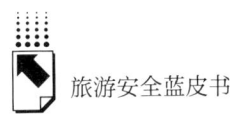

## （八）做好应急值守工作，有效应对突发事件

按照吉林省委、省政府要求，严格执行节假日、汛期领导带班，干部24小时值班制度。值班人员履职尽责、坚守岗位，时刻保持通信畅通，坚持每日"零报告"，确保节日期间旅游信息及时有效传递。朝鲜涉中国游客交通事故和泰国普吉岛游船倾覆事故发生后，按照文化和旅游部紧急部署，吉林省旅发委连夜开展重点排查和全面排查，确认不是吉林省旅行社组织的客源，而且没有吉林省游客。同时针对事故教训，严格按照习近平总书记和省领导批示精神，立即组织开展旅游安全督导检查，特别是对开展边境旅游的重点地区进行了专项检查，确保吉林省旅游特别是边境旅游市场安全。

# 三 2019年旅游安全重点工作

## （一）加强制度建设和安全整治

一是扎实推进安全生产领域改革工作落实，进一步完善"五个一工程"建设和双重预防机制建设。二是深入开展旅游包车、景区流量控制、高风险旅游项目安全整治行动和旅行社、A级景区、星级饭店等领域综合治理活动。三是结合旅游安全季节性特点，在重要时期、重要阶段、关键节点加大旅游安全监督检查力度，彻底消除安全隐患，确保旅游安全。

## （二）加强出境游安全管理

一是加大对经营出境旅游的旅行社的监管力度，开展出境游旅行社整治行动，规范出境游旅行社管理，严格落实出境游旅行社资质退出机制，取消不符合要求的旅行社出境游资质。二是指导和督促经营出境旅游业务的旅行社规范经营，充分使用监管服务平台，如实填报出境旅游团队信息；制定和完善出境旅游应急预案，办理旅游责任险，提示游客办理意外险；严格落实行前说明会制度，及时发放出境游安全信息卡。三是加强对网上经营"自由行"产品的企业资质和安全的监管,要求网络平台和商家销售"自由行"产品时必须明示安全风险提示,防止游客被送到境外的"黑车""黑船""黑宾馆",切实保障我国游客的生命财产安全与合法权益。

### (三)强化冰雪旅游安全管理

提升 A 级旅游景区安全监管效能,强化景区安全隐患节点、重要景点的安全措施和游客服务中心、餐饮游乐场所、购物场所以及星级宾馆、饭店等人员密集场所的隐患排查治理。加大对滑雪等高风险旅游项目、冬季渔业捕捞、雪博会等重大旅游节庆活动的安全管控力度。强化 A 级旅游景区和大型冰雪娱乐活动流量控制,制定分流措施,及时疏导客流。

### (四)加强应急保障能力建设

推动各地完善旅游突发事件应急预案,组织开展应急演练活动,加强应急值守和信息报送。发挥风险预警机制功能,完善旅游气象服务合作协议,充分利用鹰眼全网监测系统和媒体网络加强旅游舆情监测和常态化风险提示。推动完善旅游保险机制,探索研究建立吉林省游客境外事故赔偿机制。

### (五)积极开展安全教育培训

印制下发旅游安全宣传资料,针对特定行业特点组织开展"安全生产月"、旅游保险宣传以及旅游安全培训活动,督促各级旅游行政部门加强旅游安全培训工作,不断提高游客和旅游从业人员的旅游安全意识,增强旅游从业人员的安全应急能力。

# B.30
# 2018~2019年贵州省旅游安全形势分析与展望

李平 黄艳 蔡鹏 江泰罗*

**摘 要：** 2018年以来，贵州省旅游业继续保持快速发展势头。旅游部门坚持问题导向，强化责任担当，加强部门联动，以开展安全生产"大培训、大检查、大整治"活动为抓手，切实做好全省旅游安全制度设计、措施谋划、行动组织、督促检查等各项工作，坚决守住旅游业发展的底线和生命线，实现了游客安全满意、企业稳定运营、产业健康发展的总体目标，为全域旅游发展奠定了重要安全基础，为深入推进优质旅游、满意旅游提供坚实保障。

**关键词：** 贵州省 旅游安全 安全形势

## 一 2018年贵州省旅游安全总体形势

近年来，贵州省委、省政府高度重视旅游业，举全省之力大力发展旅游业，旅游接待持续实现"井喷"。2018年，全省旅游业牢牢守住发展和生态两条底线，坚持以人民为中心的发展理念，以高质量发展为目标，以脱贫攻坚统揽旅游发展大局，深入推进旅游业供给侧结构性改革，着力创建国家全

---

\* 李平，贵州省旅游发展委综合协调处处长；黄艳，贵州省旅游发展委综合协调处主任科员；蔡鹏、江泰罗，贵州省旅游发展委综合协调处干部。

域旅游示范省,以 100 个精品旅游景区打造为引领,推动"中国温泉省"建设,创新"山地公园省·多彩贵州风"宣传营销,大力发展全域旅游、绿色旅游、优质旅游、满意旅游,旅游业保持"井喷"发展势头,全省接待游客 9.69 亿人次,实现旅游总收入 9471.03 亿元,同比分别增长 30.2%、33.1%。全省旅游行业根据《中共中央国务院关于推进安全生产领域改革发展的意见》(中发〔2016〕32 号)和《中共贵州省委贵州省人民政府关于全面推进安全生产领域改革发展的实施意见》(黔党发〔2017〕26 号)要求,切实履行行业管理责任,强化系统安全监管制度建设,狠抓旅游安全监管服务,提升行业安全生产管理水平,坚决遏制重大旅游安全事故发生,提高旅游安全风险防范和抵御能力,推动全省旅游经济实现优质发展。

## 二 2018 年贵州省旅游安全工作概况

### (一)领导重视,高位推动旅游安全责任落实

2018 年以来,贵州省委、省政府高度重视旅游安全工作。卢雍政副省长先后两次组织召开工作会,对抓好全省旅游安全工作做出指示要求。省旅游发展委主要领导在 2018 年全省旅游工作会议上对旅游安全工作进行重点强调和部署。旅发委党组高度重视旅游安全工作,将旅游安全与旅游发展核心业务工作同安排、同部署,安排 200 万元专项经费用于旅游安全工作,根据机关人事变动情况及时调整旅游安全工作领导小组,明确班子成员、各处室的安全工作职责。安全管理业务处室增强责任担当意识,按照"管行业必须管安全、管业务必须管安全、管生产经营必须管安全"的要求,主动谋划旅游安全工作思路,抓好工作落实。与各市州旅游发展委签订 2018 年全省旅游安全工作目标责任书,明确旅游安全 10 项重点工作任务,在全行业层层传导、压实管理部门的监督责任和企业主体责任。要求各地按照《中共中央国务院关于推进安全生产领域改革发展的意见》和《中共贵州省委贵州省人民政府关于全面推进安全生产领域改革发展的实施意见》要求,

扎实做好行业安全生产管理工作。将安全工作落实的情况作为督查检查的重点，推动旅游安全工作制度化、规范化，有效防范和抵御旅游安全风险。

### （二）提前部署，盯紧看牢重要时段涉旅安全

2018年以来，围绕低温凝冻、主汛期、全国"两会"、暑期旺季、节假日等特殊时段，贵州省下发安全工作文件近60份，督促各地落实旅游安全防范措施，做好防汛、消防、反恐、食品、地质灾害等安全应对。自4月进入汛期以来，省旅发委联合省防汛抗旱指挥部办公室、省气象局、省国土资源部门会商研判汛期，精准发力，下发《省旅游发展委 省防汛抗旱指挥部办公室 省气象局关于进一步加强汛期旅游安全工作的通知》（黔旅办〔2018〕98号）和《省国土资源厅 省旅游发展委关于进一步做好全省旅游景区地质灾害防治工作的通知》（黔国土资发〔2018〕18号）等10余份文件，安排部署各地及时关注汛情，提前行动，做好防汛抗旱隐患排查、应急值班值守等防范工作，要求旅游景区根据情况适时全部或部分关闭，要求旅行社谨慎组团到可能发生各类地质灾害的地区旅游。督促全省4A级以上旅游景区，通过微信小程序"行游贵州"旅游安全预警提示系统动态发布天气情况、汛情、预警通告和景区最新开闭情况，做好安全预警信息提示，引导广大旅客合理出行，最大限度避免发生旅游安全事故，确保旅游行业安全度汛。贵州省各地相关部门根据要求，迅速做出反应，积极完善应急预案，落实防范措施，排查安全隐患，加大风险防控力度，加强应急值守，做好风险防控应对。

"7·5"泰国游船倾覆事件发生，正值贵州暑期旅游旺季。省政府专门召开全省暑期旅游安全和旅游市场治理工作会议，贯彻落实习近平总书记、李克强总理等领导同志的重要指示批示精神，对贵州省暑期旅游安全治理工作进行专门部署。贵州省旅发委为切实加强安全防范，严格落实各项管控措施，结合安全生产实际情况，两次下发文件通知，对做好暑期旅游安全工作进行再安排、再部署、再督导，要求全省旅游系统认真落实文化和旅游部、省委省政府关于安全生产的各项部署，进一步提高责任意识，强化责任担

当，全面落实安全生产责任，确保暑期旅游市场安全稳定。并立即组织、全省联动，开展涉旅企业、游船和漂流项目的安全专项检查，进一步加强出境自助游安全管控，强化各类安全隐患排查整治，盯紧看牢影响旅游安全的各个环节。同时做好公共信息服务提示，及时向游客发布《贵州省旅游发展委暑期旅游温馨提示》，运用网络、广播、电视、短信、微博、微信等媒介发布预警信息，做好风险提示，严守安全底线，严防事故发生，保持贵州省旅游安全形势总体稳定，为暑期旅游市场稳定发展提供了有力保障。

### （三）创新手段，加强旅游安全应急能力建设

在抓实抓牢旅游安全管理基础工作的同时，利用大数据思维和手段，创新管理方法和手段，从预防和处置两方面强化旅游安全应急管理能力建设。2018年，贵州省旅发委组织专家对《贵州省旅游发展委员会涉旅突发事件应急预案》进行重新修订完善，对9个市（州）、省直管区（县）应急预案进行评估、修改，编印《2018年贵州旅游突发事件应急预案（省、市）》。督促区县旅游部门、旅游企业完成涉旅突发事件应急预案的编制和文本收集汇总，形成了自上而下的完整旅游应急预案体系。同时部署各地加强预案演练，通过强化训练增强处理旅游突发事件的实战能力。牵头联合贵州省红十字会、毕节市旅游发展委和上海金汇通用航空股份有限公司，拟在贵州首批5A级景区百里杜鹃，组织开展启用直升机救援的安全应急演练，全面检验提升景区旅游突发事件的应对处置能力和水平。依托贵州江泰全域旅游安全保障服务中心开发建设贵州旅游救援服务平台"大救星"贵州版，整合省内救援资源，以线上和线下相结合的方式为游客提供旅游安全保障和救援服务。

为进一步满足游客在贵州省安全出行、满意旅游的美好需求，主导开发贵州省旅游安全预警提示系统，以"行游贵州"微信小程序为广大游客动态发布旅游安全公共服务信息，有效解决景区流量管控、预警信息发布等难题，架起了一座连接政府、企业、游客的桥梁，探索建立政府监管责任、企业主体责任及社会共治体系的有效方法和手段。4月前完成了对景区200余

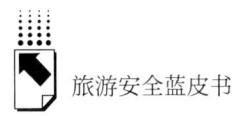

名安全信息员的发布培训和全省100个4A级及以上景区信息接入工作,确保系统于"五一"假日期间上线试运行。系统运行半年来,通过"行游贵州"小程序共融合发布气象风险提示7条、景区景点客流信息与车流信息6000余条、汛期安全提示50余条、景区橙色以上预警140余次,截至2018年年底,全国游客已累计查询50多万次。因微信小程序页面是以一把雨伞为标志,所以这一小程序也被人们亲切地称为"小雨伞",中央电视台2套、文化和旅游部官网、中国新闻网、《中国应急管理报》、《中国旅游报》、《劳动时报》、贵州卫视新闻联播、《贵州日报》、多彩贵州网等多家大型媒体对此进行报道。系统设置了七大功能板块:一是"报隐患/提建议/留感想"功能板块,二是"预警信息"功能板块,三是"今日提示"功能板块,四是"通知公告"功能板块,五是"景区详情"功能板块,六是"官方通告"功能板块,七是"一键报助"功能板块。通过这七大板块,游客可以快速便捷地了解贵州各景区的客流、车流、票价、救援、投诉等信息,快速查看官方权威发布的旅游、交通、气象、消防、应急救护、机场等部门官方公告,了解最新的旅游资讯、气象预警信息、消防安全提示、应急救护知识以及机场出行提示,引导游客安全出行,解决了游客在路上的信息获取问题。这把"小雨伞"作为贵州省探索旅游安全治理方式的创新举措,得到文化和旅游部及社会的广泛关注与好评。

### (四)加强培训,推动行业安全管理水平提升

通过"走出去、请进来"的方式,加强旅游安全培训,着力人才队伍培养,不断夯实基础。2018年5月,组织全省旅游管理部门安全工作负责人、旅游发展领导小组部分成员单位安全工作联络员赴厦门培训,学习全域旅游背景下安全治理体系构建、新时代旅游安全治理格局、景区安全管控的措施与办法等安全应急理论知识,学习借鉴发达地区管理经验。在"走出去"的同时,邀请原国家旅游局安全研究基地、中国劳动关系学院、暨南大学、华侨大学、北京劳动保护所、贵州师范学院、江泰保险经纪公司等单位的安全专家走进贵州,"送教上门"。专家组通过实地调研了解情况,针

对各地安全工作的"痛点"和"短板",以"山地旅游安全大讲堂"的形式,集中剖析问题并提出科学有效的治理办法。大讲堂自2018年8月开讲以来,先后于贵阳、兴义、黔南、黔东南、遵义、六盘水等地成功举办9期,旅游行政部门、A级景区、星级酒店、旅行社等单位600余人参加培训,大讲堂得到基层的欢迎和好评。

7~11月,会同贵州省红十字会救护培训指导中心、省科学院行游通新媒体科技有限公司,对全省11个重点景区、旅行社、酒店、乡村旅游点,开展为期5个月的安全应急救护和"行游贵州"安全预警提示系统操作培训,累计培训一线工作人员1200余人。在省旅发委的要求和带动下,各地相继举办和谋划举办各类安全培训班,通过专题教育培训,进一步提升旅游从业人员安全意识和素质。6月初在暨南大学举办贵阳市旅游行业安全与服务质量培训班,将旅游安全相关法律法规、旅游应急管理、旅游景区高峰期人流控制和疏散管理等作为培训内容。7月23日在安顺市云峰景区开展培训,重点培训消防安全知识、景区安全管理知识等内容。6月12~17日在铜仁市举办2018年乡村旅游扶贫重点村干部培训班,将旅游安全纳入培训内容,凯里市举办旅游行业从业人员安全救护培训。11月在六盘水市举办旅游安全应急管理知识与应急处理培训班。

### (五)建立机制,强化涉旅安全隐患问题整改

高度重视安全检查整改,将安全检查作为预知问题、发现隐患、推动工作落实的重要手段,建立"明察暗访"工作机制,从明暗两方面实现旅游安全隐患排查"双保障"。2018年以来,贵州省旅发委组织开展地质灾害、反恐安全、消防安全、综合检查等各类检查共20余次,分管领导5次带队到基层,以"查重点""查隐患""查落实"为主线,通过实地检查、查看档案资料、听取旅游企业负责人汇报等方式进行督查检查,同时督促存在问题的部门、企业立行立改,将隐患消灭于萌芽状态。委托第三方机构,分别于春节前、全国"两会"期间、暑期旺季、"五一""十一"等重要时段开展5次暗访检查,每次暗访均实现9个市州全覆盖,共检查旅游企业100多

家次，发现隐患问题 700 余条，均行文督促各地整改。针对旅游行业涉及面广、风险隐患多的实际情况，为避免出现排查安全隐患不专业、不细致的问题，聘请国内旅游安全管理专家实地带队开展检查，以查带练，送教上门，提升检查发现隐患的能力。10 月底至 11 月，邀请院校安全管理专家，分别带领 6 个检查组赴遵义、黔南、毕节、黔东南、六盘水等地，对 54 家涉旅企业开展安全检查，通过实地"把脉诊断"，精确、精准、精细查找问题隐患，促进企业更有针对性地做好整改提升。

### （六）精心组织，积极开展安全宣传教育活动

精心组织安排，以"安全生产月"活动为契机，扎实做好安全宣传教育活动。2018 年"安全生产月"期间，贵州省旅发委组织旅游系统深入宣传习近平总书记关于安全生产工作的重要思想，广泛深入旅行社、酒店、社区和群众开展系列主题宣讲活动，与群众面对面交流旅游安全知识、讲解旅游安全政策法规。组织院校专家，结合贵州省安全生产工作实际，编印《贵州省旅游企业安全管理简明手册》（试用本）、《旅游突发事件应急手册》2000 余份，免费向基层旅游企业和群众发放，营造了人人关心、支持和参与旅游安全的良好氛围。在安排发动下，广大涉旅企业（景区景点、旅行社、宾馆酒店）利用 LED 显示屏持续推送和播放安全宣传标语、警示宣传片等，悬挂安全生产标语，大力传播安全生产和安全出行理念。组织动员贵州省旅游系统管理人员和旅游从业人员广泛参与"应急和安全知识竞赛"。有关市州组织开展"安全发展忠诚卫士"演讲比赛、"守护生命"安全知识大赛等活动，以群众喜闻乐见的形式普及安全生产知识和技能，取得了良好的宣传教育效果。

## 三 旅游安全工作管理展望

### （一）建立健全旅游风险评估管理制度

为及时检测安全风险、识别安全风险、预防潜在旅游风险，全省各地旅

游行政管理部门应建立健全旅游风险评估管理制度，在对安全管理问题和安全风险形势进行识别、排查、评估的基础上，通过风险管控技术、安全防范手段和应急处置方法对旅游风险进行分类、分层以及综合评估。各级旅游行政管理部门应在法制基础上加快落实与之配套的安全管理服务措施，由初级的被动承受、低效管理转向高级的主动应对、综合防控，全面提升贵州省旅游活动的安全管理水平。

### （二）大力落实旅游安全应急管理工作

加大应急救援演练活动力度，提高旅游应急的实战能力。同时，强化与其他相关部门的联系，巩固并完善部门合作机制。为促进旅游安全应急管理，大力推动保险机构完善特殊时段、特殊景点、特殊旅游项目的旅游保险产品和服务。同时，借助"行游贵州"微信小程序或其他信息科技手段积极引导游客的保险需求，增强游客投保意识。

### （三）深入开展专项整治行动，强化安全监督工作

按照贵州省委、省政府工作要求，结合旅游行业实际，深入开展专项整治行动，针对旅游安全季节性、区域性等特点，加强低温凝冻、主汛期等时段和小长假、黄金周、暑期旺季、节假日等节点的安全检查工作，通过集中检查、抽查、暗访等方式加大对景区、旅行社、酒店等旅游企业的监查力度。

### （四）加强安全培训和宣传教育

继续开展业内安全宣传教育培训活动。通过集中培训教育，提高旅游行政管理部门、旅游企业管理人员的安全意识和安全责任感，有效减少或避免旅游安全事故的发生。各级相关部门、旅游企业，以及电视、广播、报纸等大众媒体，微信、微博、短信等社交媒体积极向大众普及各方面的旅游安全常识和急救知识，在增强大众安全意识的同时，也使其掌握一定的安全知识和技能。定期维护并升级微信小程序"行游贵州"旅游安全预警提示系统，向游客提供更详细、更准确、更及时的安全信息。

# B.31
# 2018~2019年山西省旅游安全形势分析与展望

艾献计 罗海英 张佳庆*

**摘　要：** 2018年是山西省建设全域旅游示范区、全力打造文化旅游战略性支柱产业的开局之年。各级安全监管部门以全省安全生产目标责任为依据，不断完善文化和旅游安全监管体制机制，加大综合监管和检查力度，重视安全风险预警信息发布，通过宣传培训提升全民旅游安全意识和风险处置能力，为全省文化和旅游业健康发展创造了良好的安全环境。展望2019年，山西省要构建文化旅游发展"331"新格局，做强做优五台山、云冈石窟、平遥古城三大品牌，打造黄河、长城、太行三大板块，完善大运黄金文化旅游廊道。法制护航下的文化和旅游安全工作将进一步全面加强，全力开拓专项整治与综合治理相结合的新局面，构建安全风险分级管控和隐患排查治理机制，扎实推进安全生产工作。

**关键词：** 山西省　旅游安全　安全形势

## 一　2018年山西省旅游安全总体形势

2018年是山西省贯彻党的十九大精神，贯彻落实省委、省政府提出的

---

\* 艾献计，山西省旅游发展委员会安全监管处处长；罗海英，太原市旅游职业学院讲师；张佳庆，山西省旅游发展委员会安全监管处主任科员。

举全省之力锻造黄河、长城、太行新的三大旅游板块的开局之年，是文旅产业发展战略转型、战术实干的关键一年，也是建设全域旅游示范区、全力打造文化旅游战略性支柱产业的关键一年。2018年山西省共接待入境过夜旅游者71.35万人次，实现入境旅游创汇3.78亿美元，同比分别增长6.48%、7.95%；接待国内旅游者7.04亿人次，国内旅游收入6699.46亿元，同比分别增长25.51%、25.49%；实现旅游总收入6728.70亿元，同比增长25.53%。

2018年以来，山西省文化和旅游厅认真贯彻党的十九大和习近平总书记关于安全生产工作重要批示指示精神，按照省委、省政府关于做好安全生产工作的系列部署和要求，全面落实省政府《关于做好2018年安全生产工作的通知》精神和省政府安委会会议精神，以全省安全生产目标责任各项任务为依据，不断建设和完善文化和旅游安全监管体制机制，加大监督和检查力度，坚决防范和遏制重特大安全事故发生。全年未发生1起文化和旅游安全责任事故，呈现安全发展的良好态势。

## 二 2018年山西省旅游安全工作概况

### （一）健全安全责任体系，落实安全生产责任

1.强化安全生产领导责任

2018年年初组织召开了全省文化和旅游安全工作会议，对全年安全工作做了安排部署，印发《2018年安全生产任务清单》，制定《安全风险隐患及防范措施》清单，明确了工作目标、工作任务和重点举措。10月28日，新组建的山西省文化和旅游厅正式挂牌成立，及时调整了厅安委会领导和成员并定期召开会议，研究部署安全生产工作。传达学习省政府贯彻落实《地方党政领导干部安全生产责任制规定》实施细则，制定《关于落实旅游安全"党政同责、一岗双责"实施意见》，厅主要负责同志带头履行第一责任人职责，亲自部署、一线检查安全工作，其他厅领导对分管业务的安全工

作负责，各有关处室把安全工作与业务工作同规划、同部署、同推进，形成了各司其职、各负其责、齐抓共管的安全工作格局。

2. 完善部门监管责任机制

研究制定了《山西省文化厅网络文化市场监管办法》《2018年全省旅游安全实施意见》等，严格按照属地管理原则，督促指导各级文化和旅游管理部门认真落实旅游安全监管责任，与机关各处室、直属各单位、各市文化局、各监管旅游企业签订安全目标责任书，做到层层传导压力，形成上下贯通、有机衔接的责任链条，推动全行业建立"人人知责、人人履责、人人尽责、失职追责"的安全责任落实机制。各级文化和旅游管理部门严格落实安全生产挂牌责任制工作要求，使挂牌责任制常态化、制度化。

3. 落实企业主体责任

把演出经营单位、网络文化经营单位、旅游企业等安全生产主体的责任落实作为安全监管重点，以"五到位、五落实"为标准，督促企业落实员工岗位责任制、加大安全生产投入力度、提高安全培训质量、夯实基础管理、做好应急救援工作。建立健全由企业法人或总经理担任负责人的安全管理机构，配备专（兼）职安全管理人员，制定和完善安全生产管理制度和业务操作流程，层层签订安全目标责任书，建立全员、全过程、全方位安全生产责任制。对新审批文化市场经营单位、旅行社坚持安全生产审核前置原则，安全机构、安全制度、安全预案、安全标准未落实的坚决不予审批。

### （二）加强制度建设和安全监管，推进依法治理落实

1. 强化旅游安全生产制度保障

建设和完善山西省文化和旅游行业安全生产规章制度、安全生产法律和制度保障。将安全生产工作情况作为评先评优的条件，实行"一票否决"。根据行业特点以及安全工作需要，制定了《山西省旅游行业安全生产委员会工作制度》《全省旅游安全工作实施意见》，完善了针对旅游安全监管工作中部门协调、预警预报、检查监督、隐患整改、应急处置、奖惩激励等的24项规章制度。修订了《山西省文化厅安全生产事故报告和调查处理制度》

《山西省文化厅安全隐患排查治理及督办制度》《山西省旅游条例》《山西省旅行社安全管理规范》《山西省旅行社安全工作考核办法》等条例规范。建立《市、县级文化行政职权事项标准清单》，推进全省文化系统权责清单标准化建设。各级文化和旅游管理部门将各项规章制度纳入旅游行业安全监管检查当中，确保监督检查工作有法可依、有章可循。

2. 认真落实安全督导与监管

结合文化和旅游安全工作实际，紧盯节假日、暑期、汛期等重点时段，把重要时段、重大节假日文化市场经营、旅游包车安全、消防安全、食物中毒、自然灾害、特种设备安全、人员密集场所安全、防恐防暴等作为防范重点，多次下发文化和旅游安全工作文件。按照文化市场监督执法工作安排和旅游安全督导检查计划，认真组织开展了多次专项督导检查。2018年，原省旅发委共开展安全督导检查13次，出动检查人员38人次，检查旅游管理部门和企业52家次。全省各级旅游管理部门开展安全检查2750次，出动检查人员7726人次，共检查旅游企业3953家次，查处违规企业28家，共排查出一般安全隐患1965条，下达整改通知书919份，并督促整改完成。

### （三）加强部门联动，建立安全综合监管机制

1. 主动建立部门联动机制

2018年持续主动与公安、交通、食药、水利、体育、安监、教育、工商等部门对接沟通，建立安全综合监管工作机制。联合山西省公安厅交管局召开了旅游交通安全工作动员部署会，就做好"五一"小长假、"5·19"中国旅游日期间的旅游交通安全工作提出了具体要求。联合山西省食药监局、省公安厅下发了《关于开展2018年旅游景区餐饮服务食品安全专项检查工作的通知》，切实增强旅游景区及周边餐饮服务营业者的食品安全意识，有效保障广大游客餐饮安全。联合省体育局和省安监局下发了《关于组织开展A级旅游景区漂流项目专项整治工作的通知》，并对晋中市灵石县石膏山景区、红崖峡谷漂流安全管理情况进行了联合督查。

### 2. 开展旅游安全综合整治

山西省根据文化和旅游部《2018年度旅游安全工作要点》，制定了《旅游客运包车专项整治方案》，对旅游包车安全整治行动及省直文化系统安全大检查做了安排部署。按照山西省消防安全领导小组统一安排部署，制定下发了《山西省文化厅消防安全隐患大排查大整治工作方案》《2018年全省旅游行业消防安全隐患大排查大整治工作方案》，开展了为期4个月的主题活动，着力提升预防火灾能力、科学施救水平、消防安全意识和消防基础建设水平。针对2018年汛期全省出现大范围降水的实际情况，按照楼阳生省长批示精神，下发了加强文化和旅游安全工作的通知。联合省气象局下发了《关于进一步做好灾害性天气旅游安全风险防控工作的通知》。联合省文明办、省政法委、省委网信办、省公安厅等部门开展暑期社会文化环境专项治理。

## （四）扎实开展全省文化和旅游行业安全大检查活动

### 1. 高度重视，认真部署

按照《山西省人民政府安全生产委员会关于开展全省安全生产大检查的通知》的要求和全省安全生产大检查工作安排部署，通过召开党组会议、安全生产会议传达学习关于开展全省安全生产大检查工作通知精神，成立安全生产大检查领导小组，制定了旅游行业安全大检查工作方案。从2018年8月至10月底，在山西省文化和旅游行业开展了为期3个月的文化和旅游安全大检查活动。

### 2. 扎实推进，深入开展

一是开展旅游安全大检查工作。原山西省文化厅成立六个安全生产工作督查检查组对有关处室落实行业监管责任、直属单位落实本单位主体责任情况开展督导检查，确保安全生产大检查在全省文化领域全面铺开，取得检查实效。原省旅发委重点检查旅游管理部门贯彻落实党中央、国务院和山西省委、省政府关于安全生产工作的决策部署以及党中央、国务院和山西省委、省政府领导重要指示批示精神情况；检查旅游企业建立和落实全员安全生产责任制情况。安全大检查期间，全省各级旅游管理部门共出动检查组133个，出动检查人员1537人次，检查旅游企业1482家次，行政处罚旅行社5家，罚款6万元，排查出一般安全隐患492条，已全部整改完毕。

二是开展文化市场和旅游安全交叉检查工作。积极开展文化经营场所全面清理整治、山西省文化娱乐行业专项整治行动等，印发《关于对全省文化市场安全生产检查情况的通报》，宣传各市好的工作方法和亮点，梳理存在问题，提出下一步工作要求。8月，原省旅发委分别从各市旅发委抽调人员组成检查组，采取听取汇报、查阅资料、现场检查、反馈意见等方式开展了安全交叉检查工作，共检查旅游部门和企业121家，发现隐患51条。

三是开展国庆期间文化旅游应急值守和安保工作。印发《关于做好中秋国庆"两节"期间值守应急工作的通知》，对主体责任落实、文化市场监管、值班值守等任务进行细化要求和安排，确保节日安全稳定。原省旅发委联合省安监局、省交管局、省运管局召开了全省2018年国庆旅游客运交通安全工作动员部署电视电话会议，对国庆期间旅游道路交通安全工作进行安排部署。通过全省旅游行业的共同努力，2018年国庆假日期间，全省共接待国内外游客5454.43万人次，未发生一起旅游安全事故。

### （五）采取多种手段，及时发布安全风险预警信息

针对文化系统人员密集场所多、重点时段文娱活动多的特点，印发《关于切实加强"五一"节和汛期安全防范工作的通知》《今冬明春火灾防控工作方案》等文件。密切关注外交部、文化和旅游部发布的境外旅游目的地安全风险提示信息，主动与气象、交通、国土等相关部门联系，利用现代新媒体方式，及时发布突发事件、恶劣天气、道路交通、自然灾害等方面的预警信息。2018年壶口景区因黄河水位陡增，景区关停；五台山和雁门关因景区内部道路塌方，影响游客通行，原省旅发委通过官方微信、广播电台等方式及时预警，引导游客合理安排出行。"5.19"中国旅游日和其他重点节假日期间，通过召开全省旅游安全工作微信群会议、安全预警信息发布协调会议等，建立预警体系，安排部署旅游安全工作。重点节假日期间，山

西省各级旅游管理部门安全监管人员保持全员在岗,协调指挥旅游安全工作,通过广播电台等媒体,实时发布景区及周边道路预警信息,引导广大游客错峰出游。云冈石窟、五台山、乔家大院、平遥古城等景区采取门票和车辆预约方式,通过多种途径适时发布游客流量信息。2018年,山西省各级旅游管理部门和企业共发送各类旅游安全预警信息2.3万余条。

### (六)加强宣传教育,扎实开展"安全生产月"活动

按照省政府安委办统一安排,制定了《山西省文化厅2018年"安全生产月"活动方案》《关于开展2018年网络安全生产月系列宣教活动的通知》《全省旅游行业组织开展2018年"安全生产月"活动实施方案》。投资40余万元印制了《山西旅游安全工作手册》《旅游安全制度汇编》《旅游安全宣传系列丛书》《游客乘车安全须知》等旅游安全宣传资料下发各市。制作了《2018年全省旅游行业"安全生产月"活动》展板进行展示。

各省直文化单位结合实际制定工作方案,开展了安全生产宣传教育活动,山西省各级旅游管理部门和旅游企业组织开展了以"生命至上、安全发展"为主题的旅游"安全生产月"活动。"6·16安全生产宣传咨询日"当天,原省旅发委在太原市南宫广场开展旅游安全宣传活动,现场向社会公众发放旅游安全宣传资料,并解答旅游安全知识。"安全生产月"期间,全省旅游行业共发放安全宣传资料30万余份,解答群众关心的旅游问题5000余条,进一步强化了公众的安全出行意识。

### (七)注重安全培训,提高应急处置能力

开展了网络文化市场经营管理培训、山西省文化市场管理能力提升暨游戏游艺市场领域专项工作培训等。及时修订印发《山西省公共文化场所、文化活动和文化市场经营单位突发事件应急预案》,调整指挥部人员构成,建立应急物资储备制度,做好应急救援物资统计,部署并落实好应急值班和领导干部带班制度,要求省直各单位结合实际制定应急预案,单独或联合组织开展应急演练。

山西省各级旅游管理部门紧紧围绕"提升旅游行业安全管理水平"的目标，扎实开展旅游安全管理与应急培训，共组织各类培训和演练133次。原省旅发委在晋城市皇城相府举办了2018年全省旅游安全与应急管理培训班，强化了旅游安全监管人员的安全意识和突发事件应急处置能力，为全省旅游行业安全、稳定、健康发展提供了可靠保障。忻州市举办了旅游安全与质监人员培训班；大同市组织开展了"提升行业综合能力，强化安全责任意识"专题培训；长治市举行了旅游安全事故应急救援演练；朔州市举办了旅游行业消防安全知识专题讲座。同时，严格落实旅行社投保旅行社责任保险和高风险旅游项目强制安全责任保险制度，旅行社投保安全责任保险投保率达100%。指导A级景区和星级饭店投保相应的责任保险和游客意外伤害保险，积极协调江泰保险经纪公司做好旅行社责任保险统保示范项目，简化理赔程序，提高理赔效率。

## 三 2019年山西省旅游安全工作展望

2019年是山西省文化和旅游厅组建后的开局之年，将继续以习近平总书记关于安全工作重要讲话精神为指导，深入贯彻落实省委、省政府和省政府安委办关于加强安全生产工作的决策部署，按照"四铁"要求，认真履行机构改革后的职能，全面加强文化和旅游安全工作组织领导，狠抓责任落实，扎实开展安全大检查，强化文化和旅游安全综合监管，有效防范和坚决遏制重特大事故发生。为做强做优五台山、云冈石窟、平遥古城三大品牌，打造黄河、长城、太行三大板块，完善大运黄金文化旅游廊道，构建省域文化旅游发展"331"新格局，加快把文化旅游业培育成战略性支柱产业的步伐，早日建成富有特色和魅力的文化旅游强省创造稳定良好的安全环境。

### （一）法制护航，压实安全生产责任

持续深入推进《中华人民共和国旅游法》《中华人民共和国安全生产法》《旅游安全管理办法》《山西省安全生产条例》《山西省旅游条例》等

的贯彻落实，进一步提升文化和旅游行业安全发展理念和红线意识，完善制度体系，提升文化和旅游安全管理的法制化水平。

按照"党政同责、一岗双责、齐抓共管、失职追责"的要求，进一步明确省文化和旅游厅安全生产委员会职责，并制定相关制度。指导市、县文化和旅游管理部门按照监管范围，认真履行安全监管责任，严格落实安全生产主体责任，督促企业实施安全生产挂牌责任制，切实做到责任明确、措施有力、监管到位。

### （二）开拓专项整治与综合治理相结合的局面

深入开展专项整治行动，努力消除各类安全隐患。一是开展旅行社租车专项整治行动，配合交通运输、公安、安监等部门联合规范旅行社租用车辆，重点强化旅行社购买旅游交通服务环节的安全监管。二是开展文化市场专项整治和假日旅游安全专项检查，紧盯春节、"两会"、"5·19"、暑期、汛期、"9·27"、国庆等重点时段，开展文化市场常态化检查抽查，针对游客集中、事故易发多发的特点，集中开展旅游安全督导检查工作。同时，加强部门联动，强化旅游安全综合治理。进一步强化与公安、交通、消防、市场监管、体育、应急管理等部门的沟通与协作，定期召开安全工作协调会议，定期组织开展联合检查，实现安全信息互通、隐患问题移送，充分发挥相关职能部门的专业监管职能作用，对文化和旅游安全实施综合治理。

### （三）建立安全风险管控体系和隐患排查治理机制

按照省政府安委办要求，建立文化和旅游行业安全风险分级管控和隐患排查治理制度，明确安全风险和重大安全事故隐患判断标准，绘制安全风险、重大事故隐患分布四色图。推动企业建立完善双重预防机制，全面排查安全风险，采取人防、物防、技防等措施，及时管控安全风险、消除安全隐患。

在山西省旅游行业宣贯《山西省旅游景区安全评估导则》，完成《山西省4A级及以上景区旅游安全隐患辨识与防御管理》成果编写，全面推行旅游安全风险分级管控，进一步强化隐患排查治理，对全省出境旅行社进行安全评估和风险点危险源排查，组织编写《山西省旅行社安全风险分级管控和隐患排查治理指导手册》。

### （四）通过教育培训提升应急处置能力

加强宣传教育培训，强化安全意识，提高应急处置能力。一是指导各市及重点县（区）文化和旅游部门安全管理人员培训，规范行业安全管理工作，提升安全监管水平。二是指导各市组织对所监管企业的安全管理培训，提升企业安全管理能力。三是组织全省文化和旅游安全应急培训，举办全省文化和旅游安全与应急管理培训班。四是继续投入资金印发安全宣传资料，提高文化和旅游从业人员和游客出行的防范意识和自救互救能力。五是制定完善各类事故应急预案、保障机制和气象预报预警机制。做好抢险救援工作，确保有效处置各类突发事件。此外，要强化信息报送，切实做好安全动态监测和应急保障工作。

# B.32 2018~2019年重庆市旅游安全形势分析与展望

潘文亮 罗祺*

**摘　要：** 2018年，重庆市文化旅游系统严格落实"党政同责、一岗双责"，强化安全管理，切实加强一线工作部署，坚决消除安全隐患萌芽，不断提升应急处置能力，全力确保中外游客在渝玩得高兴、游得安全、行得顺畅。展望2019年，重庆市文化旅游系统将牢固树立和践行新发展理念，突出抓重点、补短板、强弱项，全面提升文化旅游行业安全管理整体水平。

**关键词：** 重庆市　文化旅游安全　文化旅游安全形势

2018年，重庆市文化和旅游发展委员会坚持以习近平新时代中国特色社会主义思想为指导，全面落实习近平总书记关于安全稳定工作"发展决不能以牺牲安全为代价"和视察重庆"安全稳定工作宁可百日紧不可一日松"的重要指示精神，认真贯彻市委、市政府关于安全稳定工作的重要部署，围绕文化旅游安全管理中心任务，定期研究部署安全生产工作，依法督导安全生产责任落实，狠抓预防治本、深化源头管控，全市文化旅游安全生产形势持续向好，为打造重庆文化旅游业发展升级版提供了有力的安全保障。

---

\* 潘文亮，重庆市文化和旅游发展委员会安全应急处处长；罗祺，重庆市文化和旅游发展委员会安全应急处副调研员。

## 一 2018年重庆市文化旅游安全总体形势

2018年，全市共有旅行社595家，其中出境旅行社97家，一般旅行社498家，持有电子导游证导游11026人；星级饭店197家，其中五星级28家、四星级52家、三星级89家、二星级28家。旅游星级饭店共拥有客房26390间，床位43212张；A级景区239个，其中5A级8个、4A级92个、3A级81个、2A级57个、1A级1个。创建命名"重庆市级平安示范景区"25个；拥有五星级游轮22艘，"两江游"游船7艘。全市共有文化娱乐场所4017家，网吧5603家，博物馆100家。

## 二 2018年重庆市文化旅游安全概况

### （一）2018年文化旅游行业安全风险概况

2018年，重庆市未发生一起文化旅游安全生产责任事故。共处置涉文化旅游突发事件7起，较2017年减少12.5%。

全年共接到重庆市各区、县及旅游企事业单位报告的旅游安全风险突发事件399件，较2017年减少6.34%。各类文化旅游安全风险突发事件均受到了文化旅游管理部门的高度重视，得到妥善处理。通过旅责险统保示范项目的实施，江泰保险经纪公司会同相关保险公司及时办理保险理赔，为涉事文化旅游企业降低了风险损失，推动了行业整体风险管理水平的进一步提升。

### （二）特点分析

全年文化旅游安全风险突发事件呈现事件类型繁多、风险结构复杂、风险来源多样等特点。

1. 按发生地区分析

全年境内共发生涉渝旅游安全风险突发事件258件（人伤案件246件、

非人伤案件12件），死亡17人，受伤229人。其中重庆市内发生139件（人伤案件132件、非人伤案件7件），死亡7人（突发疾病死亡6人、不听劝阻意外摔亡1人），受伤125人。港澳台地区共发生涉渝旅游安全风险突发事件3件，受伤3人。

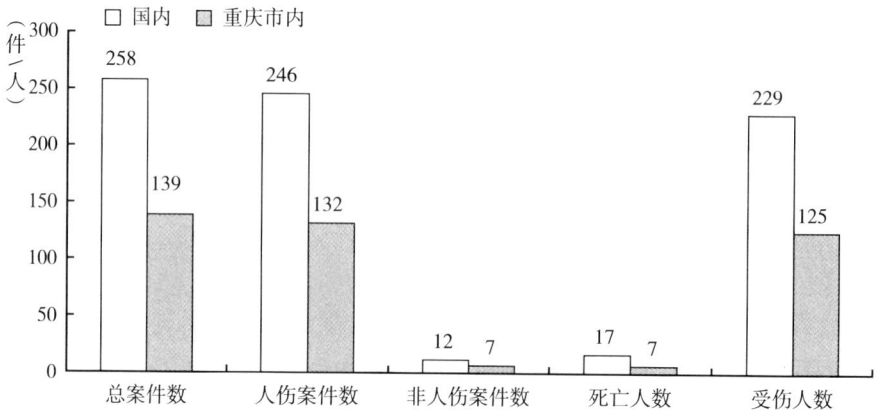

**图1　2018年涉渝旅游安全风险突发事件的分布**

全年境外共发生涉渝旅游安全风险突发事件138件（人伤案件126件、非人伤案件12件）。死亡5人，受伤202人。其中泰国发生62件，占44.9%；死亡3人，占60%；受伤131人，占64.9%。

**表1　2018年境外涉渝旅游安全风险突发事件地区分布**

| 国家或地区 | 总案件数 | 人伤 | 非人伤 | 死亡人数 | 受伤人数 |
| --- | --- | --- | --- | --- | --- |
| 泰国 | 62 | 62 | 0 | 3 | 131 |
| 越南 | 19 | 17 | 2 | 1 | 16 |
| 印度尼西亚 | 14 | 14 | 0 | 0 | 14 |
| 马来西亚 | 13 | 11 | 2 | 0 | 11 |
| 新西兰 | 4 | 1 | 3 | 0 | 1 |
| 新加坡 | 4 | 4 | 0 | 0 | 4 |
| 柬埔寨 | 3 | 2 | 1 | 0 | 2 |
| 尼泊尔 | 3 | 3 | 0 | 0 | 3 |
| 澳大利亚 | 3 | 2 | 1 | 0 | 2 |
| 俄罗斯 | 2 | 2 | 0 | 0 | 11 |
| 菲律宾 | 2 | 2 | 0 | 1 | 1 |

续表

| 国家或地区 | 总案件数 | 人伤 | 非人伤 | 死亡人数 | 受伤人数 |
|---|---|---|---|---|---|
| 日本 | 2 | 2 | 0 | 0 | 2 |
| 斯里兰卡 | 1 | 1 | 0 | 0 | 1 |
| 以色列 | 1 | 1 | 0 | 0 | 1 |
| 韩国 | 1 | 1 | 0 | 0 | 1 |
| 埃及 | 1 | 1 | 0 | 0 | 1 |
| 英国 | 1 | 0 | 1 | 0 | 0 |
| 奥地利 | 1 | 0 | 1 | 0 | 0 |
| 意大利 | 1 | 0 | 1 | 0 | 0 |
| 合计 | 138 | 126 | 12 | 5 | 202 |

2. 按发生类型分析

从重庆市内发生的139件旅游安全风险突发事件来看，主要包括公共卫生事件和社会安全事件两种类型。

全年重庆市文化旅游行业共发生公共卫生事件20件，占全市事件总数的13.7%。其中突发疾病14件，死亡6人（占全市文化旅游行业全部事件导致死亡人数的85.7%），受伤8人；蚊虫蜇伤4件，受伤4人；食物中毒2件，导致21人腹泻（占全市文化旅游行业全部事件导致受伤人数的16.8%）。

全年重庆市文化旅游行业共发生社会安全事件120件，占全市事件总数的86.3%。导致1人死亡（不听劝阻意外摔伤，医治无效死亡），92人受伤（占全市全部事件导致受伤人数的73.6%）。其中，扭伤、摔伤等一般事件113件，航班问题导致的延误事件7起，未出现负面舆情。

### （三）综合判断

整体形势依然严峻，具体表现在以下几方面。

第一，突发疾病引起的伤亡事件增多，游客（尤其是老年游客）对自身健康状况在旅途过程中可能发生的情况准备不充分。

第二，内河游轮公共卫生突发事件仍然存在，存在企业管理不到位、食品安全意识薄弱等问题。

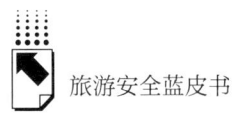

第三,扭伤、摔伤等一般事件占比较大,游客自身安全意识有待提高,部分景区警示标识不足存在隐患。

## 三 2018年重庆市旅游安全工作的主要特点

### (一)文化旅游安全责任全面落实

一是牢固树立安全发展理念,严格落实"党政同责、一岗双责、齐抓共管、失职追责",定期召开文化和旅游发展委员会党委会、主任办公会、联席会传达学习习近平总书记关于安全生产重要指示精神和党中央、国务院关于安全生产重大部署,落实重庆市委、市政府工作安排,研究部署文化旅游行业安全生产工作,专题分析节假日、暑期、汛期等重点时段文化旅游安全生产形势,及时解决工作中的重难点问题。二是文化和旅游发展委员会主要领导认真贯彻落实党中央、国务院以及市委、市政府关于安全生产的决策部署和指示精神,对重庆市文化旅游行业安全生产工作做出部署,组织解决安全生产突出问题,带头深入基层检查调研。重庆文化和旅游发展委员会分管领导多次召集相关处室、单位召开工作推进会,带队赴渝中区、沙坪坝区、南岸区等重点旅游区县以及文化和旅游发展委员会属单位检查指导安全工作。重庆文化和旅游发展委员会班子成员按照"一岗双责"原则各司其职,积极推进景区、旅行社、星级饭店、星级邮轮、博物馆、剧院、美术馆、图书馆等安全管理。实时指导各区县政府严格落实文化旅游安全属地管理责任,督导文化旅游企业全面落实主体责任。三是印发《2018年全市旅游安全生产工作要点》《重庆市文化委员会2018年安全稳定工作要点》,建立安全生产目标管理考核机制,设置全市文化旅游安全生产重点任务,制定文化旅游安全生产工作目标管理考评细则,严格实施安全生产"一票否决"。

### (二)全市文化旅游安全管理工作部署落实有力

一是下发《关于开展高温汛期旅游安全大排查大整治大执法暨旅游安

全督查检查的通知》《关于切实加强旅游景区安全管理进一步做好当前旅游安全工作的紧急通知》等通知40余份,统筹指导部署全市旅游安全工作。二是组成三个工作组重点指导督查重庆市高山峡谷和磁器口、洪崖洞等景区及两江游旅游安全责任落实情况。组织13个检查组,开展夏季及汛期全市区县旅游安全稳定交叉大检查大排查大执法工作。组织12个综合督导组,督查检查旅游安全大排查、大整治、大执法工作。督促南川区、巫山县分别做好金佛山南坡柏梓溪滑坡、巫山县箭穿洞围岩(巫山神女峰景区)地质灾害整改工作,化解涉旅地灾风险,保障游客生命财产安全。三是督导A级景区严格落实"先巡查、后开园""先签字、再开园""谁巡查、谁负责"等规定,依法严格落实最大承载量,对游客集中的区域和人流集中时段采取疏导、分流措施,突出抓好特种设施设备、景区内交通、食品卫生安全。四是督促各区县健全完善旅游交通和景区道路安全管控应急处置预案,加强涉旅交通事故隐患排查整改,严肃查处企业违规违法租赁旅游包车。五是加强旅行社团队系统使用管理和工作指导,督促旅行社加强游客的安全管理,强化安全管理措施和突发事件应急处置预案。六是强化星级饭店以及博物馆、图书馆、美术馆、剧场等公共文化活动场所火灾防范工作,切实加强消防设施设备安全检查及日常维护。七是着力抓好非洲猪瘟、马鼻疽等动物疫病防控工作。明确防控任务、工作责任和具体要求,完成重庆市所有A级旅游景区马、驴、骡等马属动物数量统计和疫病检疫检验情况统计工作。

### (三)保障文化旅游安全和处置突发事件应急能力稳步提升

一是加强应急处置管理和工作指导,强化世界杯足球赛期间赴俄旅游安全管理,妥善处理7起涉旅突发事件,涉事游客群体稳定,未出现负面舆情。二是强化安全形势研判分析,《中国旅游安全报告(2018)》收录了原重庆市旅游发展委员会撰写的《2017~2018年重庆市旅游安全形势分析与展望》,此外,原重庆市旅游发展委员会和原重庆市文化委员会分别提交了《重庆市旅游发展委员会关于2017年全市旅游行业安全生产发展情况的报告》《重庆市文化委员会关于2017年全市文化行业安全生产发展情况的报告》《关于2018年旅游突发事件趋势分析及其应对措施的报告》三篇形势分析报告，发布预警预报信息10余条，引导游客安全出游。三是加强突发事件应急能力提升，指导涪陵区开展旅游突发事件综合应急演练暨游轮碰撞事故桌面"双盲"演练；指导南川金佛山景区、北碚区金刀峡景区、巫山小三峡景区等景区开展索道高空垂直应急救援和防洪防汛应急疏散演练；指导洪崖洞景区开展消防应急演练。

### （四）"网红"景区景点安全隐患排查及督促整改成效明显

一是会同市安监局组成两个联合检查组，采取随机抽查、突击检查、明察暗访等方式，检查长江索道、洪崖洞、奥陶纪乐园、两江影视城等"网红"景点的旅游安全工作。二是与市安监局联合书面行文将现场检查中发现的问题和存在的隐患转办渝中、南岸、沙坪坝等相关区县政府，督促安全隐患整改，确保接待游客安全，要求有关"网红"景区景点按照有关法律法规和标准要求，严格开展隐患排查整治，确保闭环整改到位。三是现场指导洪崖洞、奥陶纪乐园整改安全隐患，要求景区加强和改进安全管控，依法开展风险评估、重新核定最大承载量、进行消防专项整改、加强反恐防范及治安管理、完善应急救援和游客疏散预案。向渝中区、万盛经开区旅发委发出书面整改通知书，实时跟踪整改进度，督促闭环整改到位。

### （五）部门协作机制不断健全完善

一是与重庆市公安局建立扫黑除恶协作配合工作机制和旅游景区治安管理联席会议制度，印发《关于建立扫黑除恶协作配合工作机制的实施意见》《关于进一步加强景区治安管理的通知》；协调市公安局推出《服务全市旅游发展实施意见》，有力提供治安防范、交通安全、消防安全、食品安全"四个安全保障"。二是与市安监局联合起草并以市政府安委会名义下发《加强安全保障促进旅游业发展的实施意见》，与市食药监局联合印发《关于加强旅游景区、星级饭店和星级游船餐饮服务食品安全监管工作的通知》，与市气象局联合印发《关于进一步做好灾害性天气旅游安全风险防控工作的通知》，与市防汛抗旱指挥部办公室联合印发《关于切实加强汛期旅游安全的通知》。三是配合市森林防火指挥部办公室，指导全市各景区认真贯彻落实市领导关于做好森林火险红色预警响应重要批示精神。会同渝中区、沙坪坝区、涪陵区督导检查沿江景区抗洪防汛工作。

### （六）全市文化旅游行业扫黑除恶专项斗争深入推进

一是印发《重庆市旅游发展委员会关于在全市旅游行业开展扫黑除恶专项斗争的通知》《重庆市旅游行业扫黑除恶专项斗争黑恶势力排查方案》《重庆市文化委员会扫黑除恶专项斗争实施方案》，部署落实旅游行业扫黑除恶专项斗争工作。二是畅通电话接诉、信函邮箱、违法违规案件查办等渠道开展线索摸排。截至2018年9月27日，重庆市旅游领域共排查"黑社""黑导""黑车""黑店"等市场乱象线索25条，向市扫黑办移交2条；重庆市文化和发展委员会属单位红岩联线管理中心排查出歌乐山烈士陵园景区"三乱"线索1条并移交市扫黑办。三是加强对重点旅游区县督查检查，抽调旅游安全处处长任扫黑除恶专项斗争市委第36检查指导组副组长，进驻巫溪县15天。四是组织6个督查组实地督查渝中、沙坪坝、大足等17个重点旅游区县，暗访万州、武隆、巫溪、巫山、云阳、石柱旅游行业扫黑除恶专项斗争工作开展情况。五是市委政法委将重庆市文化和发展委员会扫黑除恶专项斗争工作经验做法以《重庆政法工作简报》专报全国扫黑办，并印发文件。《重庆日报》、新华网等10余家媒体以《以扫黑除恶专项斗争为牵引 重拳整治重庆旅游市场乱象》为题，专题报道全市旅游行业扫黑除恶专项斗争工作。《重庆旅游》杂志刊发《重庆市"平安景区"建设暨扫黑除恶专项斗争纪实》。编印150册《重庆旅游》扫黑除恶专项斗争专刊，送发、指导各区县进一步深入推进旅游行业扫黑除恶专项斗争。六是据不完全统计，重庆市文化旅游系统、行业共开展扫黑除恶专项斗争宣传活动4630余场（次），印播宣传标语7960多条（次），发放宣传单（册）7万余份。

### （七）旅游安全宣传教育培训取得实效

一是重庆市旅游发展大会召开后一周时间之内将重庆市委、市政府主要领导关于旅游安全稳定工作重要指示、批示精神印发和宣贯到所有旅游企业，主要景区、星级饭店、星级游船、旅游包车等悬挂、张贴或播放旅游安全宣传标语。二是深入开展"旅游安全生产月"和旅游安全生产宣传教育"七进"活动，发放旅游安全应急知识手册3000余份，进一步提高社会大众旅游安全意识和应急能力。三是组织培训全市旅游行政管理部门行管工作分管领导及行管科长、旅行社行业管理人员和导游、领队等2000余人次，为南川区、丰都县、巴南区旅游经营企业主要负责人和安全管理人员开展旅游安全培训。四是深入重庆旅游投资集团等旅游企业开展旅游安全管理培训，进一步提升旅游企业、旅游从业人员、群众等的安全意识、应急处置能力和安全管理能力。

## 四 2019年重庆市文化旅游安全风险预判及应对措施

近年来，重庆市旅游和发展委员会每年均开展年度涉文化旅游突发事件趋势分析并制定了应对措施。经综合分析研判，2019年文化旅游行业可能存在以下安全风险。

### （一）外部环境的不稳定增大了文化旅游安全事故的偶然性

外部环境主要涵盖自然环境和社会环境两大方面。自然环境的不安全状态主要来源于地震、滑坡、泥石流、暴雨等骤发自然灾害和干旱、大气污染等长期自然灾害产生的风险。这些自然灾害组合构成了文化旅游自然环境的不安全状态，一旦文化旅游活动面临自然灾害，安全事故发生的偶然性将大大增加。社会环境的不安全状态主要来源于犯罪活动、火灾等引起的灾害或损害。虽然重庆市峡谷型景区针对地质灾害风险均采取了人防、物防、技防等多种有力措施，按要求开展风险隐患排查，但仍然存在落石伤人风险。暑期汛期，部分景区存在水淹风险。博物馆、文化馆、美术馆等人员密集场所依然存在消防安全风险。

## （二）游客安全意识淡薄决定了文化旅游安全事故的必然性

由于安全意识淡薄、安全知识匮乏、追求低价产品、忽视旅游保险等主观意识的缺失，部分游客在旅行过程中不遵守相关安全规定，不顾各种安全警示，跨越安全栏、随意攀爬、接近危险水源，不顾及生命安全刻意追求刺激的高风险旅游行为，对旅游活动中存在的各类风险缺乏足够的认识和警惕，对自身驾驭旅游活动的能力缺乏清醒的判断，存在风险隐患。

文化旅游业是一个涉及面广的综合性产业，从事文化旅游经营的企业有旅行社、旅游景区、文化馆、艺术馆、图书馆，以及为游客提供交通、住宿、餐饮、购物、娱乐等服务的经营者，分属于不同主管部门。依据相关法律规定，文化旅游安全由旅游、交通、质监、治安、消防、卫生等部门监管，应加强部门间沟通协作。

2019年，我们将严格落实"党政同责、一岗双责、齐抓共管、失职追责"和"管行业必须管安全"要求，压紧压实领导责任和部门监管责任，进一步强化企业主体责任。持续深化文化旅游安全重点专项整治，保持文化旅游安全行政执法高压态势，将文化旅游行业扫黑除恶专项斗争引向深入。健全景区安评及报告机制，严格落实"先巡查、后开园""谁巡查、谁负责"的日常安全巡查制度和"不安全、不开园""不安全、不使用"的安全管理规定，改进和提高平安景区创建质量效果。加强文化旅游突发事件应急管理，指导区县文化旅游行政主管部门、文化和旅游发展委员会属单位和文化旅游企业修订、完善应急预案，强化安全风险管控，组织区县、企业开展应急演练。进一步加强全市旅游景区、星级饭店和星级游船等旅游服务食品安全监管与治理。加强消防能力建设，强化恶劣天气、自然灾害防治，高标准做好反恐怖防范工作。化解文化旅游安全重大风险，坚决防止重大涉文化旅游事故发生，确保重庆市文化旅游安全形势持续稳定。

一是加强文化与旅游安全监管体制机制整合融合。拟组建重庆市政府安

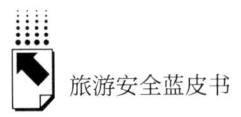

委会旅游安全专委会，新建重庆市文化旅游安全专家库。建立健全"党政同责、一岗双责，失职追职、齐抓共管"安全生产综合治理长效机制。重点加强重大节庆活动、"网红"景区、境外旅游团队、三峡游船、直属单位安全工作监管或指导。

二是加强应急处置能力建设。以大数据和智能化为引领，强化大数据、云计算、物联网在旅游安全监管中的应用，扩容强化"渝云景安"应急指挥平台，加强突发事件"双盲"演练。结合全市应急广播体系建设任务，加快全市 A 级景区应急广播系统提档升级。在"市级平安示范景区"试点电子围栏、SOS 自动紧急呼叫系统。

三是强化一线工作监管指导建设。落实"一系统、两板块"工作责任，加强对直属单位安全工作监管，加强对区县旅游、文化板块安全工作指导。拟启动"2019 千家文旅企事业单位安全年"工作，加强对全市文旅企事业单位安全"三基"工作（基本制度、基础台账、基层管理）督查指导。

四是全面深入推进扫黑除恶专项斗争。加大文化和旅游发展委员会扫黑办工作力量，巩固市级部门工作领先地位，综合治理整顿文化旅游市场乱象。落实好与市公安局联合印发的《关于建立扫黑除恶协作配合工作机制的实施意见》，依法严厉惩治清除涉黑涉恶势力，为打造重庆文化旅游升级版提供正确政治保障。

# B.33 2018~2019年河南省旅游安全形势分析与展望*

陈楠 乔光辉 赵晓鸣 王亚西**

**摘　要：** 本文以河南省为例，基于实证调研的结果，利用相关理论和图表分析了游客感知视角下的河南旅游安全形势。本文提出，在旅游过程中应运用科学、有效的治理措施，减少旅游安全隐患，降低旅游安全事故的发生率，确保旅游业安全有序发展。

**关键词：** 旅游突发事件　河南省　安全形势

## 一　引言

中国的旅游业是当前转型经济发展中的重要行业，在旅游业蓬勃发展的同时，安全问题也是人们关心的话题。由于游客在出游前会在旅行社或者互联网上对目的地的状况进行了解，了解其潜在风险，了解得越多自然就越敏感，所以种种原因影响了游客对旅游目的地的选取。游客

---

\* 基金项目：河南省高等学校青年骨干教师培养计划项目（2018GGJS023），2019年河南省研究生教育改革与质量提升工程项目。

\*\* 陈楠，河南大学文化产业与旅游管理学院旅游管理系主任、副教授、硕士生导师，主要研究方向为旅游风险、节事旅游；乔光辉，浙江工商大学旅游与城市管理学院副教授、硕士生导师，主要研究方向为旅游营销、旅游者行为；赵晓鸣、王亚西，河南大学文化产业与旅游管理学院硕士研究生，主要研究方向为节事旅游、旅游服务与管理。

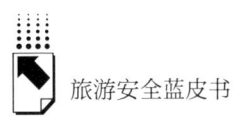

在对旅游风险的评估调查中，往往注重的是客观数据，而忽视他们每个人对目的地风险不同的感知。旅游从业人员及相关管理者在面对旅游风险时，也常常由于缺乏对旅游者风险感知的把握而出现误解和错误的处理方法。尽管旅游安全的概念早已被提出，但是未有深刻的分析和操作实践检验，因此这部分的研究尚算浅薄。本文对旅游安全的风险感知做出调查分析，用数据揭示河南的旅游安全薄弱点，从而更好地帮助此地区改进和发展旅游业。

## 二 研究设计及数据说明

### （一）问卷设计

调查问卷一共分成三大部分。第一部分是河南安全研究受访对象的个人情况，包括调查者的性别、年龄、学历、职业等变量。第二部分是对于旅游景区旅游安全的认识。第三部分是对于旅游安全的环境、保障及涉及旅游多方面安全问题的调查，并分析游客对于河南旅游安全的满意程度。

### （二）调查对象及数据搜集

本文的调查方法主要是问卷调查，对来河南旅游的人以及郑州本市的市民进行调研，并辅以访谈法和观察法，以便更深地了解游客在当地旅游时的安全问题。此次问卷调查时间为2018年8月20日～11月1日，利用两个多月的时间在交通人流密集处、商业步行街，甚至在开往江苏、广东的火车上，以及互联网"问卷星"等多种地区和渠道对目标消费者进行调查。在调查中向受访对象发放问卷，就地调查并在调查过程中向受访者了解他们对河南安全形势的认知程度，最后收回问卷，做出数据统计。共发放问卷510份，有效问卷467份，问卷有效率为91.57%。

## 三 河南省游客风险感知形势分析

### (一)调查对象的人口统计学特征

通过 excel 对收回的问卷的各问项指标进行统计分析,得出样本的基本情况,如表 1 所示。分析调查数据可知,男性游客多于女性游客,性别比为 53.75∶46.35。从年龄上看,18~35 岁占大部分,占比为 80.08%;18 岁以下人数最少,占比为 2.37%;60 岁以上比例为 3.42%;36~60 岁占比为 14.13%。来自河南省外的游客较多,占 50.10%,主要来自四川、江苏和广东;其次是省内城市的游客,占 46.46%;来自港澳台地区和海外的游客较少,分别占 2.37% 和 1.07%。接受调查的游客总体学历较高,以本科为主,占总人数的 65.74%;大专人数为 21.20%,高中和研究生的人数较少,分别占总人数的 5.78% 和 7.28%。受访者的职业多种多样,以学生为主,占总人数的 38.24%;一般职员所占比例居第二。

### (二)游客对于景区旅游安全的认识调查

将游客的出游行为与安全认知测量指标进行频率分析,结果如表 2 所示。自由行越来越受到欢迎和关注,因此在出行方式上有 55.89% 的游客选择了自由行,与旅行社跟团的游客占 29.76%。在旅游资讯的关注方面,有 20.99% 的游客选择了"极少关注",45.40% 的调查对象选择了"一般"。对于外出旅游中的风险问题,每个人有不同的认识,不了解和不太了解的游客分别占 28.27% 和 31.69%,有一些了解的游客占 32.98%。影响旅游安全最大的因素方面,有 28.48% 的游客选择"天气",其次是"地理环境",占 22.69%。大多数被调查者认为景区的旅游安全性是重要的,比较重要和很重要分别占 43.53% 和 50.59%,受访的年轻群体在注重景区的安全性同时也注重它的挑战性。在旅游项目的安全保障程度对自己

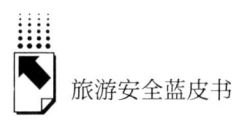

的影响这一问题上，有11.77%的受访者选择了"较低"，年龄在25岁以下的大学生大多选择此项，他们往往富有冒险精神和探索欲望；42.40%的受访者选择"一般"，35.33%选择"较高"，只有10.50%的受访者选择"很高"，在这部分受访者中，带小孩的父母对设施安全的重视程度最高。

表1 游客人口统计学分析

| 指标 | | 频数 | 频率（%） | 指标 | | 频数 | 频率（%） |
|---|---|---|---|---|---|---|---|
| 年龄 | 18岁以下 | 11 | 2.37 | 性别 | 男 | 251 | 53.75 |
| | 18~35岁 | 374 | 80.08 | | 女 | 216 | 46.25 |
| | 36~60岁 | 66 | 14.13 | 职业 | 政府职员 | 16 | 3.43 |
| | 60岁以上 | 16 | 3.42 | | 商务人士 | 56 | 11.99 |
| 学历 | 高中及以下 | 27 | 5.78 | | 技术人员 | 32 | 6.85 |
| | 大学专科 | 99 | 21.20 | | 一般职员 | 101 | 21.63 |
| | 大学本科 | 307 | 65.74 | | 个体户 | 33 | 7.07 |
| | 研究生 | 34 | 7.28 | | 教育工作者 | 23 | 4.93 |
| 客源地 | 省内 | 234 | 46.46 | | 家庭主妇 | 10 | 2.14 |
| | 省外 | 217 | 50.10 | | 退休人员 | 17 | 3.64 |
| | 港澳台地区 | 11 | 2.37 | | 学生 | 179 | 38.24 |
| | 海外 | 5 | 1.07 | 样本总量：467人 | | | |

表2 游客出游行为与安全认知分析

| 指标 | | 频数 | 频率（%） | 指标 | | 频数 | 频率（%） |
|---|---|---|---|---|---|---|---|
| 出行方式 | 自由行 | 261 | 55.89 | 旅游风险因素 | 经济 | 75 | 16.06 |
| | 跟团旅行 | 139 | 29.76 | | 政治 | 21 | 4.50 |
| | 自驾游 | 28 | 6.00 | | 地理环境 | 106 | 22.69 |
| | 半自助式旅游 | 39 | 8.35 | | 天气 | 133 | 28.48 |
| 旅游资讯 | 极少关注 | 98 | 20.99 | | 个人因素 | 85 | 18.20 |
| | 一般 | 212 | 45.40 | | 团队因素 | 29 | 6.21 |
| | 较多关注 | 136 | 29.11 | | 民俗风俗 | 18 | 3.85 |
| | 频繁关注 | 21 | 4.50 | 旅游项目安全保障程度 | 很低 | 0 | 0.00 |
| 旅游风险认识 | 不太了解 | 148 | 31.69 | | 较低 | 55 | 11.77 |
| | 不了解 | 132 | 28.27 | | 一般 | 198 | 42.40 |
| | 了解一些 | 154 | 32.98 | | 较高 | 165 | 35.33 |
| | 非常了解 | 33 | 7.06 | | 很高 | 49 | 10.50 |

旅游目的地总是存在风险，有20%的游客表示曾受到偷盗、诈骗和抢劫；大部分还是受到街头小贩、乞丐、出租车司机和当地人的骚扰，这部分有56.47%的游客曾经被侵害（见图1）。但是在遇到侵害时采取的措施中，报警和自救占有同样比重，都为34.52%。这或许表示游客认为靠自身能力可以解决旅游侵害，或者不信任警方的处理能力。同理，打电话给相关部门反映情况的比重也只有17.65%，这也反映了人们外出旅游"不惹麻烦"的心态，因此旅游安全更要靠有关部门深入落实。

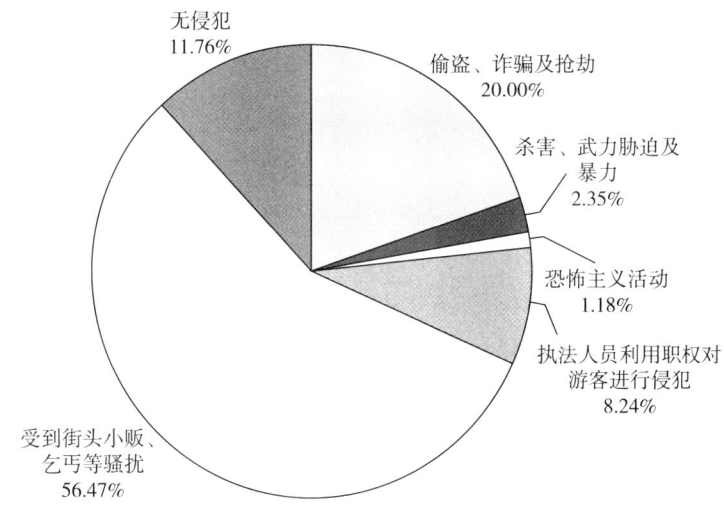

图1 外出旅游遭受的侵害分布

## （三）关于游客对河南旅游安全满意度和前景发展的调查

为了全面了解游客对河南的旅游安全的满意度，笔者将调查分为六大部分旅游环境、政府部门重视旅游安全的程度、旅行中各因素的保障、社会及企业所承担的旅游安全相关工作、旅游安全的相关法律法规以及游客的旅游安全意识和旅游安全的构建认知。六部分一共24题，分为五个不同的认同度，分数越高，认同度越高。

问卷改进了李克特五点量表，5代表非常满意，4代表满意，3代表一

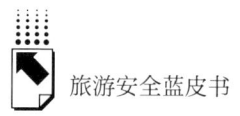

般,2代表不太满意,1代表很满意,因此变量项目的均值越高,该变量的影响程度越高。

1. 国内及省内旅游环境的安全度调查

强化旅游安全,营造优质的旅游环境,这是每个旅游景区和目的地管理者的追求,要达到这个目标,中国的旅游市场仍需5~10年的时间。我们期待的旅游环境安全应该是保护消费者合法权益,旅游部门和旅游景区相关单位共同构建稳定、健康、安全的旅游大环境,共同推进旅游产业的可持续发展。

旅游安全环境方面,超过一半的受访游客认为河南现在的旅游环境安全度一般,但是选择"不满意"和"不太满意"的占33.33%,比选择"满意"的多17.85个百分点;国内的旅游安全环境满意度稍微高于河南,选择"一般"的有52.38%,无人选择"不满意",有20.24%的游客选择"满意"和"很满意",比选择"满意河南旅游安全环境"的多4.74个百分点,并且有一人选择了很好。对国内旅游的安全保障表示满意的人有68.78%,高于河南省的安全保障满意百分比(61.91%)。

2. 旅游各因素保障满意度调查

外出旅游离不开吃、住、行、游、购、娱。小到吃、大到游都离不开旅游安全的问题,特别是旅游食品安全问题,品尝地方特色小吃是出行的目的之一,但是旅游食品存在一系列的特殊点,例如食品经营者结构复杂、客流量大、过于集中、监管难度大等,其中关键就是旅游市场中餐饮与食品监管的加强问题。

第一,河南旅游安全预警系统的满意度为64.56%。第二,旅游事故急救系统满意度为67.86%。第三,旅游食品安全状况满意度为55.41%。第四,河南旅游交通安全状况满意度为67.47%。第五,目的地的总体安全状况满意度为75.9%。从以上数据可以看出在河南的被调查游客对于河南旅游过程中各个因素的满意度较乐观,数值均超过一半。

3. 政府部门对旅游安全重视工作的满意度调查

有45.78%的游客在"政府对河南旅游的安全重视程度"中选择"一

般",只有28.92%的游客选择了"满意"和"很满意";"旅游事故后河南省政府解决问题能力"的调查中选择"很满意"的仅为1.23%,选择"满意"的为18.52%,选择"一般"的为50.62%,选择"不太满意"的为23.52%,选择"不满意"的为7.41%;最后是国家对河南旅游项目的安全监管及准入制度的工作满意度较高,有68.29%的游客选择了"一般"和"满意"。可以看出,游客对"政府对河南省旅游安全重视程度"满意度相对较高。

4. 社会及企业对旅游安全工作的满意度调查

旅游业相关企业对于游客的安全教育满意度调查中,有41.38%的游客选择了"不满意"和"不太满意",只有10.33%的游客认为"满意"和"很满意";游客认为相关企业在保障游客安全方面的投入过少,有40.35%的游客选择了"不满意"和"不太满意";组织方的事后安全救治工作也让36.84%的游客感到不满意,只有17.54%的游客感到满意;另外,游客认为社会对于旅游的安全不太注重,只有事故发生后才会着重报道;最后,有29.31%的游客认为旅游项目的安全设施能够起到防护作用,同样有29.31%的游客认为其起不到作用。

可见,企业对游客的安全教育比较缺乏,有些游客反映只有漂流或滑翔等刺激性较大的旅游项目才会对参与者有所说明。游客对旅游项目安全设施所起的安全保障作用的满意度较高,是五项中较乐观的一项。

5. 旅游安全法律及游客意识的调查

目前旅游相关部门制定的法律法规和旅游保险业的发展仍然处在初级阶段,迟迟滞后于旅游产业的发展,特别是旅游保险业,存在宣传促销方式滞后、保险种类过少、对象细分不明确、保险合同不规范、从业人员素质不高、保险责任确定不合理等一系列问题。造成以上问题的因素很多,如法律规范没能真正从旅游者的角度制定、法律制定者往往忽略了游客的真正利益、保险公司条款制定者缺乏经验或没有对旅游行业引起足够的重视等。

67.24%的游客认为现行的法律为游客的安全提供了保障;同样多的游客认为旅游者的安全意识较强;62.07%的游客认为维权意识较强,让人满意;有63.79%的游客认为事故后游客的合法权益得到较好的保障,有72.42%的人认为保险业在保障旅游事故方面起到作用。

6. 构建旅游安全保障体系的看法

旅游安全保障体系的一系列研究使中国的旅游安全保障研究进入了一个全新的阶段。郑向敏、卢昌崇在SARS危机之后提出了构建旅游安全保障体系的建议。它将安全保障工作纳入一个更加有序和更加全面的运作系统中。

在调查中(见图2),有1.72%的游客非常不看好旅游业安全保障发展的前景,15.52%的人较不看好,剩下82.76%的游客都看好其前景;对于加强旅游安全体系构建的研究,有84.48%的游客表示前景乐观。

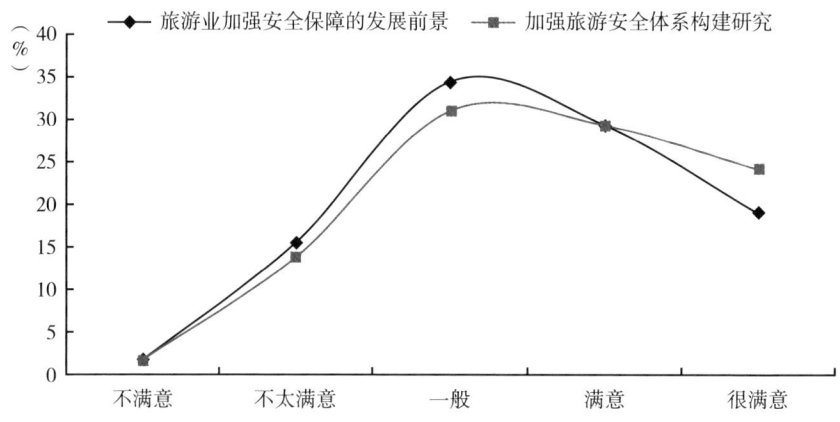

图2 关于构建旅游安全体系看法比例

# 四 结论及建议

## (一)研究结论

纵观旅游业的发展历程,突发事件几乎从未停止,这些旅游安全事件对旅游业的发展造成了不小的冲击,无论是自然灾害、技术事故、恐怖袭击、持续的战争还是出现的新型传染性疾病,都对旅游者出游造成了巨大的冲击。受旅游安全的影响，旅游者出游的意愿受到遏制，旅游者不得不减少出游的次数以保证自身安全，这种情况的发生对旅游地经济造成了巨大损失，给当地旅游业的发展带来了负面影响。本文对河南省旅游安全的风险感知进行了调查分析，用数据显示河南的旅游安全薄弱点，以期更好地帮助本地区改进和发展旅游业。

1. 游客的出游方式多样化，旅游安全认知不断加强

此次调查的受访者中，男性多于女性，年龄集中在18～35岁，以省外游客居多，特别以江苏、四川和广东的游客为主。人群大部分为学生，并且学历大部分为本科。如今人们越来越关注旅游资讯，出游方式也越来越多样，其中自由行最受青睐。随着年纪的增加，对旅游中的风险越了解，所以中年人更多会选择安全系数更大，或者更加适合儿童安全进行的旅游项目。天气是他们认为外出旅游最大的影响因素，其次是地理环境。在此次调查中，有受访者认为，民俗风俗也是影响因素之一，应加入问卷调查中。大多数年轻人喜欢刺激、挑战新鲜事物，因此从调查中发现，18～35岁的人群往往对旅游景区的安全性和保障性不如中年及老年人重视。街头小贩、乞丐、出租车司机和当地人骚扰是游客遭受最多的旅游侵害，在我国，恐怖分子的侵害尚未发生。游客大多了解外出旅游的安全保障措施，但是遇到问题时自救的人数和选择报警的人数相同，可以看出人们往往首先相信自己有解决问题的能力再而选择公安机关。

2. 河南省旅游安全水平有待进一步提升

首先，游客认为河南的旅游安全状况低于全国水平，在安全保障上也不如全国其他城市。大多数的受访者在河南旅游安全预警系统、事故急救系统、食品安全、交通安全和目的地总体安全状况上选择了"一般"，另外一些从较发达城市前来旅游的游客认为河南的旅游安全设施和保障机制都比较落后，改进空间大。其次，游客普遍认为国家和政府重视旅游安全，法规及政策发布较多，但是实际操作和落实能力不尽如人意，事故后解决问题的能力及流程不太令人满意。旅游业相关企业对游客的安全教育不够，安全投入不足，媒体往往将目光放在事故后的旅游安全问题上，尚未发生意外的项目

安全却得不到重视。最后，游客的安全意识都比较强，但并不代表其维权意识也强。在调查中发现，许多游客抱着"大事化小，小事化无"或者"出来玩就是图开心"的心态，面对侵权事件往往忍气吞声。一些旅游相关企业就是抓住游客的这种心态，放松对景区旅游设施的安全保障。显然法律法规为消费者提供的安全保障不到位，作用不明显。即使如此，绝大部分被访者认为构建旅游业安全保障系统的前景乐观，也期盼国家能够重视对旅游安全的研究，社会及企业能够重视自身对游客的保障，人们也能够加强对自身旅游安全的意识。

## （二）研究建议

旅游安全对旅游业的发展影响深远，缺少安全就谈不上旅游，所以社会迫切地希望能够建立和完善旅游安全制度。当务之急是政府制定旅游灾害管理中心，在辐射全国的旅游安全政策与法规的支持下，以加强管理，学习国际救援组织的最新管理模式，并建立快速反应的旅游灾害管理中心与统一管理权。

### 1. 旅游安全法律法规的进一步完善

保障游客的安全是相关法律法规的责任，当游客在出游过程中出现安全问题的时候，安全法规能为受伤的游客提供法规依据。安全法规可以规范从业人员的工作流程和服务意识，也可以提高游客旅游安全防范意志，从而有效约束游客在旅游活动过程中的各种不当行为。但是许多法规政策运用到现实生活中就会出现许多操作上的困难，原则性的指导和规定起不到实质性的作用，所以人们对安全法规的认识不深刻。

### 2. 旅游安全预警系统与旅游急救系统的建立

人们的生命和财产安全是旅游安全的重要部分，旅游资源的安全和安全的旅游环境也不容忽视。通过准确、及时的信息预警，可以有效减少生命财产损失。旅游预警系统能够搜集和分析安全信息，制定对策并发布信息，帮助游客和旅游企业预见问题并采取积极的防范措施。

旅游急救系统对于现行的旅游状况来说很有必要，但是目前各单位之间不通畅的协调合作使工作效率较低。一套完善的旅游急救系统由四个方面组成，分别是救援指挥中心、安全救援机构、安全救援的直接外围机构和安全救援的间接外围机构。这四个部分组织起来就是完善的旅游急救系统，一旦发生旅游安全事故，即以救援指挥中心为主，各司其职，有效、简洁并顺利地解决相关问题。

3. 旅游安全的宣传教育力度进一步加大

旅游安全的宣传教育不仅针对游客，还针对相关旅游管理者，宣传工作的好与坏直接影响人们在外旅游的安全意识。提高警惕、注意旅游安全应提高到一个最重要的位置。因此，国家、社会、企业及社区都要对相关旅游人员进行真诚深入的教育，使旅游安全的意识在每个人的脑中生根发芽，共同为旅游安全的发展贡献一份力量。

**参考文献**

［1］李天元：《旅游教育与旅游学》，《旅游学刊》1991年第1期，第52～54页。

［2］谷慧敏：《旅游危机管理研究》，南开大学出版社，2007。

［3］吴必虎、王晓、李咪咪：《中国大学生对旅游安全的感知评价研究》，《桂林旅游高等专科学校学报》2001年第3期，第62～68页。

［4］郑向敏、范向丽：《女性旅游安全研究进展与启示》，《人文地理》2008年第3期，第102～108页。

［5］许纯玲、李志飞：《旅游安全实务》，科学出版社，2000。

［6］柴寿升、曹艳梅、龙春凤：《基于多元回归模型分析的旅游者风险感知影响因素评价研究》，《中国海洋大学学报》（社会科学版）2011年第3期，第55～62页。

［7］Sonmez S. F, Graefe A. R. Determining Future Travel Behavior from Past Travel Experience and Perceptions of Risk and Safety ［J］. Journal of Travel Research, 1998, 37（2）：171－177.

［8］李翠微：《对旅游安全问题的思考》，《吉林省经济管理干部学院学报》2012年第26（2）期，第37～41页。

［9］张进福、郑向敏：《旅游安全表现形态与时空特征简析》，《桂林旅游高等专科学校学报》2001年第1期，第36～38＋44页。

[10] 邱淑蘋、陈楠、张云耀:《游客的犯罪侵害风险感知研究——以印度国际游客为例》,《旅游科学》2011年第25(6)期,第34~45页。

[11] 许洁、马春玲:《从"五七"空难反思我国的旅游保险业》,《桂林旅游高等专科学校学报》2002年第4期,第52~55页。

[12] 祁正涛、唐玮:《论发展旅游保险业》,《保险研究》2002年第1期,第27~28页。

[13] 王俊琴:《我国旅游保险业发展现状研究》,《计划与市场》2001年第1期,第41~42页。

[14] 郑向敏、卢昌崇:《论我国旅游安全保障体系的构建》,《东北财经大学学报》2003年第6期,第16~20页。

# B.34 2018～2019年港澳旅游安全形势分析与展望

陈金华 胡亚美 严尚霞[*]

**摘　要：** 2018年内地赴港澳游客明显增多，港澳旅游发展形势趋好，旅游安全态势总体稳定。据统计，2018年1～12月，港澳地区共发生旅游安全事件91起，以交通事故为主，台风等自然灾害影响程度较大；旅游安全有明显的地域特征，香港油尖旺区、西贡区以及澳门大堂区、路氹城为事故多发地段；澳门的治安事件多涉及博彩业并与内地游客关联性强。随着粤港澳大湾区旅游经济一体化，湾区内旅游安全问题需要粤港澳三地紧密协作并及时应急防范；港澳地区也要重视塑造安全的旅游环境，创新旅游产业发展，实施包容性发展，使旅游惠及社会大众。

**关键词：** 安全事故　旅游协作　香港　澳门

旅游业的发展需要依托良好的社会环境，但近几年港澳地区重大安全事故不断，如2017年台风"天鸽"、2018年台风"山竹"等，对港澳地区安全环境造成严重破坏，在一定程度上影响了港澳地区旅游目的地形象。内地是港澳最重要的客源市场（如图1所示），2017年访港和访澳人次实现恢复

---

[*] 陈金华，华侨大学旅游学院副教授、博士，主要研究方向为区域旅游资源开发与安全管理；胡亚美、严尚霞，华侨大学旅游学院硕士研究生。

性增长，内地起了强劲的带动作用，2018年访港旅客人数持续增加，全年旅客量超过6000万人次，打破2014年来最高纪录。2019年随着粤港澳大湾区社会经济的一体化建设，作为国际知名旅游目的地，港澳地区在加强城市内部旅游安全环境营造的同时，必须与广东等省份协同制定大湾区旅游安全政策与重大安全事件防范机制。

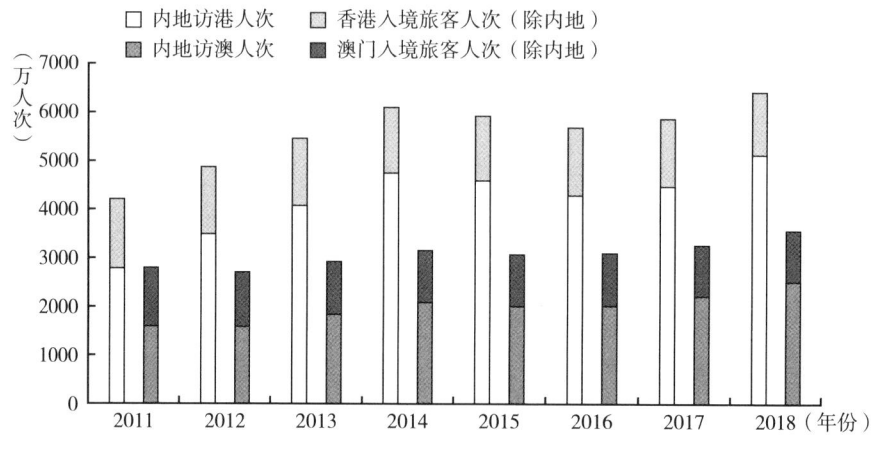

**图1　2011~2017港澳入境旅客人次统计**

据香港旅游发展局数据，2018年香港入境旅客总人次为6414.7万人次，增长率为11.4%，其中内地游客占79.5%。澳门积极推动旅游业的多元化发展，致力于打造世界休闲旅游中心。2018年澳门入境旅客为3580.3万人次，同比增长9.8%，其中，内地游客2526万人次。广深港高铁香港段的开通直接带动了内地游客"十一"黄金周赴港澳旅游热潮，黄金周期间内地居民出境旅游目的地中港澳仍位居前两位。港珠澳大桥的开通串联起粤港澳大湾区的旅游市场。在大湾区旅游业整合发展的形势下，未来港澳将成为大湾区"一程多站"的重要目的地和集散地。

## 一　2018年港澳旅游安全总体形势

通过浏览香港特别行政区官网、澳门特别行政区官网，查阅《头条日报》《都市日报》《澳门日报》等报纸新闻以及使用八爪鱼软件,以"2018+香港/澳门+游客/旅游+车祸/犯罪/台风/事故/伤亡/偷窃""2018+香港/澳门+重大事故"等为关键词对有关港澳旅游安全事件的新闻进行抓取,共搜集到2018年1~12月发生的91起旅游安全事件,其中香港46起、澳门45起。

### (一)旅游安全环境总体稳定,但旅游安全氛围变差

旅游安全环境对游客的旅游安全行为具有显著的正向影响。旅游目的地的社会环境是旅游安全环境的重要组成部分,是承载旅游行为的社会基础,对旅游者出游决策有着至关重要的影响。而社会犯罪案件数量从一个侧面反映出一个地区旅游环境的安全性。图2反映了2008年以来香港、澳门犯罪案件数历年变化情况,可以看出香港的犯罪案件总数整体上呈下降趋势,且2018年的罪案数为54225宗,比2017年下降3.2%,是1974年以来的最低值,但社交媒体骗案升幅显著,同比上升94%[1];澳门的犯罪案件总数近几年波动不大,总体上略有增加,2018年严重罪案维持低发案趋势,毒品犯罪数量减少,博彩犯罪数量则略有上升[2]。

广深港高铁香港段与港珠澳大桥的开通为港澳地区带来大批内地客流,管理与接待设施不足等因素导致口岸旅客滞留、香港东涌与土瓜湾等地遭游客"占领"、内地导游非法带团进入香港等问题的出现。香港多个团体发起"光复东涌"行动,抗议大批旅客涌入东涌,要求旅游团的导游及领队展示相关证件。而且游客的大量涌入严重影响了香港居民的日常生活,乱扔垃圾等不良行为同样引起民怨。近年来,香港连续出现重大社会安全事件社会不安定因素增加,对外形象变差。香港社会内部出现年轻人就业不足,经济下行等问题,进一步恶化了香港旅游氛围。澳门传统博彩产业衰退、产业内部

---

[1] 《香港治安情况得该改善 去年整体罪案数字1974年以来最低》,中国新闻网,https://baijiahao.baidu.com/s?id=1624001893702490670,2019年1月29日。
[2] 《澳门严重罪案维持低毒品犯罪数量减少》,新华网,http://www.xinhuanet.com/gangao/2019-01/24/c_1210046867.htm,2019年1月24日。

"空洞化"且转型困难、社会就业不足等问题都对旅游安全氛围的营造造成了阻碍。

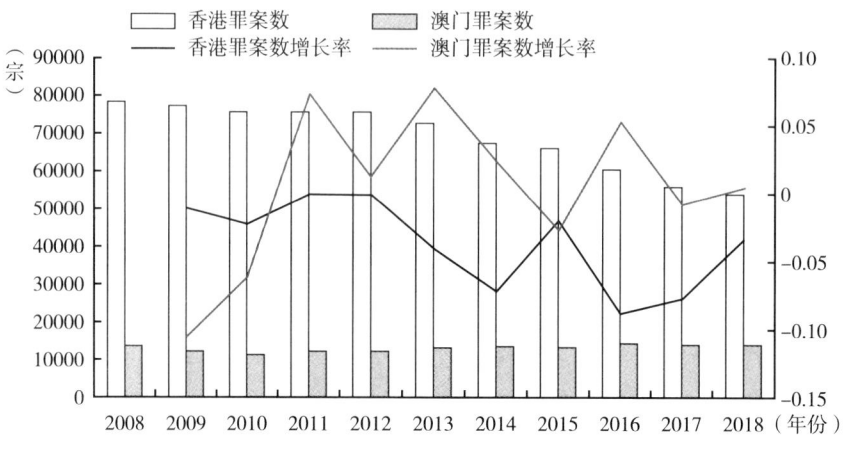

图 2　2008~2018 年港澳地区罪案数统计

### （二）台风灾害对港澳旅游业破坏力大，波及范围广

2018 年旅游安全事件中，自然灾害对港澳地区旅游安全威胁依然严峻，其中以台风影响最为显著。由于港澳为滨海城市且面积狭小，强台风对港澳的影响范围广，破坏力巨大。强台风登陆期间甚至出现整个城市在交通、供电等方面在短时间内陷入瘫痪之中的情况，台风过后城市也将面临艰巨的清理与恢复工作。以台风"山竹"为例，其间香港海陆空交通严重受阻，商业活动乃至市民消费也陷入停顿，包括投注额平均达 12 亿元的赛马活动也宣布取消。有经济学者估计，单是应对"山竹"袭击，香港 9 月 16 日一天的经济损失高达 90 亿元[①]。台风"山竹"袭击澳门，造成经济直接损失与间接损失共约 15.5 亿元[②]。

---

① 《台风"山竹"造成香港机场大瘫痪　损失预估高达 90 亿》，网易新闻，https：//news.163.com/air/18/0916/14/DRR44S1100018I06.html，2018 年 9 月 16 日。
② 《台风"山竹"致澳门经济损失 15.5 亿》，中国新闻网，http：//news.sina.com.cn/o/2018-11-12/doc-ihmutuea9505964.shtml，2018 年 11 月 12 日。

### （三）区域联系愈加紧密，传染病危害性增大

随着粤港澳大湾区联系加强，除关注传统影响范围较为固定的旅游安全风险外，港澳地区必须加强关注传染性疾病这种控制性弱的旅游安全风险。2018年，港澳地区由人员输入、蚊患、鼠患造成的细菌、病毒传染事件以及旅客入境携带传染病事件多有发生。香港狮子山登革热疫情的发生，以及内地发生的非洲猪瘟疫情等应该为大湾区共同防治传染性疾病敲响警钟，与其他旅游安全事件不同，传染性疾病一旦扩散造成的损失不可估量，因此大湾区合力控制传染病的传播成为共识。

### （四）陆上交通事故频出，海上交通安全事件增多

交通事故在港澳旅游安全事故中占据较大比例，分别占22%、15%，多为旅游巴士发生的意外。港澳为滨海旅游城市，海上交通占据重要地位。近年来，港澳地区邮轮、游艇旅游发展迅速，海上交通安全事件也随之增多。因广东南沙航道发生撞船事件，航道暂封，"世界梦"号游船未能准时返回启德邮轮码头载客，使大约500名旅客滞留启德邮轮码头。此外，客船、游艇起火事件时有发生。

## 二 2018年港澳旅游安全的概况与特点

### （一）旅游安全事件的分布类型

参照国家应急管理分类方法、旅游安全事件的特点等，将港澳旅游安全事件划分为自然灾害、事故灾难、公共卫生事件、社会安全事件四大类。选择2018年18起主要安全事件进行归类分析，结果如表1所示。

#### 1. 自然灾害

2018年影响港澳地区旅游安全的自然灾害以台风和内涝为主，而内涝往往是台风的次生灾害。2018年9月16日，台风"山竹"登陆期间港澳地

## 表1 2018年港澳地区主要旅游安全事件

| 事故类型 | 时间 | 地点 | 内容 | 伤亡情况 死亡 | 伤亡情况 受伤 | 安全事故等级 |
|---|---|---|---|---|---|---|
| 自然灾害 | 2018年11月11日 | 澳门 | "贝碧嘉"侵扰澳门138小时,造成18起事故,登陆期间澳门海陆空交通暂停。 | 0 | 1 | 一般 |
| | 2018年9月16日 | 香港 | 台风"山竹"吹袭香港期间,交通全面瘫痪,发生6万宗塌树个案,多区被海水淹浸,大批海洋垃圾堆积。 | 0 | 391 | 特大 |
| | 2018年9月16日 | 澳门 | 台风"山竹"吹袭澳门期间,共发生400多宗事故,低洼地带几成泽国,海陆空对内外交通全面瘫痪,游客滞留码头及机场,赌场更是首次关闭。 | 0 | 40 | 特大 |
| 事故灾难 | 2018年5月3日 | 香港 | 将军澳隧道公路一辆旅游巴士、一辆的士及一辆私家车相撞。 | 0 | 1 | 一般 |
| | 2018年8月4日 | 香港 | 西贡大网仔两辆旅游巴士迎头相撞,多名乘客受伤。 | 0 | 9 | 较大 |
| | 2018年2月10日 | 香港 | 香港新界大埔公路傍晚发生严重车祸,一辆双层巴士侧翻失事。 | 18 | 62 | 重大 |
| | 2018年7月4日 | 澳门 | 黑沙环百利新邨第二座食店发生石油气爆炸。 | 1 | 6 | 一般 |
| | 2018年7月30日 | 香港 | 停机坪一辆接驳巴士不小心撞向一根圆柱,车上旅客失去平衡跌倒。 | 0 | 6 | 较大 |
| | 2018年9月9日 | 澳门 | 渔人码头励宫酒店发生坠楼事件,一名25岁的内地旅客从7楼跌落3楼平台。 | 0 | 1 | 一般 |
| 公共卫生事件 | 2018年2月17日 | 澳门 | 在高地乌街佳爵食坊用餐后,食客陆续出现腹痛、腹泻、发热及呕吐等症状。 | 0 | 17 | 一般 |
| | 2018年4月6日 | 香港 | 尖沙嘴君怡酒店君怡阁食客食物中毒。 | 0 | 10 | 一般 |
| | 2018年8月18日 | 香港 | 登革热疫情持续扩大,香港宣布关闭狮子山公园30日。 | 0 | 11 | 一般 |
| | 2018年9月4日 | 香港 | 九龙香格里拉酒店食客进食冻海鲜导致食物中毒。 | 0 | 21 | 一般 |
| | 2018年11月4日 | 澳门 | 港珠澳大桥珠海公路口岸连续检出两宗旅客感染传染病事件,两名旅客分别被检出患有甲型H1N1流感、乙型流感。 | 0 | 2 | 一般 |

续表

| 事故类型 | 时间 | 地点 | 内容 | 伤亡情况 | | 安全事故等级 |
|---|---|---|---|---|---|---|
| | | | | 死亡 | 受伤 | |
| 社会安全事件 | 2018年3月14日 | 香港 | 小偷扮酒店职员入房修空调,偷内地女游客2.6万美元。 | 0 | 0 | 较大 |
| | 2018年6月24日 | 澳门 | 西湾大桥1名内地女子涉嫌袭警抢枪被捕。 | 0 | 0 | 一般 |
| | 2018年10月18日 | 澳门 | 内地团因不满被额外收费及强迫购物在中山公园门外与导游发生争执。 | 0 | 0 | 一般 |

区海陆空交通全面瘫痪,导致游客滞留当地,生命财产安全受到威胁。在香港,"山竹"导致超过60800宗塌树个案,全港有逾600段道路受塌树影响,家居破坏有400~500宗。另外,共有391名市民在风暴中受伤,伤者人数是"天鸽"来袭时的3.5倍。澳门也因"山竹"影响,历史上第一次关闭赌场。强台风"山竹"吹袭,导致海水倒灌,多地出现内涝现象,积水退却后,遗留下大批海洋垃圾。台风带来的一系列破坏给港澳地区旅游业恢复经营带来巨大困难。

2. 事故灾难

2018年港澳地区共计发生事故灾难35起,占旅游安全事件总数的38.46%。主要事故类型为交通事故,约占事故灾难的1/2。较之于香港,澳门发生的游客意外事故较多,共6起,多是由于使用基础设施过程中保障措施不完善以及操作故障。另外,港澳均发生了高空项目的意外事故,分别为滑翔伞与蹦极项目。

3. 公共卫生事件

公共卫生事件主要包括传染病与食物中毒,2018年港澳地区共发生公共卫生事件14起。在香港发生多起游客食物中毒事件,饮食卫生状况堪忧。传染病事件所占比例虽小,但一旦扩散后果不堪设想。港澳地区均出现登革热疫情,2018年8月1日,澳门卫生局确诊一例输入性登革热病例。港珠澳大桥珠海公路口岸11月连续检查出两名旅客感染传染病。两名旅客分别被检出患有甲型H1N1流感、乙型流感。2018年由于内地频繁出现非洲猪瘟疫情，港澳地区防疫压力增大。

4. 社会安全事件

2018年港澳地区共发生社会安全事件41起，占旅游安全事件的45.05%，主要类型为偷盗诈骗、偷窥骚扰与游客不遵守当地法律造成的违法行为。香港的偷盗案件多发于酒店，澳门的同类事件则集聚在赌场周围。网络诈骗在香港地区有增多的趋势，一名自称执法人员的内地男子于11月4日通过诈骗电话骗取超过70万元人民币。港珠澳大桥开通后内地旅游团蜂拥香港，部分在没有香港旅行社接待及香港导游随团的情况下入境游览，涉嫌违反《香港旅行代理商条例》以及文化和旅游部的规定。澳门出现袭警及企图抢夺警枪事件。

## （二）旅游安全事件发生的特点

### 1. 时空集中性

港澳作为两个城市旅游目的地，具有地窄人稠的特点，两地每年接待的入境游客数量远远高于其本地居民数量。对于内地居民，港澳地区成为出境旅游首选目的地，且游客出行存在时间上的集中性，多为节假日，因此旅游安全事件发生的频率也更高。空间上，港澳的旅游安全事件多发于交通干线以及购物场所、酒店与其他娱乐场所等人口密集地区，针对游客的偷窃、抢劫、敲诈勒索、诈骗等多有发生。人群聚集区往往存在监管不到位、不易防范等问题。将港澳91起安全事件进行分区统计后发现：香港的旅游安全事件多发生在西贡区、油尖旺区；澳门的旅游安全事件集中于路氹城、花地玛堂区、大堂区，其中路氹城达发生的安全事件有13件之多。

### 2. 与内地的强关联性

2018年，香港的入境接待人次达6000万以上，随之而来的是旅游业规范管理存在问题。例如，部分内地团涉嫌违反《香港旅行代理商条例》，在没有香港旅行社接待及香港导游随团的情况下随团入港。随着深港铁路的开通和港珠澳大桥的修通，新的入港澳通道出现游客人满为患的情况，影响了当地居民正常生活。2018年，香港地区涉及旅游的社会治安事件多起涉及内地人员。澳门地区的治安事件共 16 起，其中 13 起涉及内地人员。可见，港澳地区的旅游安全与内地社会紧密联系。2018 年，在国家加快推进"粤港澳大湾区规划"的背景下，港澳地区旅游安全环境的营造与内地，尤其是广东，已融为一体。在港澳地区发生的旅游安全事件很大一部分涉及内地游客。

3. 自然灾害突出

港澳地区由半岛及岛屿构成，陆域狭小，且周围部分或全部被海水包围，形成一个相对封闭与独立的生态系统。因此，港澳地区自然灾害的发生特点与海岛具有一致性，重大的旅游安全事件类型主要是自然灾害类，且影响旅游安全最严重的自然灾害是风灾，以台风最为突出。台风侵袭港澳期间，社会经济体系部分或全部瘫痪。

## 三 影响港澳地区旅游安全的主要因素

### （一）环境因素

1. 自然环境因素

港澳地区为我国热带滨海海岛地区，受全球气候变暖的影响，台风等极端自然灾害的发生频率较高；港澳以半岛与岛屿为主，地形破碎，容易受到台风、寒潮、大雾影响。台风对港澳地区影响具有范围大、周期长、形成的灾害链较长等特点，如台风造成内涝、垃圾堆积、交通中断、瘟疫等一系列问题，是各种自然灾害中影响频繁且重大的灾害类型之一。

2. 社会环境因素

作为海岛与半岛城市经济体，港澳地区社会经济内部市场规模有限，受外部因素的干扰较大，呈现明显的脆弱性。以香港为例，外部因素如 1997 年亚洲金融风暴、2001 年"9·11"事件、2003 年"非典"疫情、2008 年全球金融危机、近年来中美贸易摩擦等冲击对香港经济出口与产业升级影响较大；而内部深层次原因，包括香港产业结构"空洞化"、经济"泡沫化"、

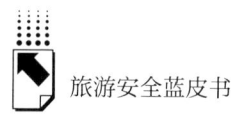

社会贫富差距大引发社会阶层对立、内部需求疲弱和科技创新相对落后等也导致香港经济提升乏力。博彩业是澳门的支柱产业，博彩业在促进旅游发展的同时也增加了澳门社会中的不稳定因素。与赌博相关的诈骗、抢劫、偷窃在澳门赌场附近频繁发生，赌博甚至引起赌客赌输后的贩毒行为，澳门的旅游安全事件中 6 起由赌博引起。此外，澳门经济长期以来严重依赖博彩业的发展，但是，随着内地八项规定、政府公务人员出境消费的规范管理，当地博彩业受到较大的冲击，经济转型面临较大的困难。

### （二）人为因素

从游客的角度来说，一些游客缺乏自身保护与防范意识，导致危及自身的安全事故的发生。比如游客抱着贪图便宜的心理参与"零元团""低价团"等违法旅游团；不合理的购物及消费行为；游客素质低下与他人产生纠纷；违反当地法律；等等。

### （三）设施设备因素

港澳地区机场、地铁站点与交通设施老化现象较为严重，是发生意外事故及治安事件的诱因之一。如香港地铁服务开通近四十年，设施逐渐老化，管理存在问题。2018 年 10 月发生的港铁四线大故障，影响游客出行；香港巴士、游艇起火事件时有发生。另外，在旅游安全事件中有多起是由设施设备不到位造成的。澳门地区城市基础设施薄弱，城市水患多年来没有得到有效解决，一旦台风来袭，将出现大面积断水断电，应急供给不足。

### （四）管理因素

首先，大湾区区域安全管理存在体制问题。粤港澳大湾区一体化发展以及广深港高铁香港段与港珠澳大桥的开通，促进了湾区内人员流动，旅游安全问题也将伴随更广泛的人员流动扩散蔓延。旅游安全问题也需要两岸三地的协同应对。但粤港澳大湾区存在一个国家、两种制度、三个单独关税区的情况，为区域合作与安全问题协作应对增加了障碍。

其次，旅游职业化从业人员数量不足，外来人员缺乏职业规范培训教育。港澳旅游业在快速发展的同时，规范化的旅游业从业人员严重不足，尤其缺乏中高级旅游从业者。近年来，从内地及其他国家与地区招聘的旅游服务人员逐渐增多，但是这些人员职业素质与技能未能达到行业要求，缺乏职业道德规范，此外，旅游机构的培训与监管不到位，相当一部分外来旅游从业人员的违法行为未能得到有效治理，强迫购物、殴打谩骂游客的情况频频出现，损害游客利益，恶化当地旅游目的地形象。

最后，旅游市场监管不到位。港澳地区相关机构存在对旅游市场监管不到位、对旅游从业者违法行为治理不严等问题，间接助长了损害游客安全事件的滋生。相关制度法律不完善，旅游者的合法权益得不到有效维护。

## 四 2019年港澳地区旅游安全管理对策与形势展望

### （一）港澳地区旅游安全管理对策

1. 借鉴世界级湾区经验，加强区域安全合作

粤港澳大湾区是与美国纽约湾区、旧金山湾区和日本东京湾区并肩的世界四大湾区之一，是国家建设世界级城市群和参与全球竞争的重要空间载体。根据国家制定的《粤港澳大湾区规划纲要》，借鉴世界级湾区经验，粤港澳大湾区城市要共同制定灾害预警机制、治安问题管理办法等切实可行的方案。例如环湾区台风、地震、环保事件、重大公共卫生事件的共同防范，安全大数据的共享，共同建立环湾区旅游安全风险预警系统。

2. 完善基础设施，维护市场秩序

港澳地区客流量大，现有的基础设施承载力有限。地方政府相关部门要增加投入，完备基础设施，更换老化设施设备。另外，建立公平的市场机制，有助于增强游客的安全感知及目的地吸引力，促进旅游业的发展。对于旅游市场出现的问题，相关部门要完善旅游业相关的制度法律，加强监管，严加打击违法行为，维护游客的合法权益。对于外来旅游从业人员要建立相

应的培训与惩罚制度，提高旅游从业人员素质与技能。

3. 加强社会治理，发展包容性旅游

社会问题影响旅游环境氛围，但旅游业也可以作为解决社会问题的手段。一方面，港澳地区人员复杂，贫富差距大，外来人口多，是社会潜在的不稳定因素，也是致使旅游安全事件发生的潜在因素。另一方面，旅游业的不稳定也会引发社会问题，例如，澳门赌博业的衰落导致失业率上升，引起社会波动。因此当地政府应该转变旅游业的功能，将发展旅游业作为解决社会问题的手段，借此解决外来人口的就业、生活问题，缩小贫富差距，实现包容性发展，最终营造安全、可持续的旅游氛围。

### （二）港澳地区旅游安全形势展望

1. 大湾区社会安全事件联系愈加紧密，跨区域合作促进制度创新

随着国家《粤港澳大湾区规划纲要》的实施，粤港澳地区的联系将愈加密切，内地游客前往港澳地区的热情也将再次高涨。未来莲塘/香园围口岸的开通，将进一步加强内地与港澳地区的联系与合作。内地与港澳地区交通、经济等方面的联系日益加强，各要素的流通不仅会带来正面效益，也会带来不安全要素的流动与扩散。交通便利也可能为内地居民在港澳的非法逗留、赌博以及贩毒走私提供"便利"，因此，未来湾区对于安全问题的应对与治理需要加强协作，突破跨区域合作的制度阻碍。

2. 密切关注旅游新业态安全问题

2017年中国邮轮发展进入黄金十年，邮轮公海赌博已经成为吸引游客参与邮轮旅游的一大因素。在中国完成对邮轮旅游新业态的顺利引入和培育后，邮轮旅游背后的潜藏安全问题不容忽视。邮轮旅游中不仅存在邮轮本身的航行安全性问题，还涉及游轮上的"治安事件"。邮轮与邮轮上的游客实际上构成了一个"微型社会"，在航行中发生的旅游安全事件暂时脱离陆地管控，游客的安全与利益的维护将具有新的特点。除邮轮旅游之外，游艇与低空飞行等新兴旅游产业的发展也将带来新的问题。

### 3. 管控滨海生态环境，提升旅游环境质量

大量游客涌入给港澳地区的自然环境带来巨大压力。港澳作为滨海旅游城市，涉水活动的增多势必对海洋生态环境造成一定破坏。此外，污染物的大量排放导致近岸海域环境污染严重，致使旅游自然环境质量以及对游客吸引力的下降。粤港澳大湾区要积极推进区域生态环境治理的交流合作，加快近岸海域污染综合整治，推动粤港澳大湾区近岸海域环境持续改善。

## 参考文献

[1] 陈金华、李祎铭、李亚恒：《2017～2018年港澳旅游安全形势分析与展望》，《中国旅游安全报告（2018）》，社会科学文献出版社，2018。

[2] 香港旅游发展，https://www.discoverhongkong.com/china/about-hktb/news/visitor-arrival.jsp。

[3] 香港政府统计处，https://www.censtatd.gov.hk/home/index_tc.jsp。

[4] 澳门特别行政区旅游局，https://dataplus.macaotourism.gov.mo/Publication/Report?lang=S。

[5] 澳门特别行政区政府统计普查局，https://www.dsec.gov.mo/home_zhmo.aspx。

[6] 林炜铃、赖思振、邹永广：《滨海旅游地安全氛围对游客安全行为的影响机制——来自三亚和厦门的实证数据》，《旅游学刊》2017年第32（2）期，第104~116页。

[7] 黄桂良、张淑娟：《近年香港经济衰退的主要原因》，《当代亚太》2003年第12期。

[8] 查瑞波、孙根年、董治宝：《1976年以来香港入境旅游关系圈变化及指示性》，《地理学报》2016年第71（10）期，第1801~1814页。

# B.35
# 2018~2019年台湾旅游安全形势分析与展望

黄远水 吴佩谕 郁敏超*

**摘　要：** 游客安全感是游客在目的地的最基本需求，旅游目的地安全事件的发生情况对游客的出游意向有着重要影响。近年来，台湾旅游安全事件的频发，在一定程度上降低了大陆游客的赴台意愿。文章剖析了台湾地区旅游安全事件的特征和影响因素，并与往年进行了系统性对比，研究发现：(1) 2018年旅游安全事件数量较2017年有所减少，伤亡率也有所降低；(2) 2018年旅游安全事件中，事故灾难占50%，值得注意的是，自然灾害中因地震死亡的人数高达9人；(3) 2018年安全事件多发生在春季，空间上呈现不均衡分布。据此，本文建议，台湾地区应努力为游客创造安全的旅游环境，应重点降低自然灾害的破坏性、提高交通工具的安全性。

**关键词：** 台湾　旅游安全　旅游安全事件

根据中国台湾地区交通部门发布的数据，2018年12月30日，台湾迎来第1100万名国际旅客，这是台湾观光产业的一个新的里程碑。然而，台湾观光业的发展依然面临着严峻挑战。2018年，台湾观光业总体上呈现不

---

\* 黄远水，华侨大学旅游学院院长、教授、博士；吴佩谕，华侨大学旅游学院硕士研究生；郁敏超，华侨大学旅游学院硕士研究生。

明朗的态势,大陆赴台旅游人次较 2017 年相比,呈微增的趋势。从整体上来看,近十年来,赴台游客人次从 2008 年至 2015 年一直呈稳定增长的态势,尤其是大陆赴台旅游的持续升温(见图 1),但自 2016 年开始,大陆赴台人数骤减。2018 年 1~11 月,大陆游客赴台总人数为 2463413 人次(见图 2),按照平均每个月有 24.6 万大陆游客赴台的人次来估算,截至 2018 年底,大陆赴台游客约为 271 万人次,与 2017 年相比,没有明显增长。2017 年台湾发生多起旅游安全事件,尤其是旅游交通安全事故。目的地的安全风险因素,在一定程度上影响了大陆游客赴台旅游的意向。

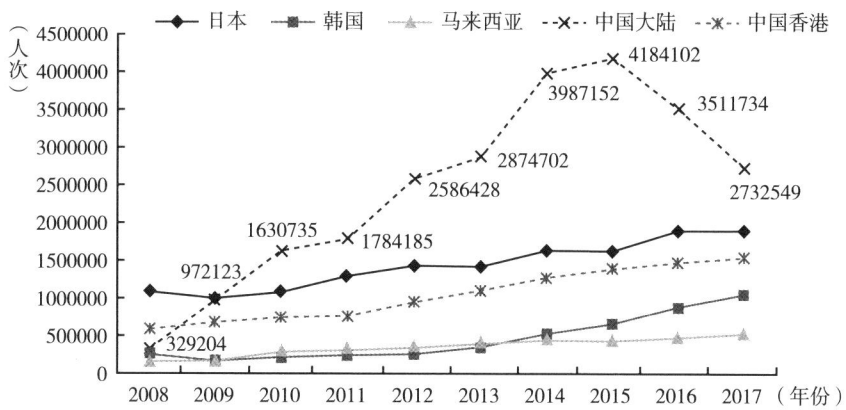

图 1 近十年(2008~2017 年)亚州赴台主要客源地赴台旅客总人次变化

数据来源:台湾"交通部观光局"行政咨询系统,https://stat.taiwan.net.tw。

# 一 2018年台湾旅游安全的总体形势

随着台湾旅游安全事件的频发,赴台旅游安全的不确定性显现。这些旅游安全事件的频繁发生,严重影响了台湾在大陆游客心中的形象,同时,也影响到游客的安全感知。[①] 据此,剖析台湾 2018 年的旅游安全事件特征和

---

① 邹永广、郑向敏:《旅游目的地游客安全感形成机理实证研究》,《旅游学刊》2014 年第 3 期,第 84~90 页。

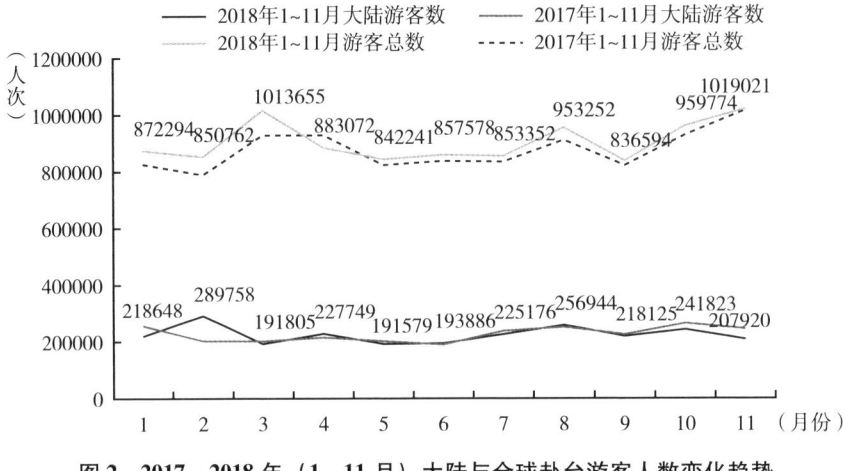

**图 2　2017～2018 年（1～11 月）大陆与全球赴台游客人数变化趋势**

数据来源：台湾"交通部观光局"行政咨询系统，https://admin.taiwan.net.tw/ActivitiesListC003320.aspx?Pindex=2。

影响因素，研究台湾旅游安全整体形势，对提升游客安全感显得尤为重要，并可为管理实践提供理论参考。

在搜集 2018 年台湾旅游安全事件数据时，本文主要通过对主流网站如百度新闻、网易新闻、凤凰网资讯、澎湃新闻、新浪新闻、中国新闻网、新华网、海外网、环球网、台海网、中国台湾网等采取关键词的方式进行检索（见表 1）。关键词包含"台湾 + 游客 + 安全""台湾 + 事故""台湾 + 事件""台湾 + 安全""台湾 + 交通 + 事故""台湾 + 游客 + 伤亡""台湾 + 游览""台湾 + 游客 + 饭店""台湾 + 游客 + 失踪""台湾 + 游客 + 失联""台湾 + 遇难""台湾 + 旅游 + 安全""台湾 + 旅行社""台湾 + 游客 + 诈骗""台湾 + 观光""台湾 + 疫情""台湾 + 受伤""台湾 + 死亡"等。此外，本文研究了台湾"交通部观光局"行政咨询系统的赴台游客数据，对近十年的数据进行收集，以便于对赴台旅游人次和台湾安全现状进行更加全面的剖析。

从整体上看，2018 年台湾旅游安全事件共发生 20 起，死亡或失踪人数共 10 人，受伤人数至少 52 人。安全事件具体表现为：自然灾害事件 2 起，其中，2 月 6 日晚的花莲地震中死亡的陆客人数高达 9 人，受伤人数不详；事故灾难高达 10 起，造成至少 48 人受伤，其中，10 月 21 日宜兰县列车出轨事件伤亡较为严重，大陆游客有 1 人重伤 1 人轻伤；发生公共卫生事件 4 起，造成至少 4 人受伤；业务安全事件 1 起，无人员伤亡；社会安全事件 3 起，造成 1 人死亡。

表 1　2018 年台湾旅游安全事件统计

| 事件类型 | 细分类型 | 序号 | 事件时间 | 事件地点 | 事件表现 | 伤亡情况（人） | |
|---|---|---|---|---|---|---|---|
| | | | | | | 受伤 | 死亡 |
| 自然灾害 | 地震 | 1 | 2月6日 | 花莲县 | 6 日深夜发生 6.5 级强震 | 不详 | 9 |
| | 恶劣天气 | 1 | 6月19日 | 澎湖县 | 6000 多名旅客被困 | 0 | 0 |
| 事故灾难 | 旅游交通安全事故 | 1 | 1月24日 | 阿里山 | 森林铁路出轨事故 | 0 | 0 |
| | | 2 | 2月5日 | 6 号国姓往埔里路段 22 公里处 | 载有 18 名大陆旅客的旅游大巴失控撞向分隔岛 | 5 | 0 |
| | | 3 | 2月25日 | 阿里山 | 森林铁路发生出轨意外 | 0 | 0 |
| | | 4 | 3月27日 | 省道 1 号苗栗路段 | 载有 19 名陆客的游览车起火 | 0 | 0 |
| | | 5 | 3月31日 | 南部台九线 | 载有 38 名大陆游客的游览车和大货车相撞 | 2 | 0 |
| | | 6 | 8月19日 | 苗栗九华山 | 游览车意外撞上护栏 | 8 | 0 |
| | | 7 | 9月17日 | 近基隆市 | 经台 62 快速道路前往基隆的大浦道，撞上山壁 | 29 | 0 |
| | | 8 | 10月21日 | 宜兰县 | 列车出轨 | 2 | |
| | 火灾 | 1 | 8月13日 | 花莲县 | 载有 46 名游客的赏鲸船突然起火 | 0 | 0 |
| | 其他事故 | 1 | 3月11日 | 台北 | 一氧化碳中毒 | 2 | |
| 公共卫生事件 | 食物中毒 | 1 | 3月5日 | 南投县 | 食物中毒 | 4 | 0 |
| | 疫情 | 1 | 3月29日起 | 全台 | 麻疹疫情 | 不详 | 0 |
| | | 2 | 10月1日起 | 全台 | 流感并发重症病例 | 0 | 0 |
| | 其他公共卫生事件 | 1 | 12月18日 | 桃园机场 | 大陆游客带 20 元猪肉干入台，被认为其携带"疫区肉制品"入境 | 0 | 0 |
| 业务安全事件 | 其他业务安全事件 | 1 | 1月8日 | | 出发前旅游地地震，游客退团遭遇退款难 | 0 | 0 |

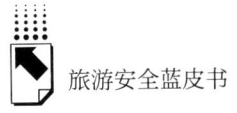

续表

| 事件类型 | 细分类型 | 序号 | 事件时间 | 事件地点 | 事件表现 | 伤亡情况（人） | |
|---|---|---|---|---|---|---|---|
| | | | | | | 受伤 | 死亡 |
| 社会安全事件 | 其他社会安全事件 | 1 | 1月2日 | 台北 | 两名年轻女陆客在捷运中聊天被台湾男子辱骂 | 0 | 0 |
| | | 2 | 3月14日 | 台北 | 香港潘姓女子与陈姓男友赴台旅游后被男友杀害 | 0 | 1 |
| | | 3 | 9月30日 | 垦丁 | 2位18岁女子赴台自由行后失联 | 0 | 0 |

注：伤亡人数中"不详"表示无有关受伤人数报道。

## 二 台湾旅游安全事件回顾

通过系统整理近年来台湾旅游安全事件的主要情况，发现自2008年以来，台湾地区共发生安全事件188起，平均每年有19起安全事件发生。此外，超过200名陆客在台湾发生死亡意外，超过1500名陆客在台湾发生受伤意外。近年来，台湾旅游目的地的安全状况并不乐观，安全风险防控也低于游客预期，每年都会发生至少1起重大旅游安全事故，台湾旅游安全环境亟待改善。

### （一）旅游安全事件伤亡情况与主要类型

本文对旅游安全蓝皮书中2011年以来台湾旅游安全事件的数据进行分析，发现2014年是旅游安全事件发生数量最多的一年，2015年受伤人数远高于其他年份[1][2][3][4]。其中，旅游安全事件的发生数量由2011年的9起突

---

[1] 黄远水、向飞丹晴：《2011～2012年台湾旅游安全形势与展望》，《中国旅游安全报告（2012）》，社会科学文献出版社，2012。

[2] 黄远水、张庆：《2012～2013年台湾旅游安全形势与展望》，《中国旅游安全报告（2013）》，社会科学文献出版社，2013。

[3] 黄远水、张庆：《2013～2015年台湾旅游安全形势与展望》，《中国旅游安全报告（2015）》，社会科学文献出版社，2015。

[4] 黄远水、张盼盼：《2015～2016年台湾旅游安全形势与展望》，《中国旅游安全报告（2016）》，社会科学文献出版社，2016。

增至2014年的41起。2014年，共发生旅游安全事件41起，造成195人受伤和55人死亡[1]；2015年，旅游安全事件造成的受伤人数高达687人，导致59人死亡，死亡人数是近八年中最多的一年[2]；2016年，随着大陆赴台人次的急剧减少，旅游安全事件的数量也较前两年有所减少，但依然造成了35人死亡[3]；2017年，大陆赴台旅游人次较2016年所有较少，但旅游安全事件的数量接近2016年的3倍，造成127人受伤和42人失踪或死亡[4]；2018年发生的20起旅游安全事件共导致10人死亡和至少52人受伤（见图3）。

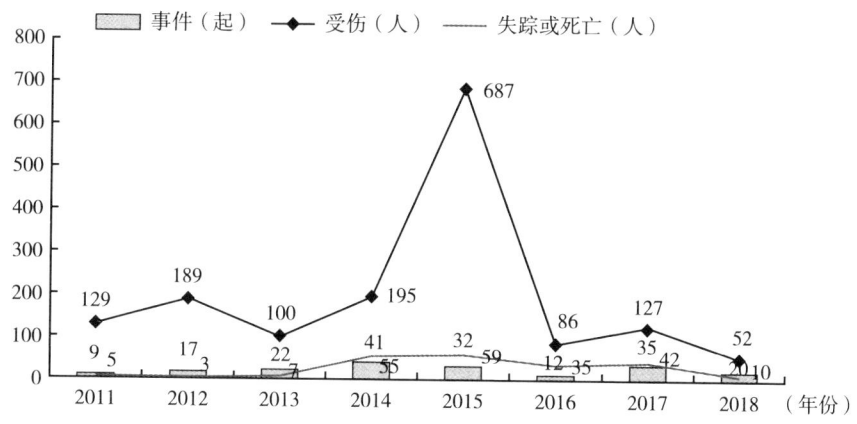

**图3 2011~2018年台湾旅游安全事件发生次数与伤亡人数**

注：由于部分安全事件伤亡人数不详，故实际伤亡人数与图表显示有一定出入。

近年来，台湾发生的旅游安全事件中，旅游交通安全事故一直是发生数量最多的旅游安全事件类型。此外，2018年的花莲地震、食物中毒事件也尤为引人注目。

---

[1] 黄远水、张庆：《2013~2015年台湾旅游安全形势与展望》，《中国旅游安全报告（2015）》，社会科学文献出版社，2015。

[2] 黄远水、张盼盼：《2015~2016年台湾旅游安全形势与展望》，《中国旅游安全报告（2016）》，社会科学文献出版社，2016。

[3] 黄远水、陈龙妹：《2016~2017年台湾旅游安全形势与展望》，《中国旅游安全报告（2017）》，社会科学文献出版社，2017。

[4] 黄远水、郁敏超：《2017~2018年台湾旅游安全形势与展望》，《中国旅游安全报告（2018）》，社会科学文献出版社，2018。

## （二）时空特征

其中，2011 年，旅游安全事件的季节性差异不显著；2012 年和 2016 年则以春、夏两季为主；2013 年和 2014 年，旅游安全事件的发生以秋季最多；2015 年和 2017 年，旅游安全事件的发生以冬季最多；2018 年，旅游安全事件则主要集中在春季（见表 2）。总体上来看，每个季度旅游安全事件的发生数量差异并不显著。

表 2  2011~2018 年台湾旅游安全事件季节分布

单位：起

| 年份\季节 | 春季 | 夏季 | 秋季 | 冬季 | 总计 |
| --- | --- | --- | --- | --- | --- |
| 2011 | 2 | 3 | 3 | 1 | 9 |
| 2012 | 5 | 6 | 4 | 2 | 17 |
| 2013 | 5 | 5 | 7 | 5 | 22 |
| 2014 | 7 | 9 | 16 | 9 | 41 |
| 2015 | 7 | 8 | 4 | 13 | 32 |
| 2016 | 4 | 4 | 2 | 2 | 12 |
| 2017 | 8 | 5 | 10 | 12 | 35 |
| 2018 | 12 | 1 | 4 | 3 | 20 |
| 总计 | 50 | 41 | 50 | 47 | 188 |

从近年来台湾旅游安全事件的空间分布来看，阿里山景区、花莲县、台北市、垦丁等是事故高发区域。一方面，山岳型景区和海滨型景区是旅游安全隐患较为严重的旅游景区类型；另一方面，人数较为集中的城市发生公共卫生事件的数量较多。

## 三 2018 年台湾旅游安全形势分析

### （一）旅游安全形势有所缓解

2018 年，台湾各类旅游安全事件共发生 20 起，比 2017 年有所缓解。

较2017年有所不同的是,2018年发生的旅游安全事件中,自然灾害导致了9名陆客死亡、6000多名旅客被困。其中,2月6日花莲地震造成9人死亡;澎湖县受到热带性低气压及外围环流影响,海象恶劣,高达10级的风浪造成6000多名旅客连日滞留。

### (二)旅游安全事件多发季节有所波动

2018年,台湾旅游安全事件多发于春季,春季发生安全事件12起,与2017年多发于秋、冬两季有很大差异。从具体数据来看,3月是2018年旅游安全事件发生数量最多的月份,共发生了6起事件;1月和2月各发生了3起,其中,有3起为旅游交通安全事故;8月、9月和10月分别发生旅游安全事件2起,以事故灾难为主。此外,6月和12月分别发生1起旅游安全事件(见图4)。

从大陆赴台人次来看,2018年3月的赴台人次为191805人次,在前11个月中并不是最多的月份,然而3月旅游安全事件发生的数量达到了这一年的峰值。一方面,这一时期是公共卫生事件高发时期;另一方面,这一情况反映出旅游目的地对旅游安全突发事件处理的不及时。

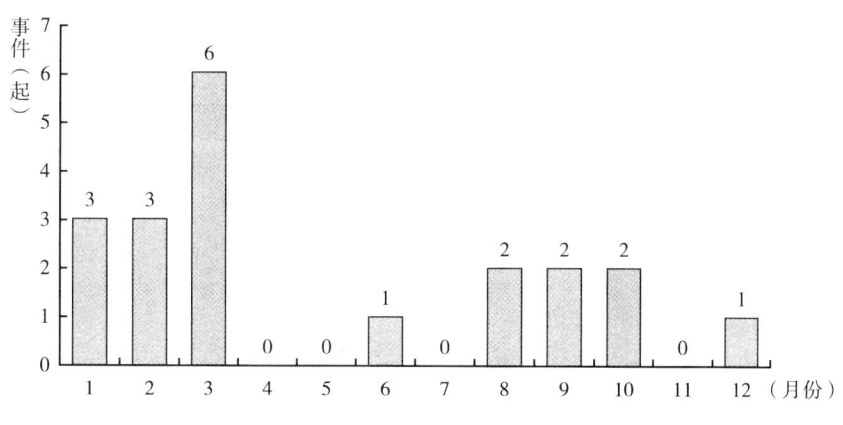

图4 2018年台湾旅游安全事件月份分布

### (三)自然灾害导致伤亡严重

2018年共发生2起自然灾害。其中,花莲地震导致9名大陆游客死亡,占2018年大陆游客在台湾旅游发生意外死亡人数的90%。花莲县地处台湾东部，西邻中央山脉，东临太平洋，位于欧亚板块和菲律宾海板块的交界线上，为地震多发地。1951年10月22日，花莲就曾发生两次强烈地震；1986年，花莲地震导致台北楼塌，10多人死亡；2002年3月31日，花莲地震导致台北国际金融大楼起重机掉落，造成多人死亡。

### （四）旅游交通安全事故依然多发

2018年，事故灾难数量占比50%（见图5），共发生10起，虽然较2017年的20起减少了一半，但其危害不容小觑。其中，发生旅游交通安全事故8起，火灾1起，其他意外事故1起。事故灾难共造成48人受伤，其中，仅旅游交通安全事故就造成46人受伤。9月17日的游览车撞上山壁事故，导致29人受伤。此外，阿里山森林铁路仅在2018年1月1日~2月25日，就发生了2起出轨意外，虽未造成人员伤亡，但影响了多名旅客的正常出行活动。

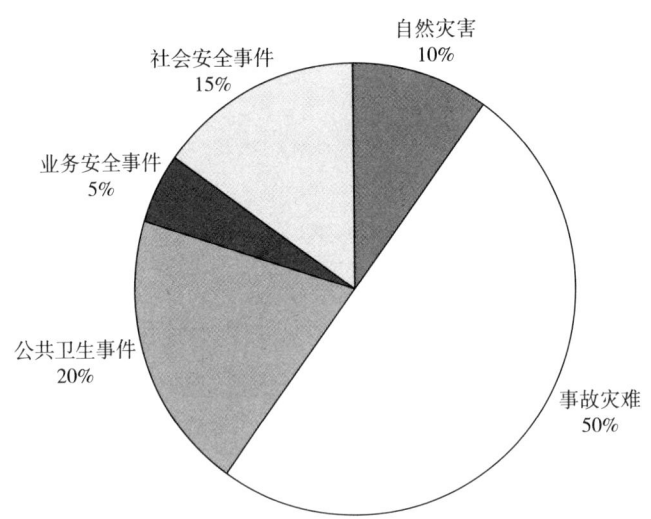

图5 2018年台湾旅游安全事件类型分布

### （五）公共卫生事件引人注目

相比2017年，2018年公共卫生事件持续出现，发生多起食物中毒事件和疫情。3月5日，由11人组成的香港旅行团在入住南投县某酒店后，4人出现腹泻及呕吐等症状，经证实，4人为轻微性食物中毒。

2018年10月1日起，台湾地区累计出现188例流感并发重症病例，感染类别以H3N2（55%）及H1N1（36%）为主，其中18例死亡（11例H3N2、7例H1N1）。此外，自2018年3月29日确诊首例麻疹感染病患至今，全台湾目前共有22人被确诊麻疹感染。流感感染和麻疹疫情的蔓延，在很大程度上影响了大陆赴台游客的公共卫生安全。

### （六）社会安全事件态势持续恶化

2018年社会安全事件发生3起。1月2日，两名年轻女性大陆游客在捷运中聊天，无故被台湾男子辱骂；3月14日，香港潘姓女子与陈姓男友赴台旅游后被男友杀害；9月30日，2位刚满18岁的女子赴台自由行后失联，所幸被当地警方及时找回。社会安全事件的多次发生，反映出目的地安全环境的不理想。

## 四 影响台湾旅游安全的主要因素分析

旅游目的地安全感的获得是游客到访某一目的地的首要考虑因素。事故因果连锁理论（Accident Causation Sequence Theory，ACST）表明，伤亡事故是当人的不安全行为和环境的不安全状态发生于同一时空内时发生的。根据此理论，本文将台湾旅游安全事件背后的主要因素定位为三个同时存在的因素：不安全的自然与社会环境因素；不安全的旅游者行为；不安全的旅游环境和旅游行为。

### （一）自然环境因素

一般自然环境的不安全状态主要指向各种自然灾害和凶猛野生动物、有毒植物、昆虫等，以及环境污染、核辐射、传染病等环境因素。2018年，台湾主要发生了2种类型的自然灾害，即造成多名陆客死亡的2月6日花莲地震和造成6000名旅游滞留的6月19日澎湖县的极端恶劣天气，这些灾害在造成财产损失的同时，还极大地威胁到游客的人身安全。此外，山岳型和海滨型旅游目的地虽然具有风景宜人的气候和美丽的自然风光，但其旅游安全面临严峻挑战。

### （二）社会环境因素

2018年，台湾由社会环境因素引起的不安全事件主要表现为食物中毒事件、一氧化碳中毒、人身攻击、麻疹疫情发生、流感感染、游客失踪等各种旅游安全事件。台湾2018年多次出现的旅游安全交通事故，引起了全世界的关注，造成了社会不安的状况，让民众和游客质疑台湾相关部门的办事能力。此外，疫情的蔓延，不仅对全台人民的生活构成威胁，也将进一步影响到2019年赴台游客的出游意向。对各类社会安全事件的发生，台湾有关部门都有着不可推卸的责任。

### （三）旅游者个人行为因素

旅游行为构成了旅游活动，旅游活动是一种跨文化和跨时空的交互行为和体验活动过程。旅游者个人的一些旅游行为，也成为旅游安全事件发生的重要原因之一。往年常有不顾台风天气影响到海边游玩导致意外事故发生而丧生的安全事件，这些事件的发生从侧面反映出某些游客旅游安全意识薄弱的问题。如2018年2名年轻陆客失踪事件，所幸并未出现出现伤亡情况。2018年，由于2月的花莲地震造成的悲剧，多数游客对出游目的地的安全意识和安全感知开始增强。

### （四）环境因素与游客行为交互影响因素

影响旅游安全的因素主要由两方面构成。其一是旅游目的地因素，其二是游客自身因素，包括游客背景、游客安全感知和游客行为①。已有研究发现，来自不同文化背景和有不同经历的游客对旅游目的安全感存在很大差别②。此外，不同旅游动机和不同类型的游客，在目的地的行为也有所不同，这些行为与目的地环境相互依存，交叉影响着游客安全。存在安全隐患的旅游环境容易给游客带来不安全感，一旦发生安全事件，极易引发游客的紧张情绪，导致游客在事故发生时无法合理冷静地处理突发问题。从旅游者方面来看，旅游经历较少的游客或安全意识较薄弱的游客，往往更可能在旅游活动中做出一些比较危险的行为，从而形成新的不安全旅游环境。

## 五 2018年台湾旅游安全形势展望与建议

### （一）旅游安全形势展望

通过对近年来大陆赴台游客人数和旅游安全事件的分析，发现2018年台湾的旅游安全整体形势有一定改善，预计2019年旅游交通安全事故会有一定程度的减少。然而，依然有数十名陆客在台湾发生意外死亡。可见，台湾要真正为游客创造一个"安全宜游"的旅游环境，还需要通过多方努力共同来实现。

首先，台湾旅游安全形势在未来一段时间内将会有一定程度的好转。2017年和2018年台湾发生了多起旅游交通安全事故，尤其是阿里山森林铁路，已经引起了当地部门的极大关注和重视，相信未来阿里山森林铁路的事故发生率会有所回落。此外，由自然灾害等不可控力导致的旅游安全事故，已经在游客心中再一次敲响了警钟，这在很大程度上会改变游客对旅游目的

---

① 邹永广、郑向敏：《游客安全感的影响要素、形成要素及提升策略研究》，《人文地理》2012年第27（3）期，第103~108页。
② 王兴琼：《游客安全感知对其目的地选择的影响研究述评》，《桂林旅游高等专科学校学报》2001年第12（3）期，第62~68页。

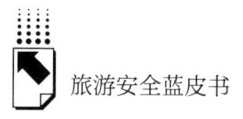

地的选择,将旅游活动安排在相对安全的空间。

其次,预计未来台湾旅游安全事件仍会出现时空分布不均的情况。近年来,旅游安全事件的季节性变化并未出现较大规律,且集中时间不一;在空间上也时而分散时而集中,没有明显的规律可循。由于旅游环境由自然环境、社会环境、经济环境和政治环境等方面共同构成,因此预计未来台湾旅游安全事件的发生也没有规律可循,需要赴台游客自觉树立安全意识,提高警惕。

最后,预计接下来的一年台湾公共卫生事件仍会持续爆发。近两年,台湾已经有多起疫情出现,并导致多名当地居民感染甚至死亡。就目前的情况来看,这一局势在短期内还无法得到控制。因此,赴台游客需要提前做好有关防范准备。

## (二)管理建议

通过系统性分析2018年台湾旅游安全事件发生的特点及成因,并与往年旅游安全事件的情况进行综合对比,发现台湾要改善当前的旅游安全环境,还有很长的路要走。本文具体提出如下建议。

(1)从自然环境来看,由于受不可抗力的限制,要从根本上杜绝自然灾害事件的发生很难实现,因此,更为重要的是提前做好防范工作和监测工作,降低自然灾害事件的破坏性。

(2)从社会环境来看,社区居民、公共卫生环境等都是影响旅游环境的重要因素,目的地居民应秉持友好的待客态度,为游客创造舒适的旅游氛围,有关卫生部门应努力排查各类疫情,控制其蔓延范围,减少感染人数。

(3)从经济环境来看,旅游市场的波动难以预测,游客需求也更加个性化和多元化,旅游企业应多了解游客的基本需求,站在游客角度,尽量减少安全隐患。

(4)从政治环境来看,台湾有关部门应重视与大陆的关系,重视陆客在台的生命财产安全,加大旅游市场监管力度,制定及时合理的旅游安全规范，采取切实的旅游安全保障措施，减少旅游安全意外事故的发生。

此外，游客应努力提高自我安全意识，接受安全教育。一方面，赴台游客应提前做好安全防范准备工作；另一方面，台湾有关部门应努力做好旅游安全宣传工作和游客的旅游安全意识教育，培养和提高游客的自救和救人能力。

# B.36
# 2018~2019年入境旅游安全形势分析与展望

吴耿安 王璐*

**摘　要：** 2018年入境旅游安全形势基本稳定。与2017年相同，2018年入境旅游安全事件类型中财物遗失事件仍占较大比重，游客被困事件仍有发生，事件发生时间仍然集中在第三、第四季度，事件发生的区域范围有所缩小，事件发生环节仍然集中在"行"环节。2018年入境旅游安全事件特点主要表现为财物遗落事件偏多，迷路被困事件增多，公共卫生事件时有发生，但是安全救助相对及时。展望2019年，中国国际进口博览会的召开、"乡村振兴"战略的实施、边境旅游的发展将吸引更多外籍游客，入境旅游安全管理难度加大。

**关键词：** 入境旅游　入境旅游安全　入境旅游安全事件

## 一　2018年入境旅游安全总体形势

2018年我国入境旅游安全形势相对稳定，没有发生较大的入境旅游安全事件。2018年入境旅游安全事件总数与2017年持平，但事件类型分布有所不同，社会安全事件和自然灾害较2017年有所增加，事故灾难和公共卫

---

* 吴耿安，华侨大学旅游学院讲师；王璐，华侨大学旅游学院旅游管理博士研究生。

生事件较 2017 年有所减少；事件小类中财物遗落事件减少，迷路和被困事件开始增多，被困长城事件今年有所减少。与 2017 年相同，2018 年入境旅游安全事件主要集中在第三、第四季度，但是 2018 年入境旅游安全事件第三季度发生数量最多；山东省、广东省、江苏省仍然是入境旅游安全事件的高发区域，部分省份 2018 年入境旅游安全事件发生较少。入境旅游安全事件的发生环节仍然集中在"行"环节，这与往年入境旅游安全事件发生情况一致。随着国家对旅游安全的重视，我国的入境旅游安全管理工作也有所改进，2019 年的入境旅游安全呈现转好的态势，但是安全无大小，入境旅游安全管理工作仍需谨慎。

## 二 2018年入境旅游安全的概况和特征

本文在百度、谷歌、搜狐等，采用"外籍+游客""外籍+安全""外籍+迷路""外籍+丢失""外籍+被困""外籍+治安""外籍+偷窃""外籍+交通事件""外籍+落水""外籍+跌落""外籍+受伤""外籍+自然灾害""外籍+雪灾""外籍+山体滑坡""外籍+泥石流""外籍+洪灾""外籍+海啸""外籍+台风""外籍+个人疾病""外籍+食物中毒""外籍+疫情传播""外籍+不文明""外籍+行为不当"等关键词搜集入境旅游安全事件，所搜集的事件均被官方媒体报道，共搜集到 2018 年 1~12 月发生的入境旅游安全事件 54 件，涉及省份 21 个。以收集的事件为基础，本文进行了入境旅游安全事件类型分布、时间分布、空间分布和环节分布特征分析。

### （一）入境旅游安全事件类型分布

本文按照《中华人民共和国突发事件应对法》和《旅游突发事件应急预案（简本）》的规定，将所收集到的入境旅游安全事件划分为社会安全事件、事故灾难、自然灾害和公共卫生事件四大类，四大类事件的具体分布情况如图 1 所示。

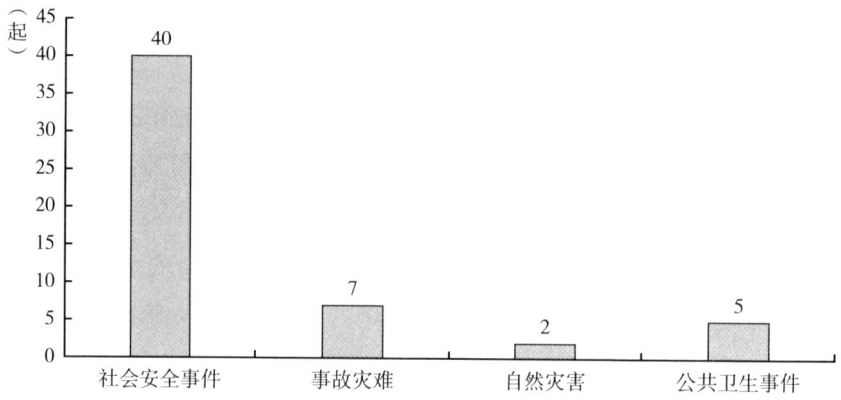

图1 2018年入境旅游安全事件类型分布

**1. 社会安全事件**

社会安全事件是指发生在社会安全领域,由人为因素造成的,威胁到人们的人身、财产安全,破坏社会秩序,需要应急处置的危机事件。① 入境旅游社会安全事件主要包括入境游客迷路、被困、财务遗落以及游客不安全行为等对社会安全造成影响的事件。与2017年相比,迷路、被困、财物遗落仍然是入境旅游者社会安全事件的主要表现,但是,2018年入境旅游者自身不安全行为也是入境旅游者社会安全事件的主要表现,具体事件表现情况如表1所示。

表1 2018年入境旅游安全事件一览

| 细分类型 | 编号 | 客源地 | 事故时间 | 事故地点 | 事故表现 | 事故伤亡情况(人) | |
|---|---|---|---|---|---|---|---|
| | | | | | | 受伤 | 死亡 |
| 财物遗落 | 1 | 不详 | 1月6日 | 上海市 | 乘坐公交时将手机落在座位 | 0 | 0 |
| 迷路 | 2 | 柬埔寨 | 1月13日 | 安徽省安庆市 | 游玩不熟悉路迷路 | 0 | 0 |
| 财物遗落 | 3 | 俄罗斯 | 1月15日 | 黑龙江省牡丹江市 | 过火车安检时遗落 | 0 | 0 |
| 迷路 | 4 | 墨西哥 | 2月9日 | 重庆市 | 因网约滴滴车时师傅定位错误,无法乘坐交通工具 | 0 | 0 |

---

① 简·莱恩:《新公共管理》,赵成根等译,中国青年出版社,2004,第1页。

续表

| 细分类型 | 编号 | 客源地 | 事故时间 | 事故地点 | 事故表现 | 事故伤亡情况(人) | |
|---|---|---|---|---|---|---|---|
| | | | | | | 受伤 | 死亡 |
| 财物遗落 | 5 | 韩国 | 2月18日 | 黑龙江省哈尔滨市 | 下飞机返校,将背包落在出租车上 | 0 | 0 |
| 财物遗落 | 6 | 乌克兰 | 4月9日 | 山东省栖霞市 | 超市购物丢失海员证 | 0 | 0 |
| 游客不安全行为 | 7 | 俄罗斯 | 4月22日 | 广东省湛江市 | 高速公路拦路 | 0 | 0 |
| 被困 | 8 | 加拿大 | 5月4日 | 山东省青岛市 | 攀岩时不熟悉地形被困在半山腰的峭壁上 | 0 | 0 |
| 财物遗落 | 9 | 不详 | 5月13日 | 山东省青岛市 | 将背包不慎落在出租车上 | 0 | 0 |
| 迷路 | 10 | 美国 | 5月23日 | 重庆市 | 游玩时不熟悉路线迷路 | 0 | 0 |
| 财物遗落 | 11 | 韩国 | 6月7日 | 湖北省武汉市 | 笔记本落在出租车上 | 0 | 0 |
| 财物遗落 | 12 | 黎巴嫩 | 6月18日 | 山东省曲阜市 | 安检时拿错包 | 0 | 0 |
| 迷路 | 13 | 不详 | 6月21日 | 广西省南宁市 | 外出探险迷路 | 1 | 0 |
| 被困 | 14 | 不详 | 6月30日 | 北京市 | 因大雨天黑迷路无法下山,被困长城 | 1 | 0 |
| 被困 | 15 | 加拿大 | 7月6日 | 北京市 | 因大雨天黑迷路无法下山,被困长城 | 1 | 0 |
| 财物遗落 | 16 | 不详 | 7月10日 | 江苏省连云港市 | 笔记本落在村民小摊前 | 0 | 0 |
| 被困 | 17 | 荷兰 | 7月16日 | 北京市 | 因携带饮水食物不充足,自身疏忽大意,导致意外,后右腿肌肉严重痉挛,右腹部疼痛,身体脱水,无法行走 | 0 | 1 |
| 迷路 | 18 | 法国 | 7月24日 | 四川省洪雅县 | 因语言不通被指错方向 | 0 | 1 |
| 迷路 | 19 | 不详 | 7月31日 | 河南省郑州市 | 因不认识路就跟随其他乘客下车,下车后才发现自己迷路了 | 0 | 1 |
| 迷路 | 20 | 不详 | 8月3日 | 甘肃省兰州市 | 自驾游玩不熟悉中国交通 | 0 | 0 |
| 迷路 | 21 | 白俄罗斯 | 8月8日 | 四川省南充市 | 本想去兰州,走错地方到了南充 | 0 | 0 |

续表

| 细分类型 | 编号 | 客源地 | 事故时间 | 事故地点 | 事故表现 | 事故伤亡情况(人) | |
|---|---|---|---|---|---|---|---|
| | | | | | | 受伤 | 死亡 |
| 迷路 | 22 | 乌克兰 | 8月13日 | 深圳市 | 外出吃饭忘记酒店名称无法返回 | 0 | 0 |
| 财物遗落 | 23 | 澳大利亚 | 8月17日 | 北京市 | 护照遗落在公交车上 | 0 | 0 |
| 迷路 | 24 | 德国 | 8月18日 | 山东省青岛市 | 游玩太开心忘记返回路线 | 0 | 0 |
| 迷路 | 25 | 菲律宾 | 8月27日 | 山东省烟台市 | 离港购买生活用品迷路 | 0 | 1 |
| 迷路 | 26 | 美国 | 9月4日 | 山东省青岛市 | 语言不通迷路 | 0 | 0 |
| 财物遗落 | 27 | 不详 | 9月4日 | 天津市 | 钱包遗落在出租车上 | 0 | 0 |
| 财物遗落 | 28 | 刚果 | 9月4日 | 湖北省荆门市 | 行李箱落在出租车上 | 0 | 0 |
| 迷路 | 29 | 不详 | 9月12日 | 广西南宁 | 不详 | 0 | 0 |
| 迷路 | 30 | 俄罗斯 | 9月15日 | 山东省济南市 | 坐公交时因语言沟通困难迷路 | 0 | 0 |
| 迷路 | 31 | 印度 | 9月29日 | 江苏省镇江市 | 因语言不通与出出租车司机沟通有误 | 0 | 1 |
| 迷路 | 32 | 柬埔寨 | 9月30日 | 江西省德昌市 | 不详 | 0 | 0 |
| 被困 | 33 | 德国 | 10月13日 | 新疆和田市 | 因不熟悉沙漠地形被困 | 0 | 0 |
| 被困 | 34 | 菲律宾 | 11月10日 | 河北省磁县 | 被困高速公路 | 0 | 0 |
| 财物遗落 | 35 | 不详 | 11月23日 | 江苏省镇江市 | 护照丢失 | 0 | 0 |
| 迷路 | 36 | 菲律宾 | 11月24日 | 陕西省汉中市 | 外出充公交卡迷路 | 0 | 1 |
| 财物遗落 | 37 | 不详 | 11月29日 | 辽宁省丹东市 | 护照落在出租车上 | 0 | 0 |
| 财物遗落 | 38 | 不详 | 12月11日 | 广东省广州市 | 乘坐公交时将手机落在座位 | 0 | 0 |
| 财物遗落 | 39 | 不详 | 12月12日 | 广西省桂林市 | 将背包不慎落在出租车上 | 0 | 0 |
| 游客不安全行为 | 40 | 拉脱维亚 | 12月19日 | 陕西省汉中市 | 高速路口拦车 | 0 | 0 |

2018年入境旅游社会安全事件中财物遗落事件的发生率仍是最高的，且多表现为将财物遗落在出租车、公交车等交通工具上。与2017年相比，财物遗落事件有所减少，这说明入境旅游者的财物安全意识有所提高。但是，迷路事件有所增多，且多是因为在景区游玩迷路，这在一定程度上说明

我国旅游景区标识牌可能存在语言表述和方向标识不清等问题。此外，入境旅游者被困野长城事件有所减少，说明长城安全管理有所提升。

2. 事故灾难

事故灾难是发生在人们生产、生活过程中，由人的生产、生活活动引发并且迫使这些活动暂时或永久停止，导致大量人员伤亡、经济损失或环境污染的意外事件。2018年入境旅游事故灾难主要表现为意外受伤、交通事故和遇袭等，具体事故表现如表2所示。与2017年相比，2018年入境旅游安全事故灾难有所减少。但值得注意的是，2018年7月11日发生一起入境旅游者遇袭事件，在江苏省南京市一外籍男子途经碑亭巷时，与骑电动车的丛某因口角发生争斗，后丛某持刀行凶，致人死亡。此外，还有一起大型交通事故造成多名入境旅游者死亡，此事故发生的主要原因是入境旅游者乘坐的旅行车与前方一辆集装箱货车追尾，致使中巴车起火。这两起大型意外事故的发生需要引起相关部门的重视，做好安全管理工作。

表2 2018年入境旅游事故灾难一览

| 细分类型 | 编号 | 客源地 | 事故时间 | 事故地点 | 事故表现 | 游客伤亡情况(人) | |
|---|---|---|---|---|---|---|---|
| | | | | | | 受伤 | 死亡 |
| 跌落 | 1 | 不详 | 2月25日 | 上海市 | 醉酒跌落死亡 | 0 | 1 |
| 落水 | 2 | 不详 | 3月22日 | 陕西省西安市 | 钓鱼时不慎落水 | 1 | 0 |
| 跌落 | 3 | 不详 | 6月11日 | 广西防城港 | 不慎从高处跌落，腰部受伤 | 0 | 1 |
| 遇袭 | 4 | 不详 | 7月11日 | 江苏省南京市 | 途经碑亭巷时，与骑电动车的丛某因口角发生争斗，后丛某持刀行凶，致人死亡 | 0 | 1 |
| 交通事故 | 5 | 德国 | 10月1日 | 北京市 | 乘坐的中型旅行车与前方一辆大型集装箱货车发生追尾事故，致使中巴车起火 | 0 | 5 |
| 交通事故 | 6 | 不详 | 11月23日 | 江苏省宿迁市 | 与车辆追尾 | 1 | 0 |
| 落水 | 7 | 不详 | 12月9日 | 山东省烟台市 | 船尾梯子口处收梯子，因冬季寒冷，梯子口较滑，一名游客不慎滑倒并坠入海中 | 1 | 0 |

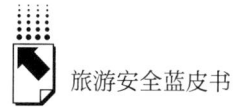

### 3. 自然灾害

自然灾害是指危害人类生存或损害人类生活环境的自然现象，2018年入境旅游自然灾害事件主要表现为2018年9月16日广东省的"山竹"台风造成的旅游者被困事故，入境旅游者被困海上和车站，具体情况如表3所示。虽然入境旅游者因台风被困，但都得到安置和救助，说明我国台风防范与救助水平有所提升。

表3　2018年入境旅游自然灾害一览

| 细分类型 | 编号 | 客源地 | 事故时间 | 事故地点 | 事故表现 | 游客伤亡情况(人) | |
|---|---|---|---|---|---|---|---|
| | | | | | | 受伤 | 死亡 |
| 台风 | 1 | 塞拉利昂 | 9月16日 | 广东省广州市 | 受台风"山竹"影响，货船主发动机故障失去动力，被困在风浪中 | 0 | 0 |
| 台风 | 2 | 西班牙 | 9月16日 | 广东省湛江市 | 游客欲购买车票前往广州市，但高铁因台风停运，车票停购，公交停运，没有交通工具 | 0 | 0 |

### 4. 公共卫生事件

公共卫生事件是指突然发生，可能严重损害社会公众健康的事件，包括重大传染病疫情、群体性不明原因疾病、重大食物和职业中毒以及其他严重影响公众健康的事件。2018年入境旅游公共卫生事件数明显减少，主要表现为入境旅游者突发疾病。收集到的资料显示，2018年入境旅游公共卫生事件中入境旅游者的个人疾病发生率较高，多数发生在交通场所。例如，2018年1月13日，一名塔吉克斯坦的入境旅游者在飞机上突发热合曼疾病；2017年1月13日，一入境旅游者在机场突然摔倒在地，其他游客紧忙赶过去，发现他双眼紧闭、全身抽搐、口吐白沫。具体事件表现如表4所示。

表4 2018年入境旅游公共卫生事件一览

| 细分类型 | 编号 | 客源地 | 事故时间 | 事故地点 | 事故表现 | 游客伤亡情况(人) | |
|---|---|---|---|---|---|---|---|
| | | | | | | 受伤 | 死亡 |
| 突发疾病 | 1 | 塔吉克斯坦 | 1月13日 | 陕西省西安市 | 飞机上突发热合曼疾病 | 1 | 0 |
| 突发疾病 | 2 | 不详 | 1月23日 | 云南省丽江市 | 一人突然摔倒在地,其他游客紧忙赶过去,发现他双眼紧闭、全身抽搐,口吐白沫 | 1 | 0 |
| 突发疾病 | 3 | 不详 | 7月29日 | 山东省烟台市 | 突发传染性疾病送医院就医 | 1 | 0 |
| 突发疾病 | 4 | 乌克兰 | 10月9日 | 广东省东莞市 | 安检时腹股沟疝突发 | 1 | 0 |
| 突发疾病 | 5 | 波兰 | 12月13日 | 湖北省红安县 | 外出徒步时身体不适 | 1 | 0 |

## (二)入境旅游安全事件时间分布

### 1. 总体季度分布

本文对2018年入境旅游安全事件发生的季度进行分析,结果如图2所示。与2017年相比,2018年入境旅游安全事件的季度分布略有变化,第三季度的发生率最高,第四季度次之,第一、第二季度发生率最低。但是总体而言季度分布没有较大的变动,这主要是因为旅游安全事件的发生与入境旅游淡旺季紧密相关。

### 2. 四类事件季度分布

本文对2018年四大类入境旅游安全事件的发生季度进行分析,结果如图3所示。其中,社会安全事件在第三季度的发生率最高,这与我国入境旅游的旺季集中在第三季度有关;事故灾难第四季度的发生率最高,这是因为第四季度我国天气条件恶劣,易引发一系列突发事故;自然灾害事件第三季度发生率最高,这是因为影响我国入境旅游安全的自然灾害主要是台风,而第三季度是台风的高发期;公共卫生事件第一季度的

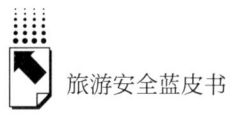

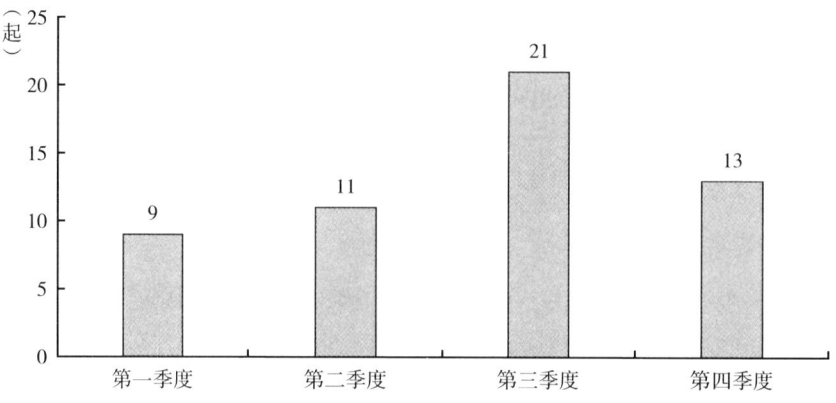

**图 2　2018 年入境旅游安全事件季度分布**

发生率最高，这是因为第一季度我国气候条件恶劣，容易诱发入境旅游者的个人疾病。

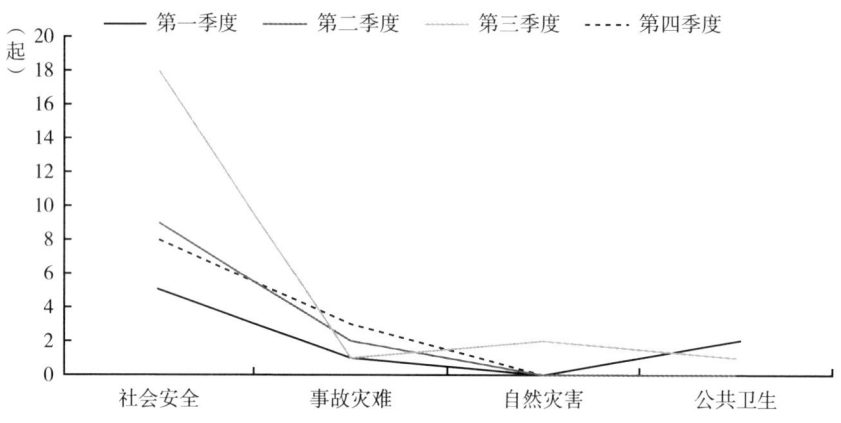

**图 3　2018 年四大类入境旅游安全事件季度分布**

### （三）入境旅游安全事件空间分布

1. 总体空间分布

2018 年入境旅游安全事件发生区域分布如图 4 所示，共有 20 个省市发生安全事件，相比于 2017 年入境旅游安全事件的发生范围有所缩小，这在一定程度上说明安全管控水平有所提升。与 2017 年相同，山东省、广东省、江苏省仍然是入境旅游安全事件的高发区域，北京市发生的事件有所增多，但是北京市入境旅游者被困野长城事件有所减少，财务遗落事件和交通事故开始出现。从区域分布看，相比于2017年，内蒙古自治区、贵州省、海南省、吉林省和山西省2018年没有报道发生入境旅游安全事件，这在一定程度上说明这些省份的安全管控措施初见成效。

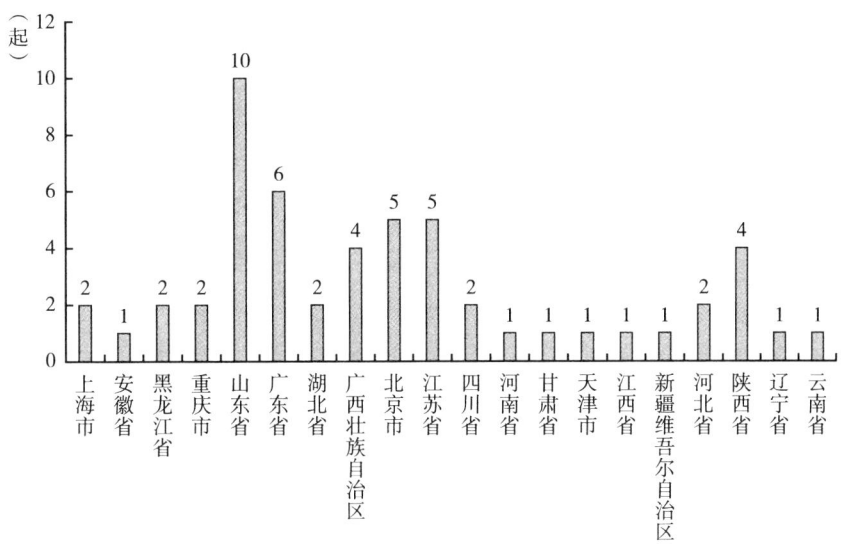

**图4　2018年入境旅游安全事件空间分布**

2.四类事件空间分布

2018年四大类入境旅游安全事件发生区域分布如图5所示。社会安全事件山东省发生最多，这与山东人口较多，社会治安难度大有关；自然灾害事件广东省发生最多，主要表现为台风"山竹"袭击；事故灾难和公共卫生事件发生的区域特点不是很明显。

### （四）入境旅游安全事件环节分布

1.总体环节分布

2018年入境旅游安全事件发生的环节分布如图6所示，与2017年的

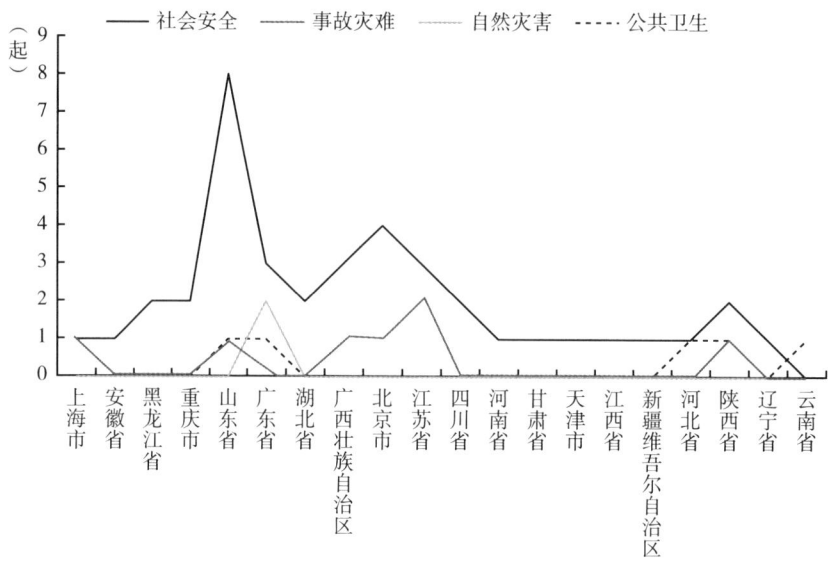

图5 2018年四大类入境旅游安全事件空间分布

环节分布一致，2018年入境旅游安全事件主要发生在"行"和"游"两大环节，但是相比于2017年，2018年入境旅游安全事件发生在"行"环节的事件所占比重有所增加，发生在"游"环节的事件比重有所减小，这是因为2018年旅游场所开始重视旅游安全，加强对旅游安全的管控，有效减少了旅游安全事件的发生。此外，由于近年来交通方式的多样化、交通场所的多功能性，游客在"行"环节的风险多样化，安全事件发生的可能性越来越大。

2. 四类事件环节分布

2018年四大类入境旅游安全事件发生的环节分布如图7所示。社会安全事件、事故灾难、自然灾害事件和公共卫生事件在"行"环节都有发生，旅游中"行"环节意味着旅游者旅游空间场所的变更，其间旅游者受不确定因素的影响，风险程度高于其他环节，因此入境旅游安全事件在"行"环节的发生率最高。

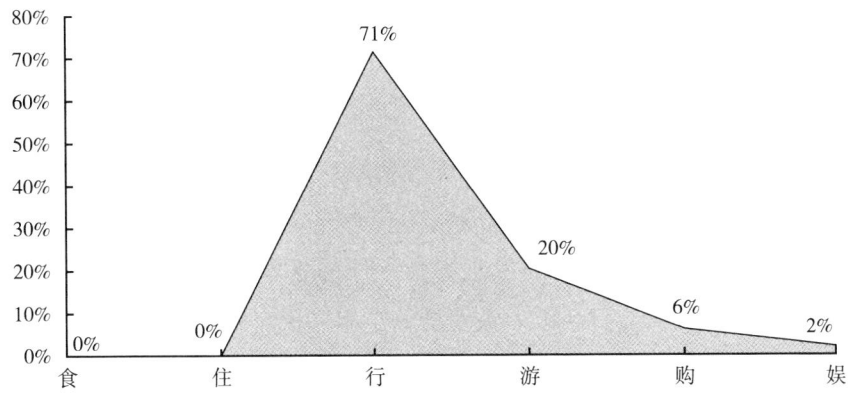

**图6 2018年入境旅游安全事件环节分布**

注：由于所收集事件中5起安全事件无法确定环节，未进行环节统计。

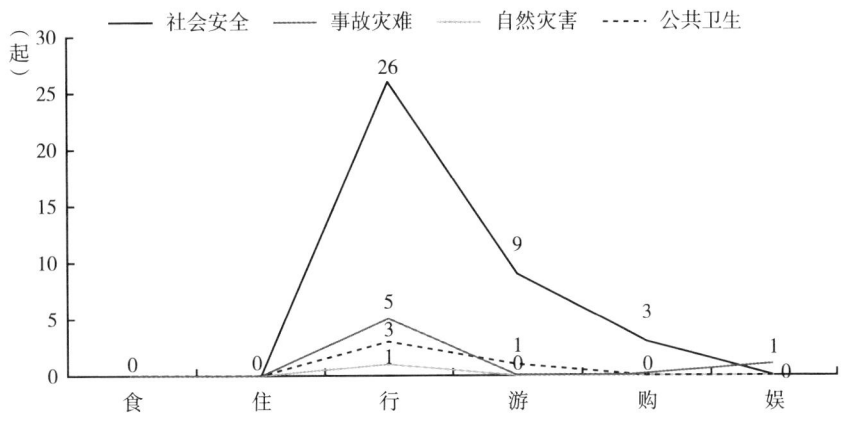

**图7 2018年四大类入境旅游安全事件环节分布**

注：由于所收集事件中5起无法确定环节，故未进行环节统计。

## 三 入境旅游安全事件发生特征

本文通过对收集的54起入境旅游安全事件进行分析，将入境旅游安全事件的发生特点归纳为以下几方面。

## （一）财物遗落事件偏多

2018年入境旅游安全事件中，常常会出现外籍游客将行李遗落在交通工具上的事件，尤其是火车、出租车等交通工具上，财物遗落事件在游客主观层面，属于不可控事件，尤其是发生在旅游交通工具上的财物遗落事件，管控难度大。例如，1月6日在上海市一外籍游客将手机遗落在公交车上；1月15日黑龙江省牡丹江市一俄罗斯籍游客在火车站过安检时将行李包遗落在安检处；9月4日，一刚果籍游客将行李遗落在出租车上。外籍游客发生财物遗落事件主要是因为他们在目的地注意力分散，迫切地希望能够早点到达目的地，常常忘记携带行李。

## （二）迷路被困事件增多

2018年入境旅游安全事件中，外籍游客迷路事件发生较多。具体事件表现为外出游玩忘记路线和进入未开发景区，这与我国多数景区标识缺失、标识不清、标识错误从而误导旅游者有关。例如，1月13日，安徽省安庆市柬埔寨游客外出游玩时忘记路线迷路；6月21日，广西省南宁市一外籍游客外出探险时进入未开发景区迷路。外籍游客被困野长城事件有所减少，这与相关部门对长城的管理以及外籍游客安全意识的提高有关。

## （三）公共卫生事件时有发生

入境旅游安全事件中，公共卫生事件常常表现为入境旅游者的个人疾病突发，这与外籍游客的个人体质以及水土适应有关。例如，1月13日一塔吉克斯坦游客在飞机上突发热合曼疾病，机上工作人员及时救助；1月23日，云南省丽江市一外籍游客在机场突然摔倒在地，其他游客紧忙赶过去，发现他双眼紧闭、全身抽搐，口吐白沫，机场工作人员对其进行及时救助。外籍游客突发疾病事件难以制止，但是在游客疾病突发时，可以及时救助以减少对游客造成的伤害。

### (四)安全救助相对及时

入境旅游者发生安全事件时,相关部门接到报告后,会第一时间采取救援行动,这说明相关管理部门对外籍游客的安全较为重视,较少有二次事故的发生。一些财物遗落的外籍旅游者报案后,相关部门工作人员也会积极帮助找回财物,得到外籍游客的一致认可。此外,工作人员沟通能力的提高,在一定程度上也提高了事件处置效率。

## 四 2019年入境旅游安全趋势展望和防控管理建议

### (一)趋势展望

1. 入境规模的进一步扩大将增加安全管理压力

2018年进博会设置了"文化和旅游服务"单元,文化和旅游服务贸易政策将更加开放,文化和旅游产品、企业、人员和投资的进口将进一步扩大,旅游业双向开放的力度、广度和深度加大,入境旅游的发展得到刺激①,入境旅游人数增加,入境旅游安全管理压力随之加大。

2. 乡村地区接待入境游客的增加将加大乡村安全压力

在乡村振兴战略的引领下,中国乡村基础设施改造升级,乡村文化也吸引大量入境旅游者进入乡村,进一步扩大入境旅游者的活动范围,入境旅游安全管理范围随之扩大,入境旅游者的安全问题也随之增加,管理难度越来越大。

3. 边境旅游的发展增加入境旅游安全的复杂性

2018年6月8日,国务院发布《关于同意深化服务贸易创新发展试点的批复》,明确提出,在跨境自驾游方面,完善跨境自驾游监管举措,允许境外旅行社与国内企业合作,拓展自驾游旅游产品;完善自驾游艇、车辆等

---

① 王兴斌:《从进博会看旅游贸易的顺、逆差》,《中国文化报》2018年11月24日,第6期。

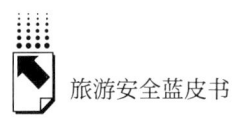

交通工具出入境手续，包括担保制度，降低入境游成本。这一系列举措将极大推动入境自驾游，同时入境旅游者交通安全方面的管控也应该引起相关部门的注意。边境自驾游的发展，使得入境旅游安全的管理部门、责任主体从国内延伸到国外，入境旅游安全事件处理难度加大，管理复杂性随之加大。

4. 各省签证衔接缺失带来入境旅游安全事件的区域失衡

改革开放以来，我国的签证体系更加便利，但是签证体系的开放度仍有较大的提升空间。但是，各省份零散的签证小系统导致入境旅游在时间和空间上的连续性受到割裂，不利于入境旅游的进一步发展，在一定程度上会减少一些入境游客。此外，由于沿海与直辖市地理位置优越和国家优惠政策倾斜，签证体系的便利度最高，远高于内陆省份，导致我国边境和沿海地区入境游客多于内陆地区，安全事件的发生率也会高于内陆地区。

## （二）管理建议

1. 扩大入境安全管理的范围

随着边境旅游、乡村旅游的发展，外籍旅游者的活动范围扩大，可能发生的安全事件类型也逐渐增多，相关管理部门要提前做好预防措施，全方位、多角度开展安全管理工作。例如，乡村旅游发展过程中要注意避免食物中毒等恶性事件，也要注意语言不通、文化差异导致的主客冲突、迷路被困等安全问题。边境自驾游的放开，使得入境旅游者的交通安全管理难度加大，入境旅游者交通违规等带来的不安全行为也应引起注意。

2. 做好入境游客的行李安全提醒和检查

2018年的入境旅游安全事件中，财物遗落事件的发生率仍是最高的，主要表现为入境游客将行李钱包或者手机遗失，且遗失场所多为公交车、出租车和火车等交通工具。2018年入境旅游安全事件中，财物遗落事件发生15起，其中有12起发生在交通工具上或者车站，说明交通场所财物遗落事件属于高发事件。相关管理部门应该采取措施，做好提醒工作，并提醒工作人员及时检查旅游者行李是否随身携带。

3. 各省市做好签证与安全管控衔接工作

虽然我国签证申请更加便利,但各省市签证衔接不是很好,导致入境旅游者难以便捷地开展旅行计划,随之可能引发一系列安全事件。因此,各省市在制定签证方案时,可以协同制定安全管控方案,以最大限度地便利入境旅游者,预防安全事件的发生。

**参考文献**

[1] 简·莱恩:《新公共管理》,赵成根等译,中国青年出版社,2004。
[2] 王兴斌:《从进博会看旅游贸易的顺、逆差》,《中国文化报》2018年11月24日,第6期。

# B.37
# 2018~2019年中国出境旅游安全形势分析与展望

方旭红 汪 慧*

**摘　要：** 2018年，出境旅游安全形势整体稳定，但旅游安全事件比上年有所增多。盗窃抢劫、暴力伤害、电信诈骗以及游行示威、武装冲突、恐怖袭击等业外社会安全事件较为高发，旅游欺诈、强制消费、勒索"小费"、入境受阻等业内社会安全事件不断，涉旅自然灾害、公共卫生事件以及事故灾难也时有发生，特别是出境旅游自助游安全事件增多。影响出境旅游安全的主要因素在于一些国家和地区社会治安持续恶化、犯罪高发，出境旅游活动监管难度大以及游客行为不当。展望2019年，出境旅游面临的国际形势依旧复杂严峻，出境旅游信息化导致旅游安全风险增多，出境旅游自助化给旅游安全保障工作带来新挑战，一些国家和地区出现的"反旅游运动"值得注意。为此，需要推动完善国际旅游合作机制，完善出境旅游法律法规，加大涉旅联合执法力度，完善出境旅游安全信息发布和安全预警机制，加强对出境旅游者领事服务和领事保护。

**关键词：** 出境旅游　出境旅游安全　旅游安全事件

---

\* 方旭红，华侨大学旅游学院副教授、博士，主要研究方向为出境旅游和文化旅游；汪慧，华侨大学旅游学院硕士研究生。

2018年出境旅游走出2014年以来增速有所回落的态势，重又恢复较高速增长，出境游客达1.4亿人次，比上年增加13.5%；出境旅游目的地国家和地区达157个，一些小众目的地国家受到游客青睐。[1] 游客境外人均消费继续保持全球第一，消费需求由重购物转向重娱乐体验、当地生活体验；消费呈现极化趋势，20%的"高端游客"贡献了约80%的境外消费总额；游客境外旅游风险意识进一步提高，购买保险意愿不断增强。[2] 出境旅游更加便利，持普通护照中国公民可以免签、落地签前往的国家和地区达73个，创下历史新高。[3] 与此同时，由于国际旅游持续发展，全球多个热门景点"旅游过旺"，人满为患[4]，世界多国出现"反旅游运动"[5]，使出境旅游的不确定性增多。此外，一些西方国家对我国"围堵"力度加大，出境旅游受到干扰因素增多。

## 一 2018年出境旅游安全总体形势

2018年出境旅游安全总体形势继续保持稳定，但由于出境旅游规模持续扩大，出境旅游依然面临诸多安全风险和安全隐患，各种安全事件较为频发。笔者对人民网、新华网、第一旅游网、佰佰安全网、中国领事服务网等网站的相关报道和文化和旅游部出境旅游风险提示等进行统计，2018年全球（不含中国内地及港澳台地区，下同）发生各类出境旅游安全事件252起（均为见诸公开报道，下同），比上年增加近50%。其中，涉旅社会安全事件77起，为最多，特别是偷盗抢劫事件，占这类事件四成以上；事故灾

---

[1] 倪浩：《2018年中国出境旅游达1.4亿人次》，环球网，http://finance.huanqiu.com/gjcx/2019-01/14016514.html，2019年1月9日。
[2] 美通社：《携程旅游集团与万事达卡联合发布跨境旅行消费报告》，美通社，https://www.prnasia.com/story/archive/2480441_ZH80441_1，2018年11月21日。
[3] 外交部领事司：《持普通护照中国公民前往有关国家和地区入境便利待遇一览表（2018年10月9日更新）》，中国领事服务网，http://cs.mfa.gov.cn/gyls/lsgz/fwxx/t1185357.shtml。
[4] 《多希望你不在》，《经济学人·商论》2018年12月。
[5] 《患上"旅游恐惧症"？欧洲"反旅游"情绪高涨发人深省》，参考消息网，http://www.cankaoxiaoxi.com/world/20170812/2219760.shtml，2017年8月12日。

难56起，紧随其后，其中交通事故最为突出。相比上年，涉旅自然灾害事件增幅最大；涉旅公共卫生事件和旅游业务安全事件也有明显增加，特别是电信诈骗事件频发，影响游客财产安全。

## 二　2018年出境旅游安全概况与特点

### （一）出境旅游安全事件分布类型

1. 涉旅社会安全事件

（1）业外社会安全事件

2018年涉旅业外社会安全事件仍然较为高发，在出境旅游安全事件中占比最高。从事件的类型来看，主要有盗窃抢劫、暴力伤害、电信诈骗以及游行示威、武装冲突、恐怖袭击等。

①盗窃抢劫事件。2018年，中国游客被偷盗、抢劫的事件共33起，主要发生于欧洲、东南亚、大洋洲、非洲等地区，作案手段主要有"入室偷盗""飞车抢劫""拦路抢劫""挟持抢劫"等类型。如在法国巴黎，中国游客入住的酒店屡遭入室盗窃；在印度尼西亚巴厘岛，先后发生多起中国游客遭遇摩托车飞车抢劫案件；在乌克兰敖德萨，先后有多名中国游客遭遇盗抢，或车内物品被盗，或在旅游景点被窃。

②暴力伤害事件。2018年，中国游客遭受暴力伤害事件共18起，比上年有所增加。比较恶劣的有：3月，汤加发生多起恶性刑事案件，造成包括2名中国公民在内的6人死亡；5月，西班牙发生一起严重刑事案件，导致1名中国公民身亡；9月，刚果（布）发生枪击事件，导致2名中国公民身亡；10月，曼谷街头发生枪战，多名游客被击中；9~12月，墨西哥发生数起中国公民遭绑架和暴力抢劫事件；等等。此外，2018年9月初，3名中国游客在瑞典因投宿问题遭到当地警察粗暴对待事件，也造成了广泛的社会影响。

③电信诈骗事件。近年来，电信诈骗在出境旅游安全事件中占比不断上

升。2018年，仅中国领事服务网发布的相关"安全提醒"就有近20条，涉及美国、加拿大、日本、越南、新加坡、澳大利亚、新西兰、意大利、法国、英国、爱尔兰等多个国家和地区，其中美国、加拿大尤为严重，诈骗方式除海量群发信息、"猜猜我是谁"之外，还有假冒航空公司以及假冒我驻外使领馆和国内公安机关等手段。

④示威游行、武装冲突以及恐怖袭击事件。2018年，全球共发生26起，中东、非洲、南美洲和欧洲是此类事件高发地区，特别是叙利亚、阿富汗、伊拉克等地，形势依然严峻，并引发了大规模的难民潮，给全球安全形势带来了深刻影响。非洲的坦桑尼亚、南非、尼日利亚、多哥以及津巴布韦等地，受"大选"影响，也动荡不安，相继发生多起示威游行。欧洲一些国家，安全形势也令人担忧。比如瑞典，2018年8月，多个城市发生系列纵火、焚车甚至袭警事件；法国11月爆发的"黄马甲"运动，持续数月，难以停息。

（2）业内社会安全事件

2018年，出境旅游业内社会安全事件仍有发生，全年共报道20余起。

①旅游欺诈。如有境内旅行社和导游盛行组织"低价团""零团费""负团费"赴俄罗斯远东地区旅游，致使游客住"黑宾馆"、乘坐"黑船"、食用"黑海鲜大餐"；有境内诈骗犯罪集团利用美容院精准定位诈骗对象，布下"医疗陷阱"组织海外旅游，涉案金额近10亿元。此外，在澳大利亚，发生多起中国游客兑换货币被骗案件；在缅甸，发生百余起中国游客被诱骗参与赌博并被非法拘禁案件；在越南，发生多名中国游客由导游带领在当地商场和免税店大额购物竟然是假货的案件；在俄罗斯，发生多名中国游客通过该国有关公司订购了世界杯门票却未收到票无法入场观赛事件；在日本，发生多起中国游客与"黑民宿"纠纷事件；在韩国，发生中国游客乘坐出租车遭遇欺诈事件；在印度，发生多起中国游客自由行被欺诈事件。

②强制消费、勒索"小费"。如在欧洲，有中国游客被强制消费或者因拒绝参加自费项目被导游刁难；在印度尼西亚、泰国、墨西哥，有中国游客入境时因拒绝机场工作人员或移民官员勒索"小费"被刁难甚至被殴打。

③入境受阻。2018年中国游客入境受阻事件也多有发生，达到10余

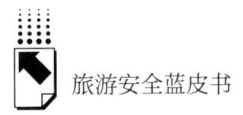

起,涉及泰国、越南、马来西亚、新加坡、印度、斯里兰卡、乌克兰、意大利等多个国家和地区。典型的有:自驾游车辆相关文件不符合有关国家规定无法入境;所持签证类型与入境目的不符无法入境;持有签证、邀请函、工作许可信息有误无法入境;未携带足够现金、无返程机票无法入境;携带现金数量不符合有关国家规定无法入境;护照与真实身份不符无法入境;电子签证种类与入境目的不符无法入境;手续不全无法入境;因移民局官员未在护照上加盖入境签章入境受阻。

2. 涉旅自然灾害事件

2018年,全球多地先后发生台风、飓风、暴风雪、地震、火山爆发、极寒和酷暑等自然灾害事件47起,涉及东亚、东南亚、中亚、南亚、中东以及欧洲、美洲、大洋洲多国,给出境旅游带来不同程度的影响。其中,东南亚地区自然灾害最为频繁多样,达16起,影响较大的有台风"山竹"和"百里嘉";此外,印度尼西亚7月、8月爆发的地震,以及7月、12月的火山爆发也影响巨大。地震和火山爆发还引发了海啸,进而引起滑坡和泥石流。连锁性灾害,增加了人们出游的阻力。其次是东亚地区,2018年各类自然灾害达12起。其中日本受灾最为频繁,先后遭遇了暴雨、高温、强台风、寒流袭击,并发生了强地震和火山爆发。其他如大洋洲、美洲、欧洲、中亚、南亚以及中东地区,也分别遭遇了各类自然灾害袭击,其中,以美国加州持续数周的山火影响为最。

3. 涉旅公共卫生事件

2018年,全球爆发霍乱、登革热、黄热病、流感、狂犬病、流行性脑膜炎、小儿麻痹症、疟疾、埃博拉出血热等各类疫病、疫情公共卫生事件17起。非洲和东南亚是疫病高发区。夏季是疫病高发季。其中,影响较大的是斐济、泰国年初爆发的登革热疫情和津巴布韦爆发的霍乱疫情,分别导致800多人感染、69人死亡和54人死亡。这些公共卫生事件不仅使全球旅游业蒙受阴影,也危及中国出境旅游安全。

4. 涉旅事故灾难

2018年,出境旅游事故灾难仍时有发生,全年共报道78起。

(1)交通事故。交通事故在事故灾难中占比最高、分布范围最广,全年共报道33起。泰国、澳大利亚、印度尼西亚、埃及、意大利、新西兰、菲律宾、捷克、葡萄牙、马来西亚、朝鲜、加拿大、土耳其、乌兹别克斯坦、越南、美国等均有发生。其中,泰国最为严重,发生10多起涉及中国游客的交通安全事故,特别是1月皮皮岛海域游艇爆炸和7月普吉岛海域游船倾覆事件,分别导致27名中国游客受伤和47名中国游客死亡,影响巨大;此外,泰国还先后发生多起载有中国游客的车辆侧翻或与其他车辆碰撞、追尾等交通事故,造成多人死伤。紧随泰国的是澳大利亚,发生近10起涉及中国游客的交通安全事故,尤其是西澳洲北部先后发生多起中国公民自驾游过程中的交通事故,导致多人死伤。此外,4月19日,朝鲜发生致32名中国游客身亡的重大交通事故,影响巨大。其他如印度尼西亚、埃及、意大利、越南等国也分别发生汽车侧翻、追尾、碰撞或游艇倾覆、着火等交通安全事故。

(2)游客违反有关国家法律、习俗,以及不文明行为事故。2018年,此类事故达22起,比上年有所增加。一是违反有关国家出入境管理规定遭罚款、拘留甚至判刑。如有中国公民在纳米比亚携带象牙制品出境遭逮捕;在马来西亚携带藏有毒品的行李入境遭判刑;在越南入出境未申报随身携带的超额现金遭罚款;在墨西哥携带濒危野生动物制品被逮捕;在毛里求斯携带猪肉制品被查扣,遭起诉;在印度携带藏羚羊毛制品出境被扣留;无印度签证自尼泊尔入境印度被拘留;等等。二是违反目的地国家法律、法规被处罚甚至逮捕。如有中国公民在日本网上发布涉嫌违反著作权法信息、涉嫌违法交易处方药、利用非法App租用私家车以及通过网络购买第三国所谓"国际驾照"驾驶机动车;在约旦从事非法按摩工作;在泰国进行网络赌博、电信诈骗以及违法售卖小商品;在几内亚比绍以投资移民等为幌子,为中国公民非法办理几内亚比绍护照,致使有关人员入境几内亚比绍被拘押;在印度、日本、俄罗斯、澳大利亚等国违法操作无人机;等等。三是违反当地习俗被处分。四是不文明行为。如在印度尼西亚,有中国游客在乘坐快艇时为争抢座位互殴,致使一人受伤。此外,还有一些游客在印度、俄罗斯、美国、巴基斯坦因自拍死亡。

（3）其他意外事故。2018年，中国公民境外旅游其他类意外事故也较为多发，达23起。一是溺亡事故。2018年，中国公民境外旅游发生溺亡事故仍然较多，有近10起，事故地点主要为泰国、马来西亚、印度尼西亚、澳大利亚、南太平洋岛国以及美国。二是设施设备类事故。2018年，这类事故发生多起，如新西兰境内发生多起涉及中国公民的交通、冒险类旅游项目事故，造成多人伤亡；俄罗斯贝加尔湖奥利洪岛旅游区宾馆发生严重火灾，造成2人死亡，多人受伤；莫斯科火车站广场附近贸易中心发生火灾；澳大利亚热气球飞行途中吊篮起火，1名游客受伤；在菲律宾，中国游客租乘的螃蟹船在海上突发故障；在印度尼西亚，中国游客乘坐的快艇发生进水事故；俄罗斯一飞往中国海南三亚的客机前挡风玻璃出现裂痕紧急降落；泰国豪华游艇起火；等等。除此之外，还有中国游客在南非攀岩时意外死亡、在加拿大自由行突发中风、在泰国玩水上滑翔伞时心脏病突发死亡、在捷克因雪天路滑摔伤骨折、在澳大利亚海域遭鲨鱼袭击受重伤等意外事故。

## （二）出境旅游安全事件的特点

### 1. 出境旅游安全事件多、破坏力强、波及范围广

2018年，出境旅游安全事件依然较为频发。非洲一些国家受大选影响，政局动荡，游行示威、武装冲突、暴力伤害事件时有发生；欧洲一些国家经济增长乏力，人民生活水平下降，游行示威持续，犯罪率居高不下；一些国家出现"反旅游运动"；等等，都给出境旅游安全带来了较大冲击。此外，全球自然灾害频发，极端天气、飓风、洪水、地震、火山爆发、森林大火等时有发生，公共卫生事件频仍，也使出境旅游蒙受阴影。

### 2. 游客遭遇盗抢、欺诈等事件频发

2018年，中国游客多次遭遇盗抢、欺诈等犯罪侵害。盗抢方面，"飞车抢劫""拦路抢劫""挟持抢劫"等恶性犯罪行为在东南亚、欧洲、非洲等地较为严重。欺诈方面，经过多年整治，零负团费、强制消费、自费行程等

传统欺诈方式虽然有所减少，但"医疗陷阱"、诱骗境外赌博等欺诈方式多有出现，给游客带来的损失更为惊人。此外，电信诈骗也走出国门，显著增多，需要引起重视。

3. 入境受阻事件有所增多

游客因手续不全或不符合有关国家和地区的入境管理规定导致入境受阻事件也比上年有所增加。

4. 事故灾难较为多发

2018年，中国游客境外旅游事故灾难呈现高发态势。首先是交通事故，不仅数量较多，而且出现了泰国皮皮岛游船倾覆、朝鲜汽车倾覆等导致数十人死亡的重大交通事故，损失惊人。其次是游客违反有关国家法律法规、社会习俗导致的事件也有所增多。最后，由设施设备故障等导致的事故灾难也呈现增多趋势。

5. 出境旅游自助游安全事件增多

近年来，随着消费升级，我国公民出境旅游自助游比重不断增加，旅游活动方式日趋多样。但游客境外旅游由于面临不同的语言文化、法律法规、社会习俗、自然环境，处于信息不对称状态，自助旅游的安全风险相对较大，旅游安全事件也有所增多。2018年，此类事件共发生10起，如，在加拿大，有中国游客在自助游过程中突发中风；在澳大利亚，先后发生多起中国游客自驾游遭遇重大车祸事故；在蒙古国，发生中国游客前往无人区探险失联事故；在印度，发生多起中国游客"自由行"被诈骗事件；在日本，发生多起中国游客通过非正规途径购买"国际驾照"驾驶车辆，被警方以"无证驾驶"拘捕事件；在泰国，发生中国自驾游游客因相关车辆文件不符泰国有关规定无法入境事件；等等。

### （三）出境旅游安全管理的主要进展与特点

1. 出境旅游安全监管进一步加强

2018年，国家旅游行政主管部门进一步加大了出境旅游安全监管力度。3月初，原国家旅游局办公室发布了《关于切实做好2018年全国"两会"

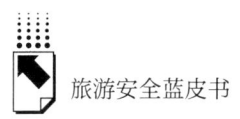

期间旅游安全工作的通知》；4月和9月，新组建的文化和旅游部办公厅又先后发布了《关于做好2018年春季假日旅游相关工作的通知》《关于加强中秋、国庆期间旅游市场监管工作的通知》，整肃低价旅游市场，打击"黑社""黑导""黑车""黑店"，畅通旅游投诉渠道，倡导文明旅游和理性消费，有效保障了出境旅游安全。12月，文化和旅游部又印发了《旅游市场黑名单管理办法（试行）》，将严重违法失信的旅游市场主体和从业人员、人民法院认定的失信被执行人列入全国或者地方旅游市场黑名单，在一定期限内向社会公布，实施信用约束、联合惩戒等措施。

2. 出境旅游安全服务及时有效

一方面，外交部、文化和旅游部针对世界各地发生的各类安全事件，及时发布安全提醒；另一方面，针对已发生的各类旅游安全事件，或者其他社会安全事件，外交部驻外使领馆也设置紧急救助电话，及时为受灾游客提供领保服务。文化和旅游部也加大事后危机应对力度，救助境外受灾游客。

## 三 影响出境旅游安全的主要因素

### （一）国际局势复杂多变

从国际环境看，自欧债危机爆发以来，全球经济复苏乏力，国际市场需求低迷，单边主义、保护主义、民粹主义蔓延，一些国家和地区政局动荡，示威游行、武装冲突、暴力伤害事件频繁发生，"反旅游运动"兴起；一些国家对我国的强大怀有敌意，对我国进行围堵和封杀，利用各种借口对特定游客进行刁难，更有甚者将国内法凌驾于国际法，随意抓捕有关游客；还有一些国家怀有"中国恐惧症"，尚未准备好如何与我国建立成熟的大国关系①。

---

① 泰斯·达姆斯：《焦虑的欧洲必须成长，直面强大中国的现实》，参考消息网：http://column.cankaoxiaoxi.com/2019/0125/2370088.shtml，2019年1月25日。

## （二）全球自然灾害和公共卫生事件持续高发

自然灾害和公共卫生事件一直是影响出境旅游安全的重要因素。2018年，全球台风、飓风、暴风雪、暴雨、地震、火山爆发、极寒、酷暑、山火、泥石流等自然灾害，以及霍乱、登革热、黄热病、流感、狂犬病、流行性脑膜炎、小儿麻痹症、疟疾、埃博拉出血热等各类疫病、疫情公共卫生事件与往年一样时有发生，导致旅游基础设施受损，游客出行受阻、滞留，人身和财产安全受到威胁。

## （三）部分国家和地区社会治安堪忧

一些国家和地区由于经济持续低迷，失业率攀升，贫富分化加剧，社会治安持续恶化，犯罪率居高不下，严重冲击了出境旅游安全。因此，2018年，中国游客境外旅游遭遇的盗窃、抢劫以及暴力伤害事件有增无减。

## （四）出境旅游活动监管难度大

近年来，虽然国家有关部门对出境旅游安全的监管力度不断加大，与一些热门目的地国家和地区的旅游安全合作不断加强，出境旅游市场得到了有效整治，但由于出境旅游活动自身具有复杂性，其安全监管不但涉及国内多个部门，也涉及不同国家的法律法规、风俗习惯、行业标准，以及社会经济政治形势、自然状况等诸多因素，监管难度较大，旅游安全事件依然时有发生。比如，2018年，来自业内的"低价游""零负团费""自费行程""黑导游"等欺诈事件虽然有所减少，但来自业外的"医疗陷阱""诱骗出境赌博""电信诈骗"等欺诈活动不断出现，说明出境旅游安全仅靠旅游行政主管部门的监管是不够的。其他如针对中国游客的盗抢犯罪、暴力伤害，游客因不熟悉有关国家的法律法规、风俗习惯、出入境管理规定等导致的旅游安全事件，以及涉旅业外社会安全事件、自然灾害、公共卫生事件等，也存在一定的监管难度。

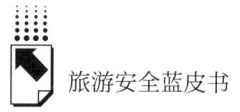

## （五）部分游客行为失当

2018年的出境旅游安全事件也有一些与游客自身行为不当关系密切。如游客携带违规违禁物品出入境、入境材料不完备或不符合有关国家和地区的管理规定、无视安全警告参与水上娱乐活动、深入无人区探险失联、自拍时发生意外、违反有关国家法律法规和风俗习惯等导致的安全事件，无不与游客自身行为不当有关。

# 四 2019年出境旅游安全形势展望

2019年，世界经济将面临更大的不确定性，出境旅游面临的国际形势依旧严峻。

自然灾害以及由自然灾害引发的次生灾害和公共卫生事件一直是出境旅游安全的重要威胁。2019年，这类事件对出境旅游安全的影响难以根除。

事故灾难一直占出境旅游安全事件相当大的比重，难以根绝。2019年，对事故灾难仍不能掉以轻心，特别是重大交通事故、溺水溺亡事故，以及一些国家和地区由"过度旅游"导致的设施设备不堪重负问题，不能轻忽。

随着信息技术的发展、移动支付的普及，出境旅游的信息化程度越来越高。信息化虽然便利了人们的出游活动，但也存在容易导致信息泄露、信用卡被盗刷、旅游投诉艰困，甚至游客个人身份被冒用等风险，需要引起注意。

随着消费升级，出境旅游自助游的比重逐年增加。中国游客正从粗放的观光购物游转向对目的地社会文化的深度体验游。但自助游游客由于面临不同的语言文化、法律法规、社会习俗、自然环境，处于信息不对称状态，会给旅游安全保障工作带来新挑战。

21世纪以来，全球国际旅游得到了迅猛发展，旅游对世界经济的贡献率不断上升。但与此同时，一些热门目的地国家和地区也出现了"过度旅游"现象，人满为患，旅游接待能力不足，一些国家开始出现"反旅游运动"。2019年,这种"反旅游运动"可能会和反全球化潮流、单边主义、保护主义、民粹主义叠加,影响出境旅游安全。

## 五 管理建议

第一,促进国际间的交流与合作。特别要加强国际间的旅游合作与交流,推动国际社会应对突发性公共安全事件的全球治理,推进制定相关国际公约、国际条约,以及多边或双边合作协议,营造安全有序、和谐友好的国际旅游环境。

第二,完善有关出境的旅游法律法规。要进一步加大出境旅游经营企业监管力度,同时,加强旅游行政主管部门与其他部门的合作,对涉旅安全事件进行联合执法,严厉打击针对游客的非法行为。

第三,完善出境旅游安全信息发布和安全预警机制,做好各类旅游突发事件危机响应工作,大力促进国际社会打击犯罪领域警务合作和司法合作,加强对出境旅游者的领事服务和领事保护。

第四,加强出境旅游安全教育,加强出境旅游者安全预防和施救、文明旅游、自我保护等方面的培训。

第五,推动与目的地国家建立旅游安全联合救助机制,使游客在目的地发生旅游安全事故时可及时获得援救和支持。

# Abstract

"ANNUAL REPORT ON CHINA'S TOURISM SAFETY AND SECURITY STUDY (2019)" (Blue Book of Tourism Safety), is the annual research report written by experts organized by College of Tourism, Huaqiao University, Tourism Safety Research Institute and Center for Tourism Safety & Security Research of China Tourism Academy. It is an important part of BLUE Book Serial Publication of Social Sciences Academic Press. This year's Blue Book of Tourism Safety is Comprised of two parts-General Report and Special Reports. And the Special Reports are further divided into four chapters of Industry Safety, Safety Incidents, Safety Management and Regional Safety.

To begin with the overall picture of China's 2018 tourism safety and security situation, the General Report comprehensively analyzed the safety and security situation of the main branches of China's tourism industry-lodging, catering, transportation, attactions, shopping and entertainment, travel agency, etc. It deeply analyzed the situation of each type of tourism incidents including natural disasters, accidents, public health incidents, and social security incidents. By reviewing 2018's major administrative issues of different tourism subjects, the General Report analyzed the influencing factors of China's tourism safety and security in 2018 and provided prospects for China's safety and security situation of tourism in 2018.

In 2018, the overall situation of China's tourism safety has become stable. Under the unified leadership of the Party Central Committee and the State Council and the guidance of State Leaders' institutions on safety production, with the full support of the party committee and government at all levels and all relevant departments, the tourism administrations at all levels in China followed the concept of "Scientific development, safe development", adhere to the principle of "Set Safety as First Priority, Integrated with Precaution and Comprehensive Treatment

Policy", and gradually created a social governance structure for common governance and sharing, and the safe and orderly production of tourism was steadily carried out. The security and stability of the tourism industry has been further improved. However, the factors affecting the domestic and foreign tourism safety were more complex and changeable. Predictable and unpredictable, traditional and non-traditional risk factors still existed, and had a certain degree of impact on the security and stability of the tourism industry.

In terms of tourism branch industry, the overall safery situation mainly includes: the number of tourist lodging safety incidents has decreased, due to the increasingly comples and diverse risk factors; the security situation of the tourism and catering industry is getting better, and the scale of security incidents in the tourism and catering industry is declining; the safety situation in the tourism transportation industry is getting better, and the differences in various types of traffic safety issues are significant; the safety situation in the tourist attractions is stable and the number of casualities has decreased; The development trend of tourism safety is getting better, and the shopping market environment has improved; tourism entertainment industry safety situation remain stable, but the number of security incidents has increased; the number of food poisoning incidents in tourism increased, and the safety situation is still grave; the number of tourism social security increased, and the security situation is not optimistic.

The General Report indicated the national tourism security situation was generally stable in 2018, and the factors affecting China's tourism safety were various and complex. Predictable and unpredictable, traditional and non-traditional insecurity factors still existed. In response to the management and the control of tourism emergencies in 2018, China has basically established advanced safety management systems and mechanisms such as enhanced prior risk control, effective risk supervision, improved emergency management difficency, and continuous optimization of travel insurance. Looking ahead to 2019, China should build a comprehensive management system for tourism safety and an overseas tourism security early warning platform and a tourism security early warning mechanism. China should adopt measures to cope with new security challenges brought about by the development of new technologies, and promote international cooperation in

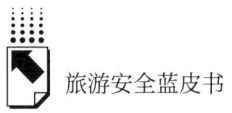

tourism insurance, and innovate tourism safety supervision.

The Special Reports are comprised of four Chapters: Industry Safety, Safety Incidents, Safety Management and Regional reports. Chapter of Industry Safety synthetically analyzes the safety situation of tourist lodging, tourist catering, tourist transportation, scenic spots, tourist shopping, tourist entertainment and travel agency industry. Chapter of Safety Incidents comprehensively analyzes the situation of tourism-related natural disaster, tourism-related accidents, tourism-related public health and tourism-related social security. Chapter of Safety Management consists of safety issues of tourism administration, holiday tourism safety, self-tourism safety, high-risk tourism safety, safety of female tourists, travel agency liability insurance, travel insurance, early-warning for tourist and annual tourism hot topics.

Besides, the annual report establishes the special Chapter of Regional reports to present in-depth analysis on the safety situation and managing experience of Beijing, Fujian, Jilin, Guizhou, Shanxi, Chongqing, Henan, etc. Furthermore, the tourism safety situation of Hong Kong, Macau and Taiwan areas as well as that of inbound and outbound tourism is also introduced in this article.

**Keywords**: Safety in Tourism Industry; Tourism Safety and Security Incidents; Tourism Safety and Security Management; Safety in Tourism Region

# Contents

## I  General Report

B. 1　Analysis and Prospects of China's 2018 −2019
　　　Tourism Safety Situation
　　　　　　　　　*Zheng Xiangmin , The Editorial Board of Blue Book of*
　　　　　　　　　　　　　　　　　　　　　*China's Tousim Safety / 001*

## II  Special Reports

**Industry Safety**

B. 2　Safety Situation Analysis and Prospects of 2018 −2019
　　　Tourism Lodging Industry in China
　　　　　　　*Chen Xueqiong , He Fengyuan , Li Na and Xiao Yongqiang / 020*

　　**Abstract**: In 2018, China's tourism and accommodation industry became more diversified. As the scale of the tourism market continues to expand, the scale of safety emergencies in the Chinese tourism and accommodation industry has increased. In terms of the types of incidents, the safety emergencies in the tourism and accommodation industry mainly cover four categories: accident disasters, social security incidents, public health incidents, and natural disasters. The characteristics of safety emergencies in the tourism accommodation industry are as follows: The time of safety emergencies is mainly concentrated in the third and fourth quarters, which is related to the fluctuation of people in the light season of the tourism market; The structure of accidents in the residential industry has changed significantly. Conventional insecurity is the dominant factor, and unconventional insecurity is emerging. Looking forward to 2019, the supervision of the tourism market will continue to exert its power. The continuous introduction and use of high-tech products and artificial intelligence will help to improve Anquanzhishu of the tourism accommodation industry. The safety risk prevention consciousness of the non-standard accommodation industry under the shared economic background needs to be improved.

**Keywords**: Tourist Accommodation Industry; Security Emergencies; Security Situation

B.3  Safety Situation Analysis and Prospects of 2018 −2019 Tourism Catering Industry in China

*Wang Jingqiang, Li Dan and Li Cong* / 030

**Abstract**: During 2018, China's tourism and catering industry has been more diversified, and online catering has been strong. With the continuously strengthenment of the government's supervision, the scale of security incidents in China's tourism and catering industry has shown a downward trend. Looking forward to 2019, with the wider application of security technology, the construction of smart catering platforms and the government and industry efforts, consumers' rights and interests will be more protected, and tourism and catering safety issues will be further improved, but diverse security risk factors remain hidden, and the resolution of security issues is still urgent.

**Keywords**: Tourism Catering Industry; Catering Safety

B. 4 Safety Situation Analysis and Prospects of 2018 −2019 Tourism Transportation Industry in China   *Shi Yalan, Li Na* / 044

**Abstract**: In 2018, the national tourism traffic safety development trend is good, but there are still major traffic accidents inside and outside China, including road, sea and overseas safety accidents. They sound the alarm bell for the safety development of the tourism and transportation industry. Among them, travel road traffic safety risk accidents spread, overseas group tour and domestic self-service tour are accident prone characteristics. Major shipwreck incidents make maritime tourism safety issues surface. The accident of general aviation tourism becomes the key pain point of civil aviation safety. In 2018, the key factors affecting travel and traffic safety are the concentrated safety risks caused by the holidays, insufficient overseas safety supervision and unsustainable traffic management services. In 2019, the construction of traffic safety facilities should be accelerated through capital integration; smart new technologies should be used to facilitate high-quality tourism traffic safety; and comprehensive publicity should be carried out to promote overseas tourism safety supervision.

**Keywords**: Tourism Transportation Industry; traffic accidents; shipwreck incidents; general aviation tourism accidents

B. 5 Safety Situation Analysis and Prospects of 2018 −2019 Tourism Attractions in China

*Huang Anmin, Lu Qiuya and Zang Ruxin* / 055

**Abstract**: As the primary component of tourism, the safety of scenic spots is the lifeline of tourism activities. In this paper, based on the events of 2018, in our country scenic area security (not including Hong Kong, Macao and Taiwan regions) by statistics, from the time distribution of the types, characteristics, main development of safety management and the main cause of time four aspects carries on the analysis, the developing situation of the security of the scenic spots in 2018, and 2019 domestic tourism scenic area security situation is discussed, and the scenic safety management and puts forward some pertinent countermeasures.

**Keywords**: Tourist Attractions; Scenic Security

B.6 Safety Situation Analysis and Prospects of 2018 −2019 Tourism Shopping in China

*Chen Qiuping, Xu Jinrong and Ma Fangfang* / 067

**Abstract**: In 2018, the whole situation of tourism shopping safety in China tends to be better. Complaints about domestic tourism shopping have dropped sharply. The number of outbound tourism shopping events have increased significantly, and that of inbound tourism shopping disputes have reduced substantially. Overall, tourism shopping complaints are characterized by regional concentration, periodic fluctuation and diversification of product types. In 2018, the security management of tourism shopping has made some progress in legal construction, integrated management, personnel supply, and increased penalties. With the rapid development of overseas tourism and the increase of individual visitors, in 2019, the development of tourism shopping security in China inclines to be better. The tourism shopping security system can be constructed through the aspects of system construction, supply reform, media guidance and self-prevention. Specific measures include controlling low-cost tourism by purifying Tourism Market, improving the management system of online travel company, strengthening the guidance of public opinion and media warning, guiding tourists to consume rationally and upgrading from tourist souvenirs to tourism derivatives.

**Keywords**: Tourism Shopping; Shopping Complaints; Tourism Shopping Events

B. 7  Safety Situation Analysis and Prospects of 2018 -2019
Public Place of Tourism Entertainment in China

*Lin Meizhen, Zhang Lianyu, Wu Yuting and Cui Xiangtian* / 078

**Abstract**: Tourism safety is one of the crucial factors that affect the sustainable development of tourism and entertainment industry in China. In 2018, though the general safety situation of tourism and entertainment places in China is similar to previous years, it still has its own characteristics. For example, the quantity of safety accidents in East China is still at the top of the list. And tourism equipment accidents, water-related accidents, and animal-related accidents account for a large proportion, children and adolescents are the main targets of tourism and entertainment safety accidents, and the weekends, the summer and winter holidays are the high-occurrence period of safety accidents. In 2018, though the general safety situation of tourism and entertainment places has been improved, it still faces great challenges which needs to strengthen the safety management of parent-child tourism market, give priority to the emerging tourism and entertainment projects, especially high-risk tourism and entertainment projects, pay attention to the safety management of weekends, and the summer and winter holidays, and do a good job in the whole process of safety management of tourism and entertainment places.

**Keywords**: Accident; Tourism and Entertainment Places


B. 8  Safety Situation Analysis and Prospects of 2018 -2019
Travel Agency Industry in China

*Hou Zhiqiang, He Jing and Fan Lingling* / 089

**Abstract**: In 2018, China's travel agency industry continued to flourish, and its security status remained stable overall. The main characteristics are as follows: the time and space distribution of security incidents in travel agencies is concentrated; the security problems caused by disputes over travel contracts are more serious, and the safety of travel shopping is highlighted by the quality and safety of tourism products; the security issues of online travel agency (OTA) are increasingly prominent. Looking forward to 2019, the safety of travel agency industry will continue to show the characteristics of time and space gathering, tourism contract disputes become the main cause of safety accidents, the safety of travel and shopping is becoming more prominent, and the safety of online travel agencies has caused widespread concern. Based on this, it is necessary to strengthen the security prevention and control of popular tourist destinations during the tourist season; supervise the implementation of tourism contracts; strengthen the monitoring of tourism commodity quality and pay attention to the safety of online travel agencies.

**Keywords**: Travel Agency Industry; OTA; Security Incidents

**Safety Incidents**

B.9  Situation Analysis and Prospects of 2018 −2019 Tourism-Related Natural Disasters in China

*Ye Xincai, Wang Xiaohua /* 101

**Abstract**: Natural disasters is one of major factors that affect the tourism safety and cause wide attention, which are characterized by variety, universality, frequency, harmfulness, etc. Through the analysis of the safety incidents involving natural disasters, this paper finds that compared to last year, natural disasters have a lighter effect on the tourism safety in 2018, and the quantity indexes of the safety incidents, deaths, missing, injured, involving natural disasters, have the lowest level for the last five years. This paper predicts that the security situation of natural disasters tends to be steady in 2019. However, there exists a risk of the safety incidents, which needs the departments to cooperate with all efforts and improve the ability of self-saving in the tourism safety and the awareness of risk prevention between tourists.

**Keywords**: Natural Disaster; Tourism Security

B. 10  Situation Analysis and Prospects of 2018 −2019
Tourism-Related Accidents in China

*Wang Xinjian, Chi Liping and Li Mengyuan* / 112

**Abstract**: The research uses case analysis and comparative analysis to study the current situation, characteristics, influencing factors and management progress of tourism-related accidents in China (excluding Hong Kong, Macao and Taiwan) in 2018, and to explore the development trend and management measures of tourism-related accidents in 2019. The research shows that in 2018 China's tourism-related accidents overall situation to continue getting better and better, the number of accidents and the number of casualties have dropped significantly; the tourism traffic accidents, hotel safety accidents, outdoor sports accidents and drifting and cruise yacht accidents are the main types of accidents; the serious and major accidents have been effectively suppressed, and the safety issues of high-risk tourism projects without qualifications and private development have been highlighted. The research points out that in 2019, the marine tourism and wading campaigns, mountaineering outdoor sports, and hotel safety should be focused on. The introduction of "Measures for the Management of High-risk Tourism Projects" should be speeded up, to promote online travel service providers to improve the level of tourism safety services, comprehensively consolidate tourism safety management system, etc.

**Keywords**: Tourism Safety; Disaster


B. 11  Situation Analysis and Prospects of 2018 −2019
Tourism-Related Public Health Incidents in China

*Wang Fang, Tong Xiaoyu* / 122

**Abstract**: In 2018, the total situation of tourism public health security in China is still severe, mass tourists are not able to prevent tourism public health

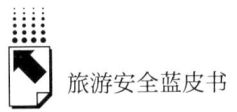

incidents. Compared with 2017, the number and the level of food poisoning incidents related to tourism in 2018 keep the same basically, but the epidemic situation of tourism infectious diseases was more frequent and the level was more serious. While the frequency and the number of other tourism public health incidents decreased slightly. The security situation of tourism public health still faces challenges. The tourism public health security situation in 2018 mainly includes: mass tourism continues to heat up, the safety awareness of public tourists to tourism public health is weak; the scale of tourism industry expands, tourism public health facilities are potential hidden danger; global tourism is increasingly popular, the security and the control of tourism public health are difficult; international tourism activities are frequent, and global tourism public health security collaboration is emergency; new forms of tourism continue to appear, and the insurance and the rights of tourism public health events are difficult to guarantee. The followings are the suggestions for tourism public health development in 2019: mass tourism is popular, and the safety awareness education of tourism public health needs to be improved; global tourism is promoted, and the safety management and supervision of tourism public health should continue to be effective; international tourism is normalized, and the deep cooperation of global tourism and public health needs to be further strengthened; tourism is normal according to law, but the insurance and the rights of tourism public health events need to be effectively guaranteed; innovative tourism is smart, risk prevention and emergency rescue of tourism public health are more advanced.

**Keywords**: Tourism; Public Health Events

B.12 Situation Analysis and Prospects of 2018 −2019 Tourism-Related Social Security Incidents in China

*Zhang Hui, Dong Qing and Xu Chen* / 135

**Abstract**: By collecting case information and using case analysis method, this paper summarizes the development of China's tv-related social security incidents in recent 9 years. The main development situation is as follows: the overall situation is still severe, and the difficulty of control is increasing; Various forms of security incidents, prevention and control work is still difficult; Security incidents ferment rapidly, social concern with the daily increase; The division of government responsibilities is unclear, and the regulatory agencies are not yet clear. Through the decomposition and coding of the collected social security incidents, the statistical analysis found that the social security incidents related to tourism presented a certain spatial and temporal distribution law. In addition, this paper further analyzes the causes of social security incidents related to tourism from four aspects including personnel, equipment, management and environment, and puts forward suggestions on the management and control of social security incidents related to tourism from four aspects including prevention and preparation, monitoring and early warning, emergency response and rehabilitation. Finally, based on the analysis of the development situation of tss-related social security incidents in the past nine years, the development trend of tourism-related social security incidents in 2019 in China is predicted.

**Keywords**: Social Security Incidents Related to Tourism; Tourism Security

**Safety Management**

B.13  Analysis and Prospects of 2018 −2019 Tourism Safety Administrative in China  *Xie Chaowu, Guo Xiya* / 147

**Abstract**: This paper analyzes the tourism safety management work of tourism administration departments at all levels in 2018 and forecasts the tourism safety administration in China in 2019. In 2018, China's tourism administrative departments at all levels actively promote the work in terms of policy formulation, document implementation, risk warning, incident handling, safety training, supervision and inspection, market rectification, and illegal activities in the tourism industry. At the same time, tourism administration departments criticize and severely punish illegal activities in the tourism industry. In 2019, tourism administrations at

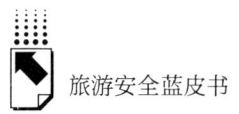

all levels should improve the supervision system of tourism enterprises, implement the responsibility of the main body of security of enterprises, strengthen the implementation of the "Measures for the Management of Blacklists in the Tourism Market (Trial)", strengthen tourism cooperation with outbound countries, and work together in various ways to ensure the safety of tourism.

**Keywords:** Tourism Security; Administrative Management; Supervision System of Tourism Security

B.14  Situation Analysis and Prospects of 2018 −2019
Holiday Tourism Safety in China  *Zhou Lingfei* / 159

**Abstract:** The tourism safety situation in 2018 is generally stable and good. However, persistent ailments in the holiday tourism market still exist within a certain range, frequent tourism conflicts, no obvious improvement in the online tourism security situation, and an obvious increase in the number of travelers' security incidents, high-risk tourism project security incidents and outbound tourism security incidents. Looking forward to the development of holiday tourism safety in 2019, the country will continue to maintain the high-pressure situation of holiday tourism market regulation, innovate holiday tourism market regulation mechanism, promote international cooperation in overseas tourism market regulation, continue to strengthen publicity and education on safe tourism, and improve public awareness and ability of safe tourism.

**Keywords:** Holidays; Tourism Security

B.15  Situation Analysis and Prospects of 2018 −2019
Self-Tourism Safety in China
*Zeng Wuying, Yin Ziyan and Fan Manman* / 170

**Abstract:** In recent years, self-tourism has become a popular choice for the public, while its security issues have also received widespread attention from all walks of life. Based on the investigation and analysis of the security incidents of self-tourism in the whole country in 2018, it is found that self-tourism safety and the security situation in 2018 is rather grim and the number of security incidents has increased slightly, but the number of people involved has decreased significantly. The main types of security incidents are accidents and disasters, and the distribution of time, space and scenic spots shows a certain concentration. In 2019, the number of self-service tourists in China will continue to grow, and the security situation is still not optimistic. Based on the analysis of the current situation, characteristics and causes of self-tourism security incidents in 2018, this study suggests that self-tourism safety publicity and education should be strengthened; facilities and equipment should be improved and timely overhauled; emergency plans should be formulated, security personnel training and drilling should be carried out regularly; digital and intelligent construction of scenic spots should be accelerated; industry management should be strengthened to encourage the growth of third parties in self-tourism.

**Keywords**: Self-tourism; Tourism Security; Accidents and Disasters

B.16  Situation Analysis and Prospects of 2018 −2019 High Risk Tourism Safety in China　　　　　*Zeng Yi* / 182

**Abstract**: With the increasing scale of Chinese citizens' travel, high-risk tourism activities, such as outdoor adventure, water sports, and high-speed& high-altitude tourism activities, are widely favored by Chinese tourists. In 2018, China's high-risk tourism industry continued to develop, and the overall tourism safety situation was relatively stable. The government regulation and security warning system were gradually improved. The number of high-risk tourism safety incidents increased slightly, and the loss of accidents decreased, compared with 2017. Based on the overall high-risk tourism development situation of 2018, it is indicated that in 2019, the number of high-risk tourism participants will continue to grow, overseas high-risk tourism risk will increase, and some developments suggestions is

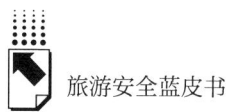

also proposed of further promoting industry admittance threshold, strengthening safety education and increasing some specific high-risk tourism insurance products.

**Keywords:** High-risk Tourism; Water Tourism; Outdoor Adventure

B.17 Situation Analysis and Prospects of 2018 −2019 Demostration Projects of Travel Agency Liability Blanket Insurance and Development of Whole Industrial Chain of Tourism Insurance in China

*Zhang Zhi'an, Hu Jia* / 194

**Abstract:** In 2018, the rate of blanket insurance has a steady rise among travel agencies nationwide. 29 provinces including the autonomous region and municipality, have established a provincial mechanism of collective work. The contents of service for insurance economy have got rich constantly. The reports of demonstration projects achieve 10324 cases and the closing rate of that achieves 72.12%. And at the same time, the guarantee system of tourism insurance has been promoted, on the basis of tourism liability insurance. This paper points that the system of tourism liability insurance should be expanded and optimized in the aspects of covering range, service quality, insurance coverage, global rescue service, cross-border service, etc.

**Keywords:** Tourism Liability Insurance; Blanket Insurance Demonstration Projects; Tourism Rescue Insurance.

B.18 Situation Analysis and Prospects of 2018 −2019 Tourism Insurance in China

*Li Yongquan, Chen Lu and Li Rui* / 204

**Abstract:** The situation, either domestic or international, has changed rapidly in 2018, and tourism insurance companies are facing new challenges. Meanwhile, the supply-side structural reform has promoted the upgrading of consumption structure. Furthermore, the travel insurance market has developed under the all-for-one tourism background. In general, the development of Chinese travel insurance keeps steady and healthy in 2018. This paper analyzes the main influencing factors of Chinese travel insurance development in 2018 by summarizing the development and characteristics of the three types of travel insurance subjects. And it predicts the development trend of Chinese travel insurance in 2019: Travel insurance products keep updating; international cooperation continues to deepen; Technology promotes innovation and reform of travel insurance. Finally, five suggestions and countermeasures about the development of travel insurance are put forward.

**Keywords**: Tourism Insurance; Au-for-one Tourism; Tourism Insurance Companies and Suggestion

B. 19  Situation Analysis and Prospects of 2018 -2019
Tourism Pre-Warning in China *Luo Jingfeng* / 216

**Abstract**: Based on the relevant information of China's tourism safety early warning in 2018, this paper analyzes its overall situation and existing problems of the year. According to the analysis, some forecasts and proposals of the overall situation in 2019 are put forward. In 2018, China's tourism security early warning work is generally good, but there are still the following shortcomings: The content of tourism security warning mechanism is uneven, lack of a unified standard conducive to sharing; The early warning mechanism of tourism security does not appear frequently and lacks effective and feasible early warning mechanism. In 2019, we should dig deeply into the connotation of global tourism and actively explore the universal mode of global tourism early warning. To change the thinking of intelligent tourism development, to help solve the problem of China's tourism development with wisdom warning, to grasp the opportunity of the times,

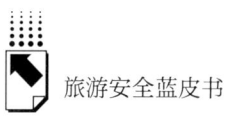

and to jointly promote the quality and efficiency of overseas tourism security early warning work.

**Keywords**: Tourism Safety; Early Warning

B.20 Situation Analysis and Prospects of 2018 −2019
Female Tourists' Safety and Security in China

*Fan Xiangli, Wu Azhen / 226*

**Abstract**: In 2018, the safety situation of female tourists remained stable on the whole, but there were also female tourists'safety incidents with great impact, such as the victimization of female passengers using Didi platform, the fall of four girls into the Yalong River and the drowning of female tourists in the swimming pool of Guilin Hotel. Female tourism safety incidents are still mainly consisted of personal safety, property safety and psychological safety incidents, which are caused by natural disasters, public health, social security and so on. According to the research, although the safety awareness of female tourists and the level of emergency treatment for female tourists has been improved obviously in our country, the emergence of new forms of tourism (parent-child travel, outbound self-driving travel, part-time vacation travel, etc.), new means of committing crimes (videotaping, network fraud, etc.), and new media (sharing network platform, overseas taxi platform, etc.) still caused great hidden dangers to the safety of female tourists.

**Keywords**: Female Tourism; Tourism Safety; Security Incidents

B.21 Situation Analysis and Prospect of 2018 −2019 Highly
Aggregated Tourist Crowds in China  *Yin Jie / 238*

**Abstract**: In 2018, the safety accidents of highly aggregated tourist crowds

(HATCs) in China are at a high rate, accidents occur frequently, and the safety situation is not optimistic. Accidents are distributed spatially and temporally, so it is difficult to prevent. Therefore, the control and management should not be underestimated. Because of the complexity of security management of HATCs, the co-construction and co-governance effort cannot be ignored. Accidents distribution characteristics of space and time of HATCs are analyzed, this paper found that there is a certain spatio-temporal concentration of HATCs, as in the "10.1" golden week, mountain scenic area. The safety of HATCs is influenced by personnel, facilities, environment and management, and other multiple factors mutual influence. Looking forward to 2019, HATCs will develop towards the direction of normalized frequency, risk diversification, intelligent crowd management, personalized safety management, etc. It is necessary to further strengthen the risk prevention ability, enhance the monitoring and early warning, build a comprehensive management system, and strengthen the ability of post-event adjustment.

**Keywords**: HATCs; Security Situation; Spatial and Temporal Characteristics

B.22 Situation Analysis and Prospects of 2018 -2019 College Students Tourists' Safety and Security in China

*Lin Rongce / 251*

**Abstract**: With the increasing scale of College Students Tourists, tourists safety accidents happen from time to time. In 2018, The overall situation is mainly manifested in the variety of accident types, the complexity of potential risks, the high degree of social concern and the difficulty of safety prevention and control. Through case analysis, it is found that the tourists safety accidents of college students are characterized by complexity of inducement, accident susceptibility, difficulty in control and concentration of time and space. Generally speaking, the situation of College Students Tourists' Safety is not optimistic. Looking ahead to 2019, College students Tourists' Safety accidents will develop in the direction of relative concentration of time, diversity of accident types and complication of potential risks. Therefore, we can strengthen the safety of college students tourists by building perfect measures to protect college students tourists' safety, innovating the content and form of College Students Tourists' Safety education, enhancing self-tourism safety literacy, and improving the tourism safety guarantee system.

**Keywords**: Tourism Safety; College Students'Tourism

B.23 Research on Safety Management of Scenic Spots in China

*Li Xinjian, Lu Wenli and Shen Zhengjie* / 263

**Abstract**: This paper analyzes the types and main causes of security accidents in China's tourist attractions, and expounds the current situation and dilemma of the safety of tourist attractions in China. The causes of security accidents in tourist attractions are mainly divided into tourist factors, scenic area managers and social factors. To strengthen the safety management of scenic spots, we should strengthen the publicity and education of tourism safety knowledge, establish and improve the tourism administrative management mechanism, improve the legal and legal system of tourist attractions, and establish an efficient tourism safety information system.

**Keywords**: Safety of Tourist Attractions; Safety Accidents; Types and Causes; Optimization Measures

B.24 Research on Emergency Handling of Cruise Emergency:
A Case Study of "Hegemonic Ship"

*Ye Xinliang, Mei Junqing* / 273

**Abstract**: With the blowout development of domestic cruise tourism industry, cruise ship hegemony incidents occur from time to time. The "hegemonic ship" is an image description of the phenomenon of tourists refusing to leave the ship because of their dissatisfaction with the ship owner by the public, the media and relevant personages. In fact, "hegemony ship" belongs to illegal detention of ships, is a maritime tort Peng Weidong. This paper studies the domestic cruise ship hegemony incident in recent years, makes a comprehensive analysis of the main course of the incident and many factors leading to the incident, deeply analyzes the root causes of the domestic ship hegemony incident, summarizes the defects in dealing with such incidents in China, and summarizes the work that needs to be done in response mechanism to deal with such incidents, so as to establish a targeted response mechanism. Taking the cruise ship hegemony incident as the research object, this paper starts with the conclusion of the disputes over hegemony and the determination of its legal attributes, analyses the relevant cases, clarifies the responsibilities of all parties, designs an effective emergency response mechanism adapted to the domestic situation, and puts forward to countermeasures and suggestions.

**Keywords**: Cruise Tourism; Hegemony; Emergencies; Emergency Mechanism


B.25 Construction of Tourist Safety Education Guidance System by Travel Agencies　　*Wu Chun'an, Tan Tianran* / 283

**Abstract**: Tourism safety quality of tourists is not high, which is an important factor leading to frequent tourism accidents, travel agencies as tourists to carry out the main role of tourism activities, for safety education of tourists is particularly important. Based on this, this paper analyzes the necessity of travel agency for tourist safety education, as well as the difficulties and problems faced, and then constructs the guidance system of travel agency to tourist safety education from the aspects of travel agency to the subject, process, form and way of tourist safety education.

**Keywords**: Safety Education; System Construction; Travel Agency

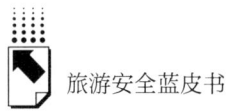

B.26　A Study on the Risk of Tourists' Perception of Tourism Based on the Grounded Theory

── *Taking the People's Network Travel "3·15" Complaints Platform as an Example*

*Wang Wenhua, Chen Taiyin, Su Yibo, Shi Yong,*
*Zhang Fei, Zhang Litian and Zhang Lu* / 292

**Abstract**：As one of the important factors to hinder the development of tourism, risk has not been matched with tourism development in theoretical research and practical management. This article selects the People's Daily online travel 315 complaints platform complaints text as research samples, aiming to explore the actual type of risk in the tourism activities, risk constitute the structure of the ratio and other important content. Based on the theory of tourism risk and risk dimension, this paper uses the research method of grounded theory to conduct data processing and analysis. After a cascade three-level coding refining reduction obtained 67 conceptual categories, 13 main categories, 6 core categories, including six core categories respectively, financial risk, functional risk, time risk, physical risk, social risk and privacy risk; by further comparing the complaint data of 2014, 2015, 2016 and 2017, the composition of tourism risks has certain the stability. In the four years of complaint data analyzed, the financial risk and function risk are the main types of risks, and the two are more than 90%. Time risk, physical risk, social risk, and privacy risk are all less than 10%, among which the social risk and privacy risk are not more than 2%, and the probability is the least. Different types of risks also change subtly within a certain range. By the end of the article from the administrative department of tourism, tourist service enterprises and tourist three different angles put forward the interrelated suggestion, hoping to improve the operating environment of the tourism market, tourists to enhance self-consciousness of risk prevention, etc., to reduce travel risks and reduce its damage.

**Keywords**：Tourism Risk；Tourist；Perception；Grounded Theory

**B.27** Tourism Safety Index Report and Analysis of Tourism Safety Hot Issues in 2018

*Zou Yongguang, Zhu Yao and Li Qianghong / 305*

**Abstract**: This report examines the safety status of major tourism destinations in China in 2018 by using pre-analytically constructed and tested indicator systems and multivariate statistical analysis methods. The main findings are as follows: (1) the overall tourism safety degree of the sample areas presents a good trend, but the gap between the tourism safety resistance and invasion degree is small, and the spatial differentiation of tourism safety degree is obvious; (2) tourists' sense of safety index is in a relatively safe state, but the difference of sense of safety index is small, and the spatial distribution is relatively significant; (3) Economic factors are important driving factors to enhance the resistance. The investment in infrastructure and the importance attached to safety are important components of safety resistance. Natural disasters pose a great threat to tourism safety invasion, and the threat of public health events and other risk factors also need to be attached great importance. (4) The spatial distribution pattern of tourists' safety expectation and safety perception is significantly different, and the effect degree of influencing factors is different. The report also analyzes the tourism safety hot issues reflected by the evaluation results. Such as, how to enhance the ability of tourism safety to prevent and mitigate disasters through institutional reform; how to innovate the way of tourism safety management and improve the ability of tourism safety management; how to improve the basic needs of tourism safety and comprehensively enhance the tourists' sense of safety. Finally, this report presents management recommendations for rationalizing the tourism safety management system, improving the tourism safety management system, innovating the tourism safety supervision method, further coordinating the tourism safety guarantee resource allocation mechanism, and consciously improving the tourist safety risk response ability.

**Keywords**: Tourism Safety; Degree of Tourism Safety; Tourists' Sense of Safety; Hot Issues

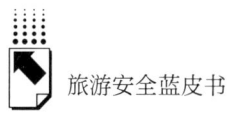

B.28　Safety Situation Analysis and Prospects of 2018－2019 Beijing Tourism

*Han Yuling, Cui Yanchao, Zhou Hang and Chen Xueyou* / 321

**Abstract**: In 2018, the overall tourism safety situation in Beijing remained generally good. It closely focused on the relevant requirements of the Beijing Municipal Party Committee and the Beijing Municipal People's Government to promote the reform and development of the safe production field, and thoroughly implemented the internship in the new era of socialism with Chinese characteristics and the spirit of the 19th Party Congress. We will strengthen the party and government's responsibilities, persist in guiding the problem and treating both the symptoms and the root causes, deepen the system construction, pay close attention to the management of hidden dangers, carry out various safety management work in an orderly manner, and properly handle the incidents of tourism safety. Looking forward to 2019, Beijing will firmly grasp the strategic positioning of the capital city, closely follow the reality of cultural tourism integration, actively study and explore the cultural tourism safety work experience under the new situation of institutional reform, innovate cultural tourism safety work management measures, and comprehensively consolidate the safety of cultural tourism industry. The management foundation will further improve the safety production capacity and management level of the cultural tourism industry and maintain a harmonious and healthy tourism environment.

**Keywords**: Beijing; Tourism Safety; Tourism Emergencies

B.29　Safety Situation Analysis and Prospects of 2018－2019 Jilin Tourism　　　　　*Zhang Lijun, Hang Wei* / 333

**Abstract**: In 2018, the tourism industry in Jilin Province had a strong momentum, and the tourism economy maintained a good momentum of development. The Tourism Management Department have strengthened the reform and development work in the field of safe production, continuously improved the safety supervision and control system, and the tourism safety work in the province has been stable and orderly. Jilin Province Tourism Management Department to strengthen the planning of tourism safety work, comprehensive deployment of tourism safety work, intensify the supervision inspection, the organization to carry out the tourism safety rectification action, strengthen supervision and inspection, strengthen safety publicity and education and training exercise, to strengthen the emergency on-duty, realize the overall stability of the security situation in jilin province tourism. Looking forward to the year 2019, jilin province will strengthen the comprehensive work of tourism safety, strengthen the system construction and safety improvement, strengthen the safety management of outbound tourism, strengthen the safety management of ice and snow tourism, strengthen the construction of emergency support capacity, and strengthen safety education and training.

**Keywords**: Jilin Province; Tourism Safety; Safety Situation

B.30 Safety Situation Analysis and Prospects of 2018 −2019 Guizhou Tourism

*Li Ping, Huang Yan, Cai Peng and Jiang Tailuo / 340*

**Abstract**: Since 2018, the tourism industry in Guizhou Province continues to maintain a rapid development momentum. Tourism department in Guizhou Province adheres to the problem orientation, strengthens responsibility, enhances departmental linkages, and develop the activities of "large training, major inspection, and major rectification" to implements the province's tourism safety system design, measures planning, action organization, and supervision. It guard the bottom line and lifeline of tourism development resolutely, and achieve the goal of ensuring tourists' safety satisfaction, stable operation of enterprises, and healthy development of the industry, laying an important safety foundation for the development of comprehensive tourism, and providing a solid guarantee for the quality and satisfaction of tourism industry.

**Keywords**: Guizhou; Tourism Security; Safety Situation

B. 31   Safety Situation Analysis and Prospects of 2018 −2019
       Shanxi Tourism          *Ai Xianji, Luo Haiying and Zhang Jiaqing* / 348

**Abstract**: It is 2018 that the first year of the construction of a comprehensive tourism demonstration zone in Shanxi Province and the creation of a strategic pillar industry for cultural tourism. The safety supervision departments at all levels are based on the responsibility of the province's safety production targets, constantly improve the cultural and tourism safety supervision system, increase comprehensive supervision and inspection, pay attention to the release of safety risk warning information, and enhance the awareness and treatment of national tourism safety through publicity and training. The ability to create a good security environment for the healthy development of the province's culture and tourism. Looking forward to 2019, Shanxi Province should build a new "331" pattern of cultural tourism development, strengthen and make the three major brands of Wutai Mountain, Yungang Grottoes and Pingyao Ancient City, and build the three major sections of the Yellow River, Great Wall and Taihang, and improve the Golden Culture Tourism Gallery of the Universiade. Road. The cultural and tourism safety work under the circumcision of the legal system will be further strengthened in an all-round way, and the new situation of combining special rectification and comprehensive rectification will be fully developed, and a safety risk grading management and control and hidden danger investigation and management mechanism will be constructed to promote the safety production work.

**Keywords**: Shanxi Tourism; Security Situation; Safety Situation

B.32 Safety Situation Analysis and Prospects of 2018 −2019
Chongqing Tourism　　　　　　　　　*Pan Wenliang, Luo Qi* / 358

**Abstract:** In 2018, the Chongqing Cultural Tourism System strictly implemented the "Party and Government Responsibility, One Post and Double Responsibilities", strengthened safety management, effectively strengthened the deployment of front-line work, resolutely eliminated the burgeoning of safety hazards, and continuously improved the ability of emergency response, ensuring that Chinese and foreign tourists were squatting. Have fun, swim safely, and behave smoothly. Looking forward to 2019, Chongqing's cultural tourism system will firmly establish and practice new development concepts, highlight key points, fill shortcomings, strengths and weaknesses, and comprehensively improve the overall level of safety management in the cultural tourism industry.

**Keywords:** Chongqing; Cultural Tourism Safety; Cultural Tourism Safety Situation

B.33 Safety Situation Analysis and Prospects of 2018 −2019
Henan Tourism
　　　　　*Chen Nan, Qiao Guanghui, Zhao Xiaoming and Wang Yaxi* / 369

**Abstract:** Taking Henan Province as an example, this paper analyzes the tourism safety research based on tourists' risk perception based on the current tourism safety system and the results of empirical research. In the process of tourism, we hope to use effective, scientific and beneficial measures to reduce the safety risks of tourism. To ensure the healthy and orderly development of tourism, we need to reduce the incidence of tourism safety accidents.

**Keywords:** Tourism Emergencies; Henan; Safety Situation

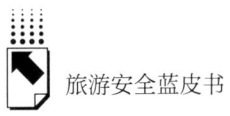

B.34 Safety Situation Analysis and Prospects of 2018 -2019
Hong Kong and Macau Tourism
*Chen Jinhua, Hu Yamei and Yan Shangxia / 381*

**Abstract**: In 2018, the number of mainland tourists to Hong Kong increased significantly. The tourism development situation in Hong Kong and Macao had become better and the tourism security situation was generally stable. According to statistics, from January to December 2018, there were 91 tourism safety accidents in Hong Kong and Macao, mainly due to traffic accidents, and natural disasters such as typhoons had a greater impact; tourism safety had obvious regional characteristics, and Yau Tsim Mong District in Hong Kong, The Sai Kung District, as well as the Macau Lobby Area and Cotai City, were mostly accident-prone areas; the security incidents in Macau were mostly related to the gaming industry and were highly relevant to mainland tourists. With the integration of tourism economy in Guangdong, Hong Kong and Macao, the tourism safety problem in the Bay Area requires close cooperation between Guangdong, Hong Kong and Macao and timely emergency prevention. Hong Kong and Macao must also pay attention to shaping a safe tourist environment, innovating tourism industry development and implementing inclusiveness. Tourism development has made tourism beneficial to the public.

**Keywords**: Safety Accident; Tourism Collaboration; Hong Kong; Macau

B.35 Safety Situation Analysis and Prospects of 2018 -2019
Taiwan Tourism  *Huang Yuanshui, Wu Peiyu and Yu Minchao / 394*

**Abstract**: The sense of security of tourists is the most basic demand for tourists at the destination. The occurrence of security incidents at tourist destinations has an important impact on the tourist's intention to travel. In recent years, the frequent occurrence of security incidents in Taiwan has reduced the willingness of mainland tourists to go to Taiwan. The article analyzes the characteristics and influencing factors of tourism security incidents in Taiwan, and systematically compared with previous years. The research found that: (1) The number of tourist safety incidents in 2018 decreased compared with 2017, and the casualty rate also decreased. (2) In the 2018 tourism security incident, accident disasters accounted for 50%. It is worth noting that earthquakes caused by natural disasters The number of deaths was as high as 9. (3) The security incidents in 2018 occurred mostly in the spring, and the spatial distribution was uneven. Based on this, this paper suggests that the Taiwan region should strive to create a safe tourist environment for tourists, and reduce the destructive nature of natural disasters and improve the safety of vehicles to form a "leisure" tourism environment and enhance the sense of safety of tourists.

**Keywords:** Taiwan; Tourism Safety; Safety Accident

B.36　Safety Situation Analysis and Prospects of 2018 -2019
　　　Inbound Tourism　　　　　　　　*Wu Geng'an, Wang Lu* / 408

**Abstract:** The safety situation for inbound tourism in 2018 is basically stable. As in 2017, property loss events still account for a large proportion of inbound tourism safety incidents in 2018. Tourists are still stranded. Incidents are still taking place in the third and fourth quarters. The area of the incident has narrowed. The safety incidents of inbound tourism in 2018 are mainly characterized by a large number of property loss, increasing incidents of getting lost and trapped, and frequent occurrence of public health incidents. However, safety assistance is relatively timely. Looking ahead to 2019, the opening of China international import expo was implementation of "rural revitalization" strategy, and the development of border tourism will attract more foreign tourists. However, it is more difficult to manage inbound tourism safety.

**Keywords:** Inbound Tourism; Inbound Tourism Safety; Inbound Tourism Safety Accident

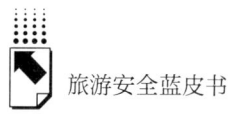

B.37 Safety Situation Analysis and Prospects of 2018 -2019
Outbound Tourism  *Fang Xuhong, Wang Hui* / 424

**Abstract**: In 2018, the security situation of outbound tourism continued to maintain overall stability, but tourism security incidents continued to increase compared with the previous year. Robbery, robbery, telecommunication fraud, demonstrations, armed conflicts, terrorist attacks and other social security incidents were relatively high. , tourism fraud, compulsory consumption, extortion of "tips", entry barriers and other social security incidents in the industry, natural disasters, public health events and accident disasters have also occurred from time to time, especially hegemonism has a great impact on outbound tourism security, outbound tourism Self-help travel security incidents have increased. The main reasons affecting the safety of outbound tourism are unilateralism, protectionism, and populism. In some countries and regions, social security continues to deteriorate, crimes are high, the supervision of outbound tourism activities is difficult, and tourists are misbehaving. Looking forward to 2019, the international situation facing outbound tourism is still complicated and severe. Some countries have brought new security threats to China's encroachment and intensified tourism. The informationization of outbound tourism has led to an increase in tourism safety risks. Bringing new challenges, the "anti-tourism movement" in some countries and regions is worth noting. To this end, it is necessary to maintain strategic strength, promote the improvement of international tourism cooperation mechanisms, improve outbound tourism laws and regulations, increase joint law enforcement in travel, improve outbound tourism safety information release and security early warning mechanisms, and increase consular services and consular services for outbound tourists. protection.

**Keywords**: Outbound Tourism; Outbound Tourism Safety; Tourism Safety Accident

社会科学文献出版社　　皮书系列

## ❖ 皮书起源 ❖

"皮书"起源于十七、十八世纪的英国,主要指官方或社会组织正式发表的重要文件或报告,多以"白皮书"命名。在中国,"皮书"这一概念被社会广泛接受,并被成功运作、发展成为一种全新的出版形态,则源于中国社会科学院社会科学文献出版社。

## ❖ 皮书定义 ❖

皮书是对中国与世界发展状况和热点问题进行年度监测,以专业的角度、专家的视野和实证研究方法,针对某一领域或区域现状与发展态势展开分析和预测,具备原创性、实证性、专业性、连续性、前沿性、时效性等特点的公开出版物,由一系列权威研究报告组成。

## ❖ 皮书作者 ❖

皮书系列的作者以中国社会科学院、著名高校、地方社会科学院的研究人员为主,多为国内一流研究机构的权威专家学者,他们的看法和观点代表了学界对中国与世界的现实和未来最高水平的解读与分析。

## ❖ 皮书荣誉 ❖

皮书系列已成为社会科学文献出版社的著名图书品牌和中国社会科学院的知名学术品牌。2016年,皮书系列正式列入"十三五"国家重点出版规划项目;2013~2019年,重点皮书列入中国社会科学院承担的国家哲学社会科学创新工程项目;2019年,64种院外皮书使用"中国社会科学院创新工程学术出版项目"标识。

# 中国皮书网

（网址：www.pishu.cn）

发布皮书研创资讯，传播皮书精彩内容
引领皮书出版潮流，打造皮书服务平台

## 栏目设置

关于皮书：何谓皮书、皮书分类、皮书大事记、皮书荣誉、皮书出版第一人、皮书编辑部

最新资讯：通知公告、新闻动态、媒体聚焦、网站专题、视频直播、下载专区

皮书研创：皮书规范、皮书选题、皮书出版、皮书研究、研创团队

皮书评奖评价：指标体系、皮书评价、皮书评奖

互动专区：皮书说、社科数托邦、皮书微博、留言板

## 所获荣誉

2008年、2011年，中国皮书网均在全国新闻出版业网站荣誉评选中获得"最具商业价值网站"称号；

2012年，获得"出版业网站百强"称号。

## 网库合一

2014年，中国皮书网与皮书数据库端口合一，实现资源共享。

**权威报告·一手数据·特色资源**

# 皮书数据库
## ANNUAL REPORT(YEARBOOK) DATABASE

## 当代中国经济与社会发展高端智库平台

**所获荣誉**

- 2016年，入选"'十三五'国家重点电子出版物出版规划骨干工程"
- 2015年，荣获"搜索中国正能量 点赞2015""创新中国科技创新奖"
- 2013年，荣获"中国出版政府奖·网络出版物奖"提名奖
- 连续多年荣获中国数字出版博览会"数字出版·优秀品牌"奖

**成为会员**

通过网址www.pishu.com.cn访问皮书数据库网站或下载皮书数据库APP，进行手机号码验证或邮箱验证即可成为皮书数据库会员。

**会员福利**

- 已注册用户购书后可免费获赠100元皮书数据库充值卡。刮开充值卡涂层获取充值密码，登录并进入"会员中心"—"在线充值"—"充值卡充值"，充值成功即可购买和查看数据库内容。
- 会员福利最终解释权归社会科学文献出版社所有。

数据库服务热线：400-008-6695
数据库服务QQ：2475522410
数据库服务邮箱：database@ssap.cn
图书销售热线：010-59367070/7028
图书服务QQ：1265056568
图书服务邮箱：duzhe@ssap.cn

社会科学文献出版社 皮书系列
SOCIAL SCIENCES ACADEMIC PRESS (CHINA)

卡号：729443731586
密码：

## 中国社会发展数据库（下设12个子库）

全面整合国内外中国社会发展研究成果，汇聚独家统计数据、深度分析报告，涉及社会、人口、政治、教育、法律等12个领域，为了解中国社会发展动态、跟踪社会核心热点、分析社会发展趋势提供一站式资源搜索和数据分析与挖掘服务。

## 中国经济发展数据库（下设12个子库）

基于"皮书系列"中涉及中国经济发展的研究资料构建，内容涵盖宏观经济、农业经济、工业经济、产业经济等12个重点经济领域，为实时掌控经济运行态势、把握经济发展规律、洞察经济形势、进行经济决策提供参考和依据。

## 中国行业发展数据库（下设17个子库）

以中国国民经济行业分类为依据，覆盖金融业、旅游、医疗卫生、交通运输、能源矿产等100多个行业，跟踪分析国民经济相关行业市场运行状况和政策导向，汇集行业发展前沿资讯，为投资、从业及各种经济决策提供理论基础和实践指导。

## 中国区域发展数据库（下设6个子库）

对中国特定区域内的经济、社会、文化等领域现状与发展情况进行深度分析和预测，研究层级至县及县以下行政区，涉及地区、区域经济体、城市、农村等不同维度。为地方经济社会宏观态势研究、发展经验研究、案例分析提供数据服务。

## 中国文化传媒数据库（下设18个子库）

汇聚文化传媒领域专家观点、热点资讯，梳理国内外中国文化发展相关学术研究成果、一手统计数据，涵盖文化产业、新闻传播、电影娱乐、文学艺术、群众文化等18个重点研究领域。为文化传媒研究提供相关数据、研究报告和综合分析服务。

## 世界经济与国际关系数据库（下设6个子库）

立足"皮书系列"世界经济、国际关系相关学术资源，整合世界经济、国际政治、世界文化与科技、全球性问题、国际组织与国际法、区域研究6大领域研究成果，为世界经济与国际关系研究提供全方位数据分析，为决策和形势研判提供参考。

# 法律声明

"皮书系列"(含蓝皮书、绿皮书、黄皮书)之品牌由社会科学文献出版社最早使用并持续至今,现已被中国图书市场所熟知。"皮书系列"的相关商标已在中华人民共和国国家工商行政管理总局商标局注册,如 LOGO( )、皮书、Pishu、经济蓝皮书、社会蓝皮书等。"皮书系列"图书的注册商标专用权及封面设计、版式设计的著作权均为社会科学文献出版社所有。未经社会科学文献出版社书面授权许可,任何使用与"皮书系列"图书注册商标、封面设计、版式设计相同或者近似的文字、图形或其组合的行为均系侵权行为。

经作者授权,本书的专有出版权及信息网络传播权等为社会科学文献出版社享有。未经社会科学文献出版社书面授权许可,任何就本书内容的复制、发行或以数字形式进行网络传播的行为均系侵权行为。

社会科学文献出版社将通过法律途径追究上述侵权行为的法律责任,维护自身合法权益。

欢迎社会各界人士对侵犯社会科学文献出版社上述权利的侵权行为进行举报。电话:010-59367121,电子邮箱:fawubu@ssap.cn。

社会科学文献出版社